제 6판

사회학

Sociology

| 석현호 · 이정환 · 김상욱 지음 |

도서출판 그린

서 문

이 책의 저자들은 지난 수십 년에 걸쳐 대학에서 사회학을 연구하고 강의해왔다. 그러면서 다양한 사회학개론서들을 접하고 사용해왔다. 하지만 이 과정에서 이들 교재에 대한 아쉬움과 불만족을 느끼지 않을 수 없었으며 동시에 적절한 교재에 대한 미련을 떨쳐버릴 수가 없었다. 이들 책 중 일부는 경험적인 자료의 뒷받침 없이 추상적인 이론에 치중하는 성향이 있고, 일부는 번역서로 한국사회의 실제 상황에 적용하는데 부족한 느낌이 있으며, 일부는 이념적으로 한 쪽에 치우친 감이 있고, 일부는 내용이 너무 오래되어서 현실감이 부족한 감이 있으며, 어떤 책은 특정한 주제들만을 과도하게 다루고 있어 개론서로서의 균형이 떨어지는 문제를 내포하고 있다. 무엇보다도 부족하다고 느낀 점은 그 많은 교재들 가운데 사회학의 다양한 주제들을 핵심적 논의 위주로 정연하게 제시한 서적이 거의 없다는 사실이다. 따라서 평소에 저자들은 비교적 정형화된 방식으로 핵심적인 주제들을 소개하는 무언가 '정통적' 인 개론서의 필요성을 절감해온 바, 이 책은 바로 이러한 필요성의 산물이다.

저자들의 이러한 의지를 집중적으로 반영하는 이 책은 사회학의 주요 이론과 개념을 논리적이고 체계적으로 소개해줄 뿐만 아니라 다양한 주제들을 폭넓고도 내실있게 다룸으로써 사회학을 종합적으로 이해하는 데 많은 도움을 줄 것이다. 또한 학습적인 차원에서 제시된 다양한 관점과 논점들, 구체적이고 실제적인 많은 사례들, 새로운 자료와 정보 등은 이 책의 독자들로 하여금 사회학적 지식과 상상력을 제고시켜 줄 것으로 믿는다.

이 책은 사회학의 기본 주제들을 다루는 총 17개의 장으로 엮어져 있다. 석현호교수는 사회학적 관점과 사회학이론(1장), 사회적 상호작용과 사회구조(3장), 사회화(6장), 일탈행위

(7장), 농촌과 도시(15장)를, 이정환교수는 사회학의 연구방법(2장), 문화(5장), 사회계층(8장), 성(9장), 정치와 국가(13장), 집합행동과 사회운동(16장), 사회변동(17장)을, 김상욱교수는 사회집단과 조직(4장), 가족(10장), 교육(11장), 종교(12장), 경제와 일(14장)을 집필하였다. 각 집필자가 작성한 초고는 수 차례의 공동 검토와 수정 과정을 거쳐 완성되었다. 그럼에도 불구하고, 오자와 탈자, 어색한 표현과 일관되지 않은 용어의 사용, 내용의 부족함 등등의 문제들이 이 책의 어디엔가 반드시 숨어 있으리라 본다. 이러한 문제의 발견과 치유에는 독자들의 날카로운 눈썰미와 애정어린 충고가 최고의 명약이라고 믿는다. 덧붙여, 이 책의 꾸준한 질적 향상을 위해 이 책을 다시 손보고 다듬는 일에 게으름을 피우지 않을 것을 약속한다.

마지막으로 이 책의 출간에 재정적으로 그리고 심리적으로 아낌없는 지원을 해준 도서출판 그린의 윤덕우사장님께 심심한 사의를 표한다.

2023년 1월

저자 일동

목 차

서문

제 1 장 사회학적 관점과 사회학이론

1. 사회학의 학문적 성격 …… 3
   1) 사회학적 관점 …… 4
   2) 과학으로서의 사회학 …… 5
   3) 사회학과 인접사회과학 …… 10
2. 사회학의 발전 …… 13
   1) 초기의 사회학자들 …… 14
   2) 현대사회학의 기초자들 …… 17
3. 현대사회학이론 …… 20
   1) 기능론 …… 21
   2) 갈등이론 …… 25
   3) 상호작용론 …… 28
   4) 이론의 평가 …… 32

제 2 장 사회학의 연구방법

1. 연구의 요소 …… 37
   1) 개념 …… 38
   2) 변수 …… 39
   3) 가설 …… 41
   4) 이론 …… 41

5) 관계 ········ 41
2. 이론과 연구 ········ 43
1) 연구에 대한 이론의 역할 ········ 43
2) 이론에 대한 연구의 역할 ········ 44
3. 연구과정 ········ 45
1) 주제선정 ········ 45
2) 문헌검토 ········ 46
3) 가설설정 ········ 46
4) 윤리문제 고려 ········ 46
5) 조사설계 ········ 47
6) 자료수집 ········ 47
7) 자료분석 ········ 47
8) 결론도출 ········ 47
4. 조사방법 ········ 48
1) 표본추출 ········ 48
2) 설문조사 ········ 49
3) 실험 ········ 53
4) 관찰 ········ 55
5) 이차분석 ········ 56
5. 연구의 기술적 및 사회적 맥락 ········ 57
1) 기술적 어려움 ········ 57
2) 현실적 어려움 ········ 58

제 3 장 사회적 상호작용과 사회구조
1. 일상생활에서의 사회적 상호작용 ········ 64
1) 상호작용의 매체 ········ 64
2) 상호작용의 방식 ········ 66
3) 상호작용의 규칙 ········ 68
2. 사회적 상호작용의 형태 ········ 69
1) 교환 ········ 69
2) 협동 ········ 70
3) 경쟁 ········ 71
4) 갈등 ········ 72
3. 사회구조 ········ 73
1) 규범 ········ 73

2) 지위 ······ 74
3) 역할 ······ 75
4) 집단 ······ 76
5) 제도 ······ 77
4. 사회의 유형 ······ 79
1) 수렵채취사회 ······ 80
2) 원예사회 ······ 80
3) 목축사회 ······ 81
4) 농경사회 ······ 82
5) 산업사회 ······ 83
6) 정보사회 ······ 85
7) 산업전사회와 산업사회의 비교 ······ 85

제 4 장 사회집단과 조직
1. 사회집단의 의미 ······ 91
2. 사회집단의 종류 ······ 93
1) 원초집단과 2차집단 ······ 93
2) 내집단과 외집단 ······ 94
3) 준거집단 ······ 95
4) 사회적 연결망 ······ 96
3. 사회집단의 특성 ······ 98
1) 기능적 특성 ······ 98
2) 규모 ······ 99
3) 리더쉽 ······ 99
4) 집단동조 ······ 100
4. 공식조직체와 관료제 ······ 100
1) 관료제 ······ 101
2) 관료제의 비공식구조 ······ 104
3) 관료제의 부정적 측면 ······ 105

제 5 장 문화
1. 문화의 개념 ······ 111
2. 문화와 인간 ······ 113
1) 문화의 인간적 고유성 ······ 113
2) 인간의 진화 ······ 114

3) 문화와 인간의 행동 …… 115
4) 문화적 보편성 …… 117
3. 문화의 구성 …… 117
1) 물질문화 …… 118
2) 비물질문화 …… 118
4. 이상문화와 현실문화 …… 124
5. 고급문화와 대중문화 …… 125
6. 문화의 다양성 …… 126
1) 사회간 다양성 …… 126
2) 사회내 다양성 …… 127
3) 문화적 상대주의와 자기민족중심주의 …… 128
7. 문화변동 …… 131

제 6 장 사회화
1. 유전과 환경 …… 136
1) 본성과 양육 …… 136
2) 인간행위의 생물학적 기초 …… 139
3) 사회적 고립아의 연구 …… 139
4) 학습의 두 가지 이론 …… 141
2. 사회화이론 …… 143
1) 정신분석학 …… 143
2) 피아제의 인지발달이론 …… 148
3) 쿨리와 미드의 자아발달이론 …… 150
3. 사회화 기관 …… 155
1) 가족 …… 156
2) 학교 …… 156
3) 또래집단 …… 157
4) 대중매체 …… 159
5) 기타 사회화 기관 …… 160
4. 사회화와 생애주기 …… 160
1) 전 생애에 걸친 사회화의 필요성 …… 160
2) 사회화의 유형 …… 161
3) 생애주기에 따른 사회화 …… 164

제 7 장 일탈행위

1. 일탈행위의 성격 …… 172
1) 일탈의 개념 …… 172
2) 일탈행위의 유형 …… 174
3) 일탈행위의 역기능과 기능 …… 175
2. 일탈행위에 관한 이론 …… 178
1) 생물학적 이론 …… 179
2) 심리학적 이론 …… 180
3) 아노미 이론 …… 181
4) 차별교제이론 …… 184
5) 통제이론 …… 186
6) 낙인이론 …… 188
3. 일탈행위의 종류 …… 191
1) 범죄 …… 191
2) 비범죄적 일탈행위 …… 195
4. 범죄와 범죄자의 특성 …… 197
1) 범죄의 특성 …… 197
2) 범죄자의 특성 …… 198
5. 사회통제 …… 199
1) 사회통제의 메커니즘 …… 200
2) 사회통제의 문제점 …… 201
6. 일탈의 사회적 함의 …… 203
1) 사회적 오명 …… 203
2) 일탈과 사회 …… 203

제 8 장 사회계층

1. 사회계층의 개념 …… 207
2. 계층체계 …… 208
1) 카스트사회 …… 209
2) 계급사회 …… 210
3) 무계급사회 …… 211
3. 계층이론 …… 212
1) 기능론적 관점 …… 212
2) 갈등론적 관점 …… 214
3) 다차원적 접근: 막스 베버 …… 216

4. 계층체계의 유지 ········· 218
1) 경제 ········· 218
2) 가족 ········· 219
3) 이념 ········· 219
4) 정치 ········· 220
5. 불평등의 실태 ········· 220
1) 경제적 자원 ········· 221
2) 정치적 권력 ········· 223
3) 위세 ········· 224
6. 사회계층의 결과 ········· 225
1) 건강과 수명 ········· 226
2) 가족생활 ········· 227
3) 교육 ········· 227
4) 가치와 태도 ········· 228
7. 사회적 이동 ········· 228
1) 수직적 및 수평적 사회적 이동 ········· 228
2) 세대 간 및 세대 내 사회적 이동 ········· 229
3) 사회적 이동의 개인적 요인 ········· 229
4) 사회적 이동의 구조적 요인 ········· 230

제 9 장 성
1. 생물학적 성과 사회적 성 ········· 235
1) 생물학적 성 ········· 235
2) 사회적 성 ········· 236
2. 남성과 여성의 차이 ········· 237
1) 생물학적 측면 ········· 237
2) 심리학적 측면 ········· 238
3) 비교문화적 측면 ········· 240
3. 성역할 ········· 241
1) 전통적 성역할 ········· 241
2) 현대적 성역할과 계층 ········· 242
3) 성사회화 ········· 246
4. 성에 대한 관점 ········· 250
1) 성차별주의 ········· 250
2) 기능론적 관점 ········· 251

3) 갈등론적 관점 …… 252
4) 페미니즘 …… 253

제 10 장 가족
1. 가족 및 가족제도의 의미 …… 261
2. 가족의 유형 …… 263
1) 생애주기에 따른 분류 …… 263
2) 거주 세대수에 따른 분류 …… 264
3) 배우자의 수에 따른 분류 …… 265
4) 혈통과 유산의 계승방식에 따른 분류 …… 266
5) 권위관계에 따른 분류 …… 267
6) 거주방식에 따른 분류 …… 268
7) 배우자의 선택범위에 따른 분류 …… 268
3. 가족의 기능과 역할 …… 269
1) 기능론적 관점 …… 270
2) 갈등론적 관점 …… 272
3) 상징적 상호작용론적 관점 …… 273
4. 가족의 변화 …… 274

제 11 장 교육
1. 교육 및 교육제도의 의미 …… 281
2. 교육제도의 발전 …… 283
3. 교육의 기능과 역할 …… 285
1) 기능론적 관점 …… 286
2) 갈등론적 관점 …… 289
3) 상징적 상호작용론적 관점 …… 292
4. 교육의 변화 …… 293

제 12 장 종교
1. 종교의 개념과 특성 …… 300
1) 종교의 개념 …… 300
2) 종교의 특성 …… 301
2. 종교의 유형 …… 304
1) 믿음의 대상에 따른 분류 …… 304
2) 종교조직체의 형태에 따른 분류 …… 305

3. 종교의 기능과 역할 ········ 308
1) 기능론적 관점 ········ 308
2) 갈등론적 관점 ········ 311
3) 상징적 상호작용론적 관점 ········ 312
4. 종교와 사회변동 ········ 313

제 13 장 정치와 국가
1. 권력과 권위 ········ 319
1) 권력 ········ 319
2) 권위의 유형 ········ 320
2. 국가 ········ 323
1) 국가에 대한 관점 ········ 324
2) 정부의 형태 ········ 328
3. 정치체계 ········ 331
1) 정당 ········ 331
2) 이익집단 ········ 332
3) 정치사회화 ········ 333

제 14 장 경제와 일
1. 경제생활의 역사적 변화 ········ 338
2. 경제체제 ········ 340
1) 자본주의 체제 ········ 341
2) 사회주의 체제 ········ 342
3) 혼합 경제체제 ········ 343
3. 산업사회의 일과 노동 ········ 345
1) 일의 의미 ········ 346
2) 노동시장 ········ 347
4. 정보사회의 일과 노동 ········ 350
1) 정보화와 직업세계 ········ 350
2) 일의 의미 ········ 352
3) 노동시장 ········ 353

제 15 장 농촌과 도시
1. 농촌공동체 ········ 361
1) 민속사회 ········ 361

2) 전통적 성격 ······ 362
3) 사회구조의 변화 ······ 363
2. 도시공동체 ······ 366
1) 도시의 발달 ······ 367
2) 도시성 ······ 369
3) 생태학적 과정과 모형 ······ 370
4) 하위공동체 ······ 376

제 16 장 집합행동과 사회운동
1. 집합행동의 영역 ······ 383
2. 집합행동 이론 ······ 385
1) 전염이론 ······ 385
2) 수렴이론 ······ 386
3) 규범-생성이론 ······ 387
3. 집합행동의 형태 ······ 388
1) 군중 ······ 388
2) 소문 ······ 389
3) 여론 ······ 390
4) 열광 ······ 391
5) 공황과 집단히스테리 ······ 392
4. 사회운동 ······ 393
1) 사회운동의 유형 ······ 393
2) 사회운동의 특성 ······ 395
3) 사회운동의 단계 ······ 397
4) 사회운동 이론 ······ 398
5) 신사회운동 ······ 401
6) 사회운동과 사회변동 ······ 402

제 17 장 사회변동
1. 사회변동의 원인 ······ 407
1) 물리적 환경 ······ 408
2) 문화 ······ 408
3) 사회구조 ······ 410
4) 인구 ······ 410
5) 과학과 기술 ······ 410

6) 인간의 행위 ······ 411
2. 사회변동 이론 ······ 412
1) 진화론 ······ 412
2) 순환론 ······ 413
3) 기능론 ······ 413
4) 갈등론 ······ 414
3. 근대화와 발전 ······ 415
1) 근대성 ······ 415
2) 저개발국의 발전 ······ 415
4. 근대성과 진보 ······ 420

색인 / 423

제 1 장

사회학적 관점과 사회학이론

1. 사회학의 학문적 성격

사회학적 관점

과학으로서의 사회학

사회학과 인접사회과학

2. 사회학의 발전

초기의 사회학자들

현대사회학의 기초자들

3. 현대사회학이론

기능론

갈등이론

상호작용론

이론의 평가

제 1 장

사회학적 관점과 사회학이론

사회학은 인간 사회와 인간의 사회적 행위를 연구하는 사회과학의 한 분야이다. 그러나 이 규정만으로는 사회학이 무엇을 연구하는 학문인지 분명하게 알기 어려울 것이다. 다른 사회과학들—정치학, 경제학, 심리학, 인류학 등—도 인간 사회와 인간의 행위를 연구하기 때문이다. 어느 한 학문 분야가 독자적으로 존립하기 위해서는 다른 분야와 구분되는 나름대로의 고유한 관점을 가지고 있어야 한다. 사회학은 다른 사회과학분야들과 뚜렷하게 구분되는 특정의 관점을 가지고 발전해 왔다. 사회학을 소개하는 이 첫 장에서는 사회학이 어떤 관점에서 무엇을 연구하는 학문인가, 또한 그 관점은 어떤 역사적 배경 하에서 누구에 의해 어떻게 발전하였는가, 그리고 오늘날의 사회학은 그 이론을 어떻게 체계화하고 있는가에 대해 살펴보기로 한다.

1. 사회학의 학문적 성격

사회학의 연구대상은 다른 어떤 사회과학의 분야보다도 광범하고 다양하다. 사회학은 우리 인간 사회가 어떻게 구조화되어 있으며 개인들은 주어진 사회구조 속에서 어떻게 행동하는가에 대한 탐구뿐만 아니라 사회는 왜, 그리고 어떻게 변화하는가에 대해서도 연구한다.

사회학이 무엇을 연구하는 학문인가는 위에서 소개한 바와 같이 몇 마디의 말로도 간단히 규정할 수 있다. 즉 사회학은 사회적 행위와 사회구조 그리고 사회변동을 연구하는 학문이라고 규정할 수 있다. 그러나 이 몇 마디의 말로 사회학의 학문적 성격이 모두 밝혀졌다고는 할 수 없다. 어느 학문 분야이든 그 분야가 독자적으로 존속하기 위해서는 다른 분야와 구분되는 고유의 관점을 가지고 있어야 한다. 따라서 사회학의 학문적 성격은 우선 그 관점을 살펴보지 않고서는 충분히 알 수 없다. 다음에서는 먼저 사회학적 관점을 소개하고, 그 관점은 다른 사회과학들의 관점과 어떻게 다른가를 살펴봄으로써 사회학이라는 학문의 성격을 조금 더 자세히 살펴보기로 한다.

1) 사회학적 관점

인간 사회와 인간의 행위를 사회학자들만이 연구하지는 않는다. 다른 사회과학자들도 이를 연구대상으로 삼고 있으며 성직자, 소설가, 정치인, 언론인 등의 일반지식인들도 이에 관해 제가끔 일가견을 가지고 있다. 따라서 만약 사회학자들이 인간 사회와 인간의 행위를 일반지식인들이나 다른 사회과학자들과 똑같은 관점을 가지고 탐구한다면 어느 누구도 사회학을 하나의 독자적 학문 분야라고 말할 수 없을 것이다. 성직자가 사회를 보는 시각과 언론인이 사회를 보는 눈은 서로 다르다. 이와 마찬가지로 사회학자들이 사회를 보는 시각과 여타의 사회과학자들이 보는 눈도 서로 다르다. 더 나아가 같은 성직자들 사이에서도, 예를 들면, 승려와 목사간에 사회를 보는 눈이 서로 다르듯이 사회학자들 간에도 관점의 차이가 있다. 사회학자들 간의 관점 차이는 이 장의 후반에서 다루기로 하고 여기서는 우선 그들 대부분이 공통으로 갖고 있는 관점에 대해 살펴보기로 하겠다.

사회학자들의 공통적인 관점은 개인의 행위는 그가 속해 있는 집단 내에서 일어나는 사회적 상호작용에 의해서 유형화된다고 보는 것이다. 인간은 사회적 동물이다. 우리 모두는 특정한 사회집단에서 태어났고, 우리의 곤경과 불만이나 행복과 만족도 대체로 우리가 속해 있는 집단의 맥락에서 결정된다. 더욱이 우리의 성격이나 생활에 있어서 여러 가지 선택의 기회와 사회적 경험도 대체로 우리들이 어느 집단에서 태어났고 또 어느 집단에 속해 있느냐에 따라서 결정된다.

이처럼 개인의 성격과 행위는 대체로 그들이 속해 있는 집단의 맥락에서 결정된다. 이 사실은 언뜻 당연해보이지만, 그렇다고 과장되어서는 안 된다. 일반인들은 그들의 사회적 현실을 마치 물리적 환경처럼 어떤 의문도 품지 않고 받아들이는 경향이 있으나 사회학자들은 그렇지 않다. 사회학자들은 사회를 자연적으로 주어진 것이 아니라 인간에 의해서 만들어지는 것으로, 따라서 인간에 의해서 변화될 수 있는 것으로 본다. 다시 말해서 사회의 모든 규범과 제도들은 인간에 의해서 만들어진 것이며 또한 인간에 의해서 얼마든지 수정되거나 개혁될 수 있다는 것이다.

사회학의 주 대상은 개인이 아니라 개인들 간의 사회적 상호작용 또는 상호작용하고 있는 개인들의 집단이다. 특정한 개인 또는 개인의 내적 현상에 관한 연구는 사회학자들에게 유용한 지식이 될 수는 있지만 주요 관심사는 아니다. 사회학자들의 주요 관심사는 사회적 상호작용, 즉 사람들이 서로에 대해 어떻게 행동하고 반응하며 또 어떤 영향을 주는가의 문제와 그러한 상호작용 과정에서 형성되고 변화하는 여러 사회제도들을 연구하는데 있다. 사회학은, 예를 들면 인사하는 행위에서부터 살인하는 행위에 이르기까지의 모든 사회적 행위와 가족제도로부터 정치 및 경제제도에 이르기까지의 모든 제도를 연구대상으로 삼고 있다. 따라서 사회적 상호작용이 일어나는 모든 사회집단들—어린이들의 놀이집단과 같은 소규모의 집단으로부터 대기업체나 국가와 같은 대규모의 집단에 이르기까지—을 사회학적 연구의 대상으로 삼는다.

이 같은 사회학적 관점은 개인적 경험을 통해서 형성되는 관점과 다르다. 사회학적 관점은 "하나의 특별한 의식의 형태' (Berger, 1963: 25~53)로서 우리들의 개인적 경험을 통해서는 알 수 없었던 사회적 환경을 이해할 수 있게 해준다. 다시 말해서 이러한 '사회학적 상상"(Mills, 1959)은 우리가 갖고 있는 개인적 시야를 넓혀주고 개인적인 일과 사회현상의 관계를 파악할 수 있게 해준다.

2) 과학으로서의 사회학

사회학은 앞에서 설명한대로 나름대로의 독자적인 관점을 갖고 있다는 점에서 다른 사회과학과 구분된다. 그것이 다른 사회과학과 어떻게 다른가에 관한 자세한 논의는 나중으로 미루고 먼저 사회학의 학문적 지위를 규정해주는 과학성부터 살펴보기로 하자.

(1) 과학의 의미

과학은 과학적 연구에 의해서 획득된 체계화된 지식이라고 할 수도 있고 그러한 지식이 얻어지는 객관적이고 논리적이며 체계적인 연구방법이라고 규정할 수도 있다. 과학은 위의 두 가지 중 어느 의미로 사용해도 무관하다. 왜냐하면 이들은 동일한 것을 서로 다른 방식으로 기술한 것에 불과하기 때문이다.

과학적 지식은 다른 말로 해서 과학적 관찰에 의해서 증명된 지식이라고 할 수 있다. 과학적 관찰은 일반인들의 관찰방법과는 다르다. 그것은 정확하고 정밀해야 하며 체계적이고 객관적이어야 한다. 따라서 과학적 연구는 훈련받은 관찰자에 의해서 정해진 절차에 따라 수행되는 것이 상례이다. 다음 장에서 그 연구절차에 관해 자세히 알아보게 될 것이나, 과학의 성격을 이해하는데 도움이 되기 때문에 여기서도 그 전형적인 절차를 개략적으로나마 소개하고자 한다.

과학적 연구를 위해 연구자는 무엇보다 먼저 그가 연구대상으로 삼고 있는 문제를 명백히 규정해야 한다. 그리고 그 문제에 관한 기존의 연구문헌들을 검토한 다음 연구가설을 설정한다. 이렇게 연구가설이 설정되면 이를 검증하기 위하여 어떤 자료를 어떻게 수집할 것이며 또 수집된 자료는 어떻게 분석할 것인가에 관한 연구설계를 하게 된다. 그리고 마지막으로 설계된 연구계획에 따라 자료를 수집 · 분석한 다음 결론, 즉 설정된 가설의 긍정 또는 부정의 결과를 얻게 된다.

이와 같은 과학적 방법으로 얻어진 지식 체계는 일반사람들의 상식과는 다르다. 상식은 논리적이고 체계적인 방법에 의해서 입증된 지식이 아니다. 우리가 알고 있는 상식의 대부분은 어디로부터 나왔는지 또는 무엇에 근거하고 있는지가 정확히 알려져 있지 않다. 상식은 대체로 어느 한 집단이 공통적인 추측이나 예감 또는 우발적인 시행착오에 의해서 알게 된 통념이다. 따라서 많은 상식들은 경우에 따라 실제로 일어나는 현상들에 대해 믿을 수 있고 유용한 지식이 될 수도 있다. 예를 들면 '유유상종'이라는 상식은 동 · 식물계에 대해서는 물론 인간사회에 대해서도 두루 적용되고 있다. 인간사회에 적용되는 구체적인 실례로서 의류상인들이 의류상인들끼리 모여 의류상가를 이루고 가난한 사람들이 가난한 사람끼리 모여 빈민지대를 이루는 것을 들 수가 있겠다. 그러나 상식은 어떤 증거나 원인의 규명이 없이 피상적으로 보이는 것에 대한 통념이기 때문에 사실과 다른 경우가 많다. 중세의 유럽 사람들은 열병환자에게는 이(사람이나 동물에 붙어사는 흡혈 기생

충)가 없으나 건강한 사람에게는 많은 것을 보고 이가 열병을 치료할지도 모른다는 통념으로 열병환자에게 많은 이를 넣어 열병을 치료하려고 하였다.

사실과 다른 또 하나의 실례로서 인간은 남녀간에 성관계를 맺고 종족을 유지하려는 '자연적' 인 본능을 갖고 있다는 상식에 관해서 살펴보기로 하자. 남녀가 결혼해서 자녀를 출산하는 것은 보편적인 현상이다. 그러나 그것은 자연적인 본능에 의해서 일어나는 현상이 아니다. 그것이 본능[1]이라면 동성애를 하는 사람들과 자녀를 갖기 원하지 않는 사람들의 태도와 행위는 어떻게 설명할 수 있겠는가?

과학은 자연현상을 탐구하는 자연과학이든 인간의 행위와 사회현상을 연구하는 사회과학이든 그것이 대상으로 삼고 있는 현상들에는 어떤 '질서' 가 존재한다는 것을 가정한다. 과학의 대상들에 이 같은 질서 또는 규칙성이 있기 때문에 우리는 그들에 대하여 어떤 '일반화' 된 지식을 얻을 수가 있다. 예를 들면, 적정의 온도에서 수소와 산소를 혼합하면 물이 되고 인간사회는 어떠한 형태로든 가족제도를 이루기 때문에 우리는 이들에 대해서 '일반화' 된 지식을 얻을 수가 있는 것이다.

'일반화' 는 서로 무관하고 무의미하게 보이는 현상들을 우리가 쉽게 이해할 수 있는 모습으로 보여준다. 일반화는 한 걸음 더 나아가서 원인과 결과에 대한 분석을 가능케 해주기 때문에 그것은 어떤 현상이 왜 일어나는가를 '설명' 해주고 또 동일한 조건에서는 다시 일어날 것이라는 '예측' 을 가능케 해준다.

과학의 성격을 규정짓는 일반화, 설명 그리고 예측은 검증이 가능한 증거에 의해서 얻어진 것이다. 따라서 과학적 지식은 동일한 방법에 의해서 다시 검증되더라도 동일한 결과를 가져올 수 있는 그러한 지식이어야 한다. 사람들은 오랫동안 천동설을 믿고 있었다. 그러나 과학자들은 지구가 태양의 주위를 돌고 있다는 사실을 발견하였다. 이 발견은 어떤 과학자에 의해서도 동일한 방법으로 확인될 수 있는 과학적 지식이다.

마지막으로 과학은 상식보다 현상을 더 신빙성 있게 설명해 주고 있으나 그 설명은 절대적 진리가 아니라는 점을 지적해 두어야겠다. 사실상 과학은 어떠한 궁극적인 진리도

---

1) 본능은 유전된 복합적 행위라 규정한다면 그것은 인간 이외의 동물에게나 적용될 수 있는 개념이지 인간에게 적용될 수 있는 것은 아니다. 이성과 연애를 하든 동성과 연애를 하든 그것은 대체로 사회화 과정에서 학습된 것이고 또한 어떤 사람이 얼마나 많은 자녀를 원하는가 하는 것은 대체로 그가 속한 집단의 규범 또는 제도에 의해서 결정되는 것이지 본능에 의해서 결정되는 것은 아니다.

인정하지 않는다. 왜냐하면 어떤 시점에서의 과학적 지식은 기존 자료의 가장 논리적인 해석에 불과하므로 항상 새로운 사실들이 발견되고 또한 이용 가능한 자료들이 재해석됨에 따라 부정 또는 수정될 수 있기 때문이다.

(2) 사회학의 과학적 위치

과학을 과학적 방법에 의해서 얻어진 체계화된 지식이라고 한다면 사회학의 과학적 위치는, 즉 그것의 과학적 성격의 정도는 과학적 방법에 의해서 축적된 체계적인 사회학적 지식의 총량이 얼마나 되는가에 달려 있을 것이다. 또한 과학을 다른 말로 해서 체계화된 지식을 얻게 하는 연구방법이라고 한다면, 사회학의 과학적 위치는 그러한 연구방법을 어느 정도 사용하는가에 의해서 결정된다고 할 수 있을 것이다.

이 문제와 관련하여 먼저 자연과학은 2~3백년전부터 발전하기 시작하였으나 사회과학은 그보다 훨씬 늦게 시작하였으며 사회학은 그 중에서도 가장 어린 학문의 하나라는 사실에 주목할 필요가 있다. 왜냐하면 그것은 사회학에 있어서 과학적 방법을 적용하여 얻은 지식의 축적이 그만큼 적게 이루어졌다는 것을 의미하기 때문이다.

물론 어떤 학문의 발전수준을 그것의 연륜에 의해서만 평가할 수 없다. 그러나 인간의 행위를 연구하는 사회과학은 자연과학에는 없는 '어려운' 문제를 가지고 있기 때문에 그 연륜이 짧을수록 축적된 지식이 적을 수밖에 없다. 그 어려운 문제란 사회과학의 연구대상인 인간은 자의식을 가지고 있으며 경우에 따라 자신의 행동을 바꿀 수 있는데서 비롯된다. 연구대상이 되고 있는 사람들은 금속물질이나 세포와는 다르게 연구자들에게 비협조적일 수도 있고 그들이 연구대상이 되고 있다는 것을 알게 되면 자신의 행동을 위장하기도 하며, 실험의 대상이 될 경우에는 인권침해라고 그 실험에 응하지 않기도 한다. 이에 부가해서 인간의 행동은 일반적으로 정확하게 가려내기 어려운 매우 복잡한 원인들에 의해서 일어나기 때문에 그 인과관계를 밝혀낸다는 것은 쉬운 일이 아니라는 점도 지적할 수 있겠다.

자연과학자들도 사회과학자들과 마찬가지로 어떤 조건에서도 적용될 수 있는 '절대적인 법칙'이 존재한다고 믿지는 않는다. 그러나 자연과학은 사회과학보다 그 연구대상인 현상들을 더 정확하고 정밀하게 관찰할 수 있고 따라서 보다 더 정확하고 정밀한 '설명'과 '예측'을 할 수가 있다. 그렇다고 해서 사회학을 포함한 모든 사회과학이 모든 자연과학보다 덜 '과학적'이라는 말은 아니다. 사회학은 생물학이나 천문학보다 더 과학적일 수도 있다. 사회학의 연륜은 많지 않으나 그것의 연구방법은 계속해서 향상되고 있으며 따라서 보다 더 정확하고 정밀한 사회학적 지식이 축적되어 나갈 것이라고 기대된다.

사회학은 간혹 모든 사람이 알고 있는 것을 알기 어려운 말로 이야기한다는 비난을 받는다. 그것은 특히 상식에 의해서 도전을 받는다. 그 이유의 하나는 사회학자들은 일반사람들에게 익숙한 그들의 주변에서 일어나는 현상들(예를 들면, 가족, 학교, 직업, 범죄 등)을 연구하기 때문이다. 따라서 일반사람들은 자신들도 알고 있는 것을 사회학자들이 무엇인가 특별한 용어로 이야기하는 것처럼 생각하는 경향이 있다.

사회학이 상식의 도전을 받는 또 다른 이유는 일반사람들이 대체로 일반적으로 알려져 있는 지식과 정확하고 정교하게 알려져 있는 지식을 구분하지 못하는 데 있다. 어떤 것이 일반적으로 그렇다는 것과 그것은 왜 그렇고 어느 정도로 어떤 방식으로 그리고 어떤 조건 하에서 그렇다는 것은 전혀 다르다. 사실상 사회학의 과제는 "모든 사람이 알고 있는 것"에 대해 보다 체계적이고 정확한 지식을 확립하려는데 있다고 할 수도 있겠다.

사회학은 사회와 사회적 행위에 관한 체계적인 지식의 확립을 위해 특별한 용어들을 고안해 사용하고 있으나 '지위', '역할', '문화' 등과 같은 일반사람들이 사용하는 용어도 사용한다. 일반사람들에게 생소한 말을 사용하든 그들이 흔히 쓰는 말을 사용하든 사회학의 용어들은 그들에게 익숙하지 않은 정교한 의미를 담고 있다. 다른 과학의 경우와 마찬가지로 사회학의 용어들이 모든 사회학자들에게 동일한 의미로 정교하게 규정되어 있지 않다면 의사소통이 애매하게 될 것이고 어느 한 사람의 발견을 재검증할 수도 없을 것이다.

만약 어느 한 사회학자가 "내가 어린아이들에게 폭력을 주제로 만든 영화를 보여주었더니 그들은 그 전보다 더 난폭한 행동을 하기 시작했다."라고 말한다면, 그것은 충분한 연구보고가 될 수 없다. 그것이 충분한 보고가 되려면, 거기서 사용된 '폭력', '어린아이들', 그리고 '난폭'이라는 말들의 의미가 정밀하게 밝혀져야 한다. 즉 어떤 사람들에 대해 어떤 맥락에서 일어난 어떤 종류의 폭력이며, 어린아이들이란 어느 연령층을 말하는지 또한 남자인지 여자인지, 그리고 난폭한 행동은 어떻게 측정되었고 어떤 조건에서 어떤 방식으로 누구에 대해 일어났는지도 밝혀야 한다. 이와 같이 사회학은 대부분의 자연과학들보다는 덜 정교할지는 모르나 일반인들의 상식보다는 훨씬 더 정확하고 정밀한 관찰에 의해서 우리가 살고 있는 사회와 우리의 사회적 행위들에 관한 지식을 체계화시키고 있다.

3) 사회학과 인접사회과학

사회학만이 인간의 행위를 연구하는 학문은 아니다. 인류학, 심리학, 경제학 그리고 정치학과 같은 다른 사회과학들도 인간의 행위를 연구한다. 그럼에도 불구하고 사회과학의 여러 분야가 각각 하나의 독립과학으로서 존재하고 있는 이유는 이들이 서로 다른 측면 또는 관점에서 인간의 행위를 탐구하고 있기 때문이다. 그러나 인간의 행위는 그렇게 분명한 몇 개의 측면으로 구분되지는 않는다. 따라서 여러 사회과학들 간의 경계성은 희미할 수밖에 없고 또한 변할 수도 있다.

사회과학의 여러 분야는 사실상 학문발전의 역사적 근원에 의해서 구분되었고 우리는 그것을 편의상 받아들이고 있다. 우리가 그 구분을 받아들이는 이유는 아무도 모든 분야의 전문가가 될 수 없고 또한 이러한 구분이 우리에게 전문적 연구를 가능케 해주기 때문이다. 그러나 대부분의 사회과학자들은 각자 자기 분야가 다른 분야와 어느 정도 중복되어 있다라는 사실을 알고 있으며, 또한 필요할 때면 언제나 다른 학문 분야를 '침범' 함으로써 자신들의 전문 지식을 발전시킨다. 다음에서 사회학 이외의 다른 사회과학들은 주로 무엇을 연구하고, 사회학과는 어떻게 다르며, 어느 정도로 사회학과 중복되어 있는가를 살펴보기로 하자.

(1) 사회학과 경제학

경제학은 재화와 용역의 생산, 분배 및 소비 현상을 연구하는 학문분야이다. 경제학의 연구대상들은 대체로 다른 사회과학의 대상들보다 더 정확하고 정밀하게 관찰될 수 있기 때문에 사회과학 가운데서 가장 과학성이 높은 학문으로 알려져 있다. 경제학자들은 정밀한 양적 관찰이 가능한 현상을 연구 대상으로 삼고 있기 때문에 그에 대한 '설명' 과 '예측' 에 높은 수준의 통계학과 수학을 적용할 수가 있다.

경제학은 바로 이러한 점에서 사회학보다 정밀한 학문이라고 볼 수 있다. 그러나 경제 현상도 개인의 동기와 사회 규범 내지 제도의 영향을 받기 때문에 이러한 요인들과 관련하여 연구되지 않는다면 그에 대한 설명과 예측이 정확할 수가 없다. 최근에 많은 경제학자들이 이러한 측면에 관심을 두고 연구하고 있기는 하나 아직도 중요한 사회적 요인들을 그들의 기존이론 내에 포용시키고 있지 못하고 있다. 예를 들면 전통적 가치와 사회제도가 노동참가율에 어떠한 영향을 주고 있는지, 위세 부림이나 관습이 소비에 어떠한 영향을 주고 있는지, 기업가와 경영자들의 성취동기는 어디서부터 나오는지 등에 관한 연구는 경제학의 영역이라기보다는 사회학의 연구로 남아 있다.

사회학과 경제학은 모두 경제제도와 경제행위에 관심을 갖고 있으나 경제학은 앞에서 기술한 바와 같이 경제현상 그 자체, 즉 재화와 용역의 생산과 분배 현상에 초점을 맞추고 있으나 사회학은 경제생활의 사회학적 측면들, 즉 경제활동과 관련되어 일어나는 사람들의 사회적 상호작용과 사회적 행위를 연구한다는 점에서 경제학의 초점과 다르다. 이러한 방면의 연구는 사회학의 발전 초기부터 시작되었고 오늘날에 와서는 '경제사회학' 이라는 이름아래 더욱 더 활발히 수행되고 있다.

(2) 사회학과 정치학

과거의 정치학은 정치이념이나 정치철학과 정부형태, 그리고 이 둘 사이의 관계에 관한 연구에 초점을 두었었다. 오늘날의 정치학자들은 위의 문제를 계속해서 연구하고 있기는 하나 정치권력의 배분 및 구조화, 정치제도 그리고 정치체계 등에 더 많은 관심을 두고 있다.

사회학자들도 정치학자들이 관심을 두고 있는 현상들을 연구해왔다. 그러나 그 연구의 초점은 정치이념이나 정치체계 그 자체가 아니라 사회적 행위로서의 정치행동이나 정치제도와 다른 사회제도들과의 관계에 관한 문제에 두어졌다. 이러한 문제에 대한 사회학자들의 연구들은 '정치사회학' 이라는 사회학의 한 분과를 발전시키는데 기초가 되었다. 정치사회학자들의 주요 연구관심사는 투표행위, 정치문제에 대한 가치와 태도, 정치운동이 일어나는 과정, 소규모 공동체에서의 의사결정과정, 자발적 결사체 등이다. 이러한 현상들에 대한 정치사회학자들의 연구들은 정치학에 큰 영향을 주어 오늘날에 와서는 정치학자들도 이들과 동일한 '사회학적' 연구를 많이 수행하고 있다. 따라서 이제는 정치학자들과 정치사회학자들의 연구영역을 구분 짓기 어려울 정도가 되었다.

(3) 사회학과 심리학

심리학은 인간의 지각과정, 지각된 것에 의미를 부여하는 인지과정, 그리고 지각과 인지를 통한 학습과정을 탐구한다. 현대 심리학자들은 또한 감정, 정서, 동기 등과 이들이 조직화된 상태, 즉 인성(personality)을 연구한다. 두말할 필요도 없이 심리학은 다른 어떤 사회과학보다도 더 개인에 초점을 두고 있다. 지각에 관한 연구는 생물학 또는 생물학적 지식에 근거해서 이루어지나 사회적 행위와는 거의 관련되어 있지 않다. 그러나 정서, 인지, 동기 등에 관한 연구는 개인들의 사회적 참여와 밀접한 연관성을 갖고 이루어진다.

심리학에서 말하는 인성이라는 개념은 인류학에서의 문화라는 개념과 사회학에서 사회라는 것과 대등한 의미를 갖고 있으며 또 실제로 이들 개념들은 서로 밀접히 관련되어 있다. 심리학은 개인에 초점을 두고 있으나 사회학은 상호작용하는 복수의 개인들에 관심을 두고 있다는 점에서 서로 다르다. 그러나 인성과 개인의 행위는 사회적 맥락에서 이루어지고 또한 개인들은 인성을 가지고 상호작용을 한다는 점에서 심리학과 사회학은 중첩이 된다. 이러한 중첩에서 '사회심리학' 이라는 분과학이 발달하여 이를 대부분의 대학 심리학과와 사회학과 모두에서 가르치고 있다.

(4) 사회학과 인류학

인류학은 사회학의 자매학문이라고까지 칭해질 정도로 사회학과 매우 가까운 학문이다. 이 점은 인류학의 가장 중요한 연구대상인 문화의 개념과 사회학의 연구대상인 사회의 개념이 상호의존적으로 규정되고 있다는 사실에서 잘 나타난다. 사회학과 인류학 모두에서 문화는 사회성원들에 의해서 공유되고 있는 모든 생활양식들이라고 규정되고 있으며 사회는 그러한 생활양식들을 공유하고 상호작용하는 개인들의 집합체라고 규정되고 있다. 문화와 사회라는 두 개념이 마치 동전의 양면과 같은 동일한 현상의 다른 두 측면으로 이해되고 있다는 사실에서 인류학과 사회학은 매우 가까운 학문이라는 것을 잘 알 수 있다.

인류학은 사회학만큼이나 매우 포괄적이며 다양한 연구대상들을 갖고 있다. 인류학은 보통 인간의 진화과정을 연구하는 형질인류학(physical anthropology), 역사 이전의 문화를 다루는 고고학(archeology), 여러 민족들의 언어와 그것의 다른 문화요소들과의 관계를 분석하는 인류학적 언어학(anthropological linguistics), 그리고 현존하는 부족집단이나 주요 문명의 분파인 민족집단의 문화를 연구하는 문화 또는 사회인류학(cultural or social anthropology)등 네 가지 전문분야로 나누어져 있다. 이들 가운데 문화인류학이 사회학과 가장 많은 공통점을 지니고 있다. 그러나 전자는 주로 고립된 소규모의 원시 또는 미개사회를 총체적으로 연구하는 반면 후자는 주로 현대의 대규모 산업사회에서의 집단과정들을 탐구한다는 점에서 서로 다르다고 생각되어 왔다. 이러한 상이성은 아직도 남아 있기는 하나 오늘날의 많은 문화인류학자들은 사회학자들과 마찬가지로 현대 산업사회에 있어서의 집단과정들을 연구하고 있다는 사실에 유념할 필요가 있다. 그 중요한 이유들 가운데 하나는 전통적으로 문화인류학의 연구대상이었던 소규모의 미개 또는 전통사회들이 급격한 사회변동으로 소멸 내지 변화되었기 때문이다. 따라서 오늘날 많은 사회학자들과 인류학자들은 서로 연구를 참고하고 있다.

앞으로 우리는 사회학의 많은 지식들이 다른 사회과학에서 온 것임을 알게 될 것이다. 그것은 사회과학의 각 분야들이 서로 중첩되어 있고 또한 중첩되는 부분에서 서로 영향을 주고받으면서 발전하고 있기 때문이다. 특별히 심리학과의 중첩에서 발전한 사회심리학과 인류학의 한 분과학인 문화인류학은 사회학의 초점에 보다 더 가까이 와 있음을 발견하게 될 것이다.

2. 사회학의 발전

사회학은 19세기 중엽 산업혁명과 프랑스혁명으로 급격한 변동을 겪고 있었던 서구에서 나타나기 시작했다. 그 출현의 시대적 배경이 시사해주고 있듯이, 사회학은 급격한 사회변동과 더불어 발생한 여러 가지 심각한 사회문제들에 당면하여 그 근본적 원인은 무엇이며 또한 그에 대해 어떤 대책이 마련되어야 하는가를 연구할 필요성에 의해 나왔다고 할 수 있다.

산업화는 수세기 동안 비교적 안정돼 있었던 서구사회에 커다란 혼란을 일으켰다. 산업과 기술의 발전은 자연환경은 물론 사회환경까지 크게 변화시켰다. 농부들은 그들의 선조들이 수세기 동안 살아왔던 촌락을 떠나 새로이 발전하는 산업도시로 몰려와 노동자가 되었고, 도시는 급속도로 성장하여 전통적인 소규모 지역공동체의 특성이었던 친밀한 인간관계와 그러한 관계를 유지시켜 주었던 관행이 지속하기 어려운 익명적 사회로 발전하였다.

산업혁명에 이은 프랑스혁명은 귀족 중심의 군주제를 와해시키고 신흥 중산층을 주축으로 한 민주주의 제도로의 전환점을 마련해주었다. 이 정치혁명은 또한 도덕적 권위와 사회질서의 원천이었던 종교의 힘을 약화시켰고, 이와 더불어 그 전에는 비정상적으로 여겨졌던 새로운 사회제도들이 오히려 당연한 것으로 받아들이게 만들었다. 그러나 그 변동의 방향은 불분명하였으며 그로 인하여 사회질서의 안정성이 크게 위협을 받게 되었다.

서구사회에서 사회학이 출현하게 된 배경에는 양대 혁명에 따른 사회변화 이외의 또 다른 두 가지 중요한 이유가 있었다. 그 하나는 자연과학의 발전을 본보기로 그 방법을 사회현상에 대한 연구에 적용할 수 있을 것이라는 사고의 출현이고 다른 하나는 식민지 개척과 더불어 이들 사회와 접촉이 늘어남에 따라 유럽 이외의 사회는 왜 유럽사회와 다른가 하는 의문에 대한 해답을 구하고자 하는 노력의 확대였다.

다음에서 사회학 발전의 선구자로 손꼽히고 있는 초기 사회학자들과 19세기 말과 20세기 초에 현대사회학의 기초를 마련해 놓은 거장들의 업적을 차례로 살펴보자.

1) 초기의 사회학자들

(1) 오귀스트 꽁뜨

일반적으로 "사회학의 창시자"라는 명예는 19세기 중엽 프랑스의 대표적인 지식인들 중의 한 사람인 꽁뜨(Auguste Comte, 1798~1857)에게 부여되고 있다. 그를 사회학의 창시자로 부르게 된 이유는 현대 사회학의 모든 학문적 계보들이 그로부터 비롯되었기 때문이 아니라 그가 처음으로 사회를 과학적으로 탐구하는 "새로운 과학의 필요성"을 주장하고, 그것을 '사회학'이라고 명명[2)]하였기 때문이라고 보는 것이 더 적합할 것 같다. 물론 꽁뜨가 사회학의 발전에 미친 영향은 결코 무시될 수 없다. 그러나 사회학의 기초는 꽁뜨 당대와 그 이후의 서로 다른 학문적 전통에서 출현한 여러 학자들에 의해 다져졌다는 사실을 간과해서는 안된다.

꽁뜨는 사회학을 사회 질서와 진보의 법칙들을 연구하는 학문이라 생각하고, 그러한 법칙들을 자연과학의 방법, 즉 관찰, 실험, 그리고 비교의 방법을 적용하여 탐구할 것을 주장하였다. 그는 생물학에서 해부학과 생리학을 구분하듯이 사회학을 사회정학(social statics)과 사회동학(social dynamics)으로 양분하였다. 여기서 사회정학은 사회 구성요소들 간의 상호관계에서 나타나는 균형 · 불균형 상태 또는 작용과 반작용에 관한 법칙, 즉

2) 꽁뜨는 그 새로운 학문을 처음에는 '사회물리학(social physics)'이라 명명하였으나 같은 시기에 벨기에의 사회통계학자인 아돌프 께뜰러(Adolphe Quetelet)가 그것을 도용하였다고 하여 'Sociology'라고 재명명하였다.

사회 질서와 안정의 문제를 연구하는 분야를 말하며, 사회동학은 진보와 변동의 문제를 탐구하는 연구분야를 말한다.

그는 사회정학에서 가족, 계급과 카스트, 그리고 도시와 촌락을 각각 생명체의 요소(element), 세포조직(tissue), 그리고 기관(organ)에 해당하는 것, 즉 사회의 기본적 구성요소들로 보고 이들이 전체사회 내에서 어떻게 조화를 이루고 있는가를 밝히려고 노력하였다. 사회동학에서는 인간의 지적 능력이 신학적 단계에서 형이상학적 단계를 거쳐 실증주의적 단계로 발전하고 사회도 이러한 지적 발전과 더불어 진보한다는 이론을 제안하였다. 그에 따르면 신학적 단계에서의 사회조직은 사제와 군대에 의해서, 형이상학적 단계에서는 목사와 법률가에 의해서 지배되었고, 그리고 마지막의 실증주의적 단계에 와서는 산업경영자와 과학적 도덕가에 의해서 지배된다고 한다.

꽁뜨의 사회정학과 사회동학 이론은 오늘날에 와서는 거의 받아들여지지 않고 있다. 하지만 그가 사회질서와 사회변동의 문제를 사회학의 기본 연구과제로 제기하여 놓았다는 사실을 부정하는 사람은 아무도 없다.

(2) 허버트 스펜서

꽁뜨보다는 다소 늦지만 역시 동시대의 인물로 간주되는 스펜서(Herbert Spencer, 1820~1903) 역시 사회학의 선구자로 빼놓을 수 없는 영국의 학자이다. 그는 꽁뜨와 마찬가지로 사회질서와 변동의 문제 모두에 관심을 가졌으나 질서보다는 변동의 측면에 더 중점을 두었다. 스펜서 역시 인간사회를 유기체적 유추(organic analogy)로 이해하여 사회는 상호의존 되어 있는 여러 부분들로 이루어져 있으며 각 부분들은 전체체계의 안정과 존속을 유지하는데 제가끔의 기능을 수행한다고 보았다.

여기서 한 걸음 더 나아가 스펜서는 다윈(Charles Darwin)의 진화론을 인간사회에 적용하여 사회는 동질적인 부분들로 구성된 미분화된 형태로부터 점차 이질적인 것들로 이루어진 분화된 형태로 진화한다는 사회진화론을 내세웠다. 즉 사회는 미개사회에서 볼 수 있는 단순하고 미분화된 형태에서 오늘날의 산업사회에서와 같이 복잡하고 분화된 형태로 진화한다는 것이다. 그의 이론에서 또 한가지 매우 중요한 것은 분화는 결합을 수반한다는 명제이다. 왜냐하면 분화된 사회의 여러 부분들이 서로 달라지게 되면 그만큼 그들은 상호의존적으로 되기 때문이다.

스펜서가 사회의 진보를 보는 주안점은 꽁뜨와 다르다. 꽁뜨는 앞에서 소개한바와 같이 인간의 지적 능력의 향상, 즉 사고에 있어서의 진보에 일차적 관심을 두었으나 스펜서는 그러한 정신의 상태보다는 인간의 외적 환경, 즉 사회제도와 구조의 분화문제에 주안점을 두었다. 그리고 꽁뜨는 실증주의적 질서로 향한 개혁론을 내세웠으나 스펜서는 사회의 진화과정은 그 자체가 진보를 의미하기 때문에 어떠한 개혁에 의해서도 간섭을 받아서는 안된다고 주장하였다.

오늘날의 많은 사회학자들은 사회가 항상 보다 좋은 방향으로 진보한다는 것을 믿지 않는다. 그러나 사회는 어느 정도 균형상태를 유지하면서 단순한 상태로부터 복잡한 상태로, 즉 미분화된 사회로부터 분화된 사회로 변화하는 경향이 있다는 스펜서의 입장에 대해서는 많은 학자들이 의견을 같이하고 있다.

(3) 칼 맑스

19세기의 인물로서 사회학의 발전에 크게 기여한 또 다른 사람은 맑스(Karl Marx, 1818~1883)이다. 그는 독일에서 태어나 독일에서 수학하였으나, 젊은 시절에는 그가 벌인 사회주의 운동 때문에 이 나라 저 나라로 추방당하며 생활하다가, 나이가 들어서는 런던에 정착하여 일생을 보낸 기구한 생애의 인물이다. 그는 대단한 사회주의 운동가이면서 동시에 철학, 경제학, 정치학, 그리고 역사학에 걸쳐 광범하고 다양한 방면의 저술들을 펴냈다. 그는 그 자신을 사회학자라고 생각한 적이 없었으나 그의 연구업적은 현대 사회학에 지대한 영향을 주었다. 그의 관점은 나중에 현대사회학의 갈등이론을 위한 기초가 되었다.

맑스에게 있어서 사회과학의 과업은 단순히 현실을 파악하여 기술하는 것이 아니라 그것을 변화시키는 것이었다. 사회의 균형과 진보의 불가피성을 주장하였던 스펜서와는 반대로 그는 사회 갈등과 혁명의 불가피성을 주장하였다. 그는 경제를 사회의 하부구조, 즉 사회의 토대로 보고 그것에 의해서 정치, 법, 종교, 문화, 예술 등의 상부구조가 형성되고 발전한다는 경제결정론을 주장하였다. 그리고 역사는 생산수단의 소유자들과 비소유자들 간의 끊임없는 투쟁의 산물이라고 주장하였다. 더 나아가서 자본주의체제 하에서 자본가들은 서로 경쟁관계에 있기 때문에 단결할 수 없는 반면에 그들에게 착취당하고 있는 노동자들은 공동의 이익을 위해서 단결하여 자본주의 사회를 몰락시키고 무계급 사회를 이룩할 것이라고 예언하기도 하였다.

이와 같은 맑스의 사상과 이론은 하나의 종교적 신념처럼 받아들여져서 그 당시는 물론 오늘날에 이르기까지도 사회주의 내지 공산주의 운동의 이념적 기초를 제공해주고 있다. 그러나 실재의 공산주의 사회는 그가 주창하였던 사상과는 전혀 다르다는 것을 알아둘 필요가 있다. 그가 말하는 공산주의 사회는 하나의 유토피아와 같은 무계급 사회를 의미하지 지난 20세기 있었던 공산주의 국가의 사회구조를 뜻하지는 않는다.

그의 예견은 빗나갔고 경제결정론은 계속 도전을 받아 왔다. 그러나 오늘날의 많은 사회학자들은 사회를 구조적으로 파악하려 했던 그의 접근 방법과 경제가 다른 사회영역에 큰 영향을 주고 있다는 그의 이론을 받아들이고 있으며 아울러 그로부터 한 걸음 더 나아간 연구를 계속해서 수행하고 있다.

2) 현대사회학의 기초자들

(1) 에밀 뒤르켐

꽁뜨의 후계자라고 볼 수 있는 프랑스의 사회학자 뒤르켐(Emile Durkheim, 1858~1917)은 당대의 독일 사회학자 베버와 함께 현대사회학의 발전에 가장 큰 기여를 한 사람으로 평가되고 있다. 이 두 사회학의 거성이 정립해 놓은 이론과 방법론은 현대사회학의 주류를 형성하였으며 이들의 저술들은 아직도 사회학의 고전으로 널리 읽혀지고 있다.

뒤르켐은 사회학을 독립된 사회과학의 한 분야로 확립하는데 크게 기여하였다. 그는 사회학을 사회사실들(social facts)의 발생 원인과 기능을 과학적 방법으로 연구하는 학문이라고 생각하였다. 그에게 사회사실이란 개인에게 외재하여 개인들에게 구속력을 행사하는 '그것 자체로서 사물(things *sui generis*)' 인 것이다. 여기서 개인에 외재한다는 말은 개인의 의식 또는 사고와 감정과는 별개의 것으로 그 자체가 독립적으로 실재한다는 것을 의미한다. 달리 말해서 사회사실들은 개인들의 상호작용에 의해서 형성되나 개인들의 속성으로 환원되지 않는 그 자체로서 전체성을 가지고 있다는 것이다. 더 나아가서 개인들의 상호작용(joint activity)은 개인들 외부에서 일어나기 때문에 그 결과는 필연적으로 개인들 각자의 특정성에 의하지 않은 행위의 양식으로 고정, 즉 제도화된다(Durkheim, 1966: lvi). 따라서 사회사실은 개인의 행위를 구속 또는 규제하는 힘을 가지게 된다는 것이다.

뒤르켐의 관심은 사회사실이라는 개념에 반영되어 있듯이 사회질서가 어떻게 이루어지고 유지되는가에 있었다. 그는 사회질서의 기초가 되는 것은 집합의식(collective conscience), 즉 사회성원들이 공유하고 있는 신념과 가치들이라고 보았다. 사회는 이러한 신념과 가치의 토대 위에 세워진 사회규범이 잘 지켜질 때 안정된다는 것은 두말할 나위가 없을 것이다. 그러나 뒤르켐의 관심은 그러한 집합의식의 정태적 분석에만 그치지 않는다. 그는 처음부터 산업화와 더불어 급격히 변동하고 있는 사회에서 일어나는 무질서 또는 무규범(anomie) 상태에 깊은 관심을 갖고 있었다. 그는 사회를 분업이 이루어져 있지 않으며 성원들 간의 유사성이 강하고 집합의식으로 결속되어 있는 기계적 연대(mechanical solidarity)에 기초한 사회와 분업화되어 있으며 개인들 간의 이질성이 높고 상호의존성이 강한 유기적 연대(organic solidarity)에 기초한 사회로 구분하고 사회적 무질서 또는 아노미(무규범) 현상은 사회가 전자의 상태에서 후자의 상태로 변하는 과정에서 일어난다는 이론을 제시하였다.

뒤르켐은 그의 저서『자살론』(Durkheim, 1966)에서 자신의 이론을 경험적으로 잘 검증해 보여주고 있다. 그는 이 연구에서 사회통합(또는 집단응집력)이 매우 약하기 때문에 발생하는 이기적 자살, 그 반대의 경우에 일어나는 이타적 자살, 그리고 개인의 행위를 규제하는 규범의 부재 때문에 일어나는 아노미적 자살을 구분하고, 마지막 형태의 아노미적 자살을 사회변동, 즉 기계적 연대의 사회에서 유기적 연대의 사회로의 변동 과정과 관련해서 다음과 같이 설명하고 있다. 즉 아노미적 자살은 이 변동 과정에서 기존의 사회적 통합력 또는 사회규범의 개인에 대한 구속력이 약화되었기 때문에 일어나는 현상이라는 것이다. 사회적 통합의 약화 또는 아노미 상태가 일으키는 사회문제는 자살뿐만이 아니다. 각종 비행과 범죄, 마약 또는 알콜 중독, 이혼, 정신이상과 같은 각종의 사회적 일탈행위도 급격한 사회변동에 따른 아노미 현상 때문인 것으로 설명될 수 있다는 것이다.

뒤르켐은 위에서 살펴본 사회분화와 일탈행위에 관한 연구 이외에 종교와 도덕에 관해서도 매우 중요한 저술들을 남겼다. 이 저술들은 대부분이 고전으로 남아 사회구조와 기능, 사회집단, 일탈행위와 사회통제, 그리고 사회변동에 대한 연구의 토대가 되고 있다.

(2) 막스 베버

앞에서 뒤르켐과 베버(Max Weber, 1864~1920)는 현대 사회학에서 쌍벽을 이루고 있는 기초자라고 언급한 바가 있다. 그러나 많은 사회학자들은 베버가 뒤르켐보다 현대사회학 발전에 더 큰 영향을 주었다고 생각한다. 그는 아마도 당대에 가장 비범한 사회학자가 아니었는가 생각할 정도로 풍성한 상상력과 날카로운 관찰력을 가지고 역사, 정치, 법, 경제, 종교, 도시, 음악 등 다양한 영역에 걸쳐 불후의 연구업적을 남겼다.

베버는 사회학을 사회적 행위의 해석적 이해를 통해서 그 행위의 과정과 결과를 인과적으로 설명하려는 학문이라고 규정하였다(Weber, 1964: 88). 다시 말해서 그에게 있어 사회학의 과제는 행위자가 그의 행위에 부여하고 있는 주관적 의미를 파악해서 그 과정과 결과를 인과적으로 밝혀내는 것이다. 그는 그러한 사회적 행위를 '이해(verstehen)'의 방법에 의해서 파악할 것을 제안하였다. 여기서 이해란 연구자가 연구대상자인 개인의 행위를 그의 경험과 감정에 비추어서 파악하는 방법을 말한다. 그러나 사회적 행위의 인과관계는 이해의 방법만으로 밝혀낼 수 없다. 베버는 역사적 사건들과 사회현상들을 분석하기 위해서 많은 이념형(ideal type)들을 구성하였고, 그 인과관계를 밝히기 위해 '상상적 실험(imaginary experiment)'을 할 것을 제안하였다. 이념형이란 구체적으로 일어나는 현상의 두드러진 측면들을 논리적으로 구성해 놓은 것을 말하며, 상상적 실험이란 어떤 현상의 주요한 원인이라고 가정된 요소를 상상 속에서 제거 또는 변경시킴으로써 그 요소가 과연 그 현상의 원인이 되었는가를 따져보는 방법이다.

베버의 저서 『프로테스탄트 윤리와 자본주의 정신』(Weber, 1958)은 이러한 방법론을 적용하여 현대의 부르주아 자본주의가 어떻게 서구에서 일어났는가를 연구한 사회학의 대표적 고전으로 손꼽힌다. 그는 이 연구에서 부르주아 자본주의를 합리적인 노동과 생산조직을 통해서 이윤을 최대화하는 정신에 기초하고 있는 것으로 이념형화하고 그러한 정신은 프로테스탄트의 소명사상과 금욕정신에 밀접히 관련되어 있음을 상상적 실험의 방법을 통해서 논증하고 있다. 즉, 프로테스탄트 교도들은 자신들에게 주어진 직업 소명에 충실하고 금욕의 윤리를 잘 지킴으로써만 구원을 받을 수 있을 것이라는 동기 때문에 자본의 축적이 가능했고 따라서 현대 부르주아 자본주의가 발전하게 되었다는 것이다.

자본주의의 발전에 관한 연구를 포함하여 베버의 다른 많은 연구들이 흔히 "맑스의 유령에 대한 도전"이라고 얘기되듯이, 그는 맑스의 이론을 극복하려고 노력한 사람이었다. 맑스는 자본주의 사회를 생산력의 변화에 따른 봉건사회의 내재적 모순으로부터 발전한 것으로 설명하고 있으나 베버는 프로테스탄트 윤리가 그 형성에 중요한 한 요인이 되었다는 것을 입증하고 있다. 또한 맑스는 경제관계의 맥락에서 결정되는 계급과 계급투쟁을 사회변동의 결정요인으로 보고 있으나 베버는 경제적 계급과 정치적 권력 그리고 사회적 신분은 서로 밀접히 관련은 되어 있으나 각각 독립적인 계층의 차원들로 작용하고 있다고 보았다. 한마디로 말해서, 맑스는 경제결정론자였으나 베버는 어떠한 단일요인결정론에도 반대한 철저한 복수요인결정론자였다. 마지막으로 맑스는 사회과학자들의 연구는 그들의 가치와 행위로부터 분리될 수 없다고 주장하였으나 베버는 사회과학자들은 가치중립(value-free)의 입장에서, 즉 그들의 개인적 신념이나 편견으로부터 벗어난 객관적인 입장에서 연구해야 한다고 주장하였다는 점에서 이 두 거장이 사회과학을 보는 눈은 극명하게 대립되어 있음을 지적해 둘 필요가 있다.

여기서 베버의 연구를 모두 소개한다는 것은 불가능하다. 그러나 그가 사회현상을 분석하기 위해서 고안한 많은 이념형들, 사회적 행위의 유형에 관한 이념형들과 이들로부터 도출한 사회관계와 사회조직의 유형들에 관한 이념형들은 현대사회학의 이론적 토대가 되고 있다는 점을 언급해 두지 않을 수 없다. 부가해서 그의 『프로테스탄트 윤리와 자본주의 정신』은 뒤르켐의 『자살론』과 더불어 아직까지도 과학적 방법을 적용한 경험연구의 모범이 되고 있다는 것도 강조해 두고자 한다.

3. 현대사회학이론

제1차 세계대전의 종식과 더불어 사회학의 주무대는 유럽으로부터 미국으로 옮겨 갔다. 유럽에서는 사회학에 대한 지적 및 제도적 장애로 그 발전이 부진하였던 반면에 미국에서는 진취적이고 자유주의적인 학문적 성향 때문에 유럽 사회학을 빠르게 수용하여 발전시킬 수 있었다. 미국에서의 사회학이론은 유럽의 고전이론들을 종합하여 발전시킨 파슨스의 행위이론(Parsons, 1937)과 이에 도전하는 여러 경쟁적인 이론들의 출현과 더불어 새로운 양상을 띠게 되었다. 유럽의 고전이론 시대가 막을 내리고 미국으로부터의 현대사회학이론 시대가 열린 것이다.

현대사회학이론은 사회학자들 간에 사회현상을 보는 관점 또는 기본 가정이 서로 다른 만큼 매우 다양하다. 그러나 그 이론들은 설명하고자 하는 사회적 대상의 규모에 따라 사회심리학적 관점에서 개인들의 행위와 일상생활에서 일어나는 국부적인 현상들을 다루는 미시이론과 조직과 제도에 주안점을 두고 전체 사회의 질서와 변동의 문제를 다루는 거시이론으로 양분해 볼 수 있다. 초기의 사회학자들은 대체로 거시이론에 관심을 가졌었으나 오늘날의 사회학자들은 보다 특정적이고 한정된 현상을 다루는 미시이론의 경향을 띠고 있다. 이러한 경향에도 불구하고 사회와 사회적 행위에 대한 포괄적인 가정에 기초한 거시사회학 이론들은 아직도 많은 연구에 지침이 되고 있다. 거시이론 영역에서는 기능론(function alism)과 갈등이론(conflict theory)이 대립적으로 발전하였으며, 미시이론에서는 교환이론(exchange theory), 상징적 상호작용론(symbolic interactionism), 그리고 민간방법론(ethnomethodology)이 시각을 조금씩 달리하면서 발전해 왔다.

1) 기능론

기능론 또는 구조-기능론(structural-functionalism)이라고도 칭해지는 이론적 관점은 꽁뜨와 스펜서로부터 뒤르켐을 거쳐 미국사회학의 발전에 크게 기여한 파슨즈(Talcott Parsons, 1902~1979)와 머튼(Robert K. Merton, 1910~2003)에 의해 체계화되었다. 이들의 이론은 1960년대 초까지 미국 사회학계의 지배적인 이론으로 군림하였으나 그 후 맑스주의 이론에 기초를 둔 갈등이론가뿐만 아니라 교환이론가와 상징적 상호작용론자에 의해서도 맹렬한 공격을 받고 크게 위축되었다. 그렇다고 해서 기능론의 전통이 사라진 것은 아니다. 1980년대에 들어오면서 앨릭잰더(Alexander, 1985)의 "신기능론", 루만(Luhman, 1982)의 "체계이론" 등과 같은 새로운 모습의 기능론으로 다시 일어나고 있다.

초기 사회학자의 한 사람인 스펜서는 사회와 생물유기체의 유사성에 관심을 갖고 생물유기체가 서로 다른 기능을 수행하는 여러 기관들로 구성되어 그 생명을 유지하고 있듯이 사회도 가족, 종교, 군대, 정부 등 상호 관련된 여러 부분으로 이루어져 있으며 이들은 각각 사회의 존속과 유지에 일정한 기능을 수행하고 있다고 보았다. 현대의 기능론자들은 스펜서처럼 사회를 생물유기체와 같은 류로 생각하지는 않으나 사회도 유기체와 비슷하게 상호 관련되어 있는 여러 부분들로 구성되어 있는 하나의 체계를 형성하고 있다고 생각한다. 다음에서 현대 기능론의 두 거두라고 지목되는 파슨즈와 머튼의 이론에 대해서 알아보기로 하자.

(1) 파슨즈의 행위이론과 사회체계론

파슨즈는 흔히 사회학의 마지막 거시이론가라고 불리운다. 그의 이론은 매우 추상적이고 복잡하나 현대사회학 이론에 하나의 기점이 되고 있으므로 조금 자세히 소개해 둘 필요가 있겠다.

파슨즈에 의하면 인간사회는 생명유기체나 마찬가지로 상호의존되어 있는 여러 부분들로 이루어져 있고 균형(equilibrium)을 유지하려는 경향이 있다. 따라서 사회는 어느 한 부분에 변화가 일어나 불균형 상태가 되면 그와 연관되어 있는 다른 부분들이 그에 맞추어 변화함으로 균형 상태를 유지하려고 한다. 파슨스의 이론은 사회에 대한 이와 같은 동적 균형(moving equilibrium)상태의 가정 하에 정립된 것이다(Parsons, 1951: 481). 이 가정은 생물학에서의 항상성(homeostasis)의 원리와 같다. 인체는 날씨가 더우면 땀을 흘리고 추우면 몸을 떨어서 체온을 유지한다. 사회도 이와 마찬가지로 어떤 원인에 의해서 혼란이 일어나면 그것을 해결함으로써 균형을 유지하려는 성향이 있다는 것이다.

파슨즈는 개인들의 상호작용 맥락에서 일어나는 어떠한 행위체계도 그것이 존속하려면 ① 환경에 대한 적응(adaptation), ② 주어진 환경 하에서의 목표달성(goal-attainment), ③ 체계의 내적 통합(integration), 그리고 ④ 그 체계의 잠재적 유형유지와 긴장관리(latent pattern maintenance and tension-management) 등의 4가지 기능적 필수요건[3)]을 해결해야 한다고 보았다(Parsons, 1971: 4-28). 그리고 각각의 기능은 다음의 4개의 하위체계들, 즉 인간의 생물학적 의미에서의 구성체인 행동유기체(behavioral organism), 각 개인의 욕구와 동기의 복합체인 인성체계(personality system), 상호작용하는 개인행위자들의 규범체계인 사회체계(social system), 그리고 가치와 상징들의 체계인 문화체계(cultural system)에 의해서 수행된다고 보았다. 그에 의하면 이 4개의 하위체계들은 각각 독립성을 가지고 있으면서 상호의존 관계에 있으므로 어느 한 체계를 중심으로 볼 때 다른 3개의 체계들은 그것의 환경으로 작용한다. 따라서 어느 한 하위체계의 변화는 다른 하위체계들의 변화를 일으켜 재균형을 유지하게 된다고 본다.

파슨즈는 이와 같이 매우 거시적인 안목에서 행위의 일반이론을 설정하고 행위체계의 4가지 하위체계 중에서 사회체계를 사회학의 연구대상으로 삼았다. 그는 사회를 하나의

3) 이것을 각 요건들의 영문 첫 글자를 따서 "AGIL model"이라고도 칭한다.

사회체계로 보고 이를 또 다시 4개의 기능적 필수요건들에 상응하는 4개의 하위체계들—경제, 정치, 사회공동체, 그리고 유형유지 또는 신뢰체계—로 구성하여 파악하고 있다. 경제는 여러 역할들로 구성되어 있으며 사회에 필요한 자원을 획득하여 배분하는 적응의 기능을 수행하는 영역, 정치는 집합체들로 구성되어 있으며 자원을 동원하여 사회의 목표를 달성하는 기능을 수행하는 영역, 사회공동체는 여러 규범에 의해서 사회통합의 기능을 수행하는 영역, 마지막으로 유형유지체계는 문화전통에 의해서 사회성원들이 공유하고 있는 가치들에 의해서 사회의 유형을 유지시켜주는 기능을 수행하는 영역으로 보았다.

파슨즈는 4개의 기능적 필수요건을 가지고 사회가 어떻게 구조화되어 있는가를 보여주려고 노력하였을 뿐만 아니라(Parsons, 1951) 진화론적 관점에서 사회변동을 역시 4개의 기능영역에 준거하여 설명코자 시도하였다(Parsons, 1966, 1971). 그에 따르면 사회는 적응의 영역에서는 적응력의 상승이, 목표달성의 영역에서는 그 효율성의 증대를 위한 분화가, 통합의 영역에서는 포용이, 그리고 유형유지의 영역에서는 가치의 일반화가 일어나는 방향으로 발전한다는 것이다. 그러나 그의 이론은 사회의 균형상태를 가정하고 있기 때문에 점진적으로 일어나는 사회변동과정에 대해서는 어느 정도 설득력이 있으나 급격한 변동, 예를 들면 혁명에 의한 변화나 전쟁과 같은 현상은 설명하지 못하는 결함을 가지고 있는 것으로 비판을 받아 왔다.

(2) 머튼의 중범위이론과 기능분석의 패러다임

파슨즈의 이론은 모든 것을 포용하는 매우 추상적인 거대이론(grand theory)이다. 머튼은 이러한 거대이론의 공헌을 전적으로 부정하지는 않았으나 현대사회학 이론이 지향해야 할 길은 탁상공론의 거대이론이 아니라 경험적으로 검증될 수 있는 일련의 가설들을 도출할 수 있는 한정된 범위의 가정들로 이루어진 중범위이론(middle range theory)을 발전시키는 것이라고 생각하였다(Merton, 1967). 머튼은 이러한 중범위이론들이 경험적 자료의 근거없이 모든 것을 포용하면서 지극히 추상적인 개념들만으로 이루어진 거대이론과 아무런 이론적 근거도 없이 경험자료의 분석만을 강조하는 경험주의 사이에 존재하는 공백을 채워줄 것이라고 생각하였으며 사회학의 일반이론들은 이러한 중범위이론들이 어느 정도 축적되어야만 구축될 수 있는 것이라고 주장하였다.

머튼은 그러한 중범위이론들이 사회현상에 대한 기능 분석을 통해서 잘 정립될 수 있을 것이라 생각하고 기능분석의 패러다임을 제안하였다. 이 패러다임에서 그는 기능 분석을 어떻게 할 것인가에 관련하여 다음 두 가지의 중요한 개념틀을 제시하고 있다. 그 하나는 순기능(eufunction)과 역기능(dysfunction)의 구분이며 다른 하나는 현재적 기능(manifest function)과 잠재적 기능(latent function)의 구분이다(Merton, 1968). 순기능은 어느 한 사회 또는 문화체계의 구성요소들이 그 체계의 적응 또는 존속에 긍정적인 결과를 가져오게 할 경우를 말하고, 역기능은 그 반대로 부정적인 결과를 가져오게 할 경우를 말한다. 현재적 기능은 사회성원들에 의해서 의도되고 인식된 기능을 말하며, 잠재적 기능은 의도되지도 인식되지도 않은 기능을 말한다.

위의 개념들을 예를 들어 설명해 보자. 우리 사회에서 과학기술의 발전은 경제성장에 크게 기여했다는 점에서 긍정적인 기능을 수행했으나 심각한 공해를 유발시켰다는 점에서는 부정적, 즉 역기능을 수행하였다고 볼 수 있다. 그리고 대학이 수행하는 고급인력의 양성은 의도된 것이라는 점에서 대학의 현재적 기능이라고 할 수 있겠으나, 대학은 동시에 젊은 남녀를 모이게 하여 결혼시장과 같은 구실을 하는데 이것은 의도된 것이 아니라는 점에서 잠재적 기능이라고 할 수 있겠다.

더 나아가서 머튼은 사회에 필요한 특정의 기능은 특정의 제도에 의해서만 수행되는 것이 아니라 다른 제도에 의해서도 수행될 수 있다는 "기능적 대안물(functional alternatives)"이라는 개념을 제시함으로써 종래의 기능론자들이 갖고 있는 보수주의적 성향, 즉 현존하는 제도들은 필요하고 지선이라는 생각을 극복하고 있다. 예를 들면 어린아이들을 양육하는 기능은 가족에 의해서만이 아니라 보육원이나 탁아소에서도 할 수 있다는 점에서 가족만이 자녀양육의 지선이 아니라 필요한 사람들에게는 보육원과 탁아소도 그 기능을 대행하여 제공할 수 있다.

머튼은 기능적 대안물이라는 개념을 제시함으로써 기능론의 보수주의적 성향을 어느 정도 극복하고는 있으나 기능론의 핵심적인 문제, 즉 무엇이 기능적 필수요건들이며 또한 기능적 대안물에는 어떤 것이 있는가를 체계적으로 제시하지 못하고 있다. 그의 공헌은 기능적 분석을 위해서는 무엇이 요구되는가에 관한 하나의 패러다임을 제시한데 있다고 보아야 할 것이다.

2) 갈등이론

현대의 갈등이론은 계급갈등이 사회변동의 원동력이라는 맑스의 이론으로부터 유래한다. 대부분의 갈등이론가들은 사람들이 추구하는 부, 위세, 권력 등은 희소하기 때문에 이들을 획득 또는 유지하기 위해서는 불가피하게 갈등이 일어난다는 것을 가정한다. 이들은 또한 사회의 여러 부분들은 서로 유기적으로 관련되어 있으며 사회질서는 공유된 가치에 의해서 유지된다는 기능론자들의 주장과는 달리 사회질서는 권력에 의해서 유지되고 가치나 이념은 이해관심의 반영 또는 이익 추구의 수단이라고 본다.

이는 대부분의 갈등이론가들이 공통적으로 가정하고 있는 것이기는 하나 모든 갈등이론가들이 동일한 이론을 제시하고 있지는 않다. 갈등이론은 맑스의 계급론에 비교적 충실하게 따르고 있는 이른바 "맑스주의 이론"과 맑스의 이론에 다른 요소를 결합하여 새롭게 구성한 이론으로 나누어 볼 수 있다. 맑스주의 이론은 1980년대 말 소련을 비롯한 사회주의 내지 공산주의 국가들의 몰락으로 크게 위축된 반면에, 새롭게 구성한 형태의 이론은 계속적으로 발전하는 양상을 보여주고 있다.

후자 형태의 갈등이론, 즉 맑스 이론의 요소와 다른 요소의 결합으로 구성한 이론은 다시 분석적 갈등이론과 비판이론으로 나눌 수 있다. 분석적 갈등이론은 갈등은 보편적으로 일어나는 불가피한 현상이나 그에 관한 연구는 가치중립적 입장에서 이루어져야 한다는 입장을 견지하고 있는 반면, 비판이론은 사회과학자들의 연구는 그들의 가치로부터 벗어날 수 없으며 그들은 그들이 살고 있는 사회를 비판할 도덕적 의무가 있다고 주장을 펼치고 있다. 전자의 대표적인 학자는 코저(Lewis Coser, 1913~2003), 다렌돌프(Ralph Dahrendorf, 1929~), 그리고 콜린즈(Randall Collins, 1941~) 등이며 후자의 대표적인 학자로는 독일 프랑크푸르트학파의 하버마스(Jürgen Habermas, 1929~)를 들 수가 있겠다.

(1) 코저 · 다렌돌프 · 콜린즈의 분석적 갈등이론

코저는 갈등이 사회적 불안정의 원인이라는 파슨스 이론의 함의를 거부하고 독일의 사회학자 짐멜(Georg Simmel, 1858~1918)의 시각에서 갈등이론을 전개하였다. 짐멜에 의하면 사회적 상호작용은 조화와 갈등을 동시에 내포하고 있으며 갈등은 사회관계를 유지하는데 '안전판'과 같은 기능을 수행하고 그것이 없이는 변동과 발전이란 있을 수가 없다. 갈등과 사회변동의 관련성에 대한 짐멜의 견해는 자본가들 간의 경쟁과 갈등이 생산 기술의 발전을 가져오게 한다는 맑스의 관찰과 일맥상통하는 것이다. 그러나 코저의 관심은 사회변동이 아니라 집단의 통합 문제에 있었다.

그는 집단 내에서의 갈등뿐만 아니라 집단 간의 갈등에도 관심을 갖고 그 결과, 즉 기능에 대한 일련의 명제들을 제안하였다(Coser, 1956, 1967). 그 가운데 주요 명제는 어느 한 집단의 다른 집단에 대한 갈등은(예를 들면, 전쟁상태), 그 집단의 정체성(identity)을 확립 또는 재확립하는데 기여하며 집단 내에서의 갈등(예를 들면 집단성원들의 일탈자들에 대한 갈등)은 그 집단성원의 규범을 강화시켜 주어 그 집단을 유지시키고 결속력과 안정성을 증대시켜 준다는 것이다.

다렌돌프는 갈등의 기능에 관심을 가졌던 코저와 달리 사회조직 내부에서 일어나는 이해집단들 또는 계급 간의 갈등이 표출되는 원인을 구명하는데 일차적인 관심을 두었다. 그는 기능론, 특히 파슨스의 이론에 정면으로 도전하였던 밀스(Mills, 1959)나 렉스(Rex, 1961)와는 달리 이 이론을 어느 정도 수용하면서 갈등이론을 그에 대응하는 이론으로 부각시켰다. 그는 기능론과 갈등이론의 기본 가정들을 각각 안정과 변동, 통합과 갈등, 기능과 역기능, 합의와 강제 등 4가지 차원에서 대응시키고 이들을 모두 우리가 상상할 수 있는 모든 사회의 타당한 측면들이라고 보았다(Dahrendorf, 1958).

다렌돌프의 관심은 맑스와 마찬가지로 갈등을 표출시키는 원인을 밝혀내는데 있었던 만큼 맑스와 유사한 이론을 펴고 있다. 그러나 그는 맑스와 다르게 사회조직의 핵심적 요소는 생산수단이 아니라 권력이라 생각하고 사회조직과 그것의 변화를 권력을 갖고 있는 지배계급과 권력을 갖고 있지 않는 피지배계급 간의 이해대립의 맥락에서 분석하고 있다(Dahrendorf, 1959). 이 분석에서 그는 베버의 개념인 '권력'과 권력관계가 제도화되어 있는 '강제적으로 조정된 결사체(imperatively coordinated association)'를 관건적 개념으로 사용하고 있으나 그 내용에 있어서는, 즉 사회조직 내에서 지배자와 피지배자의 이해대립 관계와 혁명이 일어나는 조건들에 관해서는 대체로 맑스의 입장을 따르고 있다.

분석적 갈등이론가로서 소개할 마지막 사람은 콜린즈이다. 그는 이해갈등은 보편적으로 일어나는 현상이라는 가정 하에 광범한 영역에 걸친 사회현상들—사회조직과 제도들—에 대한 설명을 시도하였다(Collins, 1975). 그의 이론은 맑스로부터 유래하나 베버의 사회에 대한 분석을 갈등론적 시각에서 재해석해 보려는 노력으로 이해될 수 있다. 그는 또한 뒤르켐의 사회통합에 관한 설명을 인정하고 갈등론적 시각에서 그것이 어떻게 이루어지는가에 관한 이론을 발전시키고자 노력하였다.

콜린즈에 의하면 어떤 사회에서든지 사람들은 부, 권력, 위세와 같은 재화를 추구하며 명령을 받기 싫어하고 최선을 다하여 명령을 피하려 하기 때문에 항상 이해대립에서 오는 사회적 갈등이 있게 마련이다. 그는 사람들이 사회적 갈등에 동원하는 자원으로서 재산, 도구, 기술, 무기 등의 물질적 내지 기술적 자원, 대인관계에서 작용하는 체력과 신체적 매력, 접촉하고 있는 사람의 수와 종류, 그리고 감정적 유대감을 불러일으키는 문화적 고안물의 양 등을 들고 있다. 그리고 이러한 자원들이 얻어지는 생활의 영역으로서 직업, 공동체, 그리고 정치적 영역의 세 가지를 들고, 이 영역에서의 사람들의 위치 또는 계층은 각각 계급, 지위집단, 그리고 정당에서 결정된다고 보았다.

콜린즈의 주요 연구는 이러한 계급현상이 다양한 종류의 사회적 행위와 제도들에 어떻게 작용하는가에 관한 명제들을 정립하여 놓은 것이다. 예를 들면, 가부장제도는 성인남자들이 직업적으로나 정치적으로 가장 좋은 위치를 점유하고 있어 가족 내에서의 활동을 그들에게 유리하게 구조화하고 있기 때문에 발전된 제도라고 설명한다. 이러한 예시에서 보여 주듯이 그는 권력을 가치와 신념체계를 포함하는 사회구조의 모든 측면에 가장 큰 영향력을 행사하고 있는 것으로 보고 있다. 따라서 현대의 사회조직이 합리성에 기초하고 있다는 일반신념도 통치자들이 그들의 권력과 부를 유지하기 위해서 만들어진 하나의 신화와 같은 것으로 해석한다.

콜린즈는 계층과 사회조직에 관한 많은 검증 가능한 구체적인 명제들을 제시하고 있다. 그러나 그의 이론은 사회적 상호작용의 여러 가지 형태 가운데서 이해대립만을 지나치게 강조하는 결함을 갖고 있다. 이러한 결함은 콜린즈에 있어서 뿐만 아니라 모든 갈등이론자들이 가지고 있는 불가피한 약점이라고 보아야 할 것이다.

(2) 프랑크푸르트학파와 하버마스의 비판이론

하버마스는 자본주의 사회에 대해 비판적인 안목을 갖고 있던 독일 학자들의 집단인 '프랑크푸르트학파' 의 지적 전통을 이어 받은 현대의 대표적 사회이론가이다. 그는 맑스와 비슷하게 사회의 진화를 주어진 체계의 내재적인 모순 또는 위기의 결과로 일어나는 것으로 보았다(Habermas, 1975). 그러나 그는 맑스주의자들과는 다르게 후기자본주의 사회의 지배자는 계급이 아니라 합리성에 기초한 국가라고 보고 국가가 어떻게 개인들과 집단들의 생활세계를 침범하고 있는가를 보여주려고 노력하였다.

하버마스는 사회의 모순과 구조적 변화가 기존의 공유가치들 또는 규범 구조들을 깨뜨려 구사회체계를 붕괴시키고 새로운 사회체계를 발전시킨다는 이론을 제시하였다. 자본주의 이전의 전통사회에서의 위기는 지배계급의 특권과 그들의 착취를 정당화시킬 수 없는 규범체계의 발전 사이에 존재하는 모순에서 나타났으며 이러한 위기상황에서 근대의 '자유주의적 자본주의' 가 계급관계를 '비정치화(depoliticization)' 시키고 대등한 위치에서의 시장교환관계에 정당성을 부여하면서 나타났다고 한다. 그러나 자유주의 체제하에서의 경기변동은 시장을 제도화된 권력의 지배하에 놓이게 하여 '조직화된 자본주의' 가 발전하게 되었다는 것이다. 이와 같은 자유주의적 자본주의에서 조직화된 자본주의로의 전환은 거대한 독과점 기업을 발전시키고 경쟁적 자본주의 양식을 소멸시켰을 뿐만 아니라 국가의 힘을 다시 강력하게 만들었다. 그러나 공정한 시장이라는 부르주아 이데올로기는 이미 붕괴되었기 때문에 새로운 '공식적 민주주의(formal democracy)' 라는 체제가 발전하게 되었으나, 그는 이 체계도 허약하다고 주장한다. 왜냐하면 경제체제는 이윤율의 하락에서 오는 위협으로 그리고 정치체계는 불충분한 충성심으로 '정당성의 위기' 에 처해 있기 때문이라는 것이다.

위에서 개관한 하버마스의 이론은 그들이 갖고 있는 현실비판적 성격 때문에 학계 이외의 다른 활동, 특히 정치활동과 밀접하게 관련을 맺는 경향이 있다. 즉 그들의 이론은 이상적인 사회상태를 염두에 두고 현실을 파악하여 그것의 문제를 들춰내는 경향이 있기 때문에 정치활동에 연계되는 성향이 있다.

3) 상호작용론

사회학은 사회적 상호작용과 그 결과로 나타나는 현상들을 연구하는 학문이다. 위에서 개관한 기능론과 갈등이론도 이를 연구대상으로 삼고 있다. 그러나 여기서 말하는 상호작용론이라 함은 사회학의 연구대상 전반에 걸친 이론을 지칭하는 말이 아니라 일상생활에서 일어나는 상호작용에 주안점을 두고 발전한 여러 이론적 관점들을 포함시키는 용어로 사용된 것이다. 그러한 이론적 관점들에는 호만스(George Homans, 1910~1989)와 블라우(Peter

Blau, 1918~2002)의 교환이론, 미드(George Herbert Mead, 1863~1931)와 블루머(Herbert Blumer, 1900~1987)의 상징적 상호작용론, 그리고 가핑켈(Harold Garfinkel, 1917~)의 민간방법론이 있다. 이들은 모두 파슨스의 거시이론에 대립하여 발전한 이론들이다.

(1) 호만스와 블라우의 교환이론

교환이론은 행동주의 심리학과 공리주의 경제학의 기본 가정들과 기능주의 인류학자들의 연구를 기초로 형성한 이론이다. 인류학자인 모스(Marcel Mauss, 1872~1950)와 말리노프스키(Bronislaw Malinowski, 1884~1942)는 선물교환이 사회적 응집력을 높여주고 도덕규범을 유지시키는 기능을 수행한다는 것을 발견하였다. 애덤 스미스로부터 발전한 공리주의 경제학은 자유경쟁 시장체제하에서 사람들은 비용과 보상의 합리적 계산에 의해서 이익을 최대화하려 한다는 가정을 내세우고 있으며, 행동주의 심리학자 스키너(B. F. Skinner, 1904~1990)는 인간을 최소의 벌과 최대의 보상을 받으려는 동물로 보고 있다.

이 같은 인류학에서의 발견과 경제학 및 심리학의 기본 가정들을 수용하여 호만스(Homans, 1961)와 블라우(Blau, 1964)는 서로 조금씩은 다르지만 기본적으로는 유사한 교환이론을 정립하였다. 이들에 의하면 사람들은 과거에 보상을 받은 행동들은 계속하려 하고 고통이나 희생을 가져왔던 행동들은 다시 하지 않으려 하기 때문에 사람들 간의 교환은 합리적으로 일어나는 경향이 있다. 그리고 사람들이 보상의 대상으로 삼고 있는 것은 물질적 재화만이 아니라 동의, 사랑, 우애, 존경, 권력 등도 있으며 그러한 보상의 대가로 지불하여야 할 것들로서는 의무, 권태, 불안 등이 있다는 것이다.

교환이론의 관건적 개념은 '상호성(reciprocity)'이다. 만약 A라는 사람이 B라는 사람에게 가치가 있는 어떤 것을 주었는데 그 대가로 그에게 가치가 있는 어떤 것을 받지 못하였다면, 그는 불만을 들어내거나 분노할 것이다. 이러한 상태가 몇 번 반복되면 A는 B와 상대하지 않으려 할 것이다. 교환이론가들은 이렇듯 사람들이 상호성의 규범을 지키지 않는다면 어떤 상호작용도 사회조직도 유지될 수가 없다고 본다.

호만스(Homans, 1961)는 사회현상에 대한 설명은 궁극적으로 심리학적 명제에 의존하여 이루어져야 한다고 주장한다. 즉 어떤 사회현상이든 개인들 간의 대면적, 합리적 교환관계에 의해서 설명되어야 한다는 것이다. 그러나 블라우(Blau, 1964)는 사회현상의 출현적(emergent) 속성을 인정하고 사회구조를 직접적 교환과 간접적 교환을 모두 포함하는 사회적 교환관계로 설명하려 노력하였다.

(2) 미드와 블루머의 상징적 상호작용론

'상징적 상호작용론(symbolic interactionism)' 이라는 용어는 이 이론을 기초한 미드(Mead, 1934)의 제자인 블루머(Blumer, 1969)가 만들어 쓰기 시작하였다. 미드는 실용주의 철학자인 듀이(John Dewey)와 독일의 심리학자 분트(Wilhelm Wundt)의 영향을 받은 철학자이면서 동시에 사회심리학의 기초를 마련해 놓은 초기의 미국사회학자 가운데 대표적인 인물이었다.

미드 이전의 사회심리학은 주로 개인의 심리적 측면에서 사회적 경험을 연구하였으나 그는 사회적 측면에서 개인의 경험을 연구할 것을 제안하였다(Mead, 1934). 이러한 제안은 개인들의 자아나 자의식 또는 그들 간의 의사소통은 사회과정에서 형성되고 일어난다는 사실에 근거한다. 따라서 그는 사람들 간의 상호작용을 가능케 하는 상징[4)]을 사회와 사회적 행위를 이해하는 데 관건적인 요소로 보았다.

상징적 상호작용론의 핵심은 사람들이 주어진 현실세계나 자극에 대하여 직접적으로 반응하지 않고 그것에 사회적 의미를 부여하고 그 부여된 의미에 기초해서 반응을 한다는 것이다. 다시 말해서 인간은 공유하고 있는 상징들에 의해서 그들의 상황을 규정하고 해석하며 그 해석에 따라 행동한다는 것이다(Blumer, 1969).

미드의 두드러진 업적들 중의 하나는 자아의 발달과정에 관한 것이다. 그에 의하면 자아는 어린시절부터 다른 사람의 역할을 배울 수 있는 능력이 발전함에 따라 발달한다. 유아기에는 언어와 같은 상징을 사용할 수 있는 능력이 없으나 점차 놀이를 통해서 다른 사람의 역할을 흉내 낼 줄 알게 되고 더 성장해서는 상징을 통해서 다른 사람들과 직접 상호작용할 수 있는 능력이 생기게 된다는 것이다.

상징적 상호작용론을 소개하면서 그에 기초한 고프만(Erving Goffman, 1922~1982)의 '연극학적 접근(dramaturgical approach)' 에 대해서 언급하지 않을 수 없다. 고프만(1959)은 상징적 상호작용론의 기본가정, 즉 사람은 상징을 통해서 상호작용한다는 가정

4) 여기서 상징이란 말은 몸짓이나 언어와 같이 어떤 의미를 전달해 주는 것을 말하며 상징적 상호작용이란 상징을 통해서 일어나는 사람들 간의 상호작용을 뜻한다.

으로부터 한 걸음 더 나아가 사람들의 실제 사회생활을 마치 연극의 한 형태인 것처럼 보고 그들이 처해 있는 사회적 상황에서 그들 자신의 생활과 다른 사람들에 대한 인상을 어떻게 관리하는가를 밝히고자 하였다. 이러한 연극학적 접근방법에 의해서 그는 일상생활에서 일어나는 대면적 상호작용의 유형을 밝혀 놓는데 크게 기여하였다.

(3) 현상학적 접근과 민간방법론

사회학에서의 현상학적 접근(phenomenological approach)은 슛츠(Alfred Schutz, 1899~1959)가 독일의 철학자 훗설(Edmund Husserl, 1859~1936)의 현상학에 베버의 행위이론과 미드의 상징적 상호작용론을 결합시켜 발전시킨 이론적 관점이다. 슛츠의 제자인 버거와 루크만(Berger and Luckman, 1966)에 따르면, 일상생활에서의 현실은 사람들이 현상에 어떤 질서 또는 현실성을 부여한 사회적으로 형성된 체계이며 그 현실은 주관적인 요소와 객관적인 요소 모두를 동시에 갖고 있다. 즉 일상생활은 그 자체가 인간에 의해서 해석되는 현실로서 그리고 그들에게 주관적으로 유의미한 하나의 통합된 세계로서 나타나는 동시에 사회는 개인에 외재하는 객관적인 실체로 존속한다는 것이다. 따라서 이들의 주요 연구과제는 어떻게 주관적인 의미가 객관적인 실체로 되는가 하는 문제이다. 이러한 문제에 관련하여 이들은 개인들의 주관적 의식은 공유하고 있는 의미를 통해서 제도화된 행위의 양식으로 실체화되며, 이와 같이 제도화된 유형들은 개인들 생활의 준거틀인 정당성에 의해서 하나의 전체적인 의미로 통합된다고 주장한다.

민간방법론은 일반적으로 현상학의 기본 가정을 따른다는 점에서 그것의 한 분파로서 간주된다. 위에서 소개한 버거와 루크만의 이론은 철학적이고 거시적 사회현상에 관심을 두고 있는 반면에 민간방법론자들은 인간행위의 미시적 측면에 초점을 두고 있다. 즉 민간방법론자들의 주된 관심은 사람들이 어떻게 그들의 일상생활에서 현실상황을 지각하고 행동하는가를 관찰하고 분석하는데 있다.

민간방법론의 지도적 인물로 알려진 가핑켈(Harold Garfinkel, 1967)은 훗설과 슛츠와 같은 현상학적 철학자의 영향을 받아 사회사실은 우리의 감각 밖에 존재하는 객관적 실체가 아니라 감각에 의해서 지각된 경험에 불과한 것이라고 주장한다. 한 마디로 말해서 사회적 실체는 개인이 구성한다는 입장에서 그것을 본다는 것이다. 따라서 그의 관심은 규범과 가치 또는 규칙들이 어떻게 형성되는가를 탐구하는데 있는 것이 아니라 주어진 규범과 가치의 조건하에서 사람들은 이들을 어떻게 해석하고 상호작용하는가를 밝혀내는 데 있다. 그러한 규칙들과 규칙들의 작용을 알아내는 방법으로 흔히 사람들의 일상적인 생활을 고의로 교란시켜 보는 이른바 '규칙위반(rule-breaking)' 의 실험방법을 사용한다.

4) 이론의 평가

위에서 소개된 사회학의 이론들은 서로 다른 가정들에 기초하고 있으며 서로 다른 문제들을 제기하고 서로 다른 결론을 내리는 경향이 있다. 따라서 어느 한 이론이 다른 이론들보다 더 타당하다든가 또는 그들 서로는 양립할 수 없다고 할 수는 없다. 기능론은 일차적으로 사회의 질서와 안정의 문제에, 갈등이론은 사회의 긴장과 변동의 문제에, 그리고 교환이론, 상징적 상호작용론, 민간방법론 등은 일상생활에서의 사회적 행위에 일차적인 관심을 두고 있다. 따라서 어떤 하나의 사회 현상에 대하여 위에서 소개된 이론 모두를 적용하여 그 현상의 제측면을 탐구한다는 것은 얼마든지 가능하다.

교육을 하나의 예로 들어 보자. 기능론적 관점에서 학교는 어떻게 사회에 필요한 노동력을 공급하고 문화적 가치를 전승시킴으로써 전체 사회체계를 유지하는가를 분석할 수 있으며, 갈등이론적 관점에서는 교육의 지위획득을 위한 수단적 측면을 강조하고 학생들의 사회계층 배경이 학업성취에 어떤 영향을 주고 경쟁적인 사회에서 그들의 지위를 결정하는데 어떻게 작용하는가를 탐구할 수 있을 것이다(Wallace and Wolf, 1998). 또한 교환론, 상징적 상호작용론, 그리고 민간방법론적 관점에서 학생과 학생의 상호작용, 학교에서의 또래집단이 그 성원들에 주는 영향, 학칙을 준수 또는 위반하는 과정 등의 분석이 가능하다.

어떤 사회학자들은 어떤 특정의 이론을 선호하고 일반적으로 그것이 다른 이론보다 우월하다고 주장하면서 그것을 거의 모든 문제에 적용하려 한다. 그러나 위의 예시에서 보여준 바와 같이 어느 특정의 이론은 어느 특정의 측면을 보다 더 강조하고 더 잘 설명해 주고 있다는 점을 인식해 둘 필요가 있겠다. 아울러 이 책에서는 어느 특정의 이론적 관점에서 쓰여진 것이 아니라 각 이론이 사회나 사회적 행위의 분석에 기여하고 있는 중요한 내용이면 그것들을 모두 소개하고 있다는 것을 미리 밝혀둔다.

■■ 참고문헌

Berger, Peter L. 1963. *Invitation to Sociology*. New York: Doubleday & Company, Inc.

Berger, Peter L. and Thomas Luckman. 1966. *The Social Construction of Reality*. New York: Doubleday & Company, Inc.

Blau, Peter M. 1964. *Exchange and Power in Social Life*. New York: Willey.

Blumer, Herbert, 1969. *Symbolic Interactionism: Perspective and Method*. Englewood Cliffs, N.J.: Prentice-Hall Inc.

Collins, Randall. 1975. *Conflict Sociology*. New York: Academic Press.

Coser, Lewis. 1956. *The Functions of Social Conflict*. New York: The Free Press.

______. 1967. *Continuities in the Study of Social Conflict*. New York: The Free Press.

Dahrendorf, Ralf. 1958. "Toward a Theory of Social Conflict." *The Journal of Conflict Resolution* 11(2): 170-183.

______. 1959. *Class and Class Conflict in Industrial Society*. Stanford, Calif.: Stanford University Press.

Durkheim Emile. 1964. *The Rules of Sociological Method*. Translated by Sarah A. Solovay and John H. Mueller. New York: The Free Press.

______. 1966. *Suicide*. Translated by John A. Spaulding and Georg Simpson. New York: The Free Press.

Garfinkel, Harold. 1967. *Studies in Ethnomethodology*. Engewood Cliffs, N.J.: Prentice Hall Inc.

Goffman, Erving. 1959. *The Presentation of Self in Everyday Life*. New York: Doubleday & Company, Inc.

Habermas, Jurgen. 1975. *Legitimation Crisis*. Translated by Thomas MaCarthy, Boston: Beacon Press.

Homans, George C. 1961. *Social Behavior: Its Elementary Form*. New York: Harcourt Brace Jovanovich Inc.

Horton, Paul B. and Chester L. Hunt. 1980. *Sociology*. New York: McGraw-Hill International Student Edition.

Kinloch, Graham C. 1977. *Sociological Theory*. New York: McGraw-Hill Book Company.

Mead, George Herbert. 1934. *Mind, Self and Society*. Chicago: University of Chicago Press.

Merton, Robert K. 1968. *Social Theory and Social Structure*. New York: The Free Press.

Mills, C. Wright. 1959. *The Sociological Imagination*. New York: & Oxford University Press.

Parsons, Talcott. 1951. *The Social System*. New York: The Free Press.

______. 1966. *Societies*. New York: The Free Press.

______. 1971. *The System of Modern Societies*. New York: The Free Press.

Rex, John. 1961. *Key Problems in Sociological Theory*. London: Routledge and Kegan Paul.

Turner, Jonathan H. 2001. *The Structure of Sociological Theory*. Homewood, Illinois: The Dorsey Press.

Wallace, Ruth A. and Alison Wolf. 1998. *Contemporary Sociological Theory*. Englewood Cliffs, N.J.: Prentice-Hall Inc.

Weber, Max. 1958. *The Protestant Ethic and the Spirit of Capitalism*. Translated by Talcott Parsons. New York: The Free Press.

______. 1964. *The Theory of Social and Economic Organization*. Translated by A.M. Henderson and Talcott Parsons. New York: The Free Press.

제 2 장

사회학의 연구방법

1. 연구의 요소

개념 / 변수 / 가설 / 이론 /관계

2. 이론과 연구

연구에 대한 이론의 역할
이론에 대한 연구의 역할

3. 연구과정

주제선정 / 문헌검토 / 가설설정
윤리문제 고려/조사설계 / 자료수집
자료분석 / 결론도출

4. 조사방법

표본추출/설문조사/실험/관찰/이차분석

5. 연구의 기술적 및 사회적 맥락

기술적 어려움/현실적 어려움

사회학의 연구방법

과학적 지식은 논리적이고 체계적일 뿐 아니라 경험에 의해 입증된 지식이다. 이러한 측면에서, 하나의 학문으로서 사회학의 가치는 사람들 간의 상호관계와 사회에 관한 지식을 발전시키고 나아가 그러한 지식이 인간세상의 실제적인 현상에 얼마나 잘 들어맞는가에 의존한다. 결국, 경험적인 연구(research)와 사실적인 자료(data)가 사회학이 하나의 과학으로 성립하는 데 결정적인 역할을 수행한다고 하겠다. 이 장에서는 사회학이 어떤 방법과 도구를 써서 사람들 간의 관계 및 사회현상을 과학적으로 연구하는가를 살펴본다. 먼저, 연구와 관련된 이론적인 요소와 연구과정을 검토한 다음에 여러 가지 연구방법들을 알아보고 마지막으로 연구 수행중에 제기될 수 있는 몇 가지 요인들을 다루어 보기로 한다.

1. 연구의 요소

사회학의 지식은 과학적으로 나온 증거에 기반을 두고 있다. 사회학자들은 이러한 증거를 과학세계에서 일반적으로 받아들이고 있는 논리적 틀과 객관적 방법을 통해 획득한다. 이러한 틀과 방법은 과학적 연구의 기본적인 구성요소일 뿐만 아니라 실제의 연구활동에 필요한 중요한 도구로서, 추상적인 생각을 구체적인 현상으로 전환시켜 줄 뿐만 아니라 경험적인 자료를 일반적인 이론에 접목시켜 주기도 한다. 과학적인 세계에서 사용하는 기본적인 논리적 요소로 개념(concept), 변수(variable), 가설(hypothesis), 이론(theory), 관계(relation)가 있다.

1) 개념

일반적으로 과학은 개념의 형성과 함께 시작한다. 개념은 어떤 대상이나 대상의 특성, 혹은 어떤 현상을 나타내는 추상적인 생각이다.[1] 예를 들어, '지위', '역할', '집단', '제도', '관료제', '직업' 등은 사회학에서 널리 쓰이는 개념이다. 모든 과학적 학문은 나름대로의 개념체계를 발전시킨다.

개념은 연구에서 여러 가지 중요한 역할들을 수행한다. 첫째, 개념은 의사소통의 기본이 된다. 개념은 감각으로부터 추상화된 것으로 지각된 것과 정보를 전달하는 데 사용된다. 공유된 개념이 없다면 사람들, 특히 학자들 서로간의 의사소통은 불가능하다. 하지만 개념은 경험적인 현상이 아니며 실재하지 않는다. 개념은 현상 그 자체가 아니라 현상을 나타내는 상징이다.

둘째, 개념은 경험적인 현상을 바라보는 방법이라고 할 수 있는 관점을 제공해준다. 지각된 세계는 과학적인 개념화를 통해 질서를 갖추고 통합이 된다. 과학자들은 개념을 가지고서 현실의 무한한 측면들 가운데 개념과 관련된 의미있는 것들을 경험하고 지각하며 이것들에 공통의 특성을 부여한다. 예를 들어, 의자에 대한 개념이 있는 사람만이 수많은 가구들 중에서 의자를 인지해낼 수 있다.

셋째, 개념은 분류와 일반화를 위한 수단이 된다. 과학자들은 개념을 통해 그들의 관찰과 경험을 범주화하고 구조화하며 또 일반화시킨다. 예를 들어, 나무라는 일반적인 개념을 통해 우리는 소나무, 감나무, 사과나무, 은행나무와 같은 서로 다른 나무들의 근본적인 유사성을 파악해내고 그것들을 하나의 범주 안에서 이해할 수 있다.

넷째, 개념은 나중에 설명될 이론의 기본적인 구성요소가 된다. 개념은 이론의 형태와 내용을 규정하기 때문에 어느 이론에서나 가장 중요한 역할을 수행한다. 예를 들어, '권력'과 '정당성'이라는 개념은 베버의 권위에 관한 이론의 형태와 내용을 규정한다. 또한 '사회적 통합'과 '개인주의'라는 개념들은 뒤르켐의 자살론을 규정하고 형성시킨다. 이러한 개념들이 체계적이고 논리적인 방식으로 연결되어 이론이 된다. 이처럼 개념형성과

---

1) 학자들에 따라, 객관적인 현상에 대한 생각은 개념, 주관적인 현상에 대한 생각은 구성개념(construct)이란 말로 구분하기도 한다.

이론구성은 매우 밀접한 관계에 놓여 있다.

2) 변수

변수는 서로 다른 조건들에 따라 서로 다른 값이나 종류를 갖거나 또는 변하는 특성이나 측면을 말한다. 변수는 최소한 두 개 이상의 값이나 종류를 갖는다. 예를 들어, 성(sex)이라는 변수는 남자와 여자의 두 종류로 이루어져 있으며, 사회적 계급이라는 변수는 상층계급, 중간계급, 하층계급, 또는 더 세분화시켜 나눌 수가 있고, 나이라는 변수는 수십 종류 이상의 값을 가질 수 있다. 일반적으로 사회학자들은 변수 또는 변수들 간의 관계에 대해 관심을 갖고 연구를 한다.

한편, 변수가 가지고 있는 값이나 종류는 어떤 대상이나 현상을 기술하는 특징이나 성질을 나타내기 때문에 이것들을 달리 속성(attribute)이라고 부르기도 한다. 예를 들어, '여자', '20세', '대학생'은 각각 성, 나이, 직업이라고 하는 변수의 값이자 어떤 대상(사람)을 나타내는 속성이기도 하다.

변수가 포함하고 있는 값들, 종류들, 또는 속성들은 그냥 아무렇게나 모아지지 않는다. 이것들은 어떤 기준에 의해 논리적이고 체계적인 방식으로 모아져서 변수를 이룬다. 성이라고 하는 변수가 갖는 남자와 여자의 값들은 생물학적인 성염색체에 의해 구분되어 있으며, 사회적 계급이라고 하는 변수가 갖는 여러 계급들은 중요한 사회경제적 지표들에 의해 분류되어 있다.

변수는 연구목적상 또는 연구과정에서 그 쓰임새에 따라 독립변수(independent variable), 종속변수(dependent variable), 그리고 통제변수(control variable)로 나누어진다.

(1) 독립변수와 종속변수

연구에서 어떤 변수들은 다른 변수들에게 영향을 준다. 이 때 영향을 주는 변수들을 독립변수라고 하며 영향을 받는 변수들을 종속변수라고 한다. 독립변수는 설명하는 변수로서 종속변수의 값이 변하는 원인으로 가정된다. 종속변수는 설명되어지는 변수로서 독립변수의 결과로 기대되어 진다. 예를 들어, 자녀양육방식에 대해 사회적 계급이 어떻게 영향을 주는가에 대한 연구에서는 사회적 계급이 독립변수이며 자녀양육방식이 종속변수이다. 그러나 학교성적에 대한 자녀양육방식의 영향에 관한 연구에서는 자녀양육방식이 독립변수, 학교성적이 종속변수가 된다.

자녀양육방식은 첫 번째 연구에서 종속변수이지만 두 번째 연구에서는 독립변수이다. 이와 같이 어떤 변수의 고유한 특징이나 성질 그 자체가 독립변수나 종속변수의 위치를 결정짓지는 않는다. 어떤 변수가 독립변수가 되느냐 종속변수가 되느냐는 특정한 연구에서 그 변수가 행하는 역할에 의존한다. 사실, 대부분 연구의 주목적은 독립변수와 종속변수 사이에 놓인 관계를 발견하는 데 있다.

(2) 통제변수

통제변수는 연구에서 변수들 간의 관계에 혼동을 가져다 줄 수 있기 때문에 연구자가 임의로 통제하는 변수 또는 요인을 말한다. 연구자는 통제변수를 조종함으로써 그것이 독립변수나 종속변수에 미칠 영향을 제거한다.

경험적인 연구에서 통제변수는 독립변수와 종속변수 간의 관계가 허위관계(spurious relation)인가 아닌가를 검증하는데 사용된다. 만약, 관계가 있는 변수들의 영향력이 다 제거(혹은, 통제)되고 나서도 설정된 독립변수와 종속변수 간의 경험적인 관계가 계속 유지된다면 그 관계는 허위관계가 아니라고 할 수 있다. 이것은 관찰된 관계가 우연히 또는 독립변수와 종속변수에 영향을 주는 다른 어떤 현상에 의해 생겨나지 않았음을 의미한다. 예를 들어, 어떤 사람이 소방수들의 수가 화재 피해액과 관련되어있음을 관찰했다고 하자. 소방수들이 화재현장에 보다 많이 출동할수록 화재 피해액은 커진다. 하지만 이 경우, 소방수들이 화재피해의 원인이 아님은 분명하다. 대신, 화재피해액은 현장에 출동한 소방수들의 수가 아니라 화재의 크기라고 하는 다른 변수에 의해 설명되어져야 한다. 다른 예로서, 폭력범죄수는 계절과 관계가 있다. 일반적으로 폭력범죄는 겨울보다 여름에 더 많이 발생한다. 사람들은 겨울보다는 여름에 집바깥으로 많이 나오며, 그래서 사람들 간의 상호작용이 증가하고 이에 따라 사람들 간의 접촉과 싸움이 많아지게 된다. 이 경우에서도, 여름 그 자체가 폭력범죄를 일으키는 것은 아니다. 이 보다는 사회적 상호작용의 증가라고 하는 독립변수가 폭력범죄라고 하는 종속변수의 발생에 영향을 준다. 사회학자들은 이와 같은 허위관계를 받아들이는 오류를 줄이기 위해 통제변수를 사용한다. 통제변수의 사용은 관찰된 관계가 우연이 아니라 실제라는 확신을 높여 준다.

3) 가설

가설은 두 개 이상의 변수들이 어떻게 관련되어 있는가, 혹은 한 개 또는 그 이상의 변수들이 조건이나 상황에 따라 어떻게 변할 것인가에 관한 진술이다. 가설은 이론으로부터 연역적으로 추론될 수 있거나 관찰에 의해 직관적으로 혹은 귀납적으로 나올 수 있으며 또한 이 두 방법을 다 사용해서 설립될 수도 있다.

가설은 주어진 연구문제나 주제에 대해 시험적으로 내놓은 답이다. 가설이 제시될 때 연구자는 그것이 확증이 될지 안될지 알 수 없다. 가설은 확증되기 위해 경험적으로 검증을 받아야 한다. 만약 검증에 의해 거부되면 다른 가설이 제시가 되고, 또 만약 검증에 의해 수용이 되면 그것은 과학적인 지식체계 안으로 들어오게 된다.

4) 이론

이론은 두 가지 이상의 현상들이 어떻게 관련되어 있는가, 특히 한 현상이 다른 현상을 어떻게 발생시키는가를 설명하는 체계적인 진술이다. 이론은 여러 개념들이 관련을 맺어 이루어질 수 있으며 또 일련의 가설들이 논리적으로 연결되어 이루어질 수도 있다. 이론의 중요한 가치는 과학자들로 하여금 당장에 연구되고 있는 대상을 넘어서 같은 속성을 지니고 있는 많은 다른 현상들을 일반화시킬 수 있게끔 해주는 데 있다. 예를 들어, 뒤르켐은 기혼자와 미혼자의 경우와 마찬가지로 기독교의 구교와 신교 사이에 자살률이 차이가 있음을 발견했다. 그는 이러한 발견을 사회통합 이론으로 설명할 수 있었다.

5) 관계

연구에 있어서 관계는 두 개 이상의 현상 또는 변수들 사이에 어떤 관련성이 존재함을 의미한다. 변수 X와 변수 Y가 관계가 있다면, 이것은 이 두 변수들에게 공통적인 뭔가가 있다는 것을 의미한다. 관계를 설정하는 것은 어떤 현상이나 사실에 관해 과학적인 설명과 예측을 하는 데 있어서 가장 기본적인 단계이다. 관계는 그 속성에 따라 크게 상관관계(correlation)와 인과관계(causal relation)의 두 가지 유형으로 분류될 수 있다.

(1) 상관관계

두 개 또는 그 이상의 변수들이 서로 같이 변하는 관계를 상관관계라고 한다. 상관관계는 그것이 변하는 방향에 따라 두 가지 종류로 나눌 수 있다.

가. 정의 상관관계

한 변수의 값이 증가(또는 감소)함에 따라 다른 변수의 값도 증가(또는 감소)하게 되면 이 두 변수들은 정의 상관관계(positive correlation)를 가진다고 할 수 있다. 예를 들어, 교육년수와 소득은 정의 상관관계에 있다. 일반적으로 학교 교육년수의 증가는 소득의 증가를 가져온다.

나. 역의 상관관계

한 변수의 값이 증가(또는 감소)함에 따라 다른 변수의 값이 감소(또는 증가)할 때 이 두 변수들은 역의 상관관계(negative correlation)를 가진다고 할 수 있다. 예를 들어, 사회학자들은 한 집단 내의 사람 수와 그 집단에서 자신의 의견을 말할 수 있는 사람 수 사이에는 역의 상관관계가 있음을 밝혀냈다. 집단의 규모가 클수록, 의사소통은 보다 소수의 사람들에 의해 지배되는 경향이 있다.

(2) 인과관계

인과관계는 한 변수가 다른 변수를 결정짓는 관계를 말한다. 만약 변수 X가 변수 Y의 원인이 되고 변수 Y가 변수 X의 결과가 된다면, 두 변수 X, Y 사이에는 인과관계가 있다고 할 수 있다. 예를 들어, 소득이 사회적 지위를 결정짓는다면, 소득과 사회적 지위 사이에는 인과관계가 있다.

일반적으로 두 변수 사이에 인과관계가 있다는 것을 결정하기 위해서는 다음 세 가지 조건을 충족시켜야 한다(Lazarsfeld, 1959). 첫째, 두 변수는 상관관계를 갖고 있어야 한다. 둘째, 독립변수는 종속변수보다 시간적으로 앞서 있어야 한다. 셋째, 두 변수에 영향을 주어 허위관계가 나오도록 하는 제 3의 다른 변수가 없어야 한다.

2. 이론과 연구

사회학의 지식은 자연과학을 포함한 여타 다른 학문의 지식과 마찬가지로 논리적인 타당성과 경험적인 사실에 근거하고 있다. 다시 말해, 사회학자들은 한편으로 개념적이고 이론적인 그리고 다른 한편으로 관찰적이고 경험적인 두 가지 서로 다른 그러면서도 불가분의 관계에 놓인 차원에서 사람들의 행위와 사회에 관한 지식을 얻고자 활동한다. 과학적인 지식은 바로 이러한 두 가지 차원에서 일어나고 있는 상호작용의 결과이다.

1) 연구에 대한 이론의 역할

이론은 다음과 같은 여러 면에서 연구에 큰 영향을 미친다.

가. 이론은 연구를 안내해준다

연구자는 이론을 통해서 무엇을 연구할 것인가에 관한 아이디어를 얻게 되고 또한 관찰한 것을 정확히 분류하고 측정할 수 있다. 일상의 개념들이 우리가 매일매일 살아가는 방식을 규정해 주듯이 과학적인 개념, 즉 이론도 마찬가지로 연구수행을 인도해 준다.

나. 이론은 연구에 적합한 조사방법을 선택하게 해준다

만약 한 사회학자가 부부 간의 갈등이 어떻게 이혼을 유발시키는가를 연구하고자 원한다면 그는 이혼당사자들로 하여금 부부갈등에 대한 그들의 생각을 진술하게 하고, 그리고 이것이 궁극적으로 어떻게 이혼으로 연결되었는가를 조사해야 할 것이다. 이 경우, 이혼당사자들의 몸무게나 센서스자료는 별로 도움이 되지 못한다. 다시 말해, 부부 간의 갈등과 이혼에 관한 기존의 이론들은 연구자가 이런 현상들을 연구하기 위해 어떤 조사방법과 자료를 사용해야 하는가를 알려주고 있다.

다. 이론은 연구하고자 하는 변수들의 선택과 이러한 변수들 간에 존재할 수 있는 관계들에 관한 예측이 가능하도록 해준다

뒤르켐은 자살에 관해 연구에서 자살과 사회적 통합의 관계에 대한 이론을 기반으로

서로 다른 사회적 통합의 정도를 나타내는 종교나 가족관계와 같은 변수들을 설정하고 또 연구할 수 있었다.

라. 이론은 우리가 행한 수많은 다양한 관찰들을 하나의 설명체계 안에 넣도록 해주는 일반적인 법칙과 개념을 제공해줌으로써 연구의 생산성을 높여 준다

2) 이론에 대한 연구의 역할

사회학에서 이론이 연구수행에 필수적이라면, 연구 또한 이론의 성립과 성공에 있어서 결정적이다.

가. 연구는 먼저 이론을 검증해준다

만약 한 사회학이론이 여러 변수들간에 어떤 관계가 있다고 제시했다면, 실제로 그러한 관계들이 있는가를 알아보기 위해, 다시 말해 그 관계가 사실인지를 알아보기 위해 이 이론은 조사를 받을 필요가 있다. 자살과 사회통합간의 관계에 대한 뒤르켐의 자살론은 만약 이것이 경험적인 연구조사에 의해 검증되지 않았다면 인종, 기후, 유전적 요소를 강조하는 자살에 대한 당시의 다른 설명과 마찬가지로 한낱 추상적인 추측으로 밖에 남아 있지 않았을 것이다.

나. 둘째, 연구에서 나온 기대하지 않았던 또는 의도하지 않았던 발견들은 기존의 이론을 재구성하거나 또는 새로운 이론을 창출하는데 도움을 준다

제2차세계대전 당시 미군들의 사기를 연구한 스타우퍼와 라자스펠드 등(Stouffer, Lazarsfeld et al., 1949)은 뜻하지 않게 진급률이 낮은 부대보다 높은 부대 군인들의 사기가 더 낮다는 사실을 발견했다. 다른 사람들이 자주 진급하는 상황에서 자신이 그만큼 빨리 진급하지 못하는 군인들은 박탈감을 많이 느끼는 반면에, 남들이 별로 진급하지 않는 상황에서는 자신들이 진급하지 못하는 것을 대수롭지 않게 생각하고 있었다. 이 연구결과를 통해 이들은 "상대적 박탈감(relative deprivation)"이라는 개념을 만들어 냈다.

이와 같이, 사회학의 이론과 연구는 서로 공생의 관계에 있다. 이론은 연구를 안내하고 지도해주며, 연구는 이론을 완성시켜 준다.

3. 연구과정

지식을 생산하기 위한 과학적 연구활동은 나름대로의 일반적인 과정과 절차에 따라 수행된다. 이러한 과정은 대개 문제규정, 문헌조사, 가설설정, 윤리문제 고려, 연구설계, 자료수집, 자료분석, 결론도출의 8가지 단계들로 이루어져 있다. 연구가 갖고 있는 다양한 성격과 종류 때문에 하나의 연구과정 방식이 모든 연구에 똑같은 방식으로 적용될 수는 없다. 하지만 여기에서 제시한 연구과정은 사회학에서 보편적으로 수행되고 있는 전형적인 연구방법으로서, 하나의 표준화된 기본모델로 사용될 수 있을 것이다.

1) 주제선정

연구의 첫 번째 단계는 연구하고자 하는 주제를 선정하는 일이다. 연구의 초점은 사회학 분야에서 제기되는 중요한 문제일 수 있고 또는 연구자가 개별적으로 특별히 관심을 갖고 있거나 중요하다고 생각되는 주제일 수도 있다. 주제가 선택되면 연구자는 그것을 사회학의 관점에서 과학적인 조사가 가능하도록 구체적이고 분명하게 규정해야 한다. 예를 들어, '아동학대' 를 연구주제로 선정했을 경우, 이 개념은 얼핏 이해하기 쉽고 그럴싸하게 들릴지 모르지만, 이것은 매우 추상적이고 애매모호한 개념이다. 이에 대한 실제적인 연구가 가능하려면, 아동은 구체적으로 몇 살에서 몇 살까지의 아이를 말하는 것이며 어떤 조건에서 거주하는 아이를 말하는 것인지, 학대는 어떤 의미로 쓰이는지 또 어떤 종류가 있는지 그리고 어떻게 확인할 수 있는지 등등을 분명하게 규정할 필요가 있다. 이렇게 연구하고자 하는 주제의 개념을 보다 구체적이고 정확하게 규정하는 작업을 '개념화(conceptualization)' 라고 한다.

2) 문헌검토

실제에 있어서 완전히 새로운 주제나 문제를 가지고 시작하는 연구는 그리 많지 않다. 따라서 조사하고자 하는 연구주제나 문제가 이미 연구되었거나 또는 그것에 대한 답이 제시되었는가를 확인할 필요가 있다. 이를 위해 연구자는 도서관에 가서 책, 논문, 기타 자료들을 찾거나 컴퓨터를 이용해 자료나 정보를 검색할 수 있으며, 또 연구주제와 관련된 학자나 다른 전문가로부터 도움을 받을 수 있다. 문헌검토는 연구자로 하여금 이미 이루어졌거나 이루어지고 있는 같은 연구를 반복하지 않게 함으로써 시간과 돈을 낭비하지 않도록 해준다. 이밖에 연구문제가 조금이라도 새로울 경우, 문헌검토는 연구자로 하여금 주어진 연구문제를 기존의 사회학적 생각과 연구에 연결시켜 그 연구문제에 대한 이론적인 개념을 규정하고 가설을 설정하도록 도움을 주며 또 그 문제에 대한 접근방법도 제시해준다.

3) 가설설정

선정된 연구 문제는 연구자가 그것에 대한 답을 얻을 수 있도록 진술되어야 한다. 대부분의 경우, 문제는 변수들 간에 기대되는 관계를 구체적으로 표현하는 가설의 형태로 전환된다. 비록 연구목적이 변수들 간의 관계를 분석하기보다는 어떤 사회적 과정이나 활동을 기술하는 데 있을 경우라도 가설은 연구의 자료수집을 안내할 수 있도록 구성될 필요가 있다. 다시 말해 가설설정에서 가장 중요한 점은 연구변수의 측정이 가능하도록 가설을 적절한 방법으로 명확히 그리고 구체적으로 규정하는 조작화(operationalization)이다.

4) 윤리문제 고려

사회학의 모든 연구가 윤리적 문제를 제기하지는 않지만 그래도 인간과 인간의 행위를 연구하는 사회학의 연구는 윤리적인 문제와 연관될 가능성을 갖고 있으며, 또 실제에 있어서 많은 연구들은 이러한 문제와 결부되어 있다. 과연 응답자는 익명으로 또는 비밀스럽게 다루어져야 하는가? 연구가 참여자에게 실제로 위험을 가져다 주는가? 연구결과는 어떤 사람들에게 어떤 피해를 가져다 줄 것인가? 이와 같은 문제들은 연구의 준비단계 과정에서 신중하게 고려될 필요가 있다.

5) 조사설계

가설이 설정되고 연구에 대한 윤리적인 문제가 고려된 다음 연구자는 가설검증을 가능하게 해주는 조사설계를 구성하게 된다. 조사설계는 관련된 자료를 수집하고 분석하는 구체적인 계획이다. 이것은 하나의 청사진으로서 연구자로 하여금 문제에 대한 해결책을 내놓을 수 있도록 해준다. 조사설계의 중요한 기능은 연구자에게 연구의 여러 조사단계들을 안내해주는 데 있다.

6) 자료수집

연구설계보다 더 중요한 것은 수집된 자료의 질이라고 할 수 있다. 따라서 연구에서 제기된 문제에 적합하고 또 이러한 문제를 답할 수 있는 데 사용할 수 있는 형태의 자료가 수집되어야 한다. 원래의 수집된 자료는 연구자가 나중에 제기된 문제를 다시 검사할 수 있도록 일정 기간 동안 보관될 필요가 있다.

7) 자료분석

수집된 자료나 정보는 정확한 결론이 나올 수 있도록 세밀하게 비판적으로 분석되어져야 한다. 이 단계에서 자료는 설정한 기준에 따라 대개 범주화되며 또 범주들 간의 관계여부 및 그 정도가 조사된다. 이 과정에서 많은 사회학자들은 컴퓨터를 이용한 다양한 통계적 방법을 사용하여 자료를 분석하고 해석하기도 한다. 분석은 처음에 설정한 가설을 확증하거나 거부, 또는 수정시키게끔 해준다.

8) 결론도출

원래의 가설이 지지되거나 혹은 부정되면, 연구자는 그 연구를 둘러싸고 있는 보다 큰 이슈에 관해 결론을 내릴 수 있다. 연구자는 이전에 수용되었던 지식의 타당성에 도전할 수 있고 또한 이전에 사실로 받아들여진 것을 수정할 수 있다. 덧붙여 연구자는 나중의 연구에 의해 다루어질 필요가 있는 새로운 문제를 제기할 수 있다.

4. 조사방법

조사방법은 연구자가 자료를 수집하는 실제적인 방법을 말한다. 사회학에서는 일반적으로 설문조사(survey), 실험(experiment), 관찰(observation), 이차분석(secondary analysis)의 4가지 방법들이 많이 쓰인다. 그런데 조사방법을 선택해서 실행하기 전에 먼저 누가, 혹은 무엇이 조사될 것인가의 문제와 관련해서 표본추출(sampling)에 대해 고려할 필요가 있다.

1) 표본추출

일반적으로 연구는 연구자가 관심을 두고 있는 사람들의 전체집단인 모집단(population)에 대해 어떤 주장을 할 수 있도록 하는 데 사용된다. 그런데 실제에 있어서 상당히 큰 모집단을 전부 다 조사하는 것은 매우 힘들 뿐만 아니라 경제적이지도 못하다. 따라서 많은 연구자는 모집단을 대표하도록 추출된 보다 작은 집단인 표본(sample)을 가지고 연구한다. 표본을 추출할 때 연구자는 표본이 전체 모집단을 진짜로 대표할 수 있도록 해야 한다. 그래야 표본을 가지고 연구한 결과를 보다 큰 모집단에 적용해서 일반화시킬 수 있다.

표본추출방법에는 여러 가지가 있는데, 사회학에서는 '표본의 대표성'이라는 목적을 달성하기 위해 무작위 표본추출(random sampling)의 방법이 가장 많이 쓰인다. 무작위 표본추출은 모집단의 모든 구성요소가 표본으로 추출될 확률을 똑같이 갖고 있는 표본추출을 말한다. 표본의 크기는 만약 표본이 모집단을 잘 대표할 경우, 다시 말해 표본의 속성이 모집단의 속성과 같다면 꼭 클 필요는 없다. 실제로 잘 설계된 조사는 수천만명이 참가하는 전국적인 선거의 결과를 예측하기 위해 단지 1~2천명 정도의 응답자만을 사용하며, 또 그 결과는 실제의 결과와 별로 차이나지 않는다.

연구목적에 따라 무작위 표본추출을 사용하지 않을 수도 있다. 모집단을 이루고 있는 중요한 구성부분이 규모가 작아 무작위 표본추출을 할 때 뽑히지 않을 확률이 높을 경우, 연구자가 의도적으로 그 부분을 뽑든지 아니면 그 부분이 뽑힐 확률을 높게 하여 그 부분이 표본에 반드시 포함되도록 한다. 예를 들어, 학교시설물 이용에 대한 전체 학생들의 의견을 조사할 경우, 학교시설물 이용에 제일 민감한 신체장애 학생들의 의견을 꼭 알아볼 필요가 있으므로 소수의 이 학생들을 표본에 모두 포함시켜 조사한다.

결론적으로, 표본추출에서 어떤 방법을 쓰든지 간에 가장 중요한 것은 표본이 모집단을 진실로 대표할 수 있게끔 하는 것이다.

2) 설문조사

오늘날 사회학자들이 가장 많이 쓰는 조사방법은 설문조사로서 서베이 또는 서베이조사라고도 한다. 설문조사는 연구자가 사람들(응답자들)에게 그들이 갖고 있는 속성, 태도, 가치, 행동 또는 어떤 상황이나 사건에 관한 일련의 질문에 대답하게 함으로써 필요한 자료나 정보를 얻는 방법이다. 설문조사는 어떤 현상을 기술하기 위해(예를 들어, 얼마나 많은 대학생들이 사형제도를 지지하는가), 혹은 어떤 사실들 간의 관계를 설명하거나 탐구하기 위해(예를 들어, 종교를 갖고 있지 않는 대학생들이 종교를 갖고 있는 대학생들보다 사형제도에 대해 더 찬성할 것인가) 사용될 수 있다.

응답자들에게 질문들을 어떤 방식으로 주고 받는가에 따라 설문조사는 우편조사(mail survey), 면접조사(interview survey), 전화조사(telephone survey), 온라인조사(online survey)의 4 종류로 크게 나뉠 수 있다. 이들 조사방법에는 공통적으로 가장 중요한 조사도구인 설문지가 사용된다. 그런 만큼 설문지에 대해 먼저 알아보고 그 다음 이들 조사방법에 대해 살펴보기로 한다.

(1) 설문지

설문지는 연구자가 특정 집단 또는 개인으로부터 연구에 필요한 정보를 얻기 위하여 구성된 일련의 질문들로 이루어진 문서나 목록이다. 실제에 있어 설문지는 설문조사를 비롯해 실험, 질적 조사, 평가연구 등을 포함한 다양한 연구방법에서 유용한 자료수집 수단으로 사용된다. 설문지를 구성하는 각 질문들은 연구에 필요한 다수의 개념을 측정할 수 있고 응답자에게 원하는 응답을 얻기에 적합한 형태로 만들어져 있다. 일반적으로 설문지는 응답자가 적합한 항목이나 대답에 표시하거나 말로 채워 넣게끔 글로 쓰여 있다.

대부분의 설문조사는 응답자가 선택이 가능한 대답들을 미리 설문지에 나열하여 응답자가 나중에 이 중에서 고르게끔 하는 폐쇄형 설문지(close-ended questionnaire)를 사용한다. 폐쇄형 설문지가 효과적으로 되기 위해서는 설문들이 간단하고 명확한 말로 표현되어야 한다. 아울러 제시된 설문의 응답들은 응답자들이 가질 수 있는 대답들을 모두 포함하도록 망라적(exhaustive)이어야 하며 또한 각 응답은 서로 중첩되지 않도록 상호배타적(mutually exclusive)이어야 한다. 많은 경우, 이러한 유형의 설문지를 사용한 서베이는 설문지를 응답자에게 우송해서 응답자가 이것을 완성하고 부친 사람(혹은 연구자)에게 다시 되돌려주도록 한다. 이 방식은 설문지가 보다 넓은 지역의 많은 사람들에게 배포될 수 있도록 해준다. 한편 폐쇄형 설문지는 응답하기가 간편하기 때문에 응답자에게 직접 전달하여 그 자리에서 바로 작성하게 할 수도 있다.

폐쇄형 설문지와 달리 개방형 설문지(open-ended questionnaire)는 응답자로부터 나올 가능성이 있는 대답들을 미리 담고 있지는 않다. 대신 응답자는 설문지에 나와 있는 질문들에 대해 자기 자신의 말로 자유스럽게 응답한다. 개방형 설문지 또한 응답자들에게 우송되어 다시 회수되는 방식을 취할 수 있다. 하지만 이 경우, 나온 응답들이 구조화되어 있지 않기 때문에 폐쇄형 설문지 보다는 상대적으로 복잡한 분석절차를 필요로 한다. 개방형 설문조사는 여러 가지 면에서 나중에 설명할 면접조사와 유사하다.

위에서 살펴본 바와 같이 폐쇄형 설문지와 개방형 설문지는 나름대로 서로 다른 속성들을 가지고 있다. 설문지를 사용한 조사를 할 경우 연구자는 이러한 속성들을 잘 파악해서 연구의도에 따라 폐쇄형 설문지만을 또는 개방형 설문지만을 아니면 이 두 가지를 혼합한 설문지를 사용할 것인가를 결정해야 한다.

(2) 우편조사

우편조사는 일반적으로 조사대상자들에게 설문지를 우편으로 우송한 후 동봉한 회송용 봉투를 이용하여 이들이 응답한 설문지를 연구자에게 다시 우송하게끔 하여 자료를 수집하는 방법이다. 우편조사는 가장 전통적이면서 기본적인 설문조사 방법이다. 하지만 최근에 휴대폰과 인터넷과 같은 정보통신기술로 의사소통을 보다 빠르고 편리하게 할 수 있게 되어 우편조사의 사용은 상당히 줄어들고 있다.

우편조사는 응답자들에게 조사에 대해 설명하는 소개편지, 설문지, 설문지를 회송받기 위해 수신인(조사자나 조사기관)의 주소가 쓰여 있고 또한 우표가 붙어 있거나 수취인후납의 도장이 찍힌 회송봉투를 함께 보내는 방식으로 진행 된다. 대부분의 우편조사에서 조사대상자가 설문지를 보내주지 않는 이유는 설문지에 답하고 보내는 것이 귀찮기 때문이다. 따라서 연구자는 되도록 조사대상자가 응답하기 쉬운 폐쇄형 질문으로 이루어진 자기기입식 설문지를 사용한다. 아울러 회송봉투도 설문지를 접으면 바로 회송봉투가 되는 자기우편(self-mailing) 방식의 설계를 포함해서 응답자가 보다 쉽고 용이하게 우송하도록 제작한다.

(3) 면접조사

면접조사는 연구자나 면접자가 응답자에게 직접 말로 질문하고 그리고 이 질문에 대해 응답자가 자신의 말로 자유스럽게 대답하게 함으로써 필요한 자료를 모으는 방법이다. 면접조사원은 특정한 질문이나 사항에 대해 자세하게 그리고 계속적으로 캐물어 볼 수 있으므로 우편조사보다 훨씬 유연성이 있으며 또한 보다 깊이 있는 대답을 얻어낼 수 있다.

응답자가 설문지를 읽고 그 자신의 대답을 직접 적는 우편조사와는 달리 면접은 설문지처럼 응답자에게 우송될 수 없다. 따라서 면접조사는 비용과 시간 그리고 노력이 많이 드는 조사방법이다. 면접자와 응답자가 서로 대면하는 상태에서 이루어지는 면접은 또한 서로 상대방을 의식하고 또 어떤 인상을 줄 수 있기 때문에 응답에 대한 분석에 있어서 주관적이 되기 쉽다. 아울러 면접에서 폐쇄형 설문지 대신에 개방형 설문지를 사용할 경우 응답은 제한된 수의 범주로 밖에 부호화될 수 없기 때문에 통계적 분석이 매우 힘들다. 하지만 이러한 한계에도 불구하고 면접조사는 복잡한 사항이나 어려운 주제에 대해 보다 깊이 있고 풍부한 정보와 자료를 제공해 주고 응답률이 높은 조사방법이다.

(4) 전화조사

전화가 일반인들에게 널리 보급되면서 면접이 전화를 통해 이루어지는 전화조사가 점차 조사방법의 중요한 부분을 차지하게 되었다. 전화조사는 넓은 지역에 걸쳐 있는 크고 다양한 표본을 빠른 시간에 경제적으로 조사하게끔 해준다. 최근에는 표본추출에서 나타날 수 있는 왜곡(bias)을 방지하기 위해 컴퓨터에 의한 무작위번호걸기(random digit dialing)와 면접자가 컴퓨터를 사용하여 응답자에게 질문하고 또 응답자로부터 얻은 대답을 즉시 부호화해 컴퓨터에 저장할 수 있게 해주는 컴퓨터보조전화면접(computer-assisted telephone interviewing, CATI)의 방법들이 개발되면서 전화조사는 보다 효율적이고 신속한 사회조사 방법이 되어가고 있다. 전화조사의 단점으로 면접조사원과 응답자가 직접 대면하지 않기 때문에 응답자가 전화면접을 거절할 확률이 높고 또 면접조사원이 전화상으로는 응답자의 반응이나 특성, 그리고 상황을 자세하게 파악할 수 없는 측면이 있다.

(5) 온라인조사

20세기 후반에 급격히 발달한 인터넷의 웹(www: world wide web)기술은 설문조사의 새로운 장을 열고 있다. 온라인조사 또는 인터넷조사라고 불리는 이 조사방법은 양방향적이고 즉각적인 통신을 가능하게 해주는 HTML(Hyper Text Markup Language)과 자바애플릿(Java Applet) 등의 기술에 기반을 둔 인터넷상의 웹을 조사매체로 이용한다.

온라인조사는 기술적으로 크게 온라인방문자조사(visitor survey)와 온라인패널조사(panel survey)로 나뉘어 진다.

가. 온라인방문자조사

온라인방문자조사는 특정 인터넷 웹사이트나 홈페이지에 설문지를 공개한 후, 조사대상자들이 즐겨 찾는 다른 웹사이트에 서베이에 대한 광고를 하거나 공지를 하여, 응답자들이 그 특정 웹사이트를 방문하여 조사에 응하게 하는 방법이다.

나. 온라인패널조사

온라인패널조사는 사전에 인터넷 사용자들을 모아 설문응답자 모임(panel)을 구성한 후, 이를 데이터베이스화하여, 매 조사마다 이 데이터베이스를 표본틀로 활용하여 선정된 응답자로 하여금 조사에 응하게 하는 방법이다.

온라인조사는 저렴한 비용, 신속한 조사와 통계처리, 멀티미디어 활용, 조사대상자에 대한 접근 용이성, 인터넷 사용자의 증가, 젊은층을 주축으로 하는 인터넷 사용자의 적극성과 응답의 편의성으로 인해 최근에 급격히 확대되고 있다. 하지만 인터넷 사용이 아직 연령, 성, 지역 등을 포함해서 계층별로 보편화되지 않았기 때문에 인터넷을 통한 설문조사의 결과는 표본의 대표성에 문제를 가지게 할 수 있으며, 이 밖에 응답자가 중복해서 응답할 수 있는 가능성과 설문이 되도록 짧고 설문 문항 수가 적어야 하며 자기기입식으로 설문이 구성될 필요성은 온라인조사가 극복해야 할 문제점으로 지적될 수 있겠다.

3) 실험

실험은 서로 관계있는 변수들 사이에 인과관계가 있나 없나, 혹 있다면 어느 정도로 있는가를 알아보기 위해 통제된 조건하에서 자료를 수집하는 조사방법이다. 따라서 이 방법은 연구목적이 기술(description)보다는 설명(explanation), 또는 가설검증에 있는 연구에 보다 적합하게 사용된다.

실험은 독립변수와 종속변수, 사전조사(pretest)와 사후조사(posttest), 실험집단(experimental group)과 통제집단(control group)과 같은 기본 구성요소들을 가지고 있다. 독립변수는 실험변수(experimental variable)라고도 불리며 종속변수인 실험대상이나 실험대상의 어떤 측면에 영향 또는 자극을 준다. 여기서 독립변수는 원인이 되고 종속변수는 결과가 된다. 실험변수의 효과를 알아보기 위해, 연구자는 실험대상 혹은 실험대상의 어떤 측면을 독립변수의 영향을 받기 이전(사전조사)과 이후(사후조사)에 조사를 하고, 이로부터 나온 두 측정치를 비교한다. 만약 이 두 측정치 사이에 의미있는 차이가 나오면 실험변수의 효과가 있다고 간주할 수 있다.

그런데, 실험변수에 노출된 하나의 대상에 대해 사전 및 사후조사를 할 경우, 실험대상의 비무작위성, 실험변수의 조작미숙, 시간의 흐름에 따른 실험대상의 변화, 실험기간 내의 우발적 사건, 실험대상이 사람일 경우 실험 그 자체가 변수로 작용할 수 있는 문제 등이 발생할 수 있다. 이러한 문제들을 극복하기 위해 보다 잘 설계된 실험은 실험변수에 노출되는 실험대상인 실험집단과 실험변수에 영향받지 않는 것을 제외하고는 실험집단과 똑 같은 통제집단을 설정하여 이 두 집단을 측정, 비교하여 연구한다. 두 집단은 실험변수의 노출여부에만 차이가 나기 때문에 이들 사이에 나타나는 차이는 모두 실험변수의 탓으로 돌릴 수 있다. 예를 들어, 혈압을 낮추는 새로운 약의 효과를 알아보기 위해 동일한 모집단에서 두 표본을 무작위로 추출하여, 한 집단(실험집단)에는 새로 개발한 약(실험변수)을 투여하고 다른 집단(통제집단)에는 그 약을 주지 않거나 또는 가짜약(예를 들어 각설탕)을 먹게 하여, 나중에 이들 두 집단의 혈압을 측정, 비교하는 실험을 할 수 있다.

실험은 원래 물리학이나 생물학의 방법론, 특히 이들 학문분야에서 행해지는 실험실 조사방법으로부터 크게 영향 받았다. 사회학에서 실험은 실험실에서도 시행될 뿐만 아니라 자연적인(현지) 상황에서도 수행된다.

(1) 실험실실험

실험실실험(laboratory experiment)은 연구에 영향을 끼쳐서는 안되는 조건들을 엄격하게 통제해서 실행하는 실험이다. 실험실실험을 시행하는 연구자는 자신의 연구설계에 맞는 상황을 만들어 실험한다. 예를 들어, 고등학생의 지적인 능력을 향상하기 위해 개발한 새로운 교육프로그램의 효과를 알아보기 위해 실험대상자인 고등학생 표본을 바깥사회와 격리된 기숙사에만 머무르게 하면서 이 프로그램을 일정기간 시행하고, 나중에 이 학생들의 지적인 능력을 측정할 수 있다.

실험실실험은 연구자의 의도에 따라 실험상황이 통제되기 때문에 연구자가 관심을 갖고 있는 실험변수만의 효과를 알아보는 데 매우 적절한 방법이다. 하지만 많은 사회학적 이슈들에 있어서 인위적인 실험실은 부자연스러운 환경이다. 실험실에서 나온 결과를 실험대상이나 실험대상의 모집단이 원래 존재하는 보다 일상적인 상황에 적용하기가 쉽지 않다.

(2) 현지실험

현지실험 또는 자연적인 실험에서 사회학자들은 상대적으로 보통의 일상적인 상황에 놓인 사람들을 연구한다. 예를 들어, 젊은이와의 대화가 혼자 사는 노인의 정서에 어떤 영향을 주는가를 알아보기 위해 연구자가 젊은이들로 하여금 노인들이 사는 집을 직접 방문하여 대화하게 하고, 나중에 노인의 정서변화를 측정하여 젊은이와의 대화라고 하는 실험변수의 효과를 알아보는 방법이 있다.

실험실실험에 비해 현지실험은 연구결과가 비슷한 상황에 있는 다른 사람들에게 보다 폭넓게 적용될 수 있다는 장점이 있다. 하지만, 자연적 상황이기 때문에 연구자는 관계있는 변수에 영향을 줄 수 있는 다른 요인들을 통제하기가 어렵다. 위의 예에서, 만약 어떤 노인의 정서가 보다 안정되어졌을 때, 이러한 결과가 젊은이와의 대화가 아닌 다른 요인, 예를 들어 실험기간 중에 있었던 일로 멀리 있는 자식으로부터의 안부전화나 방문하겠다는 편지 때문일 수가 있다.

요약하면, 실험실실험은 인위적이라는 비용으로 통제를 얻고 현지실험은 통제를 희생하는 대신에 실제성을 가진다.

4) 관찰

관찰은 개인이나 집단에게 질문을 하지 않거나 또는 이들의 행위에 영향을 주지 않으면서 이들의 행위를 주의깊고 면밀하게 살펴보는 방법이다. 예를 들어, 동네에서 일어나는 또래집단의 상호작용이 관찰될 수 있다.

관찰은 주로 관계있는 활동들의 내용에 그 초점이 맞추어진다. 따라서 관찰은 연구자로 하여금 어떤 행위의 인과관계를 이해하는 데 있어서 그 행위의 사회적 과정을 깊이있고 자세하게 살펴볼 수 있도록 해준다.

관찰은 관찰자가 연구대상 집단에 참여하는가의 여부에 따라 기본적으로 분리관찰(detached observation)과 참여관찰(participant observation)로 나뉠 수 있다.

(1) 분리관찰

분리관찰에서 연구자(관찰자)는 관찰되어지고 있는 대상으로부터 다소간 멀리 떨어져 있는다. 관찰대상자는 자기가 관찰되고 있다는 사실을 모를 수도 있다. 연구자는 관찰대상자로부터 멀리 떨어져 있기 때문에 관찰대상에 영향을 별로 주지 않는다. 하지만 멀리 있음으로 인해 연구자는 관찰대상자에게 일어나고 있는 중요한 활동이나 사건을 보는 데 한계가 있을 수 있다. 예를 들어, 불량청소년 집단의 활동을 분리관찰에 의해 연구할 수는 있지만 관찰될 수 있는 활동은 공개적인 장소에서 일어나는 것에 한정되어 있다. 비밀모임, 밀폐된 장소에서 일어나는 의식, 활동계획모의 등등의 중요한 사항은 분리관찰에 의해 좀처럼 노출되지 않는다.

(2) 참여관찰

참여관찰은 관찰자가 연구대상 집단이나 상황에 직접 참여하는 방법이다. 사회학적 참여관찰 연구의 대표적인 사례는 화이트(William Foote Whyte)의 『거리모퉁이사회(Street-Corner Society)』(1943), 이다. 이 책에서 화이트는 보스톤의 빈민가에 있는 청소년들과 어울리면서 관찰한 그들의 활동과 의식 등을 상세히 기술하였다. 그는 이 집단을 내부로부터 파악하여 이들이 무슨 행동을 왜 하는가에 대해 풍부하고 자세하게 이해할 수 있었다. 비록 이 청소년들이 한 사회학자에 의해 자신들이 관찰되고 있다는 것을 알고 있었지만 이들은 화이트를 자기집단의 한 성원으로 간주하였으며 그의 존재를 별로 개의치 않은 채 정상적으로 행동하였다.

참여관찰은 분리관찰이 제공하기 힘든 깊이있고 상세한 정보를 제공해 주는 장점이 있다. 하지만 자칫하면 연구자의 참여 자체가 관찰대상자의 행동에 영향을 줄 수 있으며 또 연구자가 관찰대상 집단에 직접 참여함으로써 관찰자보다는 참여자가 되어 객관적인 관찰을 하지 못하는 결과를 낳을 수도 있다.

5) 이차분석

기존에 이미 나와 있는 자료를 분석하는 방법이 이차분석이다. 오늘날 많은 공공기관들은 사회학적 연구에 유용한 자료와 정보를 내놓고 있다. 사회학에서 가정 많이 쓰이는 자료의 출처로서 센서스(census)는 출생, 사망, 가구유형, 연령 및 성 구성, 교육수준, 직업, 인구분포 등에 대한 전국적인 자료를 제공해준다. 이와 같은 자료는 가족, 도시화, 계층, 직업변화, 공동체유형 및 기타 다른 사회학적 관심영역에서 매우 가치 있게 다루어지고 있다.

사회학자들은 사회조직, 사회적 활동의 변화, 사회계층 등을 연구하기 위해 기업, 노동경향, 여가활동, 소득, 건강, 등에 관한 통계자료도 활용한다. 자살에 관한 뒤르켐의 연구는 자살률에 대한 통계자료를 사용함으로써 이루어졌다.

이 밖의 이차적 자료로서 일기, 편지, 자서전, 신문기사, 보고서들도 사회학적 분석을 위한 풍부한 정보의 원천이 될 수 있다.

이차적 분석방법은 여러 가지 면에서 장점을 지니고 있다. 먼저, 이 조사방법은 원자료(raw data)를 모으는 비용을 덜어 준다. 둘째, 대부분의 공공기관에 의해 수집된 자료의 질은 한 개인 연구자에 의해 모여진 자료보다 나은 경향이 있다. 셋째, 이차적 자료를 사용함으로 인해 연구자는 연구과정이나 연구대상자의 행위에 영향을 주지 않는다. 이차적 분석의 결점으로는, 수집된 자료가 새롭게 진행된 연구의 목적에 직접적으로 부합되지 않을 수 있는 측면을 꼽을 수 있다. 또한 원자료의 정확성이 알 수 없거나 의심되는 경우도 있을 수 있다.

지금까지 언급한 조사방법들은 다 같이 나름대로의 장단점을 지니고 있다. 사회학자들은 이러한 각 조사방법의 장단점을 고려하면서 연구하고 있는 문제나 주제의 성격에 맞는 조사방법을 선택한다. 만약, 변수의 통제가 중요하면 실험방법이 적합할 것이고, 다양한 관점을 보기를 원한다면 서베이의 방법이 가장 필요할 것이다. 만약 큰 모집단의 중요한 속성에 대한 정보를 얻기 원한다면 센서스자료를 이용한 이차분석이 알맞을 것이다.

5. 연구의 기술적 및 사회적 맥락

사회과학에서 우수한 연구를 수행하기란 쉽지 않다. 사람의 행위를 연구함은 보통 자연과학에서는 직면하지 못하는 문제들도 내포하게 된다. 이러한 문제들 중 일부는 기술적(technical)일 수 있으며, 또다른 일부는 사람을 연구함으로써 생겨나는 현실적인 또는 사회적인 어려움일 수 있다.

1) 기술적 어려움

(1) 신뢰도

신뢰도(reliability)는 특정한 연구기법을 동일한 대상에 반복해서 적용했을 때 매번 같은 결과를 산출해내는 정도를 말한다. 어떤 연구결과가 과학공동체에 받아들여지려면 연구자는 자신이나 다른 사람들이 같은 연구를 반복했을 때도 계속 같은 결과를 얻을 수 있도록 해야 한다. 이렇게 함으로써 발견된 결과가 우연이나 속임수에 의해 나오지 않았다는 확신을 줄 수 있다. 신뢰도를 높이기 위해 연구자는 보다 정밀한 측정도구를 사용한다. 예를 들어, 무게를 재기 위해 기온과 습도에 영향받는 바늘저울 보다는 전자저울을 사용한다.

(2) 타당도

연구는 신뢰도 이상의 것을 요구한다. 연구에서 현실의 어떤 측면을 나타내도록 되어 있는 변수는 그러한 현실을 사실로 나타내어야 한다. 타당도(validity)는 이러한 문제와 관련해서, 조사하고자 했던 것을 얼마나 정확하게 조사했는가의 정도를 말한다. 자살율에 대해 측정하고자 했다면 자살을 대상으로 측정해야 한다. 만약, 자연사나 사고사를 측정한다면 타당도는 없게 된다.

2) 현실적 어려움

(1) 사람들의 협조

사회학자들은 연구대상자나 응답자들의 협조를 필요로 한다. 사회조사의 참여는 많은 사람들이 소중하게 여기는 시간의 사용을 요구한다. 게다가, 사회조사는 가끔 대부분의 사람들이 다른 사람들에게는 밝히기를 꺼리는 개인적인 문제나 민감한 이슈들을 포함하기도 한다. 따라서 사람들을 연구에 참여하게 만드는 일은 연구참여에 따르는 부담을 줄이는 동시에 협조하게끔 사람들의 마음을 끄는 복잡한 과정이다.

연구자는 때때로 자신이 이상적으로 가지기를 원하는 정보의 수준을 낮춤으로써 참여자의 부담을 줄일 수 있다. 이러한 현실적 타협은 연구의 중요한 목표를 성취하기 위해 가끔 필요하기도 하다. 연구자는 또한 응답자가 여유있는 시간에 답할 수 있도록 설문지를 배부하거나, 응답자가 편리한 시간에 전화서베이를 하며, 특정한 연구장소보다는 응답자의 가정에서 응답자와 면접을 함으로써 참여자의 부담을 줄일 수 있다.

연구에 대한 참여동기는 경우에 따라 연구과정에 참여함으로써 생기는 비용이나 손실을 적절하게 보상해줌으로써 증가시킬 수 있다. 하지만 연구에 대한 참여동기는 대부분 연구대상자나 응답자가 연구를 얼마나 중요하게 생각하는가에 크게 의존한다.

(2) 연구 자체의 영향

사람은 자기 자신을 하나의 개인으로서 의식한다. 이러한 자기의식은 사회학의 연구에서 특별히 관심을 가질 필요가 있다. 왜냐하면, 사람들은 무생물과는 달리 자기 자신이 연구되고 있다는 사실에 반응해서 자신들의 행동을 바꿀 수가 있기 때문이다. 특별한 주제에 대한 자신들의 의견이 조사되고 있음을 안다면 사람들은 다시 생각하고 자신들이 평소에 가졌던 관점을 수정할 수가 있다.

호손효과(Hawthorne Effect)는 이러한 현상을 나타내는 용어로 자주 쓰인다. 이 용어는 1920년대말과 1930년대초 미국 시카고 인근의 호손에 있는 웨스턴 일렉트릭회사의 한 공장에서 행한 일련의 연구에서 나왔다. 여러가지 작업조건들(밝은 조명, 많은 휴식시간, 다양한 임금지급방법 등)이 생산에 어떤 영향을 미치는가를 조사하면서 연구자들은 종업원들에게 불리하다고 여겨지는 작업조건들(예를 들어, 어두운 조명)하에서도 생산성이 올라가는 예상치 못했던 현상들을 발견했다. 세밀한 분석 끝에, 연구자들은 이러한 결과가 다양한 물리적 작업조건이나 물질적 보상에 의한 것이 아니라 실험하고 있다는 사실 그 자체에 의해 일어났음을 알게 되었다. 실험하는 동안 종업원들에게 보인 관심과 주의가 종업원들로 하여금 관리자들이 자기들을 특별히 생각하고 있다는 믿음을 갖게 만들었고, 이것이 종업원들의 사기를 높였다. 결국, 생산성의 향상은 이러한 긍정적 느낌으로부터 나온 결과였다. 호손효과는 적합한 연구설계를 하기 위해 연구대상자의 지각력을 고려하는 것이 중요함을 일깨워 준다.

(3) 연구의 윤리적 및 정치적 측면

사람을 연구대상으로 삼는 대부분의 사회학연구들은 불가피하게 윤리적이거나 정치적인 요소를 포함하게 된다.

과연 연구자는 연구대상자를 어느 정도로 관찰할 권리를 갖고 있는가? 때때로 연구자는 연구의 효과를 높이기 위해 유리의 한쪽 방향에 있는 사람만 반대편을 투시해서 볼 수 있게 만든 거울인 일방향거울(one-way mirror)과 몰래카메라(hidden camera), 그리고 숨겨둔 녹음장치를 사용하거나 연구자의 신분을 감춘 채 연구대상자들을 관찰하기도 한다. 하지만 이런 방법은 모두 사생활(privacy)의 침해를 유발하는 윤리적 문제를 제기한다. 많은 사회학자들은 사생활의 침해를 가져올 수 있는 방법을 사용할 경우 연구대상자들에게 미리 그 사실을 통지하거나 동의를 얻는 절차를 거치고 있다.

사회학의 연구들은 연구 참여자들에게 직 · 간접적으로 피해를 가져다 줄 수 있다. 예를 들어, 어떤 주제에 대해 서로 관계있는 사람들의 의견이나 반응을 알아보기 위해, 노동자들로부터 들은 민감한 정보를 고용인에게, 또는 남편에게 들은 사생활을 부인에게 전달할 경우, 자칫하면 해고나 부부관계의 불화를 초래할 수도 있다. 이러한 문제들을 방지하기 위해 사회학자들은 연구설계 뿐만 아니라 연구과정에서 연구대상자들에게 피해가 가지 않도록 세심한 주의를 기울이고 있다.

연구결과의 사용은 또다른 유형의 윤리적, 정치적 문제를 제기한다. 연구자는 과연 누구에게 가장 충실한 의무를 지니고 있는가? 연구지원자에게? 과학공동체에? 전체 사회에? 연구자는 자신이 보기에도 명백하게 열등한 제품을 일반소비자들이 사게끔 유혹하는 가장 좋은 판매방법을 개발해 달라는 기업의 연구비를 받아야 하는가? 연구자는 자신이 연구하는 주제나 연구결과로 인해 고용주나 정치단체로부터 처벌이나 박해를 받아도 되는가? 이와 같은 질문은 연구 및 과학적 활동의 가능성과 발전에 민감한 사항들로서, 결코 한가한 시간에 가지는 쓸모없는 질문들이 아니다. 사회학자들은 이러한 이슈들에 직면해서 나름대로의 윤리규정이나 안내지침을 만들어 입장을 표명하기도 하며 또 이것들을 실천하기 위해 노력하고 있다.

■■ 참고문헌

배비, 얼(Babbie, Earl). 2022. 『사회조사방법론』. 고성호 외 역. 센게이지러닝코리아.

Durkheim, Emile. 1938 (original 1895). *The Rules of Sociological Methods.* Chicago: University of Chicago Press.

______. 1951 (original 1897). *Suicide: A Study in Sociology.* J. A. Spaulding and G. Simpson (trans.). New York: The Free Press.

Frankfort-Nachmias, Chava and David Nachmias. 2003. *Research Methods in the Social Sciences.* New York: St. Martin Press, Inc.

Goldenberg, Sheldon. 1992. *Thinking Methodologically.* New York: HarperCollins Publishers, Inc.

Lazarsfeld, Paul. 1959. "Problems in Methodology." in Robert K. Merton (ed.), *Sociology Today.* New York: Basic Books.

Stouffer, Samuel, et al. 1949, 1950. *The American Soldier.* 3 vols. Princeton: Princeton University Press.

Whyte, William Foote. 1943. *Street-Corner Society: The Structure of an Italian Slum.* Chicago: The University of Chicago Press.

제 3 장

사회적 상호작용과 사회구조

1. 일상생활에서의 사회적 상호작용

상호작용의 매체
상호작용의 방식
상호작용의 규칙

2. 사회적 상호작용의 형태

교환 / 협동 / 경쟁 / 갈등

3. 사회구조

규범 / 지위 / 역할 / 집단 / 제도

4. 사회의 유형

수렵채취사회
원예사회 / 목축사회 / 농경사회
산업사회 / 탈산업사회
산업전사회와 산업사회의 비교

제 3 장

사회적 상호작용과 사회구조

사회학자들이 사회라는 말을 사용할 때 그것은 대체로 동일한 지역 내에서 공통의 문화를 가지고 상호작용하는 개인들의 집단 또는 조직을 가리킨다. 사회에 대한 이 같은 개념규정에 준거하여 사회학의 주요 관심사를 다음의 두 가지 문제로 나누어 볼 수 있다. 첫째는 사람들 간의 상호작용은 어떻게 일어나는가이며, 둘째는 상호작용이 일어나는 사회는 어떻게 조직 또는 구조화되어 있는가이다.

인간의 행동은 거의 대부분 다른 사람들에 대한 행동이거나 반응으로 일어난다. 사회학자들은 이러한 행동과 반응과정을 사회적 상호작용이라고 하며 그것의 두드러진 특징 두 가지를 밝혀놓고 있다. 첫째로 사회적 상호작용은 공유하고 있는 문화를 바탕으로, 더 특정적으로 말해서 공유하고 있는 상징을 매개로 일어난다는 것이며, 둘째는 사회적 상호작용이 일정 기간동안 지속적으로 일어나면 그것은 어떤 형태로든 유형화된다는 것이다.

어떤 학자들은 사회를 이와 같이 일상생활에서 일어나는 사회적 상호작용의 산물로 이해하고 있는 반면에 다른 학자들은 사회적 상호작용이 일어나는 어떤 유형화된 조직 또는 체계로 파악한다. 전자는 사회의 미시적 질서문제, 즉 일상생활에서의 사회적 상호작용의 매체, 방법 및 규칙들을 밝히는데 관심을 두며 후자는 거시적 질서문제, 즉 사회체계의 구조적 구성요소들인 규범, 지위와 역할, 집단 및 제도들과 이들의 관계를 파악하는 데 주력하고 있다.

이 장에서는 사회학적 연구에 기초가 되는 사회적 상호작용과 사회구조를 살펴보기로 하겠다. 먼저 앞부분에서는 우리들의 일상생활에서 사회적 상호작용이 어떻게 일어나고 있는가를, 그리고 사회의 미시적 질서문제를 거시적 질서문제와 관련시켜 이해하는데 매우 중요한 사회적 상호작용의 형태들을 살펴본다. 다음으로 사회구조의 기본적 구성요소들을, 그리고 마지막에는 인간사회의 진화에 따라 나타난 제유형의 사회들은 각각 어떻게 서로 다른 구조를 갖고 있는가를 알아본다.

1. 일상생활에서의 사회적 상호작용

인간행동의 대부분은 다른 사람과의 관계, 즉 대인관계(interpersonal relation)의 맥락에서 일어난다. 사회학자들은 이처럼 대인관계에서 일어나는 서로에 대한 행동과 반응과정을 사회적 상호작용이라고 한다.

인간의 사회적 상호작용은 두 가지 두드러진 특징을 갖고 있다. 그 하나는 어떠한 상호작용이든 그것은 상호작용하는 사람들이 공통으로 이해하고 있는 언어나 몸짓과 같은 상징들을 매개로 일어난다는 것이다. 따라서 그것은 그 매체인 상징의 의미를 해석할 수 있을 경우에만 어떤 질서가 있는 유형으로 일어날 수 있다. 이러한 의미해석은 공통의 문화를 바탕으로 이루어지며 그 능력은 자아의 형성과정, 즉 사회화에 의해서 얻어진다.

사회적 상호작용의 다른 하나의 특징은, 일정 기간동안 지속적으로 일어날 경우 그것은 어떤 형태로든 유형화된다는 것이다. 사회학자들은 둘 또는 그 이상의 사람들 간에 존재하는 비교적 지속적으로 유형화된 관계를 사회적 관계(social relation)라고 한다. 사회 또는 사회조직은 가족에서의 부부관계, 학교에서의 사제관계, 종교에서의 성직자와 평신도의 관계, 기업체에서의 노사관계, 정치에서의 통치자와 일반시민과의 관계 등 무수한 사회적 관계들로 이루어져 있다. 이러한 사회적 관계들에서 나타나는 사회적 상호작용의 형태에는 여러 가지가 있다. 이에 관해서는 뒷부분에서 다루기로 하고 여기서는 그 매체와 방식 및 규칙들에 관해서만 살펴보기로 하겠다.

1) 상호작용의 매체

인간만이 상호작용을 하지는 않는다. 인간 이외의 동물들은 유전적으로 정해진, 즉 본능적으로 고정된 행동방식에 따라서 상호작용을 한다. 그러나 인간의 사회적 상호작용은 공유하고 있는 상징을 매개로 서로의 동기와 의도를 알고 이루어진다는 점에서 다른 동물의 상호작용과는 다르다. 두 마리의 개가 흰 이빨을 드러내고 서로 으르렁거리며 싸우는 것은 본능적인 반응이나 두 사람의 남녀가 서로 마주 앉아 웃으면서 이야기하는 것은 웃음과 말의 의미를 이해하고 일어나는, 즉 얼굴표정과 언어라는 상징을 통해서 일어나는 상호작용이다.

미드(Mead, 1934)는 상호작용이 상징을 매개로 일어난다는 점을 착안하여 사회심리학의 한 이론을 제시하였다. 그에 따르면 인간의 행동은 더 이상 분리될 수 없는 단일행위(unit act)일지라도 일정의 상황 하에서 일어나는 총체적 반응이라는 것이다. 강의실로 들어간다든가 미소를 짓는다든가, "안녕하십니까"라고 인사를 하는 행위는 더 이상 쪼갤 수 없는 사람들의 단일행위이다. 이 같은 행위들의 경우에도 그것은 단순한 동작이나 운동에 그치는 것이 아니라 주어진 상황에서 행위의 대상에 대한 행위자의 느낌과 사고에 따라 일어나는 총체적 반응이라는 것이다. 인간은 다른 동물들과 달리 그의 상황을 이루고 있는 여러 요소들과 다른 사람의 생각과 의도를 파악하고 자신이 어떻게 반응할 것인가를 주의깊게 생각하고 계획하고 행동하기 이전에 미리 마음속에서 연습을 한다.

미드에 의하면 인간은 또한 자아를 가지고 있다는 점에서 다른 동물들과 다르다. 즉 우리는 우리가 다른 사람에 대하여 행동하는 것처럼 우리들 자신에 대해서도 행동하는 자아를 갖고 있다는 것이다. 우리는 우리들 자신을 축하하기도 하며 자랑스럽게 생각하기도 하며 자신에게 말하기도 한다는 것이다. 우리가 우리 자신에 대해서 갖고 있는 이와 같은 상상은 다른 사람들이 우리에 대해서 갖고 있는 상상으로부터 발전한다. 미드는 이러한 과정을 인간의 의식형성의 관건으로 본다.

우리는 어떤 것을 알기 위해서는 무엇보다도 먼저 그것을 인식해야만 한다. 그러한 인식은 우리가 우리의 행위에 대상이 되고 있는 것을 우리 자신에게 일러주는 것을 의미한다. 이러한 지시과정에서 우리는 그 대상의 의미를 알게 된다. 예를 들면 미소는 다른 사람에게 마음을 편하게 해준다든지, 태극기는 한국을 표시한다든지, 어떤 사람이 우리의 목에 칼을 들이대면 무엇을 강탈하려는 뜻이 있다든지 등을 우리 자신이 알게 된다는 것이다. 이와 같이 미소, 국기, 칼 등은 우리들에게 어떤 것을 의미하는 상징들이다.

미드의 관점을 요약하면 인간은 일상생활에서 사물들에 계속해서 의미를 부여하고 그

의미를 자신에게 지시하고 그 지시된 의미를 판단해서 행동한다는 것이다. 이와 같은 미드의 관점은 미국 사회학의 한 주류를 이루고 있는 상징적 상호작용론의 기초가 되었다.

미드의 제자이며 상징적 상호작용론이라는 말을 처음으로 만들어낸 허버트 블루머는 이 이론의 기초 가정을 다음과 같이 요약한다(Blumer, 1962: 145).

> 상징적 상호작용이라는 말은 사람들 사이에 일어나는 상호작용의 특정적이고 두드러진 성격을 가리킨다. 그것의 특정성은 사람들은 서로의 행위에 대하여 단순하게 반응하는 것이 아니라 그 행위의 의미를 해석 또는 '규정'하고 반응한다는 사실에 있다. 그들의 반응은 서로의 행위에 대하여 직접적으로 일어나는 것이 아니라 그 행위에 부여되고 있는 의미에 기초해서 일어난다. 따라서 인간의 상호작용은 상징을 사용해서 그리고 해석을 통해서 또는 서로의 행위에 대한 의미를 확인함에 의해서 매개된다. 이러한 매개는 인간의 행동의 경우 자극과 반응 사이에 해석과정을 집어넣는 것을 뜻한다.

이 같은 관점은 1차적으로 사회의 미시적 질서, 즉 일상활동의 망상조직을 밝혀내는데 큰 도움을 주고 있다. 일상생활에서 일어나는 수많은 사상들은 대개 주어진 상태로 받아들여지고 있기 때문에 잘 인식되지 않는 경향이 있다. 그러나 사회는 그와 같은 사상들의 축적으로 형성되어 있다는 점에서 미시적 질서에 관한 연구, 즉 일상생활에서 일어나는 사회적 상호작용의 방식과 형태에 관한 연구는 그에 상응하는 거시적 질서에 관한 연구, 즉 사회구조에 관한 연구와 함께 매우 중요하다.

다음에서 우리들의 일상생활에서 우리들 자신을 다른 사람들에게 어떻게 보여주고 있으며 또한 일상생활에서의 규칙들이 어떻게 작용하고 있는가에 관해서 살펴보기로 하겠다.

2) 상호작용의 방식

상징적 상호작용론으로부터 많은 영향을 받은 미국의 사회학자 고프만은 사람들이 일상생활에서 자신을 어떤 방식으로 다른 사람에 보여주고 있는가에 관심을 갖고 이에 관한 하나의 새로운 접근방법인 연극학적 접근(dramaturgical approach)방법을 제안하였다(Goffman, 1959). 그에 따르면, 사람들은 마치 어느 한 연극에 출연하고 있는 배우처럼 다른 사람에게 그들 자신을 최선을 다해 보여주려고 노력한다고 한다. 이를 위해서 사람들은 자신의 인상을 잘 통제해야 한다. 고프만은 이 같이 다른 사람 앞에서 최선을 다해 자신을 보여주기 위해 자신의 인상을 통제하는 현상을 가리켜 인상관리(impression management)라고 하였다.

사람들은 인상을 관리하는데 있어서 그들의 배경(sceneries)을 조심스럽게 꾸며 놓고 적절한 소지품(props)을 몸에 지닌다. 예를 들면, 어느 한 회사의 사장이 그의 사무실을 값진 그림과 골동품으로 장식하고 값진 파이프와 손가방을 가지고 다니는 행위는 그의 인상을 관리하기 위한 수단이라는 것이다.

사람들은 또한 연극에서와 같이 그들의 과업을 수행함에 있어서 무대의 앞과 뒤를 갖고 있다고 한다. 무대 앞(front stage)은 다른 사람들 앞에서 자기의 역할을 수행하는 곳이고 무대 뒤(back stage)는 자신의 감정이나 느낌을 이완할 수 있는 곳이다. 예를 들면 어느 한 상점의 점원이 그 상점에서 구입한 물건이 불량품이라고 반환하러 온 고객에게 미소를 지으면서 사과하는 행위는 무대앞에서 일어난 일이고 그 고객이 돌아간 뒤에 같은 동료점원에게 "그 사람은 까다로운 사람이다."라고 불평하는 것은 무대 뒤에서 일어나는 일이라고 할 수 있다.

어떤 경우에 인상관리는 몇 사람들이 하나의 팀이 되어 이루어진다. 사이가 좋지 않은 부부가 그들의 자녀들 앞에서 불화를 내색하지 않는다든가, 상점의 점원들이 한패가 되어 고객으로 하여금 물건을 사도록 다양한 설득작전을 펴는 것은 그 좋은 예가 될 것이다.

연기자는 간혹 자신을 청중에게 적절하게 보이는데 실패한다. 그러나 청중은 그가 무엇을 하려고 하는지를 대체로 알고 있으며 그가 의도적으로 보여주고 있는 인상과 의도함이 없이 나타나는 인상을 판별하면서 그의 연기를 조심스럽게 평가한다. 연기자가 연기를 잘못하거나 너무 조심스럽게 연기하는 것처럼 보이면 청중은 그의 진지성을 의심할 수도 있다. 그러나 그들은 연기자가 잘못된 인상을 보여줄 경우에도 그를 좀처럼 불신하지는 않는다. 왜냐하면 대면하고 있는 모든 참여자들은 서로의 체면을 유지할 공동의 책임을 갖고 있기 때문이다. 정중한 행동은 행위자들이 서로의 체면을 유지하는데 도움을 주는 그들간의 타협이다.

우리들의 일상생활은 연극에서 잘 나타나고 있는 바와 같이 어떤 역할을 수행함에 있어서 기대되는 수많은 사소한 규칙에 따라 영위되고 있다. 이러한 규칙들은 어겨지지 않는 한 좀처럼 인식되지 않고 잘 지켜지는 경향이 있다.

3) 상호작용의 규칙

사람들간의 일상적인 사회적 상호작용은 대체로 원만하게 일어난다. 그 이유는 문화를 공유하고 있는 사람들이 그들의 사회현실을 기본적으로 동일하게 이해하고 있으며 문화에 의해 규정된 규칙들을 주어진 것으로 받아들이고 있기 때문이다.

과거의 사회학자들은 이와 같은 사실을 간과하는 경향이 있었다. 그러나 최근에 몇몇 사회학자들은(Garfinkel, 1967; Cicourel, 1974) 일상생활에서 일어나는 사회적 상호작용의 제규칙들을 분석하는데 있어 이른바 민간방법론이라는 새로운 접근방법을 사용하기 시작했다. 이 접근방법은 미시적인 질서의 문제를 탐구한다는 점에서 상징적 상호작용론과 연극학적 접근방법과 공통성을 갖고 있기는 하나 그 초점과 방법은 서로 다르다. 민간방법론자들의 주요 관심사는 평범한 사람들이 일상적인 사회적 상호작용에서 어떻게 그들의 현실을 구성하고 현실에 대한 공통의 이해를 갖게 되는가를 밝혀내는데 있다. 사회적 상호작용을 통제하는 규칙들은 사람들이 공유하고 있는 이른바 '배경적 가정들(background assumptions)' 이라고 하는 많은 이해와 기대들을 내포하고 있다. 이러한 배경적 가정들은 사람들에 의해 어떤 의심도 없이 받아들여지고 있기 때문에 거의 의식되지 않으나 일단 어떤 행위가 그 가정들에 따라 이루어지지 않게 되면 그 존재가 분명히 드러나게 된다. 연장자에게 공손한 말씨를 써야 하는 일상생활에서의 규칙은 거의 의식되고 있지 않으나 일단 그것이 어겨졌을 경우 그것은 분명히 부정적인 반응을 일으키게 된다는 것은 좋은 예가 될 것이다.

민간방법론이라는 말을 처음으로 사용한 가핑켈(Garfinkel, 1967)은 이른바 '규칙위반(rule-breaking)' 이라는 실험방법을 고안해서 일상생활에서의 제규칙들이 어떻게 작용하는가를 밝혀내는데 적용하였다. 그는 한 실험에서 그의 학생들로 하여금 그들의 가정에서 마치 하숙생인 것처럼 행동하도록 하였다. 예를 들면 그들에게 부모를 부를 때 '아버지' 와 '어머니' 라는 호칭대신에 '미스터' 와 '미시즈' 라는 경칭을 쓰게 하고 정중한 식사예절을 지키게 하고 냉장고를 사용할 때 공손하게 허락을 요청하게 하였다. 그 결과 대부분의 경우 가족성원들은 당황해하고 언짢아하며 이상한 행동들을 이해하려고 노력하고 또한 정상상태로 회복하려고 노력하였다는 것이다. 이와 같은 실험에서 보여주고 있는 바와 같이 규칙의 위반은 언제나 분노, 불안, 또는 혼란을 야기한다. 민간방법론자들의 주요관심사는 이와 같이 일상생활에서는 거의 의식되지 않고 있으나 공유하고 있는 이해들 또는 배경적 가정들을 밝혀내는데 있다.

2. 사회적 상호작용의 형태

앞에서 사회적 상호작용의 매체와 방법 및 규칙들에 관해서 살펴보았다. 이들은 모두 일상생활에서 일어나는 미시적 질서에 관한 문제로서 다루어졌다. 여기서는 이와 같은 미시적 질서를 거시적 사회구조에 연결해 준다고 볼 수 있는 사회적 상호작용의 형태에 관해서 살펴보기로 하겠다. 사회적 상호작용은 여러 가지 형태로 구분해서 볼 수 있으나 여기서는 사회학자들에게 일반적으로 중요하게 여겨지는 교환, 협동, 경쟁, 갈등에 관해서만 보기로 하겠다.

1) 교환

상호작용하는 사람들은 무엇인가 서로 대가를 지불하고 보상을 받는다. 고용주와 피고용인의 관계에서 피고용인은 일의 대가로 보수를 받는다. 그러나 교환되는 것은 노동이나 상품 또는 돈과 같은 유형적인 것뿐만 아니라 사회적 인정(social approval), 사랑, 권력 등의 무형적인 것도 있다. 사회학에서의 관심은 두말할 필요도 없이 물질적이고 유형적인 경제적 교환이 아니라 비물질적이고 무형적인 사회적 교환이다.

사회적 교환에 대한 이론적 기초를 이루어 놓은 사회학자는 잘 알려진 바와 같이 호만스(George C. Homans)와 블라우(Peter M. Blau) 두 사람이다. 호만스는 그의 동료인 행동주의 심리학자 스키너(B. F. Skinner)의 영향을 받아 인간의 이기심을 사회적 상호작용의 보편적인 동기로 가정하고 있다. 그에 따르면, 인간도 다른 동물이나 마찬가지로 보상을 받는 행동을 하려 하지 벌을 받는 행동은 하지 않으려 한다(Homans, 1961). 따라서 어느 한 사람이 특정의 행동으로 보상을 받게 되면 그 사람은 그러한 행동을 계속해서 하려고 한다. 더 나아가서 기대되는 보상을 받지 못하거나 오히려 벌을 받게 되면 그는 분노하고 공격적이 될 것이며 그 반대로 기대하는 보상을 받게 되거나 기대되는 벌을 받지 않을 경우에는 만족하고 그 인정받은 행동을 계속하려 한다.

호만스는 사회적 인정을 사람들이 갖고 있는 가치의 하나로서 고려하고, 그것은 친구집단과 같은 데서 합의가 이루어지고 유지되는데 중요한 요소로 작용한다고 주장한다(Homans, 1961). 사회적 인정은 그것 이외에 다른 아무 것도 교환으로 줄 수가 없을 때 일어난다. 그와 비슷하게 권력과 지위의 현상도 어느 한편이 거의 아무 것도 제공할 수 없는 불균형 상태에 있을 때 일어난다고 한다. 호만스에게 있어서 권력은 희소가치를 보상으로 제공할 수 있는 능력으로 규정되고 있으며, 지위는 사람들이 사회적 교환관계에서 다른 사람들의 지위들을 어떻게 지각하느냐에 따라 결정되는 것으로 이해되고 있다. 블라우도 호만스와 비슷하게 권력은 값있는 서비스를 일방적으로 제공할 수 있는 경우에 생기는 것으로, 그리고 지위는 어떤 사람이 다른 사람들로부터 받는 존경과 우애의 총량에 대한 공동의 인식으로 규정하고 있다.

2) 협동

협동은 개인들 또는 집단들이 공동의 이익 또는 목적을 성취하기 위한 합동행위(joint activity)이다. 사람들은 협동을 통해서 혼자서는 성취하기가 어렵거나 불가능한 목표를 달성한다. 어부들이 많은 물고기를 잡기 위해서 큰 어망을 가지고 함께 고기잡이를 한다든가 집짓는 인부들이 힘을 합하여 기둥을 세운다든가 하는 것은 협동의 좋은 실례이다. 사람들은 환경에 적응하기 위하여 집단을 형성하여 홍수나 가뭄과 같은 천재에 공동으로 대처한다. 이와 같이 협동은 사회생활의 기초를 이루고 있기 때문에 이것 없이는 사회가 존속할 수 없다.

니스벳(Nisbet, 1970)은 협동을 자발적 협동(spontaneous cooperation), 전통적 협동(traditional cooperation), 지시된 협동(directed cooperation), 그리고 계약된 협동(contractual cooperation) 등의 4가지 형태로 분류하고 있다. 자발적 협동은 전통이나 명령 또는 계약에 의해서가 아니라 어떤 상황에서 자연적으로 발생하는 협동의 형태로서 가장 오래되고 또 가장 보편적으로 일어난다. 그 예로서 시험성적을 올리기 위해 두 학생이 모르는 문제를 서로 가르쳐 준다든지 홍수가 일어났을 때 마을사람들이 협력하여 제방을 쌓는 것을 들 수 있다. 자발적인 협동은 종종 사회의 관습으로 고정된다. 이러한 협동의 형태를 전통적 협동이라고 부른다. 관혼상제가 있을 때 부조금을 내거나 일을 거들어 주는 것은 이러한 형태의 좋은 본보기이다.

그러나 기업체나 정부와 같은 현대사회의 조직체는 위와 같은 전통에 의해서가 아니라 리더쉽 또는 권위에 의한 지시된 협동을 토대로 하고 있다. 즉 현대의 사회조직은 점차 전통적 협동의 형태보다도 제3자의 지시에 의한 협동의 형태, 예를 들면 작업반장의 지시에 따라 노동자들이 협력하여 일하는 것과 같은 협동의 형태에 더 의존하게 되는 경향이 있다.

현대사회는 자발적이거나 전통적인 협동의 형태보다 계약적 협동에 더 의존하기도 한다. 이것은 상호간의 자발적인 계약에 의해서 협동이 이루어진다는 점에서 지시된 협동과 구분되고 있다. 예를 들면, 관리들이 상부의 명령에 의해서 서로 협동할 경우 그것은 지시된 형태의 협동이고 두 사회가 합작하여 공장을 건설할 경우 그것은 계약형태의 협동이다. 계약적 협동은 대체로 집단들 간에 이루어지나 품앗이와 같이 개인들 간에도 일어난다.

3) 경쟁

경쟁은 복수의 개인들 또는 집단들이 똑같이 달성할 수 없는 동일한 목표를 두고, 서로 그것을 성취하려고 노력하는 행위를 말한다. 이러한 행위는 사람들이 추구하는 부, 권력, 위세와 같은 것들이 한정되어 있기 때문에 일어난다. 사람들의 욕구는 거의 무한정하고 그것을 채워주는 것들은 희소하기 때문에 일어난다는 것이다.

이 같은 희소가치를 두고 사람들이 서로 그것을 획득하려는 행위는 사회적 공백상태(social vacuum)에서 일어나지 않는다. 경쟁은 어떤 사회적 규범 또는 규칙이 전제되어야 가능하다. 취직시험이든 운동경기이든 국회의원선거운동이든 그것은 경쟁자들 사이에 합의된 규칙 또는 사회적으로 확립된 규칙에 따라 일어난다. 이러한 의미에서 경쟁은 협동적 갈등이라고 할 수도 있다. 그러나 경쟁은 공동의 목표를 두고 서로서로 힘을 합쳐서 그것을 달성하려는 것이 아니라 동일한 희소가치를 두고 각자가 그것을 자기의 것으로 하려고 노력한다는 점에서 협동과 다르다. 또한 그것은 다음에서 논의할 갈등과도 구분된다. 경쟁과 갈등 모두는 한편이 목표를 달성하면 상대편은 패배한다는 점에서 비슷한 성격을 띠고 있으나 경쟁의 주목표는 상대방을 패배시키는데 있는 것이 아니라 희소가치를 획득하려는데 있다는 점에서 구분된다.

경쟁적인 상호작용은 모든 사회에서 일어난다. 그러나 어떤 사회는 다른 사회보다 더 경쟁적이다. 일반적으로 말해서 한국은 동남아 나라들보다 더 경쟁적인 사회라고 할 수가 있겠다. 일정 국가 내에서도 어느 부분은 다른 부분보다 더 경쟁적일 수가 있다. 예를 들면 농촌사회에서보다 도시에서 경쟁이 더 많이 일어난다.

4) 갈등

갈등은 동일한 목표를 추구하는 상대방을 의도적으로 해하거나 파괴시키는 형태의 상호작용이다. 다시 말해서 갈등은 상대방을 희생시키지 않고서는 목표를 달성할 수 없는 경우에 일어나는 상호작용의 형태이다.

갈등이 일어나는 원인은 매우 다양하다. 갈등은 개인들 또는 집단들 사이에 희소가치를 두고 이해의 상충으로 일어날 수도 있고 이념과 종교 같은 문화적 가치의 차이에서 일어날 수도 있다. 이념과 종교의 차이에서 오는 갈등은 경제적 이해대립에서 오는 갈등보다 더 극렬할 수 있다. 이 같은 극렬한 갈등현상은 인류역사상의 많은 종교전쟁, 그리고 20세기의 자본주의 국가와 공산주의 국가 간의 전쟁에서 잘 예시되고 있다. 갈등은 이 같은 종교집단들이나 국가집단들 사이에 일어날 뿐만 아니라 집단 내에서도 일어난다. 가족과 같이 성원들간의 유대관계가 강한 집단내부에서도 일어난다. 우리들의 주위에서 부부 간에, 부모와 자식들 간에, 그리고 형제들 간에 재산상속문제나 가치관의 차이에서 오는 다툼을 종종 볼 수가 있다.

갈등은 대체로 인명손실, 재산피해, 지위박탈 등과 같은 파괴적인 결과를 가져온다. 그러나 갈등은 항상 파괴적인 결과만을 초래하지는 않는다. 코저(Lewis Coser, 1956, 1967)에 따르면 '외적 갈등'은 즉, 다른 집단과의 갈등은 그 집단의 결속력을 강화시켜 주며 '내적 갈등'은, 즉 집단 내의 갈등은 그 집단의 규범을 강화시켜 주는 효과 또는 기능이 있다. 더 나아가 그는 갈등이 기술발전과 사회변동에 기여하는 점도 지적하고 있다. 자본가들이 노사갈등에서 오는 이윤의 하락을 보완하기 위해 새로운 기술을 발전시키거나 도입하는 것은 갈등이 기술변동에 기여하는 좋은 사례가 될 것이다.

3. 사회구조

사회학자들은 인간사회를 기술하거나 분석할 때 흔히 사회체계와 사회구조라는 말을 사용한다. 사회체계는 간단히 말해서 상호의존 되어 있는 사회의 제부분들의 총체를 의미하며 사회구조는 그러한 부분들이 또는 사회의 구성요소들이 상호의존 또는 상호관련 되어 있는 양상을 의미한다. 다시 말해서 사회구조는 사회체계의 기본적 구성요소들 간의 조직화된 관계를 뜻한다. 다음에서 그 가장 중요한 구성요소들—규범, 지위, 역할, 집단, 제도—에 관해 살펴보기로 하겠다.

1) 규범

어떤 사회이든 사람들이 특정의 상황에서 무엇을 어떻게 해야 하는가를 규정해 놓은 행동의 규칙들이 있다. 사회학자들은 이와 같은 행동의 규칙들 또는 표준들을 규범이라고 한다. 규범에는 연장자에게는 머리를 숙여 인사를 한다든지 줄을 서서 버스를 순서대로 탑승한다는 것과 같은 일상생활의 사소한 규칙들로부터 근친상간, 폭행, 살인 등은 해서는 안된다는 것과 같은 사회의 질서유지와 존속에 매우 중요한 규칙들에 이르기까지 많은 것들이 있다. 이 같은 규범이 있음으로 해서 사람들은 어떤 상황에서 서로가 서로에 대하여 어떻게 행동할 것인가를 예측할 수가 있게 된다.

어느 사회에서나 그 성원들은 무엇이 바람직하고 바람직하지 않다는 신념 또는 가치를 갖고 있다. 규범은 이와 같은 가치에 근거해서 형성되고 지켜진다. 가치는 사회와 집단에 따라 다를 수가 있으며 불변의 것이 아니다. 사회가 변하게 되면 가치도 변하게 되고 따라서 규범도 변하게 된다. 과거의 우리 사회에서는 유교의 윤리에 따라 부인은 남편에게 복종해야 한다는 규범이 잘 지켜졌다. 그러나 산업이 발전하면서 여성의 교육과 취업기회가 늘어나고 여성도 경제적 독립을 할 수 있게 되자 남녀평등사상이 생겨났다. 이와 같은 가치의 변화에 따라 가정 내에서도 남편은 부인의 의견을 존중해야 한다는 규범이 발전하게 되었다. 이는 사회변동에 따른 가치와 규범의 변화에 좋은 예가 될 것이다.

2) 지위

어느 사회에서나 개인들은 하나 또는 그 이상의 사회적으로 정해진 위치를 점유하고 있다. 사회학자들은 이와 같은 사회 또는 집단에서 개인이 점유하고 있는 위치를 지위(status)라고 한다. 사회에서 개인들이 점유할 수 있는 지위는 교사, 사장, 공무원, 군인, 남편, 손자 등과 같이 매우 다양하며 한 개인은 하나의 지위만이 아니라 둘 또는 그 이상의 지위를 가질 수도 있다. 예를 들면, 어느 한 개인은 직장에서는 과장이고 가족에서는 남편이자 아버지이며 고등학교 동창회의 회장일 수도 있다.

사회학자들은 어느 한 개인이 점유하고 있는 여러 가지 지위들 가운데서 사회적으로 가장 중요시 여겨지는 지위를 주지위(master status)라고 한다. 직업을 갖고 있는 사람들의 경우 일반적으로 직업지위를 주지위로 내세운다.

지위라는 말은 앞에서 기술한 바와 같이 사회적으로 정해진 위치로 규정되기도 하며 어떤 사회적 위치들은 다른 위치들보다 더 높다든지 낮다는 위치의 서열을 가리키는 의미로 사용되기도 한다. 거의 모든 사회에서 개인들이 점유하고 있는 사회적 위치들은 부와 권력, 그리고 위세의 면에서 평등하지는 않다. 예를 들면 대법원의 판사나 국회의원은 여러 측면에서 청소부나 농민보다 지위가 높다. 이와 같이 대체로 비슷한 지위를 갖고 있는 사람들을 한데 묶어 계급(class) 또는 사회계층(social stratum)이라고 한다.

사회에서 개인들이 점유하고 있는 지위는 그것이 정해지는 방식에 따라 귀속지위(ascribed status)와 성취지위(achieved status)로 나누어 볼 수가 있다. 귀속지위는 남자 또는 여자, 한국사람 또는 외국사람, 청년 또는 노인 등과 같이 출생과 더불어 결정되거나 개인이 마음대로 바꿀 수 없는 지위를 말한다. 간단히 말해서 귀속지위는 개인이 통제할 수 없는 사회에서 임의적으로 부여된 지위를 말한다. 반면에 성취지위는 의사, 권투선수, 기혼자, 학생 등과 같이 개인의 노력이나 의사결정에 의해서 얻을 수 있는 지위를 가리킨다. 이와 같은 지위의 구분에 관련해서 어떤 지위들은 위의 두 가지 요소가 복합되어 정해지는 경우가 있다는 것을 알아둘 필요가 있다. 어머니라는 지위는 여자라는 귀속지위를 갖고 태어나서 결혼을 통한 기혼자라는 성취지위를 얻은 다음 자녀를 낳을 경우에 부여된다.

3) 역할

일정의 지위를 갖고 있는 사람은 그 지위에 부여되어 있는 의무와 권리에 따라 행동할 것이 기대된다. 사회학자들은 이와 같이 어떤 특정의 지위를 갖고 있는 사람에게 기대되는 행동을 역할이라고 한다. 모든 사람들은 각각 하나 또는 그 이상의 지위를 갖고 있으며 서로가 서로에 대해서 각각의 지위에 알맞은 역할들을 수행할 것을 기대하고 있다. 이러한 의미에서 지위와 역할은 동전의 양 측면과 같다고 말할 수 있다.

어느 한 사람이 점유하고 있는 지위는 고정되어 있으나 그 지위에 부여되어 있는 역할을 수행하는 방법에는 어느 정도 융통성이 있으며 하나의 지위에는 하나의 역할만이 있는 것이 아니라 통상 여러 개의 역할들이 기대되고 있다. 대학교수는 학생을 가르치는 역할 이외에도 연구자로서의 역할, 그리고 경우에 따라서는 대학 내에서 어떤 행정직을 가질 수도 있으며 대학 외에서도 어떤 자문위원의 역할을 할 수도 있다. 이와 같이 어느 한 지위에 부여되어 있는 독립적이면서도 상호보완적인 관계에 있는 역할들을 우리는 '역할집합(role set)' 이라고 한다(Merton, 1968).

우리는 일상생활에서 많은 다양한 역할들을 수행한다. 우리들이 수행하는 역할행동의 내용은 역할기대(role expectations), 즉 그 역할이 어떻게 수행되어야 한다는 것을 규정해 놓은, 일반적으로 수용되어 있는 사회규범에 의해 결정된다. 사회규범에 의해 기대되는 역할행동의 내용은 실제의 역할수행(role performance)과 다를 수가 있으며, 사람들은 상호간에 역할수행이 역할기대와 일치해서 일어나는가 일치하지 않고 일어나는가에 따라서 서로 다른 반응을 한다. 예컨대 어느 한 공장의 작업반에서 반장이 반원인 노동자에게 어떤 작업지시를 하면 노동자들은 그 지시에 따를 것이나 그가 초대한 파티에서도 그러한 지시를 한다면 다르게 반응할 것이다.

사람들은 일반적으로 여러 가지 지위를 동시에 가지고 있으며 또 각각의 지위에는 여러 가지 서로 다른 역할이 부과되어 있어 종종 역할기대들 간에 갈등과 긴장이 일어날 수가 있다. 어떤 경우에는 하나의 지위에 여러 가지 상충하는 역할기대들이 부과되어 긴장을 일으키기도 한다. 예를 들면 작업반장은 그의 작업반에 속한 노동자들과의 좋은 인간관계가 기대되는 한편 노동자들에게 불만을 야기할 수 있는 규칙들을 강요하는 것도 기대된다. 이와 같이 어느 한 사람이 어느 하나의 역할을 수행함에 있어서 그에게 기대된 모든 역할기대에 부응하기 어려운 상황을 우리는 역할긴장(role strain)상태에 있다고 한다.

역할수행에서 일어날 수 있는 또 하나의 문제는 어느 한 사람이 둘 또는 그 이상의 지위를 가지고 있고 이에 따른 역할들이 서로 화합하기 어려운 경우에 일어난다. 예를 들면 경찰관인 아버지가 범죄를 저지른 자기의 자식을 체포하여야 하는 상황과 같은 경우이다. 이와 같이 한 사람이 갖고 있는 둘 또는 그 이상의 지위에 따른 역할들이 상충할 경우를 우리는 역할갈등(role conflict)상태에 있다고 한다.

위에서 기술한 바와 같이 사람들에게 부과되는 역할기대들은 종종 그 수행에 있어서 갈등과 긴장을 일으킨다. 그러나 대부분의 경우 사람들은 역할기대에 따라 행동하므로 그것은 사회적 상호작용을 순탄하고 예측가능하게 만들어 준다. 즉 대부분의 경우 우리는 역할기대에 따라 다른 사람들의 행위를 예견할 수 있게 되고 또 그 예견에 따라 행동할 수 있게 된다.

4) 집단

사회학에서 집단이라는 말은 여러 가지로 규정되고 있으나 대체로 성원의식을 가지고 어떤 기존의 확립된 유형에 따라 상호작용을 하는 일정수의 사람들을 가리키는 말로 사용된다. 집단의 성원들은 서로간의 유사성을 의식하고, 공통의 충성심과 유사한 가치관을 갖고 있으며, 자신들을 다른 사람들과 구분하는 동류의식 또는 소속감을 갖고 있다. 더 나아가서 그 성원들은 서로가 서로에 대해서 어떤 공유하고 있는 기대들에 기초해서 질서를 지키며 상호작용한다. 이러한 의미에서 집단은 규범들을 공유하고 있으며 상호관련된 지위와 역할들을 갖고 있는 사람들이라고 재규정할 수 있다.

집단은 몇 가지 방법으로 분류될 수 있다. 자세한 집단의 분류방법은 다음 장에서 기술될 것이므로 여기서는 사회학자들이 가장 중요하게 고려하고 있는 분류인 원초집단(primary groups)과 2차집단(secondary group)에 관해서만 간단히 설명해 두기로 하겠다.

원초집단이란 비교적 오랫동안 친밀하고 대면적인 관계에서 상호작용하는 소규모의 집단을 말한다. 원초집단의 성원들은 서로가 개인적으로 잘 알고 있으며 비공식적인 방식으로 상호작용을 한다. 대표적인 원초집단들로서는 가족, 친구집단, 또래집단, 소규모의 지역공동체 등이 있다. 이와 같은 집단들은 전통사회의 경우 사회구조의 근간을 이루고 있었으며 현대사회에서도 매우 중요한 사회구조의 부분으로 남아 있다.

원초집단과 대조가 되는 2차집단은 비교적 일시적이고 익명적 · 비인격적(impersonal)인 관계에서 상호작용하는 일정수의 사람들로 이루어진 집단이다. 여기서의 성원들은 개인적으로 서로 잘 알지 못하거나 알고 있더라도 기껏해야 특정의 공식적인 역할관계에 한정되어 있다. 2차집단은 통상 특정의 목적을 위해서 형성되며 그 성원들은 원초집단의 경우보다 덜 감정적으로 참여하는 경향이 있다. 이 같은 집단의 실례로서 기업체, 정당, 정부, 학교 등을 들 수 있겠다. 이들은 단순한 소규모의 전통사회에서는 없었던 것으로 사회가 대규모화함에 따라 발전하여 현대사회에 와서는 원초집단들보다 더 많은 기능을 수행하고 있다고 할 수 있다.

5) 제도

어느 사회이든 그 사회의 존속을 위해서, 그리고 성원들에게 만족스런 생활을 제공하기 위해서는 몇 가지 중요한 사회적 요구들이 충족되어야 한다. 그러한 사회적 요구들은 사회학자에 따라 다소 다르게 제시되고 있으나 다음 다섯 가지는 공통으로 지적되고 있다. 그 다섯 가지란 어린이들의 양육과 보호, 지식의 전승, 가치의 공유, 사회질서의 유지, 그리고 재화의 생산과 분배이다. 사회학자들은 이와 같은 사회적 요구들을 '기능적 필요 요건들'이라고 하며, 사회성원들이 중요한 기능적 필수요건을 해결하기 위하여 마련해 놓은 규범들과 행위의 유형을 사회제도라고 한다.

달리 말해 사회제도는 중요한 사회적 요구를 두고 발전한 규범들, 지위와 역할들, 그리고 집단들의 지속적이고 안정된 조직유형이라고 할 수 있겠다. 이와 같이 발전된 주요 제도들에는 자녀를 돌보고 사회화를 통해 사회의 문화유산을 전달하는 기능을 수행하는 가족제도, 지식 전승의 기능을 수행하는 교육제도, 궁극적 가치를 통해 사회의 결속을 다지는 기능을 수행하는 종교제도, 권력의 분배와 조직의 기능을 수행하는 정치제도, 재화의 생산과 분배의 기능을 수행하는 경제제도 등이 있다.

사회제도의 중요한 특성들 중의 하나는 본질적으로 보수적인 성질을 갖고 있다는 점이다. 사회적 행위의 유형들은 관습과 전통에 의해 거의 의심없이 받아들여질 경우에 제도화된다. 따라서 사람들은 그들이 수용하고 있는 제도에 어떤 반대가 생길 경우 이에 대해 불만을 갖게 되거나 저항하는 경향이 있다. 예를 들면 누가 일부일처제에 기초한 우리의 가족제도를 일부다처제나 일처다부제로 바꾸는 것이 좋다고 주장한다면 거의 모든 사람들은 이를 반대할 것이다. 이와 같은 제도의 변화에 대한 저항력은 사회적 안정을 유지시켜 준다는 점에서 기능적이라고 할 수 있다. 그러나 사회적 갈등이 심하게 일어나거나 급격한 사회변동이 있을 때 기존의 제도는 사회적 요구를 만족스럽게, 그리고 효율적으로 충족시켜 주지 못하는 경우가 있다. 이때 기존의 제도로 인해 새로운 제도의 발전이 지체되거나 새로운 제도에 대한 저항이 크게 일어난다면 그것은 사회에 역기능적일 수도 있다.

둘째 특징은 여러 사회제도들이 서로 밀접하게 연관되어 있다는 점이다. 다른 말로 하면 제도들은 서로 의존되어 하나의 전체를 이루고 있다는 것이다. 사회구조의 구성요소들이 잘 통합되어 있지 않다면 긴장이 생겨나거나 심지어는 해체현상이 일어날 수도 있다. 이러한 이유 때문에 주요 제도들은 유사한 가치와 규범들을 유지하고 서로 모순되지 않는 목표를 추구하며 동일한 집단에 대하여 일관성있게 이익 또는 불이익을 제공하는 경향이 있다.

셋째 특징은 제도의 변화는 좀처럼 고립상태에서 일어나지 않는다는 점이다. 즉 어느 한 제도의 변화는 다른 제도의 변화에 의해서 일어나거나 그와 동반하여 일어나는 경향이 있다는 것이다. 경제제도의 변화가 다른 제도의 변화를 일으킨 예를 들어보면 다음과 같다. 자급자족적인 농업생산제도로부터 공업의 발전에 따른 자본주의적 생산제도로의 변화는 다른 많은 사회제도들의 변화를 불러일으켰다. 그 예로서 가족이 확대가족제도로부터 사회적 이동이 용이한 핵가족제도로, 그리고 교육제도가 새로이 발전하는 산업에 필요로 하는 인력을 공급할 수 있는 방향으로 변화해 왔다는 것을 들 수가 있겠다.

사회제도에 대해 기능론과 갈등론은 서로 다른 입장을 견지하고 있다. 기능론자들은 사회제도의 긍정적인 측면에 초점을 맞추면서 이러한 제도들이 반복해서 발생하는 사회 문제에 대응하는 방식에 관심을 가진다. 이에 비해 갈등론자들은 제도들이 단지 사회내 일부 집단의 목적을 위해 운용되는 점을 비판한다. 요약하면 기능론자들은 사회제도들이 어떻게 문제를 해결하는가에 관심을 두는 반면 갈등론자들은 사회제도들에 의해 야기된 문제에 관심을 가진다.

4. 사회의 유형

앞에서 사회를 동일한 지역 내에서 공통의 문화를 가지고 상호작용하는 사람들의 집단 또는 조직이라고 규정한 바 있다. 여기에 부가해서 많은 사회학자들은 자기충족성(self-sufficiency) 또는 자율성(autonomy)을 사회의 주요한 개념적 준거로 고려하여 사회를 "상대적으로 가장 자기충족적인 사회체계의 한 형태"(Parsons, 1966: 2), 또는 "동일한 종에 속하고 협동으로 조직된 개인들의 자율적 집단"(Lenski and Lenski, 1978: 8) 등으로 규정하고 있다. 여기에서의 관심은 이와 같이 비교적 자기충족적이고 자율성을 갖는 사회의 유형을 살펴보는데 있다.

인간사회들은 매우 다양하다. 인간사회의 조직과 특성은 본능에 기초해서 형성된 동물사회와 달리 그 성원들에 의하여 수세대에 걸쳐서 창조되고 학습되고 전승되고 또한 수정되어 왔다. 따라서 인간사회들은 이러한 측면에서 크든 작든 서로 다를 수밖에 없다.

역사이래 존재해 온 수많은 사회들은 자연환경을 개발하는데 이용되어온 기술의 종류에 따라서 몇 가지 기본적인 유형들로 분류해 볼 수 있으며 또한 보다 일반적인 사회문화적 진화의 관점에서 미분화된 단순한 사회와 분화된 복잡한 사회로 나누어 볼 수도 있다(Steward, 1955; L. White, 1959; Parsons, 1966; Lenski and Lenski, 1978). 기술은 우리 인간의 생존에 필요한 유무형의 물자를 생산하는 데 있어 핵심적인 수단이다. 두말할 나위 없이 서로 다른 사회들은 서로 다른 자연적 및 사회문화적 조건에 따라 서로 다른 생존을 위한 기술 또는 방법을 사용하고 있으며 보다 더 생산적인 방법을 갖고 있는 사회는 그렇지 않은 사회보다 그 규모가 더 커지고 구조가 복잡해지는 경향이 있다. 이에 따라 어떤 사회는 다른 사회보다 더 빠르게 진화하는가 하면 또 어떤 사회는 정체되거나 해체되어 소멸하기도 한다. 일반적으로 사회는 사용되는 기술과 생존 방식에 따라 수렵채취사회(hunting and gathering society), 원예사회(horticultural society), 유목사회(pastoral society), 농경사회(agrarian society), 산업사회(industrial society), 탈산업사회(postindustrial society) 또는 정보사회(information society) 등의 여섯 가지 유형으로 구분되고 있다.

1) 수렵채취사회

수렵채취 즉, 주로 나무와 돌로 만든 간단한 도구를 사용하여 사냥하고 물고기를 낚으며 열매를 채집하는 생존전략은 인간이 지구 상에 나타난 이래 사용한 가장 오래된 식량 획득 방법이었으며 아직까지도 이러한 방법에 의존하고 있는 몇몇의 고립된 사회들이 남아있다. 수렵채취사회는 많은 인구를 먹여 살릴만한 충분한 식량을 조달할 수 없는 환경으로 인해 규모가 매우 작은 집단들로 산재하여 이루어져 있다. 여기서의 집단은 거의 전적으로 친족집단이며 두드러진 제도는 가족뿐이다. 따라서 가족이 그 사회에 필요한 거의 모든 기능들—보다 분화된 사회에서 구분하여 볼 수 있는 생산, 교육, 집단 보호 등의 기능들—을 수행한다.

수렵채취사회에서의 사회적 지위들은 미분화된 상태에서 대체로 평등하다. 만약 노동의 분화가 있었다면 그것은 나이와 성에 기초한 것이었다라고 할 수 있을 것이다. 공식적인 정치제도는 없었으며 리더쉽은 비공식적이며 사냥과 열매수집의 능력에 따라 형성되었다. 성원들은 식량 획득을 위하여 수시로 이동해야 하기 때문에 인구밀도가 낮고 축적해 놓은 재산도 없었다. 그러나 일반적으로 알려져 있는 지식과는 달리 수렵채취인들은 계속적인 식량부족으로 인한 어려움을 겪지 않았던 것으로 밝혀졌다. 그들이 필요로 하는 것들은 단순하고 쉽게 충족될 수 있는 것들이다. 따라서 어떤 다른 유형의 사회에서보다 노동시간이 짧다.

수렵채취사회에서는 내부적으로 거의 모든 사람들이 똑같은 일에 종사하고 생활경험의 차이가 거의 없어 가치관의 차이도 없었다. 세상은 볼 수 없는 영혼으로 차있다고 믿으나 이를 숭배하는 형태의 종교는 없었다. 위에서 기술된 바와 같이 수렵채취사회는 사회구조와 문화 모두가 단순한 것으로 특징지어진다.

2) 원예사회

지금으로부터 1만2천여년 전 이 지구 상에 수렵채취사회와는 다른 두 가지 유형의 새로운 사회들이 등장하기 시작했는데 이들 사회가 원예사회와 목축사회이다. 원예사회는 식물의 재배에 기초를 둔 사회로 중동과 남아시아의 땅이 비옥한 지역에서부터 발전하기 시작했다. 이전보다는 높은 생산력으로 인해 원예사회는 점차 수렵채취사회를 대체해나갔으며 또한 짧은 시간에 중국과 서유럽으로 확산되어 나갔다. 원예사회인들은 숲이나 나무를 태워 경작지를 마련하고 타고 남은 재를 비료로 식물을 재배했다. 이 때 호미와 괭이 같은 간단한 도구들이 사용되었다. 이들은 한 2~3년간 일정지역에 정착하여 식물을 재배하다가 토양의 영양분과 재의 비료성분이 떨어지게 되면 새로운 지역을 찾아 다시 이동하는 생활을 하곤 했다.

수렵채취사회보다는 훨씬 효율적인 식량생산방식으로 인해 원예사회의 식량생산은 증대되었고 또 어느 정도의 잉여도 이루어졌다. 이에 따라 사회적 분화가 발생하기 시작해 부유한 개인과 가족들이 생겨났고 권력도 집중화되어 세습적인 족장제가 등장했다. 잉여생산은 또한 식량생산 이외의 활동을 할 수 있는 새로운 전문화된 지위와 역할들, 예를 들면 마술과 치료행위를 수행하는 샤먼, 상인, 수공업자 등의 출현을 가능케 하였다.

식량공급의 안정성과 정착생활은 이밖에 여러 측면에서 원예사회가 수렵채취사회와는 다른 모습을 띠게 했다. 원예사회의 규모는 컸으며 때로는 수천명으로 이루어지기도 했다. 보다 영구적 주거물인 집이 등장했고 이 집들이 모여 마을을 이루었다. 부락들 간의 교역도 발전했다. 하지만 커진 사회규모와 서로 다른 부족들과의 상호작용은 적대적인 상황을 만들어 경우에 따라 부족들 간의 다툼과 전쟁을 낳기도 했다.

3) 목축사회

원예사회가 나타나던 비슷한 시기에 수렵채취사회들 가운데서 식물의 재배가 어려운 건조한 사막이나 산악지대에 거주하던 집단들이 목축사회로 점차 발전하기 시작했다. 동물의 사육에 기반을 둔 목축사회는 고기와 우유를 포함한 식량과 가죽, 뼈 등을 수렵채취사회보다는 안정적으로 공급해주었으며 원예사회와 마찬가지로 짧은 시간에 전세계로 퍼져나갔다. 때때로 많은 사회들은 식량공급의 수준과 안정성을 높이기 위해 목축기술과 원예기술을 복합적으로 사용하기도 했다.

목축인들은 새로운 목초지를 따라 유목하는 경우가 많다. 따라서 그들의 문화적 공예품들은 천막, 카핏, 간단한 살림도구, 보석 등과 같이 운반하기 쉬운 것들이었으며 또한 인구밀도도 높지 않았다. 이들의 유목생활은 다른 사회집단들과의 접촉을 증가시켰고 교역을 활성화했다. 다른 사회와의 잦은 접촉은 동시에 빈번한 전쟁을 유발시켰고 이것의 결과로서 전쟁포로를 노예로 삼는 제도 등이 나타나기 시작했다.

목축에 의한 생산성의 증대는 가축과 식량의 잉여를 가능케 하였고 그것은 더 나아가서 교역을 통한 부의 축적을 가능케 하였다. 권력의 분화도 이루어지기 시작하여 권력있고 부유한 가족들을 중심으로 한 족장제가 나타났다. 특히 집단 구성원들을 좋은 목초지가 있는 장소로 안전하게 그리고 일사분란하게 이동시켜야 하는 목축사회의 필요성은 한 사람의 지도자가 강력한 권력을 가지고 사회를 이끄는 정치제도를 발전시켰다. 이러한 목축사회의 생활양식은 종교제도에도 영향을 주어 유목사회에서는 매우 드물기는 하나 하나의 절대적 신을 숭배하는 유일신의 신앙체계가 발전하였다고 볼 수 있다. 유태교, 기독교 및 이슬람교는 이와 같은 목축사회인들의 신앙체계로부터 기원되었다고 볼 수 있다.

4) 농경사회

원예사회로부터 이어지는 농경사회는 약 6천여년 전 쟁기의 사용과 더불어 중동지역에서부터 시작되었다. 쟁기를 사용하여 토지의 표면을 뒤집어 그 비옥도를 유지할 수 있게 되자 동일한 농토의 계속적인 경작이 가능해졌고 이에 따라 영구적인 정착생활을 시작할 수 있었다. 더 나아가서 쟁기를 끄는데 동물의 힘을 이용하게 되었고 금속의 발명과 더불어 보다 강한 연장으로 땅을 효과적으로 개간하고 관개도 할 수 있게 되었다. 이로 인해 대규모의 경작이 가능해졌고 생산성이 크게 증대되었으며 상당한 정도의 잉여생산이 이루어졌다.

이 같은 농업혁명과 더불어 인구가 증가하고 노동의 분화가 촉진되었다. 시간이 지남에 따라 물물교환 대신에 화폐가 경제적 교환의 주 매개수단이 되었으며, 이것은 시장과 교역을 촉진시켰다. 시장이 서고 교역이 이루어지는 장소가 발달하여 도시가 출현하게 되었다. 농업 이외의 여러 가지 활동에 종사하는 사람들이 모여 사는 도시는 그 주변의 많은 농촌 배후지를 포함하는 전체 농경사회의 정치, 종교, 상업, 교육, 문화의 중심지로 성장하였다.

정치제도는 한층 더 발전하여 권력이 한 사람에게 집중되는 경향이 있었다. 보다 발전된 농경사회에서는 최초로 세습군주제에 기초한 국가가 형성되고 법정과 관료조직이 나타났다. 유럽과 아시아의 구봉건제에서 잘 나타났었던 바와 같이 부와 권력은 소수의 사람들에게 집중되었고 다수의 농민은 하층계급으로서 이들 엘리트집단에 종속되어 있었다.

종교 역시 별개의 제도로 발전하여 전문적인 성직자들이 출현하였다. 농경사회인들은 대체로 '신들의 가족'을 숭배하였고 그 중의 어느 한 신을 다른 신들보다 더 강력한 힘을 갖고 있다고 생각하였다. 이와 같은 신앙체계는 절대군주로부터 지방의 통치자들에 이르기까지의 정치적 권위의 서열체계를 경험한데서 연유한 것이라고 추측되고 있다. 덧붙여 신들의 세계도 점차 남성화되었는데, 이는 강한 신체적 힘을 필요로 하는 농경기술방식으로 인해 나타난 남성우위적 성별 계층화현상의 한 결과라고 볼 수 있다.

농경사회에서는 전쟁이 거의 계속적으로 일어났다. 이에 따라 보다 효율적인 군대조직이 발전하였고 최초로 상비군이 나타났다. 농작물수확, 세금, 정부활동 등의 기록유지가 증대함에 따라 문자도 발전하게 되었다. 사회의 규모가 증대하면서 교통과 통신이 급속도로 발전하였고 정착생활과 부의 축적은 새로운 문화적 산물들—회화, 조각, 공공건물, 기념비, 궁전, 경기장 등—을 가능케 하여 주었다. 두말할 필요도 없이 농경사회는 이전의 어느 사회보다도 훨씬 더 구조적으로 복잡하고 문화적으로 다양했으며 나아가 질적으로 다른 단계의 사회였다.

5) 산업사회

18세기 중엽 제임스 왓트(James Watt)의 증기기관 발명과 함께 잉글랜드에서 일어난 산업혁명은 인류역사상 유래없는 세계적인 대변혁을 가져왔다. 이러한 변화의 결과는 동력에 의해 움직이는 복잡한 기계를 사용하여 우리 인간이 필요한 물건을 생산하는 산업사회의 등장이다. 이 새로운 생산기술은 기존의 어느 생산기술보다 효율적이었기 때문에 순식간에 모든 다른 유형의 사회들을 붕괴시키거나 전환시켜 놓았다.

사람이나 동물의 힘과는 비교가 안될 정도의 막강한 동력을 이용한 기계가 생산에 활용되면서 상대적으로 훨씬 더 적은 수의 인구가 전체의 인구를 먹여 살릴 수 있게 되었다. 산업기술의 발전과 더불어 생활수준이 높아지고 의료기술이 향상되자 사람들의 평균수명이 높아졌고 그에 따라 인구가 폭증하였다. 오늘날의 선진산업사회에서는 출생의 감소로 더 이상의 인구증가가 일어나지 않는 추세에 있으나 산업화과정에 있는 사회들에서는 아직도 급속도의 인구증가가 일어나고 있다. 산업화는 도시화를 촉진시켜 선진산업사회의 경우 대부분의 인구는 도시에 거주하면서 다양한 직업에 종사하고 있으며 산업화과정에 있는 사회들의 경우에도 도시화과정이 급속도로 일어나고 있다.

기계적 생산은 기본 생활필수품은 물론 다른 많은 부가적 제품에까지 막대한 잉여산물을 산출해냈다. 이로 인해 노동 및 사회적 분화가 가속화되어 다양한 직업과 사회적 지위, 위계 그리고 사회적 불평등이 나타났다. 하지만 역설적으로 기계화된 생산은 동시에 사회적 불평등을 감소시켜 주었다. 왜냐하면, 이것이 수많은 새로운 종류의 전문화된 직업을 창출하여 사람들이 능력과 업적에 따라 직업을 획득할 수 있게 하여 주었으며 사회적 이동(social mobility)도 가능하게 해주었다. 다시 말해서 사람들의 지위는 귀속적으로 결정되기보다는 능력과 업적에 따라 획득되고 있다는 것이다.

산업화는 교육, 가족, 정치, 종교에도 큰 영향을 주었다. 기술과 지식을 갖춘 노동자의 필요성은 교육의 기회가 소수 엘리트로부터 일반 대중에까지 확대되도록 만들었다. 가족은 경제적 생산의 중심지와 교육전담자로서의 지위를 잃어버렸다. 생산활동에서 중추적인 역할을 담당하게 되었고 또한 교육을 받은 대중은 이에 걸맞은 정치적 권리를 요구하게 되었고 민주주의가 일반화되기 시작했다. 산업화가 사람들의 생활양식을 보다 다양화시키고 기본적인 규범과 가치에 대한 합의를 약화시키면서 종교의 도덕적 권위도 점차 약화되었다.

산업사회에서는 기업체, 정당, 정부, 학교와 같은 2차집단이 발전하여 가족과 친구집단과 같은 원초집단들은 상대적으로 약화되는 경향이 있다. 동일한 사회 내에서는 수많은 이익집단들이 출현하여 생활양식과 가치가 다양화되는 경향이 있는 반면 사회들 간에는 산업화가 요구하는 공통의 근본적인 필수요건들과 매스미디어의 발전으로 사회구조와 문화에 있어서 유사한 점이 많이 나타나기도 한다.

산업사회는 오늘날의 세계에서 지배적인 유형으로 정착되어 있다. 왜냐하면 그것은 자연을 개발하여 인간의 필요를 충족시켜주는데 있어서 다른 어떤 사회의 유형보다 훨씬 더 효율성이 높기 때문이다. 그러나 이와 같은 성취는 많은 사회문제들을 동반하면서 이루어지고 있다는데 주목해 둘 필요가 있다. 산업사회는 그것이 지속되기 위해서는 공해, 에너지와 다른 희소자원의 고갈, 전통적 공동체의 붕괴, 친족제도의 약화, 익명성과 소외감의 증대 등 해결하여야 할 많은 문제를 갖고 있다. 또한 산업전사회에서와 같이 전쟁은 빈번히 발생하지 않으나 일단 일어나게 되면 가공할 무기의 발전으로 훨씬 더 파괴적이 되었다.

6) 정보사회

인간사회는 계속적으로 진화한다. 최근에 생존의 주요 원천이 물질적인 물건보다는 정보와 서비스의 생산에 두어진 탈산업사회 또는 정보사회가 나타나고 있다. 인간 역사에 있어서 처음으로 사람들이 농업이나 제조업보다 서비스부문(유통, 금융, 교육, 연구, 커뮤니케이션, 장비 수리 등등)에서 일하는 비율과 생산하는 양이 높게 나타나기 시작했다.

하지만 정보사회에서 농업과 제조업이 사라지는 것은 아니다. 이들 부문은 점차 발전하고 있는 기술에 의해 보다 효율화되고 있다. 즉 과거보다 적은 수의 사람들이 보다 높은 수준의 제품을 더 많이 생산해 내고 있다는 것이다. 결과적으로 사람들은 다른 형태의 고용을 찾을 필요가 생겼고 이는 서비스부문의 확대를 가져왔다.

정보사회는 기본적으로 정보와 지식에 기초를 둔 그리고 정보와 지식을 생산하는 사회이다(Bell, 1973). 1940년대 말 컴퓨터의 등장과 함께 성장한 정보사회는 빠른 시간에 전 세계로 확산되고 있다. 컴퓨터의 정보저장 및 처리 능력으로 인해 인간의 지적 및 정신적 활동은 부의 창조에 있어 핵심이 되어가고 있다.

정보사회의 초점은 과학과 엔지니어링 그리고 교육에 두어져 있다. 향상되는 기술, 커뮤니케이션, 교통은 사람들의 물리적 및 사회적 접촉과 이동을 보다 촉진시키고 있다. 이로 인해 가치와 생활양식은 보다 다양해지고, 성별 간 평등, 다른 생활양식에 대한 관대함, 하위문화의 발달 가능성은 더 커져가고 있다. 하지만 진입의 역사가 짧은 만큼 탈산업사회는 아직 과도기적 단계에 놓여 있다고 할 수 있다.

7) 산업전사회와 산업사회의 비교

산업사회는 산업화 이전 사회와 여러 가지 구조적 측면에서 대조를 이루고 있다. 이와 같은 대조에 착안하여 많은 사회학자들은 사회를 두 가지 유형으로 구분하며 이를 준거로 일정 사회의 구조적 특성과 변동의 방향을 연구하여 왔다. 그 대표적인 학자로서 독일의 사회학자인 퇴니스(Ferdinand Tönnies), 프랑스의 사회학자 뒤르켐(Emile Durkheim), 그리고 미국의 사회인류학자인 레드필드(Robert Redifield)를 들 수 있다.

퇴니스는 사회를 공동사회(Gemeinschaft)와 이익사회(Gesellschaft)의 두 가지 유형으로 구분하였다. 그에 따르면 공동사회는 인간의 본질의지(Wesenwille) 또는 자연적 의지에 기초하여 이루어진 사회로서 여기서의 사회성원들은 하나의 공동체적 맥락 내에서 전체인성(total personality)을 가지고 서로 관련을 맺고 있다. 공동사회의 성원들은 귀속의식이 강하여 자기만의 이익을 추구하지 않는다. 여기서의 사회생활은 거의 도전을 받지 않는 전통과 인습에 의해서 지배되고 안정되고 보장되어 있다. 원시부족사회와 산업화 이전의 농촌촌락은 이와 같은 공동사회의 전형적인 실례라고 볼 수 있겠다.

공동사회와 대조가 되는 이익사회는 인간의 선택의지(Kürwille) 또는 합리적 의지의 기초 위에 이루어진 사회로서 여기서의 개인들의 관계는 사적인 이익의 합리적 추구라는 맥락에서 이루어지고 있다. 개인들은 종종 다른 사람의 희생 또는 전체사회에 해를 끼치면서까지 자신의 이익을 추구한다. 이러한 사회에서의 사회적 관계는 그 범위가 좁고 특정적이며 합목적적이다. 현대의 산업도시사회는 대체로 이와 같은 이익사회의 성격을 띠고 있다.

퇴니스와 비슷한 시기의 프랑스 사회학자인 뒤르켐(Durkheim, 1964)은 사회를 기계적 연대(mechanical solidarity)에 기초한 사회와 유기적 연대(organic solidarity)에 기초한 사회로 양분하였다. 기계적 연대의 사회에서의 성원들은 비슷한 역할과 가치들을 갖고 있는 반면에 유기적 연대의 사회에서는 고도로 전문화된 역할들을 수행하며 분업에 의해서 상호의존되어 있다. 두말할 필요도 없이 이 같은 뒤르켐의 구분도 각각 산업전 전통사회와 현대 산업사회의 특징에 근거하고 있는 것이다.

레드필드(Redfield, 1956)에 의한 민속사회(folk society)와 도시사회(urban society)의 구분 역시 위에서 기술한 퇴니스와 뒤르켐에 의한 이념형적 구성과 맥을 같이 하고 있다. 민속사회는 규모가 작고 전통과 친밀한 대인관계로 결속되어 있는 전통적인 농촌촌락과 같은 사회를 말하며 이와 대조를 이루고 있는 도시사회는 규모가 크고 비인격적 관계와 다양한 가치들의 공존으로 특징지워진다.

위에서 살펴본 사회의 형태에 대한 양극적 이념형 구성들(polar ideal-type constructs)은 서로 강조하는 바가 조금씩은 다르나 근본적으로는 동일한 현상을, 즉 산업전사회와 산업사회의 특성을 두고 설정된 것이다. 이와 같은 이념형들은 특정 사회에 대한 사회구조의 분석을 위해서 뿐만 아니라 사회변동의 연구를 위해서도 중요한 준거틀이 되고 있다.

공동사회로부터 이익사회로의 사회변동에서 가장 근본적인 변화양상은 기능적 내지

구조적인 분화현상이다. 그 과정에서 정치와 경제활동은 종교와 가족의 영역 밖에서 일어나고 정치 및 경제조직들이 각각 독립적인 제도로서 발전하게 되었다. 이와 유사하게 교육과 과학기술 등의 국면들도 전통적이고 인습적인 구속으로부터 벗어나 독립적인 제도들로 발전하였다. 이것은 과거에 가족 또는 친족과 종교에 의해서 수행되었던 많은 기능들이 독립적인 제도들에 의해서 수행되는 방향으로 변하였다는 것을 의미한다.

참고문헌

Bell, Daniel. 1973. *The Coming of Post-industrial Society: A Venture in Social Forecasting.* New York: Basic Books.

Blumer, Herert. 1969. *Symbolic Interactionism: Perspective and Method.* Englewood Cliffs, NJ: Prentice-Hall Inc.

______. 1972. "Society as Symbolic Interaction." *In Symbolic Interaction: A Reader in Social Psychology* edited by Jerome G. Manis and Bernard N. Meltzer. Boston: Allyn and Bacon Inc.

Cicourel, Aron V. 1974. *Cognitive Sociology: Toward an Explanatory Sociology.* New York: The Free Press.

Coser, Lewis. 1956. *The Functions of Social Conflict.* New York: The Free Press.

______. 1967. *Continuities in the Study of Social Conflict.* New York: The Free Press.

Durkheim, Emile. 1964. *The Division of Labor.* Translated by George Simpson. New York: The Free Press.

Garfinkel, Harold. 1967. *Studies in Ethnomethodology.* Englewood Cliffs, NJ: Prentice-Hall Inc.

Goffman, Erving. 1959. *The Presentation of Self in Everyday Life.* New York: Doubleday & Company Inc.

Homans, George C. 1961. *Social Behavior: Its Elementary Form.* New York: Harcourt Brace Jovanovich.

Horton Paul B. and Chester L. Hunt. 1980. *Sociology.* New York: McGraw-Hill International Edition.

Landis, Judson R. 1980. *Sociology.* Belmont, CA: Wadsworth Publishing Company.

Lenski, Gerhard and Jean Lenski. 1978. Human Societies. New York: McGraw-Hill Company.

Leslie, Gerald R., Richard F. Lenson, and Benjamin L. Gorman. 1980. *Introductory Sociology.* New York: Oxford University Press.

Mead, George Herbert. 1934. *Mind, Self and Society.* Chicago: University of Chicago Press.

Merton, Robert K. 1968. *Social Theory and Social Structure.* New York: The Free Press.

Nisbet, Robert. 1970. *The Social Bond.* New York: Knopf.

Parsons, Talcott. 1966. *Societies.* New York: The Free Press.

Redfield, Robert. 1956. *The Little Community: Peasant Society and Culture.* Chicago: The University of Chicago Press.

Robertson, Ian. 1981. *Sociology.* New York: Worth Publisher Inc.

Steward, Julian. 1955. *Theory of Cultural Change.* Urbana, IL: University of Illinois Press.

White, Leslie. 1959. *The Science of Culture.* New York: Grove Press.

제 4 장

사회집단과 조직

1. 사회집단의 의미

2. 사회집단의 종류

원초집단과 2차집단
내집단과 외집단
준거집단
사회적 연결망

3. 사회집단의 특성

기능적 특성
규모
리더십
집단동조

4. 공식조직체와 관료제

관료제
관료제의 비공식구조
관료제의 부정적 측면

제 4 장

사회집단과 조직

흔히 인간은 사회적 동물(social animal)이라고 한다. 이는 사람들이 일정한 집단을 이루고 함께 모여서 살아간다는 뜻이다. 사람들이 군집을 이루고 산다는 것은 어찌 보면 너무나 당연해서 의문의 여지가 전혀 없는 말처럼 들릴 수도 있다. 그러나 군집생활은 인간 특유의 현상임을 기억해둘 필요가 있다. 실제로 지구상에 존재하는 수많은 동물들 가운데는 군집생활을 하는 동물들보다 군집생활을 하지 않는 동물들이 훨씬 더 많다.

3장에서 지적되었다시피, 전체 혹은 집합으로서의 인간은 개체로서의 인간과 구별되는 특성을 보유한다. 따라서 전체로서의 인간(즉, 인간사회)을 이해하기 위해서는 사회집단과 조직에 대한 이해가 필수적이다. 이 장에서는 사회집단 및 조직과 관련된 여러 주제들—사회집단의 의미, 종류, 특성, 공식조직체와 관료제—에 대하여 자세히 살펴보기로 한다.

1. 사회집단의 의미

일상생활에서 우리는 집단이라는 용어를 자주 사용한다. 집단 이외에 집합체라는 용어도 흔히 사용한다. 일상생활에서는 이 용어들이 서로 잘 구분되지 않지만 사회학에서는 엄밀하게 구분된다.

개념적으로 말해, 집단(group)이란 복수로 구성되는 사람들의 무리로서, 빈번히 상호작용을 하고 소속감 및 서로 의지하는 감정을 공유하는 집합체를 가리킨다. 이는 빈번한 상호작용이 없는 사람들의 무리 혹은 소속감과 상호 의지의 감정을 공유하지 않는 사람들의 무리는 집단이 아니라는 뜻이다. 이를테면, 신호등 앞에서 신호가 바뀌기를 기다리며 서있는 사람들은 복수로 구성된 무리이기는 하지만 서로 상호작용하지 않으며 어떠한 소속감이나 의지의 감정도 갖고 있지 않기 때문에 이들은 집단을 형성하지 않는다. 마찬가지로, 대학에 새로이 입학하는 학생들 무리의 경우에도 이들 사이에 아직 상호작용이 시작되지 않았으며 소속감과 의지의 감정이 아직 뿌리내리지 못했기 때문에 집단을 형성하지 못한다. 쉽게 말해, 우연한 시점에 우연한 장소에서 만나는 사람들의 무리는 집단이 아니다.

우연한 시점에 우연한 장소에서 만나지만 서로 상호작용하지도 공통의 감정을 지니지도 않는 사람들의 무리는 집합체(aggregate)라고 부른다. 위에서 말한 신호를 기다리는 사람들이나 갓 입학한 신입생들은 집합에 해당한다. 백화점에서 쇼핑하는 사람들이나 공항을 이용하는 여행객들의 경우도 집합이다. 이들은 물론 일정한 공통의 목적(즉, 신호를 기다림, 대학교육을 받음, 물건을 구입함, 목적지로 떠남)을 지니지만, 단지 모여있을 뿐 이들 사이에는 빈번한 상호작용도 없고 어떠한 소속감도 없다.

한편, 집단과 집합체 사이의 이러한 구분은 주로 개념적 구분일 뿐 실제에 있어서는 이들 간의 경계가 그다지 명확하지 않을 뿐더러 집합이 집단으로 변모하는 경우 또한 종종 있다. 예를 들어, 공항대합실에서 비행기를 기다리는 사람들에게 공항측에서 비행기의 연착 사실을 전혀 알려주지 않고 마냥 기다리게 할 경우 이 사람들은 점차 분개감을 공유하면서 공동으로 항의하는 행동을 보이게 된다. 이는 집합이 집단으로 변모하는 경우이다. 더 나아가, 어떠한 집단이 일정한 목표를 보다 효율적이고 장기적으로 달성하려 할 경우에는 집단이 공식조직체(formal organization)로 변모하기도 한다. 이 장의 뒷부분에서 자세히 소개하겠지만, 공식조직체란 특정한 목표를 효율적으로 달성하기 위하여 형성된 고도로 구조화된 집단(예, 대학, 공장, 회사 등)을 가리킨다. 이를테면, 어떤 회사에서 일하는 근로자들이 사용자로부터 부당대우를 받고 있을 경우 이들은 처음에는 개인적으로 분개감을 지니지만 시간이 지나면서 점차 공통의 감정이 확산되고 집단적으로 항의하는 단계를 넘어서서 보다 효율적이고 장기적인 대처를 위해 노동조합이라는 공식조직체를 결성하기도 한다.

공식조직체에 대한 자세한 논의에 앞서 사회집단의 종류와 특성을 우선적으로 살펴보기로 하자.

2. 사회집단의 종류

사회집단 내 성원들 간의 상호작용은 상당히 빈번할 수도 있고 그렇지 않을 수도 있으며, 성원들의 소속감 또한 강력할 수도 그렇지 않을 수도 있다. 이는 사회집단의 종류가 매우 다양하며, 다양한 집단들은 상호작용의 빈도 혹은 소속감의 정도를 기준으로 구분해 볼 수 있음을 뜻한다. 사실, 사회집단의 종류를 구분하기 위한 기준 그 자체도 대단히 다양하여서, 상호작용의 빈도나 소속감 이외에도 집단의 크기, 성원의 지향 방식, 자격, 상호작용 방식 등 여러 가지 기준들이 동원되곤 한다. 이러한 여러 가지 기준들은 각기 나름대로의 유용성을 지니기 때문에 딱히 어떤 기준이 가장 적합하다고는 말할 수 없다. 그리고 이들 기준 간 에는 개념적 중복도 적지 않게 존재하는 것이 사실이다. 따라서 여기서는 어느 한 두 가지 기준을 사용한 분류를 개별적으로 제시하기보다는 사회학자들이 흔히 언급하는 대표적인 분류들—원초집단과 2차집단, 내집단과 외집단, 준거집단, 사회적 연결망—을 소개하기로 하겠다.

1) 원초집단과 2차집단

사회집단의 종류를 원초집단(primary group)과 2차집단(secondary group)으로 구분하는 것은 오랜 전통을 지니는 고전적 방식이다. 원초 · 2차 집단의 구분은 고전사회학자 쿨리(C. H. Cooley, 1963[1909])에서 유래한다. 그에 따르면, 원초집단은 소규모 집단으로서 성원들이 비교적 오랜 기간에 걸쳐 대면적이고 정감적인 상호작용을 하는 집단이다. 가족이나 친우집단이 원초집단의 전형적 예이다. 한편, 2차집단은 상대적으로 규모가 크며, 성원들이 제한된 기간 동안만 형식적이고 과업지향적인 상호작용을 하는 집단이다. 사회생활을 하면서 접하게 되는 사람들(예, 직장의 상사나 동료 등) 대부분이 2차집단의 구성원들이다.

원초 · 2차 집단 사이의 이러한 구분은 주로 개념적 설명을 위한 구분일 뿐 실제에 있어서는 그 경계가 그처럼 뚜렷한 것은 아니다. 즉, 처음에는 2차집단이었던 것이 시간이 지나면서 원초집단으로 변화하는 경우도 종종 있을 수 있다. 이를테면, 다분히 형식적인 상호작용만 있었던 직장동료 사이가 점차 동류의식이 싹트기 시작하면서 나중에는 직장을 떠나서까지도 유지되는 친밀한 관계로 발전하기도 한다. 그리고 일정한 2차집단 내에 여러 가지 상이한 원초집단들이 생겨나는 경우 또한 흔하다. 어떤 회사 내에 여러 동우회들(예, 등산동우회, 축구동우회, 바둑동호회 등)이 존재하는 경우가 그 예일 것이다.

2) 내집단과 외집단

원초 · 2차 집단은 성원들 간의 상호작용의 방식이 얼마나 대면적 혹은 형식적인가에 따른 구분임에 비해서, 내집단(ingroup) · 외집단(outgroup)은 어떤 사람이 집단의 경계선 안에 있는가 혹은 밖에 있는가에 따른 구분이다. 일반적으로 어느 집단에나 일정한 경계선이 존재하게 마련인데, 이 때 경계선이란 객관적인 내용일 수도 있고 주관적인 내용일 수도 있다. 말 그대로, 객관적인 경계선이란 공식적으로 정해진 경계로서, 예를 들어 어떤 사람이 어떤 회사에 실제로 소속된 사람인가 아닌가의 여부를 말한다. 한편, 주관적인 경계선이란 비공식적으로 정해진 경계로서, 예를 들어 어떤 회사에 소속된 사람 스스로가 그 회사의 사원이라고 생각하는지의 여부를 말한다. 사람들의 주관적 느낌이란 본시 획일적이지 않아서, 객관적 · 공식적 경계를 뛰어넘어 자신의 소속 집단을 스스로 부인하거나 혹은 자신이 소속되지도 않은 집단에 귀속감을 느끼는 수도 있다.

섬너(Sumner, 1959[1906])에 의해 제시된 내집단 · 외집단의 구분은 객관적 경계보다는 주관적 경계를 바탕으로 한다. 즉, 어떤 사람 스스로 자신이 어떤 집단에 속한다고 생각하는지가 내집단과 외집단을 구분하는 기준이라는 뜻이다. 결국, 내집단은 어떤 사람이 귀속감을 느끼는 집단을 지칭함에 비하여 외집단은 어떤 사람이 귀속감을 느끼지 않는 집단을 지칭한다.

내집단 · 외집단의 구분은 한편에서는 집단의 성원으로 하여금 개인적 정체성(identity)을 명확히 해주고 소속 집단의 응집력(cohesion)을 높여주는 긍정적 효과를 지니지만, 다른 한편에서는 집단 상호간의 적대감을 불러일으키는 부정적 효과를 지니기도 한다. 이를테면, 자신이 어떤 회사의 내집단 성원이라는 의식을 보유하는 사람은 그 의식으로 말미암아 뚜렷한 정체성을 유지하게 될 뿐더러 사내의 응집력 또한 강화되는 경향이 있다. 하지만 이러한 의식이 지나칠 경우 자신의 내집단 혹은 그 성원들만을 우월한 집단 혹은 성원으로 생각하고 여타의 모든 외집단 혹은 그 성원들에 대해서 적대적인 태도와 행위를 보일 수도 있다.

원초 · 2차 집단 사이의 구분이 때에 따라 뚜렷하지 않으며 단일 2차집단 내에 복수의 원초집단들이 존재할 수 있는 것과 마찬가지로, 내집단 · 외집단 사이의 구분 또한 그다지 뚜렷하지 않은 경우가 종종 있을 뿐 아니라 특정한 외집단 속에 의외로 여러 내집단들이 혼재해 있을 수도 있다.

3) 준거집단

사람들에게는 누구나 자신이 특별히 중요하게 여기거나 소속되고 싶어하는 집단이 있게 마련이다. 예를 들어, 아이들은 대체로 부모를 매우 중요하게 생각하며, 변호사시험을 준비하는 로스쿨학생은 장차 각종 사법 기관들(예, 법원, 검찰청, 변호사협회 등)에 소속되기를 열망한다. 마찬가지로, 장차 학자가 되기를 원하며 학업에 열중하는 대학원생은 각종 학술단체의 회원이 되기를 간절히 원한다. 이러한 집단들이 사람들에게 중요한 이유는 그 집단의 규범과 가치관이 개인들에게 영향을 미쳐서 해당 개인의 태도 및 행위의 준거를 제공하기 때문이다. 이처럼 사람들이 자신의 태도와 행위의 기준으로 삼고 싶어하는 집단을 준거집단(reference group)이라고 부른다. 개인의 태도와 행위의 기준을 준수함으로써 사회화가 이루어지는 과정을 사회학에서는 예기사회화(anticipatory socialization)라고 부르는데, 준거집단은 바로 이러한 예기사회화의 가장 직접적이고도 중요한 원천이 된다.

준거집단의 특성과 관련하여 다음의 5가지 사실들을 지적할 수 있다.

첫째, 준거집단은 대개의 경우 내집단 혹은 원초집단이지만 경우에 따라선 2차집단일 수도 있다. 일반적으로 볼 때, 사람들은 자신이 귀속감을 느끼는 집단 또는 대면적 · 정감적 성격을 지니는 집단에 소속되고 싶어하고 그러한 집단의 규범과 가치관을 자신의 태도와 행위의 기준으로 삼는다. 하지만 소속되기를 원하고 태도와 행위의 기준으로 삼는 집단이 반드시 내집단 혹은 원초집단인 것은 아니어서, 형식적이고 과업지향적인 성격의 2차집단인 경우도 흔히 있다.

둘째, 준거집단은 자신이 현재 소속되지 않은 집단일 수도 있고 소속된 집단일 수도 있다. 위에서 예시한 로스쿨학생이나 대학원생에게 사법기관이나 학술단체는 자신이 현재 소속되어 있지 않고 앞으로 소속되기를 원하는 준거집단이다. 그러나 소속 기관에 대한 강한 애착을 지니는 현직 판사 · 검사 · 변호사 혹은 대학교수에게 있어서 해당 사법기관이나 전문학회는 자신이 현재 소속되어 있는 준거집단이다.

셋째, 준거집단이 반드시 하나로 국한되는 것만은 아니어서, 한 개인이 복수의 준거집단을 가지고 있을 수 있다. 이를테면, 변호사시험준비생이 사법기관 뿐 아니라 전문학회 혹은 스포츠 동우회 등에 소속되고 싶어하고 여러 집단들의 규범과 가치관 각각을 자신의 것으로 만들려 할 경우 그 변호사시험준비생은 복수의 준거집단을 가지게 된다. 물론 이러한 복수의 준거집단들의 규범과 가치가 항상 일치하는 것은 아니어서, 준거집단별로 규범 · 가치가 심하게 상충될 경우 해당 개인은 상당한 역할 혼란에 빠질 우려도 있다.

넷째, 준거집단에는 긍정적인(positive) 준거집단도 있고 부정적인(negative) 준거집단도 있다. 일반적으로 사람들이 자신의 태도와 행위의 기준으로 삼으려 하는 준거집단은 긍정적인 사회적 결과를 가져오는 집단이어서, 예컨대 사법기관을 준거집단으로 삼는 변호사시험준비생은 자신의 준거의 결과 더 열심히 공부하고 여러 면에서 모범적인 행태를 보이게 되며, 마찬가지로 전문학회를 준거집단으로 삼는 대학원생 또한 자신의 준거가 그로 하여금 학업에 더욱 열중하고 발전을 위한 밑거름이 되는 결과를 가져온다. 그러나 부정적인 사회적 결과를 초래하는 준거집단도 적지 않아서, 예컨대 조직폭력배나 극단적인 종교집단 등을 숭상하고 흠모하는 사람들은 대다수 사회구성원들의 안녕을 위협하고 집단간 반목과 대립을 조장하는 결과를 가져온다.

마지막으로, 준거집단이 항상 고정적인 것은 아니어서, 시간이 지남에 따라 준거집단도 변화하는 경향이 있다. 자신의 태도와 행위의 기준으로 삼는 준거집단은 비교적 장기간에 걸쳐 유지되어서, 예컨대 위에서 말한 변호사시험준비생은 변호사시험을 통과한 후에도 오랫동안 사법기관을 자신의 준거로 유지한다. 그러나 이것은 다분히 가변적인 과정이어서, 세월이 지나면서 그 사람은 점차 사법기관에 회의와 환멸을 느끼기 시작하면서 기존의 준거를 버릴 가능성도 얼마든지 있다. 특히 준거집단의 변화 가능성은 성인보다는 자라나는 청소년세대에서 더 두드러지게 나타나는 경향이 있다.

4) 사회적 연결망

집단의 유형에 대한 기존의 분류방식 가운데는 위의 3가지(즉, 원초 · 2차 집단, 내 · 외집단, 준거집단)가 가장 대표적이었다. 그러나 최근 새로운 형태의 집단유형으로 사회적 연결망(social networks)에 대한 관심이 고조되고 있다. 사회적 연결망이란 복수의 개인들이 공식 혹은 비공식적으로 연계된 관계의 구조를 가리킨다.

예를 들어, A, B, C라는 세 사람이 있을 때, 개인적 친분관계로 보아 A는 B와 친하고 B는 C와 친하지만 A와 C는 서로에 대해 전혀 모르고 친분관계도 전혀 없다고 하자. 이 경우 만일 B라는 사람이 없었다면 A와 C가 서로 연결될 가능성은 거의 없다고 보아야 한다. 그러나 B라는 매개적 인물이 있음으로 인해서 나머지 두 사람은 서로의 존재를 알고 서로 연결될 가능성이 매우 높아진다. 그렇게 되면 이들은 서로 밀접히 상호작용하고 공통의 이해와 관심을 유지하면서 하나의 연결망으로서 사회집단을 형성하게 된다.

사회적 연결망이 기존의 집단들(원초 · 2차 집단, 내 · 외 집단, 준거집단)과 차별화되는 중요한 특징 가운데 하나는 사회적 연결망이 아니었더라면 서로 연계되기 어려운 사람들(예, A와 C)이 사회적 연결망을 통해 서로 연계되고 서로의 이해와 관심을 공유할 뿐 아니라 정보를 공유할 수 있는 계기를 마련한다는 데에 있다. 이 점이 바로 사회적 연결망이 사회집단으로서의 중요성을 가지는 측면이다. 위의 예에서, A, B, C가 각기 서로 다른 지역으로부터 특정한 대학에 유학하러 온 신입생일 경우 A가 학교 앞에 좋은 하숙집을 하나 알고 있으면 B는 저절로 그 정보를 얻게 되고 그 정보는 B를 통해 또다시 C에게로 전달될 가능성이 크다. 이러한 연결망을 통해 세 사람은 서로 정보를 공유하고 이해와 관심을 공유하는 사회집단을 형성하게 되는 것이다.

어느 사회에서나 희소자원들(예, 돈, 명예, 권력 등)은 그 양이 한정되어 있을 뿐만 아니라 불평등하게 배분되어 있다. 따라서 사람들은 희소자원을 서로 자신의 것으로 만들기 위해 때로는 경쟁을 그리고 때로는 협력을 하게 마련인데, 이러한 경쟁과 협력의 과정에서 사회적 연결망은 매우 중요한 역할을 수행한다. 위의 예에서 C는 자신의 연결망을 통해 좋은 하숙집이라는 희소자원을 얻을 수 있을 뿐만 아니라 A와 같은 집에서 하숙하면서 새로운 친분관계 혹은 연결망을 구축할 수 있게 될 것이다.

사회적 연결망은 적게는 한 두 사람으로 형성되지만 크게는 수십 · 수백 · 수천명으로 형성되기도 한다. 대개의 경우 한 사람이 가지는 여러 연결망들에 포함된 사람들의 숫자는 500명 내지 2,500명 정도에 달한다고 한다(Milgram, 1967). 이러한 연결망에는 원초 · 2차 집단의 성원들 뿐 아니라 내 · 외 집단 성원들 그리고 준거집단의 성원들 모두가 포함될 수 있다. 더구나, 한 사람의 사회적 연결망에는 자신이 개인적으로 아는 사람들뿐만 아니라 자신은 모르지만 자신을 아는 다른 사람까지도 포함된다. 사회적 연결망은 이처럼 마치 그물망처럼 복잡하게 서로 얽히고 설켜서 하나의 사회집단을 만들어낸다. 이와 같은 사회적 연결망의 사회집단으로서의 중요성은 단지 하숙에 대한 정보를 주고받는 등의 사사로운 영향에 그치지 않고 대학 졸업후 취업에 대한 정보를 주고 받으면서 실제 취업으로 이어지는 등 개인의 사회생활에 매우 중요한 영향을 행사한다.

3. 사회집단의 특성

어떠한 종류의 사회집단이건 대부분의 사회집단들은 일정한 특성들을 공유하는 경향이 있다. 사회집단의 대표적인 특성들 가운데는 기능적 특성, 규모, 리더십, 집단동조 등이 있는데, 이들 각각에 대하여 살펴보기로 하자.

1) 기능적 특성

어느 사회집단이나 표출적 기능(expressive function)과 도구적 기능(instrumental function)을 함께 보유하게 마련이다. 표출적 기능이란 감정의 표출을 위한 정서적 기능을 가리킴에 비해서 도구적 기능은 특정한 목표달성을 위한 과업수행적 기능을 가리킨다. 표출적이건 혹은 도구적이건 그 기능이 개인의 차원에서 충족되기는 어려운 경우가 많다. 예를 들어, 희로애락 등의 정감적 교류를 개인 혼자서 하기는 어려우며, 마찬가지로 해외에 물건을 수출하는 일도 어느 한 개인이 담당하기에는 부담이 지나치게 크다. 이러한 기능을 충족시키기 위해 사람들은 자연히 집단(예, 친우집단, 무역회사 등)을 형성하며, 그로 인해 사회집단은 표출적 · 도구적 기능을 보유하게 된다. 한편, 집단의 종류에 따라 두 가지 기능 간의 중요도의 차이가 존재하여서, 원초집단이나 내집단에서는 도구적 기능보다는 표출적 기능이 중시됨에 비하여 2차집단이나 외집단에서는 표출적 기능보다는 도구적 기능이 중시되는 것이 일반적이다.

2) 규모

크기가 작은 사회집단이 있는가 하면 큰 사회집단도 있다. 규모는 사회집단의 가장 현저한 특성들 가운데 하나로서, 규모가 어느 정도인가에 따라 집단 내 상호작용의 패턴이 달라진다. 짐멜(Simmel, 1950[1902])은 집단 규모에 따른 상호작용 방식의 차이에 대한 분석으로 유명한 사회학자이다. 그에 따르면, 단 두 명만으로 구성되는 가장 작은 사회집단에서는 성원들간의 상호작용이 가장 빈번하고 강력하여서, 만일 빈번하고 강력한 상호작용을 두 사람 가운데 한 사람이라도 원치 않으면 그 집단은 순간적으로 해체되어 버린다. 그러나 두 명으로 구성된 사회집단에 한 사람씩 성원이 증가하면서부터 이들 사이의 상호작용의 빈도와 강도는 점진적으로 약화된다. 일반적으로 집단 규모의 증가는 상호작용의 빈도와 강도를 약화시키는 것 이외에도 집단내 유대감의 약화, 업무분담 필요성의 증대, 리더십의 출현 등의 효과를 가져온다.

3) 리더십

정도의 차이는 있지만 어느 사회집단이나 리더십을 필요로 한다. 모든 사회집단들은 일정한 목표를 지니고 정해진 목표를 달성하기 위해 일정한 활동들을 수행하는데, 이러한 활동들은 그것을 관장하는 몇몇 사람들(즉, 지도자)의 도움이 없이는 효과적으로 이루어지기 어렵다. 이로 인해 자연히 리더십이 출현하게 되며, 리더십은 사회집단의 보편적 특성 가운데 하나를 이룬다. 한편, 사회집단의 종류에 따라 리더십의 성격 차이가 존재하여서, 원초집단이나 내집단에서의 리더십이 다분히 비공식적이라면(예, 가정내 가장의 리더십) 2차집단이나 외집단에서의 리더십은 보다 공식적인 성격을 지닌다(예, 직장내 상사의 리더십).

사회집단의 기능이 표출적 기능과 도구적 기능으로 나뉘는 것과 마찬가지로 리더십도 표출적 리더십(expressive leadership)과 도구적 리더십(instrum ental leadership)으로 나뉘는 것이 일반적이다. 말 그대로, 표출적 리더십은 정서의 표출을 강조하는 정감적 리더십임에 비해서 도구적 리더십은 특정한 목표달성을 강조하는 과업수행적 리더십이다. 집단의 종류와 관계없이 어느 사회집단에나 이 두 가지 형태의 리더십이 혼재하는 것은 사실이지만, 원초집단 및 내집단에서는 표출적 리더십이 지배적임에 비하여 2차집단 및 외집단에서는 도구적 리더십이 지배적인 경향이 있다. 이를테면, 가장의 리더십이 정감적이라면 직장 상사의 리더십은 과업지향적이다.

4) 집단동조

집단과 개인은 서로 영향을 주고받는 관계이어서, 개인이 집단에 영향을 미치기도 하고 집단이 개인에 영향을 미치기도 한다. 특히 사회집단은 개인들간의 상호작용 방식뿐만 아니라 개인의 가치, 태도, 행위 등에도 지대한 영향을 미치는데, 그 대표적 현상 가운데 하나가 집단동조(group conformity)이다. 집단동조란 성원들로 하여금 집단의 규범에 맞추어 행동하도록 만드는 무언의 압력으로서, 어느 사회집단에나 이러한 압력이 존재한다. 이를테면, 사회심리학의 여러 연구들(예, Asch, 1955, 1956; Milgram, 1963, 1974)에 의하면 집단의 성원들은 집단 그 자체가 또는 집단 내 다른 성원들이 강요하는 일정한 압력이 존재할 경우 자신이 보지도 않은 것을 보았다고 진술하기도 하고 심지어는 사실이 아니라고 믿는 것을 사실이라고 진술하기도 한다고 한다. 정도의 차이는 있지만 어느 사회집단에나 이러한 집단동조가 발견된다.

집단동조가 극단으로 치달을 경우 나타나는 현상 가운데 하나가 집단사고(groupthink)이다. 집단사고란 응집력이 강력한 집단에서 대다수 성원들이 개인적으로는 현명하지 않다고 생각하는 의사결정을 아무런 거리낌없이 한꺼번에 행하는 현상을 가리킨다. 이와 같은 비정상적인 의사결정이 이루어지는 이유는 무엇보다도 집단의 응집력을 유지하기 위해서 혹은 집단 내 지도자의 의지를 훼손하지 않기 위해서인 경우가 많다.

4. 공식조직체와 관료제

사회집단이 일정한 목표를 장기적인 관점에서 보다 효율적으로 달성하려할 경우 공식조직체(formal organization)로 변모한다는 사실은 앞에서 이미 지적하였다. 공식조직체란 특정한 목표를 보다 효율적으로 달성하기 위한 목적으로 형성된 고도로 구조화된 사회집단을 가리킨다. 대학이나 공장, 회사, 정당, 노동조합, 군대, 정부기관 등이 공식조직체의 대표적 예이다. 사실 우리가 사회생활을 하면서 접하는 거의 대부분의 사회집단이 공식조직체라고 말할 수 있을 정도로 오늘날 우리 주변에는 공식조직체가 많다. 공식조직체는 그 나름의 일정한 구조와 목표를 지니는 사회집단으로서 사회의 근간을 이루는 매우 중요한 집단이다.

산업화와 도시화가 시작되기 이전에 사람들의 일상생활은 주로 가정이나 촌락 공동체 등과 같은 소규모의 비공식조직들을 중심으로 이루어져 왔다. 그러나 본격적인 산업화·도시화와 더불어 대규모 공식조직체들이 엄청난 속도로 생겨나면서부터 사람들의 생활은 이제 공식조직체와 불가분의 관계를 맺고 있다.

공식조직체는 그 종류가 매우 다양하기 때문에 사회학자들은 여러 가지 기준들을 적용하여 공식조직체를 분류하곤 한다. 이러한 기준들 가운데 가장 일반적으로 사용되는 것은 조직에의 참여 목적이 자발적인가의 여부이다. 성원 스스로의 자발적 참여 그 자체가 목적인 형태의 조직을 자발적 결사체(voluntary association) 혹은 자발적 조직체(voluntary organization)라고 부르는데, 종교단체나 노동조합, 정당, 비정부기구(NGO) 등이 대표적 예이다. 이를테면, 비정부기구에 소속된 성원들은 기본적으로 참여 그 자체를 목표로 하는 것이지 특정한 반대급부(예, 금전적 보상)를 얻기 위해 참여하는 것은 아니다. 한편, 특정한 반대급부를 얻기 위한 목적으로 조직에 참여하는 경우도 비일비재한데, 이러한 조직을 비자발적 결사체(involuntary association) 혹은 비자발적 조직체(involuntary organization)라고 부른다. 회사나 공장 혹은 관공서 등이 그 예이다.

1) 관료제

공식조직체의 가장 전형적인 모습은 관료제에서 볼 수 있다. 관료제(bureau cracy)란 획일적 권위 체계 및 분업 체계, 명시적 규칙과 규율 등의 특성을 지니는 고도로 구조화된 공식조직체를 가리킨다. 오늘날 우리는 '관료제' 혹은 '관료적'이라는 용어를 다분히 부정적인 어감을 가지고 사용하는 경향이 있는데, 이는 사실 관료제의 본 모습과는 일정한 거리가 있다. 관료제의 본 모습을 제대로 이해하기 위해서는 베버(Weber, 1968[1922])의 논의를 조금 자세히 살펴볼 필요가 있다.

베버는 근대사회 이후의 전반적인 변화양상을 사회조직 원리에 있어서의 공식성과 명시성의 증대로 특징지었다. 그에 따르면, 전근대사회에서의 사회조직 원리는 한마디로 비공식성과 자의성이 지배적인 것이었다. 즉, 일정한 명시적 규칙이나 규율이 없는 상태에서 몇몇 인물들의 임의적 판단 혹은 전통적 관행에 의거하여 사회가 유지되었다는 것이다. 이는 대단히 비효율적인 사회조직 원리로서 사회적 통합과 조정이 제대로 이루어지지 않는 등 수많은 문제점을 노정시켰다. 따라서 보다 효율적인 사회조직의 원리가 필요했으며 그 결과 새롭게 등장한 것이 바로 합리성을 기반으로 하는 관료제의 원리이었다.

베버는 관료제의 기본 원리를 이념형(ideal type)으로 승화시켜 설명하였는데, 이념형이란 경험적 현상의 특징적인 측면들만을 의도적으로 부각시켜 추상적으로 만들어 놓은 형상을 가리킨다. 예를 들어, 어느 사회에서나 고등교육 체계는 이사회와 각종 위원회, 교수진, 직원, 학생 등의 인적자원으로 구성될 뿐만 아니라 이들의 활동을 관장하는 일련의 규칙과 절차들(예, 입학기준, 학점취득 절차, 졸업 등)을 마련해놓고 있다. 비록 세부적 조직체계나 과정 등에 있어서 여러 대학들이 서로 다른 모습을 하고 있는 것은 사실이지만, 인적자원이나 규칙 · 절차 등을 공통적으로 구비하고 있다는 점에서는 아무런 차이가 없다. 여러 대학들 사이에 발견되는 조직체계나 과정에 있어서의 세부적 차이(예, 교과과정의 차이, 조직구성의 차이, 입학 및 졸업의 기준 차이 등)는 다만 대학들마다의 운영방침 등에서 비롯되는 미미한 차이일 뿐 고등교육 체계의 본질적 차이라고는 결코 볼 수 없다. 그러나 여러 인적자원들(즉, 학생, 교직원) 및 규칙 · 절차는 고등교육의 본질적 구성요소로서, 만일 이 요소들 가운데 어느 하나라도 빠진다면 실로 고등교육이라고 말하기 어려워진다. 다시 말해, 이 요소들은 고등교육의 핵심적 요소로서, 이른바 이상적인 고등교육 체계는 이러한 요소들을 기본적으로 갖추고 있어야만 하며, 이러한 의미에서 이들이 고등교육의 이념형적 특성인 셈이다. 이념형적 특성을 부각시켜 사회현상을 설명하는 방식은 베버 이외에도 수많은 사회과학자들이 흔히 사용하는 것으로서, 사회현상의 이해에 상당한 도움을 준다.

이와 같은 방식으로 베버는 관료제라는 현상이 지니는 수많은 측면들 가운데 핵심적이고 특징적인 측면들만을 선별하여 관료제라는 하나의 추상적 개념을 제시하였다. 그가 말하는 관료제의 이념형적 특성들을 구체적으로 살펴보면 다음과 같다.

첫째, 명확히 규정된 권위 및 책임에 따라서 작업이 구분되며, 그것은 공식적인 임무로 합법화된다.

둘째, 직책과 직위는 권위의 서열(hierarchy)에 따라 조직되어 명령체계를 형성한다.

셋째, 조직의 일반 구성원들은 공식적 형태의 시험을 통해서 혹은 훈련 및 교육을 통해서 획득한 전문지식(professional expertise)을 기준으로 선발된다. 한편, 조직의 관리자는 선발되는 것이 아니라 임명된다. 이를테면, 관공서의 직원들은 일정한 자격기준을 중심으로 선발되지만 관공서의 장은 상급 관리기관의 인준 등을 통해 임명이 이루어진다.

넷째, 조직의 구성원들과 관리자는 일정한 봉급을 받고 일하는 '직업적 관리(vocational bureaucrat)' 이다. 이는 관료들에게 있어서 관료로서의 직무는 부업이 아닌 주업의 의미를 지닌다는 뜻이다.

다섯째, 조직의 구성원들과 관리자가 조직의 소유자(owner)가 될 수는 없다. 예컨대, 정부 관공서는 어느 누구의 개인적 소유물일 수 없다.

여섯째, 모든 구성원들과 관리자는 그들의 공식적 임무수행에 있어서 미리 정해진 엄격한 규칙(rules)과 규율(regulations) 아래서 일하며, 이 같은 규칙 · 규율은 모든 조직구성원들에게 동일하게 적용된다.

위에서 지적되었다시피, 이상의 특성들은 관료제의 이념형적 특성일 뿐 현실세계에서의 관료제가 반드시 이러한 특성들을 하나도 빠짐없이 골고루 갖추고 있는 것은 아닐 뿐만 아니라 하나하나의 특성 내에서도 완벽한 정도의 구비가 이루어져 있는 것도 물론 아니다. 다시 말해, 우리가 주변에서 실제로 보는 관료제에는 여러 특성들 가운데 몇몇 특성들이 아예 나타나지 않는 경우도 종종 있을 뿐 아니라, 나타난다고 하더라도 다만 미미한 정도로만 나타나는 경우도 얼마든지 있다. 이러한 차이에도 불구하고, 위의 특성들은 관료제의 본질적이면서도 핵심적인 특성이라는 의미에서 이념형적 특성에 해당하는 것이다.

관료제에 대한 이상의 설명은 자칫 관료제가 공공부문에만 적용되는 개념이라는 인상을 줄 수도 있는데, 이는 단연코 그릇된 해석이다. 즉, 관료제는 민간부문에도 공히 적용되는 개념인데, 그 이유는 위에서 지적된 관료제의 이념형적 특성들은 부문에 관계없이 존재하기 때문이다. 이를테면, 작업구분(혹은 분업), 권위 서열, 충원과정, 규칙 · 규율 등의 특성은 정부 관공서에서 뿐 아니라 민간 기업이나 사립학교 등에서도 동일하게 발견된다.

물론 민간부문에 비해 공공부문에서 관료제의 특성이 보다 뚜렷하다는 정도의 차이는 있을 수 있지만 그러한 특성 자체는 어느 부문의 어느 조직에서나 공통적인 것이다.

2) 관료제의 비공식구조

이제까지 살펴본 관료제에 대한 설명은 관료제가 애당초 의도한 바의 본질적 특성에 관한 것이며, 따라서 다분히 의도된 측면들에만 초점을 맞추었다. 그러나, 관료제의 실제 운용에 있어서는 원래의 의도와 다른 수많은 현상들이 나타나는데, 그 대표적인 현상들 가운데 하나가 관료제 내 비공식구조(informal structure)의 출현이다. 비공식구조란 조직의 공식적 체계에는 나타나 있지 않은 몇몇 성원들 사이의 소규모 구조를 가리킨다. 이를테면, 회사의 조직표(organizational chart) 혹은 업무지침 등에는 드러나 있지 않은 직원들끼리의 비공식적 모임이 어느 회사에나 존재하기 마련인데, 이러한 것이 바로 비공식구조의 전형적 예이다. 이러한 구조는 원래 의도되지는 않았지만 자연발생적으로 생겨난 것으로서, 조직성원들 및 조직 전체의 운용에 커다란 영향을 미친다는 데에 그 중요성이 있다.

비공식구조의 존재 및 그 중요성은 실제로 베버의 이념형적 관료제가 현실적으로 간과하고 있는 대표적인 측면들 가운데 하나로서, 인간관계론(human relations theory)이라 불리는 연구에서 집중적으로 파헤쳐진 현상이다. 이 연구에 따르면, 관료조직의 실제 운용에 있어서는 수많은 비공식구조와 절차들이 발생하는데, 이러한 현상은 제어되어야만 하는 파생적 현상인 것은 결코 아니어서 적절히 관리되고 유지되면 오히려 전체 조직의 효과성을 높여주는 결과를 가져온다고 한다. 실제로 인간관계론자들은 미국 시카고 지역에 위치한 웨스턴 일렉트릭 회사(Western Electric Company)의 호손(Hawtho rne) 공장에서 1927~1932년 동안 실시된 연구(Roethlisberg and Dickson, 1939)를 통해 그러한 사실을 경험적으로 입증해낸 바 있다. 하버드 대학의 메이오(Elton Mayo) 교수가 주축이 된 이 연구에서 일단의 연구자들은 공식조직 내에 실제로 수많은 비공식조직들이 생겨나며, 이러한 조직들이 조직운영에 지대한 영향을 미치고, 조직관리자가 이러한 사실들을 충분히 고려하고 인정해줄 수 있을 경우에 비로소 조직효과성이 고양될 수 있음을 확인하였다.

3) 관료제의 부정적 측면

앞에서도 지적하였다시피, 관료제는 그 긍정적 측면들(예, 명료성, 합리성, 효율성 등)에도 불구하고 여러 가지 부정적 측면들을 내포하는 것이 사실이다. 실제로 많은 사회학자들(Selznick, 1949; Gouldner, 1954; Merton, 1968)이 관료제의 부정적 측면 혹은 역기능(dysfunctions)에 대하여 연구하였는데, 그 내용들을 구체적으로 정리해보면 다음과 같다.

① **경색성** : 과도할 정도로 판에 박힌 듯한 업무처리가 이루어진다. 이는 기본적으로 관료들이 규칙과 규율에 지나치게 집착하고 안주하려 하기 때문인데, 이로 인해 융통성이 결여되고 규칙 · 규율의 준수 그 자체가 수단이 아닌 목표로 변질되어 버린다.

② **비인간성** : 업무의 처리와 평가가 엄격하게 정해진 기준들에 의거하여서만 이루어짐으로써 사람들간의 인간적인 관계가 저해될 가능성이 높다.

③ **변화 및 혁신에 대한 저항** : 관료들은 저마다 오랫동안 유지해 온 타성에 젖어 새롭고 바람직한 변화나 혁신을 의도적으로 거부하려하는 경향이 있다.

④ **소모적 업무의 창출** : 소위 파킨슨의 법칙(Parkinson' s Law)에 따르면, 관료조직의 성원들은 실제로는 바쁘지 않더라도 바쁜 것처럼 보여야 하고 딱히 할 일이 없더라도 할 일을 스스로 만들어내야만 한다. 이들은 한 사람이 할 일을 여러 사람들이 하도록 교묘히 일을 만들어내기 때문에 자연히 담당 부서마저도 늘어나게 된다. 그렇게 되면 상급관리가 하급관리를 관리 · 감독하는 업무가 늘어날 뿐만 아니라 하급관리가 상급관리에게 보고하는 업무 또한 늘게 된다. 그 결과 엄청난 시간 · 비용 · 노력이 불필요한 업무(예, 서류의 작성, 보존 등)에 소모된다.

⑤ **과두제의 출현** : 과두제(oligarchy)란 조직성원들의 복리를 위해 종사할 사명을 부여받은 한 무리의 리더들이 성원들의 복리를 추구하기보다는 자기 자신들만의 복리를 추구하기 위해 견고한 지배체제를 구축하는 현상을 가리킨다. 이러한 현상은 독일의 정치사회학자인 미켈스(R. Michels, 1949[1911])에 의해 소위 '과두제의 철칙(iron law of oligarchy)' 이라는 논제 하에 언급된 것으로서, 관료조직을 포함하여 모든 조직들(특히, 노조나 친목단체 등의 자발적 결사체)에서 리더들이 정작 자기 자신들의 이해와 복리만을 앞세우는 파행적 현상을 말한다.

종합하면, 관료제의 비공식구조 및 부정적 측면에 대한 이상의 설명에 비추어볼 때, 위계적 권위와 공식적 규칙 등 관료제의 본질적 특성들에 대한 전적인 의존이 곧 관료조직을 관리하는 가장 효과적인 방법인 것만은 결코 아님을 알 수 있다. 결국 중요한 것은 제도가 아니라 제도를 운용하는 사람들 스스로의 의지와 선택이다. 베버는 관료제의 파행적이고 부정적인 측면들에 대해 거의 논의하지 않았다는 이유에서 심한 비판을 받곤 하는데, 이는 전반적으로 볼 때에는 그르지 않은 지적이다. 그러나, 위에서 강조되었다시피, 베버는 관료제를 이념형적으로 승화시켜 설명하였으며, 이 점에서 볼 때 그에게 일정 부분 면죄부를 부여할 수는 있을 것이다. 한편, 그가 관료제의 파행적 · 부정적 측면들을 전혀 무시하였던 것은 결코 아닌데, 이러한 사실은 이른바 '철장(iron cage)' 에 대한 그의 언급을 통해 찾아볼 수 있다. 즉, 베버는 관료제의 효율성이 바로 문제의 근원으로 작용함으로써 효율적이어야 할 관료제의 원칙들에 사람들이 포로가 되어 마치 철로 만든 새장에 갇힌 듯한 신세로 전락하고 개인의 자유와 안녕이 위협되는 가능성을 자신의 후기 저작에서 통렬히 지적한 바 있다. 실제로 이러한 가능성은 조직 내에서 사람들이 점점 더 무기력해지고 소외되며 조직을 변화시킬 힘마저도 상실해가는 세태를 통해서도 여실히 관찰해볼 수 있다.

■■ 참고문헌

Asch, S. E. 1955. "Opinions and Social Pressure." *Scientific American* 193(5): 31-35.

______. 1956. "Studies of Independence and Conformity: A Minority of One Against a Unanimous Majority." *Psychological Monographs* 70(9) (Whole No. 416).

Cooley, C. H. 1963. *Social Organization: A Study of the Larger Mind.* NY: Schocken (Originally Published in 1909).

Gouldner, A. W. 1954. *Patterns of Industrial Bureaucracy.* Glencoe, IL : Free Press.

Merton, R. K. 1968. *Social Theory and Social Structure.* (Enlarged Edition). NY: Free Press.

Michels, R. 1949. *Political Parties.* Glencoe, IL: Free Press (Originally Published in 1911).

Milgram, S. 1963. "Behavioral Study of Obedience." *Journal of Abnormal and Social Psychology* 67: 371-378.

______. 1967. "The Small World Problem." *Psychology Today* 1: 61-67.

______. 1974. *Obedience to Authority.* NY: Harper & Row.

Roethlisberg, F. J and W. J. Dickson. 1939. *Management and the Worker.* Cambridge, MA: Harvard University Press.

Selznick, Philip E. 1948. "Foundations of a Theory of Organizations." *American Sociological Review* 13: 25-35.

Simmel, G. 1950. *The Sociology of Georg Simmel.* Translated by Kurt Wolff. Glencoe, IL: Free Press (Originally Published in 1902).

Sumner, W. G. 1959. *Folkways*. NY: Dover (Originally Published in 1906).

Weber, M. 1968. *Economy and Society: An Outline of Interpretive Sociology.* Translated by G. Roth and G. Wittcich. NY: Bedminster (Originally Published in 1922).

제 5 장

문화

1. 문화의 개념

2. 문화와 인간

문화의 인간적 고유성
인간의 진화
문화와 인간의 행동
문화적 보편성

3. 문화의 구성

물질문화 / 비물질문화

4. 이상문화와 현실문화

5. 고급문화와 대중문화

6. 문화의 다양성

사회간 다양성 / 사회내 다양성
문화적 상대주의와 자기민족중심주의

7. 문화변동

제 5 장 문화

문화와 사회는 상호의존적이다. 사회가 공통의 문화를 공유한 사람들로 구성되어 있다면, 문화는 특정한 사회의 사람들에 의해 만들어지고 공유되는 모든 산물들로 이루어져 있다. 이러한 측면에서 문화와 사회는 동전의 양면과 같은 불가분의 관계를 지니고 있다고 하겠다. 이 장에서는 먼저 문화의 개념에 대해 논의해보고 다음으로 문화와 인간과의 관계, 문화의 종류들에 대해 살펴본다. 또한 문화의 중요한 속성인 다양성 그리고 이에 대한 상반된 입장인 문화적 상대주의와 자기민족중심주의에 대해서도 알아보기로 한다.

1. 문화의 개념

원래 문화(culture)라는 단어는 고대 그리스어인 경작(cultivation), 즉 곡식을 생산하기 위해 땅을 일군다는 의미에서 기원하였다. 일상생활에서 우리가 시, 한문, 오페라, 발레, 고전음악, 박물관 등과 같이 '고급' 문학이나 예술을 문화로 표현하거나 오랜 소양과 교육에 의해 어떤 지식과 자질을 갖춘 사람을 일컬을 때 문화인이라고 부르는 것은 바로 이런 고대 그리스의 전통에서 나온 결과이다.

하지만, 학문적으로 사회학과 인류학에서 사용되는 문화는 보다 포괄적이고 복합적인 의미를 담고 있다. 이는 문화 자체가 추상적이면서 범위와 영역이 넓고 다양하기 때문에 그렇다. 이로 인해 문화에 대한 정의는 매우 다양하다. 간단하게는 '삶의 방식'

(Kluckhohn, 1949)에서부터 약간 복잡하게는 '사회구성원으로서 인간이 습득한 지식, 믿음, 가치, 예술, 도덕, 법, 관습을 포함하는 복합적 총체'(Tylor, 1871)에 이르기까지 상당히 많은 정의들이 있다. 이러한 정의들을 분석적으로 살펴보면 크게 다음과 같은 4가지 공통적인 측면들이 발견된다.

첫째, 문화는 '학습'되는 것이다. 문화는 인간들끼리 서로 가르치고 배우는 사회적 상호작용에 의해 습득되는 것이지 유전적으로 물려받은 생물학적 본능에 의해 나타난 산물은 아니다.

둘째, 문화는 '상징'에 근거한다. 문화를 구성하는 대량의 정보를 저장하고 전달하기 위해 상징은 문화의 필수적인 메커니즘이다.

셋째, 문화는 사회구성원에 의해 '공유'되는 체계이다. 문화는 개인이 독자적으로 갖고 있는 행동이나 생활양식이 아니다. 즉, 문화는 개별적이 아닌 집합적 사회구성원들을 대표하는 것이다. 다양한 개인들이 특정 문화유형을 받아들이거나 따르는 정도에 차이는 있지만, 문화는 정의상 집단적 범주의 사회구성원들을 대표한다.

넷째, 문화는 '통합'되는 경향이 있다. 여러 문화들과 또 각 문화의 다양한 부문들 간에 갈등, 마찰, 모순이 있음에도 불구하고 한 사회의 문화들은 전체적으로 서로 어우러져 하나의 복합적인 체계를 이룬다.

이상의 공통적인 특징들에 근거해서 문화를 보다 체계적으로 정의하면, '문화는 특정한 사회의 구성원들이 공유하고 사회적으로 전달되는 사고 및 행동양식과 산물'이라 할 수 있다. 여기에는 우리가 간직하고 있는 믿음과 가치, 우리가 지키는 법과 관습의 규범, 우리가 만들어 낸 지식, 우리가 사용하는 언어, 우리가 뭔가를 만들기 위해 사용하는 기술과 도구, 우리가 만들고 소비하는 물건, 우리가 속한 조직 등이 포함된다.

보다 일반적인 이야기로, 우리 인간의 행위들 중에 문화적 영향력 밖에 존재하는 것은 아무 것도 없다. 예를 들어, 우리 인간의 삶에 있어서 아주 자연스런 측면이라고 할 수 있는 사랑, 죽음, 노령화, 음식 등도 문화에 의해 의미를 가지며 또 문화의 영향력에 의해 변형된다. 어떤 사람이 연애의 바람직한 대상인가, 죽음이 가지는 의미는 무엇인가, 나이를 먹는 현상을 어떻게 볼 것인가, 먹는데 적절한 음식은 무엇인가에 관해서는 이미 사회적으로 문화적 의미와 관습이 내재되어 있다. 요약하면, 문화는 우리가 무엇을 생각하고, 무슨 행동을 해야 하고, 어떤 말을 해야 하고, 무엇을 먹고, 무엇을 입고, 무엇을 따라야 하는

지 등 거의 모든 것을 결정해 준다.

2. 문화와 인간

1) 문화의 인간적 고유성

최근 들어 몇몇 영장류가 초보적인 형태의 도구를 사용하고 있다는 발견들이 잇달아 발표되면서 많은 학자들이 문화가 인간에게만 고유한 것이라는 생각에 도전하고 있다(Jolly, 1972; Small, 1999; Whiten, A. et al., 1999). 예를 들어, 침팬지는 흰개미를 구멍에서 꺼내기 위해 조잡하지만 풀잎으로 만든 간단한 도구를 사용할 뿐만 아니라 사냥물을 겨냥해서 돌을 던지기도 하며, 마카크 일본원숭이는 먹기 전에 고구마와 밀을 씻는 습관을 갖고 있다. 이들은 이런 습관을 직접적인 교육은 아니지만 관찰에 의해 학습한다고 한다. 이밖에 아프리카의 비비원숭이는 무기로 돌을 사용한다.

더군다나 영장류의 이런 행동들은 같은 종 내에서도 무리에 따라 다르게 나타난다. 이는 영장류의 도구사용이 생물학적 유전으로만 설명될 수 있는 행동유형이 아니라 학습되고 공유되는 측면이 있음을 나타내는 것이다. 따라서 비록 조잡하지만 도구를 사용하는 영장류의 이런 행동양식은 문화의 초보적인 형식으로 간주될 수 있겠다.

그렇다고 해서 인간이 아닌 이 영장류의 문화에 대해 '동물도 인간과 마찬가지로 문화를 가지고 있다' 라고 결정적으로 단정짓기에는 무리가 뒤따른다. 물론, 인간이 아닌 영장류도 문화의 몇 가지 초보적 요소들을 갖고 있다. 하지만 이들이 가진 문화를 인간이 가진 문화와 비교했을 때 종류와 질, 그리고 양에 있어서 그 간격이 너무 크기 때문에 문화는 인간 고유의 산물이라고 단호하게 주장해도 과언이 아니다. 뿐만 아니라 대부분 동물들의 행동은 본능이나 당대에 습득한 아주 한정된 학습의 결과이다.

엄밀한 의미에서 인간만이 문화를 지닌 유일한 동물은 아니지만, 문화를 창조하는 데 있어 인간은 다른 어떤 동물에 비교가 안 될 정도로 확실하게 뛰어나다. 아직까지 신을 섬기고, 신부지참금을 지불하고, 동굴벽에 그림을 그리고, 불을 지피며 모닥불에 둘러 모여 춤을 추고 노래를 부르는 침팬지가 발견된 적은 없다.

2) 인간의 진화

문화는 인간의 창조물이다. 하지만 인간이 지구상에 출현하면서 바로 문화를 만들어 내지는 않았다. 특히 초기의 원시문화는 오늘날과 같은 고도의 복잡하고 다양한 문화와 전혀 다른 아주 단순한 문화였다. 이처럼 문화가 발전하여 오게 된 이면에는 기본적으로 문화를 창조, 발전시킬 수 있는 인간의 생물학적 진화가 자리잡고 있다.

계통발생학적으로 인간은 동물계척색동물>척추동물아문>포유류강>영장류목>사람과>사람속>사람종>사람아종으로 분류된다. 영장류목(Priamta)에는 침팬지, 오랑우탄, 고릴라와 같은 큰 원숭이들이 포함되는 데 이들은 인간과 매우 깊은 관계가 있다. 하지만, 인간은 영장류 내의 독자적인 사람과(Hominidae)에 속하며, 이 분류의 범주 중 유일하게 생존하는 종이 되어 오늘날의 현대인인 호모 사피엔스 사피엔스(Homo sapiens sapiens)에 이른다(Sanderson, 1995).

인간과 여러 다른 영장류들의 혈액과 유전자, 그리고 고고학적 유물에 근거하면, 사람과에 속하는 최초의 인간은 지금으로부터 5~6백만년 전에 이 지구상에 출현했다고 알려져 있다. 행태학적으로 다른 영장류와 구별되는 인간 유형의 행동, 예를 들면 석기의 사용, 수렵과 채취에 근거한 생존, 고도의 상호협동적 삶을 살기 시작한 것은 2백만년 전으로 거슬러 올라간다(Jolly, 1993). 이러한 초기 인간들은 사냥을 계획하고 의사소통하며 협동했기 때문에 추상적인 사고와 환경을 변형시키는 능력을 소유했다고 할 수 있다. 25만년 전 경에 이르러 인간의 두뇌는 현대인간과 비슷한 두뇌 크기인 1400cc 정도에 접근하여 마침내 최초의 현명한 인간(wise man)이란 의미의 호모 사피엔스(Homo sapiens)가 되었다. 인간진화에서 다음 단계로 나타난 네안데르탈인(neanderthalensis)은 지금으로부터 20만년 전쯤에 진화하여 5만 내지 3만 5천년 전까지 살았던 것으로 추정된다. 이들은 호모 사피엔스보다 생물학적으로나 문화적으로 더 진화하여 보다 정교한 도구를 개발했고 광범위한 사냥감을 찾아냈으며 또한 옷을 입기 시작했고 종교적 의식생활의 기초까지도 닦아놓았다. 오늘날 현대인간의 조상인 호모 사피엔스 사피엔스는 지금으로부터 10만년 전 쯤에 출현한 것으로 알려져 있으며 네안데르탈인과는 생물학적으로 체격이 덜 투박하다는 점에서만 차이가 있다.

초기 진화과정에서 인간은 주변 환경에 성공적으로 적응하며 생존할 수 있는 여러 가지 생물학적 특성들을 지니게 되었다. 이러한 특성들에는 고도의 지능을 낳게 한 크고 복잡한 뇌, 도구와 무기의 사용을 가능하게 해주는 것으로 다른 손가락 맞은 편에 있을 수 있는 엄지, 손을 이동 이외의 목적에 사용할 수 있게 해주는 직립보행, 지능을 사용해서 언어와 다른 형태의 상징을 발전시키게 해주는 고도의 발달된 성대 등이 있다. 비록 초기의 인간은 다른 많은 포유동물들에 비해 신체적으로 약하고 느렸지만, 이러한 신체적 특징에 기초한 문화의 발달로 인해 인간은 어떠한 물리적, 기후적, 지형학적 조건과 환경에서도 계속적으로 적응하며 번성해왔다. 결국 이러한 신체적 진화와 문화의 발달에 의해 인간은 오늘날 이 지구상에서 가장 크고 복잡한 사회를 가진 지배적인 위치의 생물학적 종이 되었다고 할 수 있다.

3) 문화와 인간의 행동

(1) 문화의 영향

문화와 인간의 관계는 상호적이다. 비록 우리가 문화, 예를 들면 언어와 가치 등을 만들어 내지만 우리는 이것들에 의해 인간구실을 할 수 있는 인간이 된다. 우리가 인간의 본성이라고 여기는 많은 것들은 사실 특정한 문화의 산물이다. 인간의 행동 대부분은 생물학적으로 고정된 행위유형인 본능(instinct)으로 간주될 수 없다. 대신 인간의 행동은 특정한 문화 내에서 학습된 반응의 결과로 분류되어야 한다. 물론 인간은 특정한 자극에 대해 자동적으로 반응하는 반사능력(reflex)을 갖고 있다. 갓난아이는 가르쳐 주지 않았음에도 불구하고 자동적으로 어머니의 젖꼭지에 입을 갖다대며, 어른 또한 화상을 당하지 않기 위해 자동적으로 뜨거운 난로에서 손을 뗀다. 하지만 반사능력은 수많은 인간행동 가운데 아주 일부분 밖에 설명하지 못한다. 인간에게 있어서 사회와 문화의 영향력은 대단하기 때문에 인간행동의 복합성을 단순한 생물학적 속성으로 귀결시키는 것은 불가능하다. 특정한 인간의 행동은 유전적으로 결정되기보다는 원초적 본성을 조건지워주고 수정하는 사회적 요인의 결과이다.

(2) 문화와 개인의 자유

인간행동에 대한 문화의 지대한 영향력은 문화로 하여금 한편으로 개인의 자유를 제한하면서 다른 한편으로 개인의 자유를 확대하는 결과를 가져온다.

가. 제한

문화는 개인의 자유를 제한한다. 사람들은 원하는 것을 마음대로 할 수 없다. 문화적 발명품인 법은 사람들로 하여금 아무데나 쓰레기를 버린다든지 찻길을 가로질러 걷는 것과 같은 특정한 행동들을 금하고 있으며, 지하철을 탈 때 표를 끊는다든지 제한된 속도 내에서 운전하는 것과 같이 특정한 방식으로 행위할 것을 요구한다. 우리는 따뜻한 봄날에 아무데서나 옷을 벗고 따사로운 햇살을 맞이할 수 없다. 개인은 다른 사람과 의사소통하기 위해 자신만의 새로운 언어를 창조해낼 수 없다. 남성과 여성은 좀처럼 문화적으로 평등하게 대해지지 않는다. 여전히 많은 사회에서 남성은 여성보다 높은 사회적 지위와 보다 많은 자원을 가지고 있다. 사회에 단단히 뿌리내린 문화는 개인 밖에서 개인의 행동에 제한을 가한다.

나. 확대

문화는 개인의 자유를 확대하기도 한다. 문화는 본능에 의해 지시되는 무조건적이고 고정된 행동으로부터 개인을 해방시켜준다. 사람들은 문화의 도움을 받아 주어진 상황에 따라 자신들의 반응을 변경시킬 수 있다. 비록 제한적이지만 사람들은 선택할 수 있는 자유를 가지고 있다. 즉, 한편으로 문화는 사람들의 선택에 제한을 가하지만, 다른 한편으로 어느 정도 수용할 만한 범위 내에서 선택의 자유를 제공해준다. 예를 들어, 길거리에서 나체로 다니는 것은 금지되어 있지만, 발달된 옷문화에 의해 우리는 다양한 스타일과 천의 옷들 중에서 마음에 맞는 옷을 선택해 입고 거리를 활보할 수 있다.

문화는 사회생활을 하는데 필요한 요소들을 반복해서 발명하는 것으로부터 해방시켜준다. 우리는 의사소통하기 위해 언어를 매번 창조할 필요가 없으며 또한 몸을 따뜻하게 하거나 음식을 조리하기 위해 불을 계속해서 재발견할 필요는 없다. 매일의 생활에서 우리가 행하고 필요로 하는 무수히 많은 일상적인 일과 물질적인 것들은 기존의 문화를 통해 제공된다. 이로써, 우리는 확보된 여분의 시간과 에너지를 보다 창조적이고 탐구적인 일에 투입할 수 있다.

4) 문화적 보편성

모든 인간은 먹고, 입고, 거주하는 것과 같은 기본적 필요성을 공통적으로 지니고 있기 때문에 모든 사회는 생존을 위해 다들 유사한 활동들을 공유하고 있다. 머독(George Murdock, 1945)은 이와 같이 모든 사회에 걸쳐 발생하는 문화적 관습과 행위를 문화적 보편성(cultural universal)이라 규정하고 이것의 종류로서 70여개를 제시했다. 여기에는 겉모습(몸치장과 머리스타일 등), 활동(스포츠, 춤, 게임, 농담, 방문 등), 사회제도(가족, 법, 종교 등), 관습행위(요리, 민속, 선물주기, 환대 등) 등이 포함된다. 이와 같은 일반적 관습과 행위는 모든 문화에 나타나지만 이것들의 구체적 형태는 집단에 따라 또 집단 내라고 하더라도 시간에 따라 다르다. 예를 들어, 농담은 보편적 행위이지만 어떤 이야기가 농담이 되느냐는 사회와 시대에 따라 다르다.

문화적 보편성은 사회가 부드럽고 안정되게 움직이는데 유용한 기능을 수행한다. 사회는 그 구성원들이 생존하도록 이들에게 의식주와 같은 기본적 필요를 충족시켜주어야 한다. 아이는 살아가는 데 필요한 삶의 여러 방식들을 학습해야 한다. 사회는 사람들 간의 갈등을 해결해야 하며 감정에 대처해야 한다. 덧붙여 개인의 이해와 전체 사회의 이해 사이에 균형이 이루어져야 한다. 문화적 보편성은 이와 같은 사회의 중요한 기능을 충족시켜준다.

한편, 사회들 간에 나타나는 문화의 유사성이 반드시 문화의 보편성을 의미하지는 않는다. 한 사회 구성원들이 다른 사회 구성원들에게 부과하여 문화적 보편성을 지닌 것처럼 나타나는 문화적 관행이 있다. 역사적으로 정복국이나 식민국은 패배국이나 피식민국에 자기들의 행위양식이나 제도를 강제로 따라하게 하곤 했다.

3. 문화의 구성

일반적으로 문화는 물질문화(material culture)와 비물질문화(nonmaterial culture)의 두 요소로 구성되어 있다. 하지만 이 두 문화는 동전의 양면처럼 서로 밀접하게 연관되어 있으며, 각각의 형태는 서로 다른 형태에 의해 형성된다.

1) 물질문화

물질문화는 구체적인 유형의 모든 사회적 산물을 일컫는다. 여기에는 우리가 소비하는 물건을 만들기 위해 사용하는 도구와 기술, 그러한 물건이 만들어지는 공장과 팔리는 가게, 그리고 물건 그 자체가 있다. 구체적으로 자동차, 비행기, 그릇, 빌딩, 텔레비전, 옷, 무기, 휴대폰, 컴퓨터 등등의 다양한 대상들이 물질문화에 해당한다. 요약하면, 사회구성원들의 삶에서 나타나는 물리적 측면이 물질문화의 부분이라고 할 수 있다.

물질문화는 다음 세대에 전승된다. 이 과정에서 비행기와 같은 인공물은 상당히 변형되는데 비해 그릇과 같은 것들은 기본 구조에 있어 별다른 변화가 없다. 주판과 같은 물질문화는 기술적인 진보에 의해 전자계산기나 컴퓨터로 대체되고 미니스커트는 유행에 의해 나타났다 사라졌다를 반복한다.

물질문화는 우리 인간의 물리적 선택과 기회를 틀지워 준다는 측면에서 매우 중요하다. 우리가 입을 수 있는 옷의 유형, 소비할 수 있는 음식의 종류, 사는 집과 도시의 모양, 배우는 환경은 문화에 의해 결정된다. 일반적으로 이야기해서, 물질문화는 다른 사람과 상호작용하는데 필요한 물리적 자원과 우리의 신체를 두는 물리적 공간을 제공해준다 (Foucault, 1979).

2) 비물질문화

비물질문화는 추상적인 혹은 무형의 모든 사회적 산물들을 일컫는다. 비물질문화는 사회의 구성원들이 공유하고 있는 생각에 의해 형성되고 창조된다. 따라서 비물질문화는 물질문화보다 인간을 동물과 구별시켜주는 보다 근본적 요인이며 동시에 사회적 삶에 있어서 심장의 고동과 같은 것이다.

비물질문화는 언어, 가치, 믿음, 규칙, 제도, 조직 등을 포함한다. 예를 들어, 교탁과 많은 의자들이 놓여 있는 강의실은 물질문화의 한 사례라고 할 수 있지만 이것은 동시에 현대의 비물질적 문화제도인 공식적 대중교육체계에 의해 나타난 물리적 형태이기도 하다. 교육이라고 불리는 이 제도는 특정한 사회에서 학습이 어떻게 이루어져야 하는지에 관한 일련의 믿음과 생각으로 구성되어 있다. 이러한 믿음체계는 우리가 가능하다, 좋다, 나쁘다, 심지어는 진짜라고 믿는 것과 같이 우리의 정신적 선택과 기회를 규정하는 데 결정적인 역할을 한다.

사회학자들은 비물질문화를 연구하기 위해 문화가 어떻게 인간의 생각과 행동을 형성시키는가에 대해 보다 나은 이해를 제공해줄 수 있는 여러 가지 개념과 생각들을 발전시켜왔다. 이러한 개념과 생각들 중에 지식(knowledge)과 믿음(belief), 가치(value), 규범(norm), 표시(sign)와 상징(symbol), 언어(language), 몸짓(gesture) 등이 중요한 비물질문화 요소로 다루어지고 있다.

(1) 지식과 믿음

이 세상에 대해 우리가 갖고 있는 생각(idea)은 비물질문화의 중요한 측면을 구성한다. 이러한 생각들은 모든 사회가 갖고 있는 보편적 문화 유산이다. 이러한 생각들 가운데 지식은 어느 정도의 경험적 증거에 기초한 결론을 일컫는다. 예를 들어, 임신중의 흡연은 태아와 산모의 건강에 해를 끼치며, 지구는 타원형이고, 학력과 소득 간에는 정(+)의 상관관계가 있다는 사실은 지식의 항목들이다.

믿음은 충분한 경험적 증거에 의해 명료한 진실로 뒷받침되지 않은 결론을 일컫는다. 예를 들어, 인간으로서의 지위는 정자와 난자의 수정으로부터 시작된다라든가, 묘자리가 후손의 운명에 영향을 미친다와 같은 주장은 믿음의 좋은 예들이다. 특히 모든 문화들은 삶과 죽음에 대해 해결될 수 없는 애매한 측면, 즉 죽음 뒤의 삶, 행복의 의미, 우주의 종말과 같은 문제에 관한 생각들을 가지고 있다. 이러한 믿음은 모든 개인의 일상생활에 깊이 스며들어 있으며, 개인의 의사결정과 행동에 중요한 영향을 미친다.

(2) 가치

가치는 특정한 사회에 있어서 옳고 그름, 좋고 나쁨, 바람직함과 바람직하지 못함에 관한 추상적이면서도 일반적인 생각이다. 가치는 어떤 행동이 적합하고 어떤 행동이 적합하지 못하다라는 것을 구체적으로 지시하지는 않지만, 우리가 사람, 대상, 사건 등을 평가할 때 사용하는 기준을 제공해준다. 이는 곧 가치가 사회 규범을 설립하고 정당화시켜 주는 맥락을 제공해 준다는 것을 의미한다. 따라서 가치는 사회적 행위를 판단하는 기준을 제공해주며, 이것에 의해 우리의 선택은 형성된다. 예를 들어, 한국사회에서 부지런함은 높은 가치를 지니고 있으며, 그래서 부지런함의 가치는 우리가 구체적으로 어떤 행동을 선택할 것인가에 대해 직간접적으로 영향을 미친다.

가치는 단지 추상적 개념으로만 존재하지 않는다. 우리가 어떤 행동을 정당화하기 위해 가치를 사용하는 만큼 우리는 상당한 감정적 중요성을 가치에 투입한다. 사람들은 자유나 민주주의, 민족과 자기 종교에 대한 충성과 같은 가치를 위해 논쟁하고, 싸우고, 목숨까지 바치기도 한다.

가치는 용감함과 소심함, 부지런함과 게으름과 같이 대체적으로 긍정적 가치와 부정적 가치가 쌍으로 나타나기도 한다. 또한 문화는 종종 서로 갈등을 일으키는 가치들을 포함하기도 한다. 예를 들어, 현대 한국사회는 개인의 성취에 높은 가치를 부여하면서도 동시에 가족과 공동체에 대해서도 높은 가치를 부여한다. 이는 서로 모순된 결과를 낳을 수 있는데, 왜냐하면 개인의 성취는 공동체주의와는 반대되는 개인주의와 고립주의, 그리고 경우에 따라 왜곡된 개인이기주의를 낳을 수 있기 때문이다. 또한 가난한 사람에 대한 복지 프로그램이나 정부지원 정책에서 나타나는 인도주의적 가치는 근면과 개인의 책임을 강조하는 가치와 부딪히기도 한다.

때때로 사회구성원들은 한 가치를 놓고 서로 다른 의견을 가지며 충돌하기도 한다. 자본주의는 한편으로 개인의 자유와 생산성을 신장시키는 중요한 가치로 보호받기도 하지만, 다른 한편으로 개인들과 국가들 간의 빈부격차를 상대적으로 확대시킨다는 측면에서 비난받는다. 따라서 어떤 한 가치가 반드시 한 사회의 모든 구성원들에게 보편적으로 수용될 필요는 없으며, 아울러 다른 사회들에서 항상 같은 의미를 지니지도 않는다. 예를 들어, 민주주의 사회와 전체주의 사회는 개인의 자유를 매우 다르게 해석한다. 게다가 한 사회내에서도 가치는 종종 상황에 따라 변하기도 한다. 예를 들어, 민주주의 사회에서 매우 높이 떠받드는 가치인 표현의 자유는 전쟁 기간동안 제지를 당하며, 평화시에도 명예훼손법이라든가 명백하고 급박한 위험 유발에 대한 염려는 개인이 뭐든지 말할 수 있는 권리를 제한한다.

가치는 정적일 필요는 없으며, 시간에 따라 변하고 또 변할 수 있다. 예를 들어, 남녀의 역할과 지위, 사랑, 혼인, 환경, 질서 등에 대한 가치는 지난 수십년 간에 걸쳐 상당히 변해왔다. 이는 가치가 진공상태에 있지 않음을 이야기한다. 가치는 미디어, 학교, 종교집단, 정부정책, 사회운동 등등에 의해 계속해서 생성되고, 지속되고, 경쟁하고, 변화한다. 예를 들어, 남녀평등과 환경보호를 지지하는 태도의 확산은 보편적인 교육과 적극적인 사회운동에 힘입은 바가 크다.

(3) 규범

사회적 삶의 많은 부분은 일상적인 행동으로 이루어져 있다. 사람들은 아침에 일어나 식사를 하고 특정한 옷을 입고 일을 하러 간다. 직장에서 또는 학교에서 정해진 일정에 따라 일이나 공부를 하고 주위 친구나 동료와 함께 이야기를 나눈다. 이러한 일들은 결코 우연히 발생하는 것들이 아니다. 우리들의 이 같은 행동은 사회적 가치로부터 비롯된 규범에 의해 구조화된 것이다. 규범은 주어진 특정한 상황에 적합한 행동을 규정해 주는 사회적 규칙이나 기준이다. 구조화된 규칙이라는 측면에서 규범은 경우에 따라 사회구조의 구성요소로 해석되기도 한다. 규범은 일반적으로 섬너(William Graham Sumner)가 설정한 기준을 좇아 이러한 규범을 어겼을 때 가해지는 사회적 제재의 정도에 따라 민습(folkway), 원규(mores), 금기(taboo), 법(law)으로 구분된다.

가. 민습

민습은 매일매일의 생활에서 일상적으로 행해지는 관습(convention)이다. 일정한 아침 시간에 일어나서, 양치질을 하며, 밥은 밥그릇에 국은 국그릇에 담고, 쓰레기는 휴지통에 버리며, 나들이나 모임의 종류에 따라 서로 다른 옷을 입는 것 등은 민습의 좋은 예들이다. 이러한 민습은 사회의 근본적 생존 문제와는 별 관계가 없으며 아울러 도덕적 중요성도 그리 크지 않다. 경우에 따라 민습은 취향으로 간주되기도 한다. 만약 어떤 사람이 민습을 어기면 그 사람은 가십거리나 소문거리의 대상이 되지 매질을 당하든지 감옥에 가지는 않는다. 사람들은 민습이라고 하는 어떤 특정한 방식으로 행동하도록 기대된다. 만약 어떤 사람이 그렇게 하지 않을 경우 그 사람은 별나다거나 이상하다 또는 불손하다라는 식으로 생각하지 나쁘다라거나 악하다라는 식으로 생각하지 않는다.

나. 원규

원규는 사회의 기능과 사회적 삶에 중심이 되면서 상당히 중요한 의미를 지니는 규범이다. 원규의 어김은 민습을 어겼을 때보다 훨씬 심한 제재, 예를 들면 조롱거리, 해고, 강금 등을 동반하게 된다. 절도는 사유재산을 존중하는 원규에 대한 위반이며, 시험의 부정행위와 사기는 신뢰와 정직을 존중하는 원규에 대한 위반으로서 심각한 사회문제로 다루어진다.

금기(taboo)는 " ...... 해서는 안된다"라고 규정하는 금지된 행위규칙과 관련된 원규이다. 일반적으로 대부분의 사회는 근친상간과 같이 가까운 친척간의 성관계와 혼인관계를 금지하거나 인간의 살을 먹는 행위를 금지하는 금기를 가지고 있다. 금기는 보다 근본적인 사회 가치와 연관되기 때문에 이것의 위반은 곧 추방, 투옥, 심지어는 사형과 같은 극한 처벌을 가져오기도 한다.

다. 법

법은 정치적 권위에 의해 설립되고 강제되는 규범이다. 법이 성문화되면 법규가 되고, 구술로 전해지면 관습법이라 불린다. 일반적으로 법은 사회적으로 중요한 행동에 적용되기 때문에 원규와 밀접한 관계가 있다. 하지만 모든 원규가 법으로 규정되지는 않는다. 예를 들어, 공공장소에서 크게 떠드는 행위나 청소년의 성행위는 원규의 위반이지만 그것을 금지하는 법은 없다.

(4) 표시와 상징

인간은 모양, 소리, 냄새, 감촉, 맛을 감지할 수 있는 5가지 서로 다른 감각기관을 통해 세상을 경험한다. 비록 인간은 다른 동물과 마찬가지로 감각에 대해 본능적으로 반응하기는 하지만, 다른 한편으론 동물과 달리 반드시 강제적으로 그렇게 하지는 않는다. 인간은 최소한 자신의 감각기관을 통해 들어온 입력신호에 대한 상징적 의미를 해석할 능력을 지니고 있다. 인간 행동의 대부분은 실제에 대한 반응이라기보다는 실제가 지닌 표시, 또는 상징에 대한 반응으로 나타난다.

가. 표시

표시는 어떤 것을 나타내거나 대표하는 것이다. 표시에는 자연적(natural) 표시와 관례적(conventional) 표시(상징)의 두 종류가 있다. 자연적 표시는 대표되는 것과 본래적으로 고유한 관계를 가지고 있는 표시이다. 예를 들면, 어떤 고약한 냄새는 스컹크가 주위에 있다는 자연적 표시이며, 연기는 연소작용이 발생하고 있음을 알려주는 자연적 표시이다. 고약한 냄새와 스컹크, 연기와 연소작용은 본래적인 관계를 지니고 있다. 이 관계는 우리 인간이 만들어낸 것이 아니다. 우리 인간은 단지 그러한 관계를 발견하고 학습할 뿐이다.

나. 상징

상징은 우리 인간이 임의적으로 만들어낸 표시이다. 이러한 상징은 나무의 이미지, 목소리, 사이렌소리와 같은 감각적 입력정보를 나타내거나, 문화의 개념, '+' 나 '–' 의 수학적 상징, 사람의 표시와 같은 추상적 생각을 나타낼 수 있다. 상징이 지닌 의미는 사회적 관례를 통해 부여된 것이다. 예를 들어, 국기는 한편으로 어떤 형태, 색깔, 디자인이 담긴 천 조각에 지나지 않는다. 하지만 국기는 국가와 민족의 상징으로서 한 사회의 가장 중요한 측면을 구체화시킨 것이다. 그렇기 때문에 사람들은 천 조각 그 자체가 아니라 그 천 조각이 나타내는 것을 위해 때때로, 특히 전쟁 중에는 목숨까지 바치기도 한다.

다. 언어

언어는 말로 된(verbal) 구어(spoken language)와 글로 된(nonverbal) 문어(written language)로 이루어져 있다. 언어는 사회적으로 구성된 가장 의미있는 상징체계이자 인간문화의 가장 중요한 측면이다. 물론 다른 동물들도 소리를 사용하여 의사소통을 한다. 하지만 이들의 소리는 당시의 즉각적인 상황에만 적용되는 고정적 의미를 지닌 신호로서 과거나 미래의 상황에 적용되어 사용하지는 못한다. 또한 동물들의 소리는 그 수나 종류가 극히 제한되어 있기 때문에 언어라고 부르기는 힘들다. 언어는 같은 언어권 내에 있는 사람들에게 거의 같은 의미를 지니고 있다. 따라서 언어는 사람들 간 의사소통의 가장 주요한 수단이 된다. 언어를 통해 우리 인간은 경험, 느낌, 지식 등을 다른 사람들과 공유할 수 있으며 아울러 우리들의 머리 속에다 시각적 이미지를 만들어낼 수 있다. 따라서 경험의 종류가 보다 많고 넓을수록 그것을 표현하거나 의사소통하기 위해 보다 많은 언어가 필요하게 된다. 결과적으로 사회생활의 풍부함과 다양성은 언어의 풍부함과 다양성에 연결되어 있다.

라. 몸짓

사람들은 언어 이외에도 몸 전체나 얼굴 및 손과 같이 몸 일부분의 움직임을 통해서도 의사소통한다. 이와 같이 사회적으로 합의된 어떤 의미가 담긴 몸동작을 몸짓이라 한다. 한국사회에서 엄지와 새끼손가락을 펼치고 나머지 손가락을 접은 손을 귀에 대면 이것은 전화가 왔거나 전화를 하겠다는 표시이다. 또한 엄지와 집게손가락 또는 가운뎃손가락으로 동그라미를 그리고 나머지 손가락을 펼치면 이것은 OK 표시로서 '좋다' 나 '일이 잘된다' 는 의미를 지닌다. 그런데 이 OK 몸짓은 다른 사회에서 다른 의미를 가진다. 프랑스에서 이것은 '너는 아무 것도 아니야' 라는 모욕적인 의미가 포함되어 있다. 그리스와 터키에서 이 표시는 윤리적으로 바람직하지 못한 성적 관계를 의미한다. 이라크에서 이것은 사악한 악마의 눈을 상징하기도 한다. 이처럼 몸짓은 언어와 같이 특정한 사회적 맥락에서 만들어지고 또 그 사회 내에서 공유된다. 일반적으로 사람들은 언어와 몸짓 둘 다를 사용해서 의사소통하는 경우가 대부분이다. 실제로 대면적(face-to-face) 의사소통은 이 둘의 사용을 통해 보다 풍부하고 미묘한 의미를 전달할 수 있다.

4. 이상문화와 현실문화

이상문화(ideal culture)는 사회가 공개적으로 지지하는 가치 또는 규범을 말한다. 일반적으로 규범은 문화적으로 승인된 행동양식을 규정함으로써 개인들의 행동을 구조화하는 역할을 수행한다. 즉 규범은 무엇을 해야 하고, 무엇을 하기를 기대한다는 식으로 사회 구성원들에게 어떤 행동방식을 요구한다. 이 같이 규범은 사회적으로 추구하고 바람직한 행동방식을 제시한다는 점에서 이상적인 측면을 지니고 있다.

하지만 실제에 있어서 사람들은 항상 규범이 하라고 하는 또 하기를 기대하는 행동을 하지는 않는다. 예를 들어, '지성의 전당' 이라고 불리는 대학에서 학생들이 시험에서 정직해야 한다는 것은 기본적인 규범으로 정해져 있다. 하지만 여전히 소수의 학생들은 시험에서 부정행위를 하고 있으며 또한 이들 중 일부는 부정행위를 자연스럽게 받아들이고 있는 것이 현실이다. 또 한편으로 부정행위를 한 학생들 중 일부는 정직에 대한 규범을 어느 정도 인정하면서도 자신들의 부정행위에 대해 '시험공부를 하지 않아서', '보다 좋은 성적을 얻으려고', '장학금을 받기 위해서' 등등의 개인적인 변명을 통해 정당화하려 한다. 이와 같이 실제로 실행되는 가치와 규범을 현실문화(real culture)라고 한다.

이상문화와 현실문화는 언제나 다를 수 있다. 비록 이상적 규범이 사회적으로 바람직한 행동을 구체화해 주기는 하지만, 현실에서 이런 행동은 일어날 수도 있고 안 일어날 수도 있다. 이상적 규범은 사회적으로 바람직하다고 여기는 행위형태를 지시하지만, 그러한 행동이 실제로 일어난다는 것을 보장해 주지는 않는다.

5. 고급문화와 대중문화

사람들은 일상생활에서 문화를 예술이나 행동방식과 연관지어 이해하며, 또 이것들의 내용적인 측면, 스타일, 표현된 가치, 접하거나 행하는 사람의 종류 등에 따라 문화를 구분하기도 한다. 사회학자들은 이러한 구분을 보다 명료히 하기 위해 고급문화(high culture)와 대중문화(popular culture)라는 개념을 사용한다. 고급문화는 미술, 고전음악, 고미술품, 연극, 오페라, 발레, 외국어, 한문, 골프 등과 같이 제대로 알거나 감상하기 위해서는 특별한 교육이나 준비가 필요한 활동을 일컫는다. 이러한 형태의 문화는 상당히 부유하거나 교육을 많이 받은 사람들로 이루어진 소수의 엘리트 집단이 주로 참여하고 후원한다. 대중문화는 중간계급과 노동자계급이 주로 참여하고 즐기는 활동을 말한다. 여기에는 스포츠관람, TV 연속극과 연예프로그램 시청, 연예인에 대해 이야기하기, 노래방, 영화와 비디오 감상, 축구, 대중음악, 호프집 등등이 있다.

일반 사람들에게 있어서 고급이라는 용어는 '높다'와 '좋다'라는 의미가 내재되어 있는 만큼 고급문화와 대중문화의 구분에는 평가적 측면이 포함되어 있다. 하지만 사회학자는 고급문화와 대중문화라는 용어를 이러한 평가방식으로 사용하지 않는다. 고급문화와 대중문화를 연구하는 대부분의 사회학자들은 주로 문화와 사회계급 간의 관계에 초점을 맞춘다. 대표적으로 프랑스의 사회학자인 부르디외(Pierre Bourdieu, 1984)의 문화자본론(cultural capital theory)은 고급문화를 지배계급이 하위계급을 배척하기 위해 사용하는 고안물로 바라본다. 부르디외에 따르면 고급문화에 대한 지식과 감상능력은 고등교육이나 엘리트교육에서만 얻을 수 있는 만큼 이러한 교육의 기회를 제공해줄 능력이 있는 상위계급만이 이 고급문화를 소유할 수 있다. 이로 인해 이 문화는 지배계급을 나타내는 특징이 되고 또한 지배계급을 다른 중간계급이나 노동자계급과 구별짓고 다른 계급에 대해 상당한 권력을 행사하는 자본이 된다. 고급문화에 대한 지식과 감상능력이 지배계급에 접근하는 요건으로 간주됨에 따라 지배계급은 하위계급이 이 문화적 자본에 접근하는 것을 막고 또 이 자본을 보다 높은 사회경제적 지위를 확보하는 자원으로 사용한다. 사교클럽이나 골프회원 모집시 학력과 직업에 대한 까다로운 자격조건, 고급 아파트단지 형성, 고액과외 모임 등등은 문화적 자본의 획득과 보존의 예가 되겠다. 부르디외는 이 같은 과정을 거치면서 기존의 계급구조가 유지되고 재생산된다고 주장한다.

고급문화와 달리 대중문화는 보다 광범위하고 모든 사람이 접근할 수 있는 문화로 간주된다. 대중문화의 주요 목적은 오락(entertainment)이다. 또한 이것은 일반 대중이 자신들의 희망, 두려움, 바람, 분노를 표출하는 통로를 제공해주기도 한다. 사회학자들에게 있어서 대중문화는 일반인들의 의식을 바라볼 수 있는 창이 된다.

6. 문화의 다양성

문화에 대해 이야기할 때 사람들은 때때로 다음과 같은 말을 하곤 한다. "그건 서구 문화야", "그 쪽 지방에선 이런 식으로 행동하지", "어느 나라의 문화를 이야기하는 거야?", "로마에 가면 로마법을 따라야지", "요즘 애들은 이런 사고방식을 갖고 있어". 등등의 이 같은 말들은 이면의 세상에는 다양한 문화들이 존재하고 있다는 가정을 깔고 있다. 문화의 다양성(cultural diversity)은 사회 간 그리고 사회 내에 존재하는 다양한 문화적 차이를 의미한다. 문화의 다양성은 인간의 창의력과 적응력이 유연함을 입증해준다.

1) 사회 간 다양성

인류학자와 문화사회학자는 사회들 간에 상당한 문화적 차이가 존재함을 항상 주장해오고 있다. 각 사회는 구성원들 간에 관계를 맺는 방식과 또 이것이 구조화되는 과정에 있어서 매우 다르다. 하지만 이들 사회는 문화적으로도 상당히 차이가 난다. 당장에 사회들 간 물질문화의 다양성은 주거방식과 교통에서 드러난다. 하지만 사회들 간의 실질적인 문화 차이는 가치와 규범과 같은 비물질문화에서 나타난다. 미국의 인류학자인 루스 베너딕트(Ruth Benedict, 1934)는 두 가지 양 극단적인 원시부족의 문화유형을 소개한다. 하나는 디오니소스 문화(Dionysian culture)로 광란적 활동, 흥분된 감정, 경쟁을 통한 개인의 위인화 등을 강조한다. 다른 하나는 아폴로 문화(Apollonian culture)로 침묵, 온건함, 개인보다는 집단을 우선하는 절제 등을 강조한다.

사회 간 문화의 다양성은 기후와 지리적 조건과 같은 자연 환경이나 기술수준과 인구구성과 같은 사회환경, 그리고 역사의 결과로 나타난다. 아프리카 대륙의 더운 나라와 북유럽의 추운 나라 문화, 영국이나 일본과 같은 섬나라와 몽고나 헝가리와 같은 내륙국의 문화, 영국의 식민지 경험을 한 나라와 일본의 식민지 경험을 한 나라의 문화들 간에 차이가 난다. 한편, 한국과 일본은 각기 사회구성원들이 비교적 공통의 문화를 지닌 동질적(homogeneous) 사회라고 일컬어지는데, 이는 이들 나라의 국민이 비교적 비슷한 사회적, 종교적, 정치적, 경제적 배경을 공유하기 때문이다. 이에 비해 다양한 인종, 민족, 종교, 사상을 지닌 국민들로 이루어진 미국은 이질적(heterogeneous) 사회라고 불린다.

사회 간 문화 차이는 삶의 여러 측면에서 나타난다. 서구에서는 사람이 죽으면 산 사람들은 고인을 애도하기 위해 검은 상복을 입지만 한국에서는 예전에 하얀 상복을 입었다. 미국의 경우, 어른이 아이를 꾸짖을 때 아이가 어른의 얼굴을 똑바로 쳐다보지 않는 행동은 어른에 대한 무례나 반항이 되지만 한국의 경우는 이와 반대이다.

2) 사회 내 다양성

사회마다 문화가 다르듯이 한 사회 내에서도 집단들에 따라 문화가 다르다. 이러한 현상은 특히 사회가 크고, 복잡하며, 현대화 될수록 광범위하게 나타난다. 이와 같이 어떤 사회 내의 하위 집단이 지닌 문화로서 전체 사회의 지배적인 문화와 구별되는 독특한 사고, 가치, 규범, 행위양식 체계를 하위문화(subculture)라고 한다. 하위문화가 형성되기 위해서는 집단의 구성원들이 집단에 대해 동질감을 가져야 하며 아울러 서로 대면적이거나 기타 다른 매체를 통해 의사소통할 수 있는 기회를 가지고 있어야 한다.

하위문화는 사회계층, 종교, 직업, 학력, 성별, 지역, 조직, 나이 또는 역사적 경험이 다른 세대 등등에 따라 다르게 나타난다. 예를 들어, 청소년은 어른도 아니고 어린이도 아닌 존재로서 공유할 수 있는 경험을 통해 친구, 음악, 연예계, 이성관계 등과 관련된 독특한 하위문화를 지니고 있다. 시대별로 서로 다른 사회적 경험을 겪음으로 인해 세대별로도 서로 다른 하위문화가 형성된다. 식민통치세대, 한국전쟁세대, 군사통치세대, 386세대, 인터넷세대 등은 개인의 자유, 국가안보, 미국, 가족, 일, 예의규범 등에 대해 서로 다른 입장과 견해를 보인다.

하위문화는 일반적으로 비슷한 처지에 놓인 사람들이 주류세계로부터 자신들이 고립되어 있다고 느낄 때 주로 발생한다. 감옥에 있는 죄수, 빈민가의 주민, 고급주택단지의 부자, 부대 안의 군인 등과 같이 지리적으로 고립되어 있거나, 생각과 행동에 있어서 고립되어 있다고 인식할 때 하위문화는 발달하기 쉽다.

하위문화는 종종 자기들만의 특별한 언어를 가지고 있다. 과학자들의 전문용어, 불량청소년단체의 언어, 군인들의 언어는 하위문화의 은어이다. 하위문화의 독특한 의사소통형태는 하위집단의 특수한 상황과 경험에 대해 구성원들이 의사소통을 보다 정확히 하도록 해주며, 자기네들의 의사소통을 외부인들이 알아듣지 못하게 함으로써 비밀스런 의사소통을 가능하게 해준다.

경우에 따라 어떤 하위집단의 문화 유형은 보다 큰 사회의 주류문화와 차이날 뿐만 아니라 어긋나기도 한다. 이러한 하위집단의 문화를 반문화(counterculture)라고 한다. 조직폭력집단의 문화는 비폭력, 평화, 정의, 사유재산권, 근면검소 등의 주류문화가 지지하는 근본적 가치에 정면으로 도전하는 것이다. 또한 사람의 목숨과 인권을 단지 수단이나 도구로만 취급하는 극단적 종교집단의 문화도 반문화의 일종이다. 이밖에 독일을 중심으로 서유럽에서 불고 있는 신나치주의, 미국 KKK(Ku Klux Klan)의 유색인종차별주의, 일본의 신군국주의도 각각 서유럽, 미국, 일본의 주류문화에 반대되는 반문화라고 할 수 있다.

때때로 반문화는 시간이 지나면서 주류문화에 흡수되거나 동화되기도 한다. 예를 들어, 1960년대 미국의 히피(hippie)문화는 개인주의, 경쟁, 자본주의, 물질주의 등의 당시 미국의 주류가치에 도전했지만, 1970년대 초를 지나면서 주류문화에 흡수되어 버렸다.

3) 문화적 상대주의와 자기민족중심주의

(1) 문화적 상대주의

사회 간 및 사회 내 문화의 다양성은 세상에 최고의 유일한 문화가 존재하지 않음을 제시해준다. 이러한 결론은 문화적 상대주의(cultural relativism)의 기초가 된다. 문화적 상대주의는 이 세상에 어떠한 문화도 본래적으로 좋거나 나쁘다고 할 수 없으며, 각각의 문화는 그것이 나타난 각 사회의 보다 큰 문화적 맥락에서 이해되어야 한다는 믿음이나 태도이다. 이러한 관점은 사람들이 친숙하지 않은 다른 사회의 문화에 대해 자신의 문화를 기준으로 윤리적 판단을 내리는 것을 삼가게 한다. 또한 문화적 상대주의는 낯설고 비정상적인 문화적 관행에 대해서도 관용과 존경을 가질 것을 제안한다. 사람들은 보통 다른 사회의 관습, 가치, 규범, 행동을 자신의 문화에 의해 평가한다. 그리고 이러한 평가는 종종 상당한 감정을 동반하기도 하며 좋거나 나쁘다 혹은 옳거나 그르다는 식의 도덕적 의미까지 내포하고 있다. 문화적 상대주의는 이러한 판단을 내리는 행위를 막아준다.

인류학자인 해리스(Marvin Harris, 1985)는 굶주림과 영양실조가 만연한 동인도에서 소가 왜 도살되지 않고 신성시되는가를 문화적 상대주의를 통해 설명한다. 일반인들은 종종 소숭배가 인도에서 발생하는 굶주림과 영양실조의 원인이라고 생각한다. 그러나 해리스는 소를 죽여서는 안된다는 힌두교의 금기가 인도의 경제체계를 유지하는데 매우 중요한 역할을 한다고 소개한다. 살아있는 소는 죽은 소보다 더 값어치가 있는데 이는 살아있는 소가 죽은 소의 고기보다 더 유용한 사용가치가 있기 때문이다. 전통적으로 농경사회인 인도에서 살아있는 소는 농사를 짓는데 필수적 도구인 쟁기를 끌뿐만 아니라 우유를 공급하며, 또 그 배설물은 연료와 비료로 사용된다. 이와 같은 해리스의 설명이 나타내는 것과 마찬가지로 특정한 사회의 문화는 그 사회의 전체적인 문화체계와 연결지어 이해할 필요가 있다.

그렇다면, 과연 문화적 상대주의는 모든 문화가 다 괜찮은 것이고 세상에는 어떤 문화를 평가할 만한 기준이 없다는 것을 의미하는가? 예를 들어, 인구를 조절하거나 가뭄과 홍수와 같은 자연재해를 피하기 위해 어린이를 살해하고 제물로 바치는 문화, 인종차별주의, 불법을 저지르는 조직폭력집단의 문화, 사리사욕을 채우기 위해 부정부패를 일삼는 정치집단의 문화를 긍정적으로 수용해야만 하는가? 하나의 과학으로서 사회학은 이러한 문제에 대해 쉬운 답을 갖고 있지 않다. 문화적 상대주의 입장에서 사회학은 어떤 특정한 문화적 관행의 인과관계를 객관적으로 분석하는 데 있어서 사회학자 자신의 선호나 도덕적 가치를 배제할 것을 강조한다. 또 이러한 전문가적 태도와 노력을 자신의 사회와 문화를 분석하는 데도 똑같이 적용할 것을 장려한다. 이는 문화의 발생원인과 결과를 과학적으로 이해하는 데 결정적인 도움을 주기 때문이다. 하지만 사회학자도 하나의 개인인 만큼 학자가 아닌 개인의 차원에서 문화에 대한 이해와 도덕적 판단은 얼마든지 분리될 수 있다. 그렇기 때문에 다는 아니지만 대부분의 사회학자들은 개인적으로 위에서 예를 든 '비인간적' 문화 관행에 대해 강력히 비난한다.

문화적 상대주의가 갖는 복잡한 윤리적 문제를 해결하기 위해 인류학자인 해취(Elvin Hatch, 1983)는 문화적 상대주의가 갖고 있는 중요한 요소들을 수용하면서 동시에 그 결점을 극복하는 방법으로 '인간주의 원칙(humanistic principle)'을 제안한다. 그는 문화를 판단하는 수단으로 이 원칙을 사용할 것을 주장한다. 이 원칙은 문화를 고문, 제물, 전쟁, 정치적 탄압, 노동 착취 등으로 사람에게 해를 주는지의 여부로 평가할 수 있으며, 또한 문화가 그 구성원의 물질적 생존을 위해 얼마나 잘 대처하고 있는가, 즉 사람들이 가난, 영양실조, 질병으로부터 해방되는 정도를 가지고 판단한다.

(2) 자기민족중심주의

문화의 다양성에 대해 문화적 상대주의와 반대되는 입장을 자기민족중심주의(ethnocentrism)라고 한다. 자기민족중심주의는 자신의 문화를 다른 문화보다 우월하다고 보고서 다른 문화를 자신의 문화 기준에 의해 판단하는 경향이다. 따라서 자기민족중심주의자는 다른 사회의 문화나 하위문화에 대해 다르다고 할 뿐만 아니라 일탈로 볼 가능성이 높다. 만약 별다른 근거없이 "우리 민족이 제일 우수해.", "우리 것이 최고야."라고 주장하고 대신 다른 나라의 사람과 문화를 비하하고 배척한다면 이는 자기민족중심주의 태도의 발현이라고 할 수 있다. 일반적으로 자기민족중심주의는 상대적으로 동질적이고, 전통지향적이며, 고립된 사회에서 쉽게 나타난다. 왜냐하면 이러한 사회의 사람들은 다른 사회의 문화와 접촉이 별로 없고 또 그래서 다른 사회의 문화가 지니는 독특성과 효용성, 그리고 그러한 문화가 나온 맥락을 이해하지 못하기 때문이다.

자기민족중심주의는 자기 사회의 우월성을 근거로 사람들에게 사회에 대한 연대감과 충성심을 촉진시키고 또한 사회의 규범과 가치에 동조하도록 부추김으로써 사회의 유지에 긍정적인 기능을 수행할 수 있다. 예를 들어, 민족주의와 애국심에 대한 강조는 사람들로 하여금 자기 나라가 최고라는 생각을 가지도록 고무시킨다. 그렇기 때문에 국가와 정치지도자들은 계획적으로 자기 국가의 우수성을 나타내는 인물과 상징을 내세우고 또 이를 대중매체를 통해 의도적으로 선전하여 국민의 단결력과 국가에 대한 충성심을 유도한다. 국제적으로는 올림픽과 월드컵과 같은 국가 간 스포츠 경쟁 행사도 이러한 민족주의와 애국심을 배양시키는 중요한 원천이 된다.

하지만 자기민족중심주의는 다른 민족이나 집단을 무시, 비하, 적대, 배척함으로써 국가 간 그리고 사회 내 집단 간의 관계에 상당히 부정적인 문제를 야기할 수 있다. 자기민족중심주의의 강조는 국가 간 집단 간 편견, 차별, 억압, 사회적 고립을 초래하고, 심각한 경우 집단학살, 전쟁 등을 일으킬 수 있다. 게르만 민족의 우월성을 강조한 독일의 나치즘은 결과적으로 자기 국민 550만명과 600만명에 달하는 유태인학살을 포함해서 총 5천여만명의 목숨을 앗아간 제2차 세계대전을 낳았다. 또한 자기민족중심주의는 독재와 전체주의의 유지에 사용된다. 독재자와 일부 정치적 지배집단들은 자기민족중심주의를 통해 한편으로 국민의 국가에 대한 결속과 충성, 희생을 요구하면서 다른 한편으로 국민에 대한 자신들의 통제력과 지배력을 강화하고 반대자를 숙청 · 탄압한다.

7. 문화변동

사회는 물질과 비물질의 두 가지 수준에서 끊임없이 문화변동을 경험한다. 게다가 한 영역에서의 변동은 다른 영역의 변동을 초래하기도 한다. 예를 들어 컴퓨터로 대표되는 정보통신기술의 발전은 우리들의 일하는 장소와 방식을 바꾸고 있다. 오늘날 점점 많은 사람들이 컴퓨터를 사용해 재택근무를 하고 있으며, 이로 인해 가정과 일터의 개념, 직장 상사와 부하 그리고 동료 관계, 가족 내의 성역할 등이 바뀌고 있다.

한편, 문화변동은 문화지체(cultural lag)를 낳기도 한다. 문화지체는 기술혁신이나 기타 다른 물질문화의 변화에 반응해 비물질문화의 여러 부분들이 적절한 속도로 따라가지 못함으로 인해 발생하는, 물질문화와 비물질문화 간의 간격을 의미한다(Ogburn, 1964). 사회적 갈등과 문제, 그리고 서로 다른 가치들 간의 충돌은 종종 문화지체에 의해 발생한다. 예를 들어, 자동차기술의 발달에 따라 보다 힘있고 빠른 자동차가 계속 생산되고 있지만 교통법규준수와 안전에 대한 운전자 의식은 이를 따라가지 못해 교통사고는 좀처럼 줄고 있지 않다. 또한 최근의 정보기술과 유전공학의 발달은 생물의 유전자 변형과 복제 가능성을 낳았지만 이의 시행에 대해서는 격렬한 찬반 논쟁이 벌어지고 있다.

일반적으로 문화변동은 발견(discovery), 발명(invention), 확산(diffusion)의 세 가지 요인에 의해 일어난다. 발견은 이전에 몰랐거나 알려져 있지 않은 것에 관해 알게 되는 과정이다. 역사적으로 이전의 발견은 불, 대륙, 생물, 별 등과 같이 주로 자연의 요소나 기존의 실체를 알게되는 것을 포함하였다. 하지만 최근의 발견은 새로운 운동법칙, 박테리아, 유전자, 치료기술과 같이 주로 과학활동에 의해 이루어진다.

보다 많은 발견들이 이루어지면서 사람들은 기존의 물질 및 비물질 문화요소들을 재구성해왔다. 발명은 기존의 문화 요소들을 새로운 형태로 재구성하는 과정이다. 총, 컴퓨터, 비디오, 비행기, 새로운 약, 새 법 등은 사람들의 삶에 영향을 주는 발명의 예들이다.

다양한 사람들이 서로 접촉하면서 사람들은 서로의 발견이나 발명, 그리고 생각을 자신들의 사용에 맞게 변형하거나 수용한다. 확산은 어떤 문화요소나 사회관행이 한 집단이나 사회로부터 다른 집단이나 사회로 전해지는 과정을 말한다. 탐험, 전쟁, TV, 인터넷, 위성방송, 관광, 이주는 문화의 확산을 가져오는 주요 수단이다. 최근의 교통 및 정보통신기술의 급진적인 발전은 문화의 세계화를 보다 빨리 확산시키고 있다.

■■ 참고문헌

Benedict, Ruth. 1934. *Patterns of Culture.* Boston: Houghton-Mifflin.

Bennett, John W. 1976. *The Ecological Transition: Cultural Anthropology and Human Adaptation.* New York: Pergamon.

Foucault, Michel. 1979. *Discipline and Punish: The Birth of the Prison.* Alan Sheridan (trans.). New York: Random House.

Harris Marvin, 1987. *Cultural Anthropology.* New York: Harper & Row.

Hatch, Elvin. 1983. *Culture and Morality: The Relativity of Values in Anthropology.* New York: Columbia University Press.

Jolly, Alison. 1972. *The Evolution of Primate Behavior.* New York: Macmillan.

Jolly, Clifford, 1993. "Prehistoric Humans." in the *American Academic Encyclopedia.* Danbury, CT: Grolier Electronic Publishing.

Murdock, George. 1945. "The Common Denominator of Cultures." In *The Science of Man in the World Crisis* edited by Ralph Linton. New York: Columbia University Press.

Ogburn, William F. 1964. *On Culture and Social Change.* Chicago: The University of Chicago Press.

Sanderson, Stephen K. 1995. *Macrosociology: An Introduction to Human Societies.* New York: HarperCollins Publishers.

Small, Meredith F. 1999. "Aping Culture." *Discover* May.

Whiten, A., Goodall, J., McGew, W. C., Nishida, T., Reynolds, V., Sugiyama, Y., Tutin, C. E. G., Wrangham, R. W. & Boesch, C. 1999. "Cultures in Chimpanzees." *Nature* 399: 682-5.

제 6 장

사회화

1. 유전과 환경

본성과 양육
인간행위의 생물학적 기초
사회적 고립아의 연구
학습의 두 가지 이론

2. 사회화이론

정신분석학
피아제의 인지발달이론
쿨리와 미드의 자아발달이론

3. 사회화 기관

가족 / 학교 / 또래집단
대중매체 / 기타 사회화 기관

4. 사회화와 생애주기

전 생애에 걸친 사회화의 필요성
사회화의 유형
생애주기에 따른 사회화

제 6 장

사회화

우리 인간은 출생 시에 무력한 생명체(biological being)에 지나지 않는다. 갓난아이는 다른 사람의 도움이 없다면 불과 몇 시간밖에 살 수 없을 정도로 약한 존재이다. 이 같이 무기력하고 단순한 생명체가 사회생활을 할 수 있는 성숙한 인간, 즉 사회적 존재(social being)로 전환하게 된 것은 복잡한 사회화 과정을 거쳤기 때문이다.

사회화란 개인으로 하여금 사회생활에 적극적으로 참여하는 데 필요한 사고, 지식, 기술, 감정 및 행위 방식을 발달시킬 수 있도록 해주는 지속적인 사회적 상호작용 과정을 말한다. 이 같은 과정이 없이는 개인도 사회도 존속할 수가 없다. 개인은 사회화 과정을 통해서 규범, 가치, 언어, 기술 등 사회생활에 필요한 지식과 행동방식을 배우고 사회는 성원들로 하여금 그 기능을 순조롭게 수행할 수 있도록 만들어 주는 사회화의 메커니즘을 통해서 재생되고 유지된다.

어느 한 개인이 사회화를 통해서 획득하는 사고, 감정 및 행위 방식은 그에게 독특하면서도 비교적 지속적인 유형으로 고착된다. 이 같은 개인의 독특한 사고, 감정 및 행위의 비교적 안정된 유형을 우리는 인성(personality)이라고 한다.

인성의 가장 중요한 부분, 즉 인성의 핵심을 이루고 있는 것은 자아 또는 자아의식이다. 자아란 쉽게 말해서 "나는 누구인가"에 대한 자신의 규정이며 좀 더 전문적인 용어로 말하자면 사람들 각자가 가지고 있는 정체감(sense of identity)이라고 할 수 있다. 이 장의 중요한 연구과제는 자아가 어떻게 형성되고 발달하며 자아의 발달을 포함하는 사회화는 어떤 맥락에서 어떤 과정을 거쳐 일어나는가를 살펴보는 것이다. 그에 앞서 우선 인성의 형성에 영향을 주는 유전적 요소와 환경적 요소에 관한 논의부터 시작해 보기로 하겠다.

1. 유전과 환경

앞에서 단순한 생물학적 유기체로서의 인간이 사회인으로서의 인간으로 전환되는 것은 사회화 과정의 결과라고 언급한 바 있다. 하지만 이 말은 생물학적으로 주어진 인간의 유전적 요소가 사회화 과정에 의해서 소멸하고 인성과 사회적 행위는 주어진 환경에 의해서만 결정된다는 것을 뜻하지는 않는다.

실제로 인간의 사회화 과정은 생물학적 특성들과 밀접히 관련되어 있다. 인간은 생물학적으로 볼 때 6세 정도까지 '유년상태' 에 있고 그 후 14년 정도를 더 보내야 성인이 된다. 성인이 되기까지 이처럼 오랜 시간이 걸린다는 것은 그 만큼 오랫동안 다른 성인에게 의존해서 성장한다는 것을 의미한다. 이러한 생물학적 특성은 사회화를 가능하게 만들 뿐만 아니라 불가피하게 요구한다.

여기에 부가해서 개인의 신체적 특징과 기능도 부분적으로 유전에 의해서 결정된다는 사실에 주목할 필요가 있겠다. 그러나 아무리 건강하고 뛰어난 지능을 가지고 태어났다고 하더라고 적절한 환경 하에서 적절히 양육되지 않는다면 건강한 신체와 높은 지적 능력을 소유할 수는 없다. 다음에서 우리는 '본성(nature)' 과 '양육(nurture)' 의 관계를 좀더 자세히 검토해 본 다음 인간행위의 생물학적 기초와 양육의 효과에 관해서 살펴보기로 하겠다.

1) 본성과 양육

우리들의 인성과 사회적 행위가 유전의 산물이냐 환경의 산물이냐 하는 사회과학자들 간의 논쟁은 최근에 이르기까지 거의 200여 년간 지속되어 왔었다. 그러나 이 논쟁은 아직까지 어떤 결론에도 도달하지 못했으며, 현재에 와서는 대체로 무용한 논쟁에 불과한 것으로 인식되고 있다.

유전 또는 본성의 관점을 취하는 이론들은 다윈의 진화론을 토대로 발전되었다. 다윈은

1859년에 출판된 그의 저서 『종의 기원』에서 인간도 다른 동물과 마찬가지로 생물의 진화과정에서 출현하였으며 그의 행동 또한 다른 동물이나 마찬가지로 유전된 요소에 의해서 결정된다고 주장하였다. 다윈의 영향을 받은 초기의 사회학자들 가운데 몇몇 사람은 그의 이론을 인간사회에 적용하여 계급, 국가 및 인종의 우열 등도 유전에 의해서 결정된다고 믿었다. 또한 맥두걸(McDougall, 1908)을 포함한 많은 심리학자들도 인간의 행위는 타고난 유전적 프로그램에 의해 고정된 '본능'에 의해서 결정된다고 믿고 인간이 가지고 있는 본능에는 어떤 것이 있는가를 찾아내려고 노력하였다. 그래서 한 때는 10,000개 이상의 본능이 사회적 행동을 야기하는 원천으로 제안되기도 했다(Bernard, 1924). 여기에는 전쟁을 일으키는 공격적 본능에서 사회 그 자체를 만들려는 교제 본능에 이르기까지 매우 다양한 종류가 있다. 하지만 이 같은 초기 심리학자들의 노력은 곧 쓸모없는 것으로 드러나게 되었다. 왜냐하면, 서구문화를 연구하면서 본능이라고 주장되었던 것이 다른 문화에서는 전혀 나타나지 않기도 하고 또 어떤 경우에는 그 반대로 나타났기 때문이다. 또한 새로운 행동 유형이 확인되거나 발생할 때마다 매번 그것을 설명하는 본능을 어떻게든 '만들어' 내거나 발견하는 작업이 필요하게 된다. 따라서 오늘날 대부분의 사회과학자들은 인간의 행위를 설명하는 데 있어 본능이라는 말을 매우 조심스레 사용한다.

금세기에 들어와서 '본성'의 이론에 가장 큰 일격을 가한 사람은 행동주의심리학자 왓슨(John B, Watson, 1970[1924])이다. 그는 러시아의 심리학자 파블로프(Ivan Pavlov, 1849~1936)가 개의 실험으로부터 얻은 결과를 인간에게도 적용시켜 얻을 수 있다고 주장하였다. 파블로프는 한 실험에서 개들은 음식물을 보고서만 침을 흘리는 것이 아니라 음식물과 관련된 것들, 즉 음식물을 담아주는 그릇을 보거나 또는 음식물을 주기 전 늘 종을 쳤을 경우, 다시 말해 조건화를 지워주면 그 종소리를 듣기만 해도 침을 흘린다는 것을 발견하였다. 왓슨은 개들도 연관(association)에 의해서 훈련시킬 수 있는데 그 보다 훨씬 더 많은 능력을 가진 사람은 똑같은 방법에 의해서 더 잘 학습시킬 수 있지 않겠는가라고 생각했다. 이 같은 생각에서 그는 인간의 행위와 인성을 마음대로 만들 수 있다고 주장하였다. 그는 "내게 12명의 건강한 갓난아이를 주고 내 마음대로 가르치게 한다면 나는 그 중 어느 한 아이를 그의 재능, 취향, 경향, 취미, 능력, 적성, 인종에 관계없이 내가 선택하는 어떤 종류의 전문가—의사든, 변호사든, 예술가든, 상인이든, 심지어는 걸인이든, 도적이든—가 되도록 훈련시킬 수 있다"(Kenkel, 1980: 105에서 재인용)라고 호언장담하기도 했다. 그러나 왓슨 자신은 물론 어느 누구도 그와 같은 실험을 해본 적이 없다. 어떤 심리학자들은 아직까지도 왓슨의 관점을 받아들이고 있으나 대부분은 그것을 쓸모없는 고지식한 견해로 여기고 있다.

앞에서 지적한 바와 같이 인성과 사회적 행위가 유전의 산물이냐 환경의 산물이냐 하는 논쟁은 무의미하다. 왜냐하면 이 두 요소는 분리되어 관찰될 수 있는 성격의 것이 아닐 뿐 아니라 실제로 우리는 유전만의 산물도 환경만의 산물도 아닌 이 두 요소의 복합적인 상호작용의 산물이기 때문이다.

오늘날의 사회과학자들 대부분은 인간의 발달에 본성과 양육이 함께 기여한다는 사실에 동의하고 있다. 최근 생명과학의 발전은 인간의 발달에 생물학적 요소가 중요한 역할을 한다는 것을 분명히 밝히고 있다. 예를 들어 알콜중독과 관련성이 매우 높은 유전인자가 이미 발견되어 있다. 하지만 이 특정한 유전자를 가진 사람들 모두가 알콜중독자가 되지는 않는다. 왜냐하면 사회적 경험과 환경이 또다른 측면에서 중요하게 작용하기 때문이다. 각 개인의 신체적 특성—예컨대 체중이나 신장—과 지능은 부분적으로는 유전에 의해서 결정된다. 그러나 장신의 유전인자를 갖고 태어났다고 해서 모두 키가 큰 사람이 되는 것은 아니다. 영양섭취를 제대로 못한 사람이 키가 클 리는 없다. 또한 아무리 높은 지능의 인자를 갖고 있더라고 적절히 교육을 받지 못한다면 지적 수준이 높을 수가 없다.

쌍생아에 관한 최근의 연구 또한 개인의 정체감 형성과 행동에 유전적 요인과 환경적 요인이 복합적으로 기여하고 있음을 보여준다. 일란성 쌍생아(identical twin)는 거의 동일한 유전형질을 공유하고 있지만 동일한 성격이나 행동을 보여주지 않는다. 따라서 유전적 요인만으로는 인간의 행동을 적절하게 설명할 수 없다. 하지만 일란성 쌍생아는 몇 가지의 유전형질들만 공유하고 있는 이란성 쌍생아(fraternal twin)나 쌍생아가 아닌 아이보다는 훨씬 유사한 성격과 행동유형을 보이는 경향이 있다. 유전적 요인들이란 단지 기초적인 잠재력(potential)에 불과하다. 이러한 잠재력이 어떻게 나타나는가는 각 개인의 환경적 경험에 달려 있다. 다음에서 인간행위의 생물학적 기초에 관한 최근 이론을 살펴본 후, 계속해서 인간행위의 환경적 요소가 얼마나 중요하게 작용하는가를 사회적 고립의 효과에 관한 연구를 통해 좀더 자세히 알아보기로 하겠다.

2) 인간행위의 생물학적 기초

앞에서 우리는 다윈 이후 인간의 행위를 유전적 요소에 의해서 설명하려는 시도가 있었으나, 사회과학의 발전과 더불어 그 시도는 차츰 빛을 잃게 되었다고 언급한 적이 있다. 그러나 최근에 들어 다시 한번 그와 유사한 시도가 나타났다. 그 시도는 하버드 대학의 동물학자 윌슨(Edward O. Wilson)에 의해서 쓰인 『사회생물학: 새로운 종합』(1975)이라는 저술로부터 시작되었다. 윌슨에 따르면 인간은 진화과정에서 그들 대부분의 행동을 결정하는 특질들(traits) 또는 적어도 강력한 성향요소들(predispositions)을 발전시켜 왔다고 한다. 따라서 인간의 행동도 동물의 경우나 마찬가지도 자연도태(natural selection)를 통한 생물학적 진화과정의 산물이라는 것이다.

이 같은 윌슨의 견해를 받아들이고 있는 대표적인 사회학자는 반덴버그(Pierre L. van den Berghe, 1974)이다. 그에 따르면 인간은 다른 어떤 동물보다도 더 공격적인데 그와 같은 공격성은 자원에 대한 경쟁 과정에서 형성된 유전적 특질이라는 것이다. 반덴버그 이외에도 많은 사회학자들이 윌슨의 사회생물학적 관점을 따르고 있다. 그러나 이들은 19세기 말엽에 성행하였던 사회적 다윈니스트들(social Darwinists)처럼 인종주의의 편견에 사로잡혀 있거나 인간의 행동 모두가 유전인자에 의해서 결정된다고 생각하지는 않는다. 그들이 주장하고 있는 것은 생물학적 내지 유전적 요소들이 가능한 행동의 범위를 한정시키고 있으며 그러한 범위와 행동성향은 진화의 산물이라는 것이다(Wallace and Wolf, 1980).

사회생물학적 관점은 많은 비판을 받아 왔다. 특히 그들의 주장은 경험적으로 증명될 수 없다는 점에서 그리고 문화의 발달과 그것이 인간의 행위에 미치는 영향을 무시하고 있다는 점에서 문제가 되고 있다. 그러나 생물학적 내지 유전적 요소가 인간의 행동에 아무런 영향을 주지 않는다고 생각하는 사람은 없는 것 같다. 이러한 점에서 사회생물학자들의 연구는 인간행동의 생물학적 기초를 밝히는데 크게 기여하고 있다고 보아야 할 것이다.

3) 사회적 고립아의 연구

인성의 발달에 있어서 환경의 중요성은 사람들과의 사회적 접촉이 없이 자란 두 여자아이—안나(Anna)와 이사벨(Isabelle)—의 사례보고에서 잘 나타내주고 있다(Davis, 1940, 1947). 이 두 아이는 모두 사생아로 태어나서 그들의 외조부에 의해 사람들과 격리되어 길러지다가 여섯 살 때 발견되었다. 이들은 발견되었을 당시 둘 다 정신박약 상태에 있었으며 심지어는 말할 줄도, 걷지도, 혼자 먹지도, 몸을 씻을 줄도 몰랐다. 또한 감정을 표현하지도 못했고 무기력했으며 주위 사람들에게도 무관심했다. 안나는 생후 5개월이 조금 넘을 때까지 여기 저기 옮겨 키워진 적이 있으나 그 후 6살까지는 외갓집 다락방에 갇혀 지낸 아이다. 이 아이는 한 마디로 거의 6년 동안이나 사회화의 공백상태에 있었던 인간유기체에 불과했다. 이 아이의 상태는 생물학적 자원이 한 개인을 완전한 인간으로 만드는 데 얼마나 빈약한가를 잘 보여 주고 있다. 안나는 발견된 후 4년 동안 그리 성공적은 아니었으나 어느 정도의 원초적인 사회화가 이루어졌다. 혼자서 먹고 씻을 수 있게 되었을 뿐만 아니라 간단한 지시에 따르며 몇 마디 말도 할 수 있게 되었다. 하지만 11세가 채 못되어 병(황달)으로 죽기 전까지 안나의 사회화는 2~3세 정도 아이의 수준밖에 머무르지 못했다.

안나보다는 약간 나중에 발견된 이사벨은 안나의 경우와는 다음 두 가지 점에서 다르다. 첫째, 이사벨의 어머니는 벙어리이기는 했으나 이사벨과 함께 지내는 시간이 많았고, 둘째는 고립상태에서 발견된 후 오하이오 주립대학의 전문의사와 심리학자들에 의해서 안나보다는 나은 교육과 치료를 받았다는 점이다. 이사벨이 처음 발견되었을 때는 마치 야생동물처럼 행동하고 이상한 소리밖에 낼 줄 몰랐다. 처음에는 전문가들도 이 아이를 저능아라고 판단했다. 교육시킬 수도 없었을 뿐만 아니라 말을 가르치려는 노력도 실패했다. 그러나 이사벨의 교육을 맡은 오하이오 주립대학의 전문가들은 불과 1주일만에 첫 발성을 할 수 있게 해 주었고 두 달 반만에 문장을 만들 수 있게 하였으며 2년 반만에 제 나이에 상당하는 정상적인 발달수준까지 끌어올려 일반 학교에 다닐 수 있게 하는데 성공하였다.

안나에 비해 이사벨의 사회화는 성공적이었다. 그 이유로서 이사벨이 안나보다 훨씬 나은 생물학적 유전자를 지녔을 수 있고, 비록 듣고 말하지는 못하는 어머니지만 함께 있었다는 점이 작용했을 수도 있고, 나중에 발견된 후 이사벨은 안나보다 전문가의 보다 집중적이고 나은 관심과 치료를 받았다는 점이 작용했을 가능성이 지적될 수 있다. 하지만 이 두 사례 모두는 인성의 발달에 있어서 인간과의 접촉에 바탕을 둔 사회적 상호작용이 얼마나 중요하 고 또한 인성은 생물학적 능력만으로 형성되지 않는다는 것을 잘 실증해 주고 있다.

인간의 행동은 나이가 들어가면서 점점 더 학습에 의존하게 된다. 그 학습은 단순한 생물학적 성숙과정이 아니다. 생물학적으로 주어진 유전적 요소는 마치 건물의 설계도와 같은 것이라고 할 수 있겠다. 설계도 그 자체는 건물이 아니다. 우리가 실제로 짓는 건물의 모습은 사용되는 재료가 무엇인지에 달려있다. 이와 같이 우리의 행동은 유전적 요소에 의해서 한정되기는 하나 무엇이 어떻게 학습되는가에 따라 유형화된다.

4) 학습의 두 가지 이론

학습이란 경험에 의해서 일어나는 사고, 감정 및 행위의 변화를 말한다. 인간 이외의 동물도 어느 정도의 학습능력을 가지고 있으나 인간의 능력은 다른 어떤 동물의 능력보다 월등히 높다. 여기서의 관심은 그 능력이 어느 정도냐하는 문제가 아니라 실제로 학습이 어떻게 이루어지고 있는가에 관한 두 가지 이론—행동주의 심리학과 인지적 발달심리학—을 소개하는 데 있다.

행동주의 심리학은 앞에서 간단히 소개한 바 있었던 파블로프와 왓슨의 이론에 기초하고 있다. 행동주의 심리학자들은 '본능' 이론에 반대할 뿐만 아니라 '마음(mind)' 의 개념도 과학적으로 연구될 수 없는 하나의 우상에 불과하다고 주장한다. 왜냐하면 인간의 심리내부에서 일어나고 있는 것에 대한 추상은 사람마다 다르기 때문이란 것이다.

행동주의 심리학자들에 따르면 인간의 학습에 대한 이론은 관찰 · 분석될 수 있는 실제의 행동에 초점을 둘 때에만 과학적일 수 있다고 한다. 이들 접근방법에서의 정수는 모든 학습은 보상과 벌을 통한 '조건지움(conditioning)' 의 결과로 이루어진다는 명제이다. 즉 만일 어떤 특정의 반응(행동)에 대하여 계속적으로 보상이 주어진다면 그와 같은 반응은 다시 일어날 것이고 반대로 벌이 가해진다면 다시 일어나지 않는다는 것이다. 이 때, 반응으로서 나타나는 특정한 행동이 일어날 가능성을 증대시키는 과정을 강화(reinforcement)라고 하며 감소시키는 과정을 처벌이라 한다. 강화에는 유쾌한 자극을 제공함으로써 특정행동을 유발시키는 정적 강화(positive reinforcement)와 불쾌한 자극을 제거함으로써 특정행동을 지속시키는 부적 강화(negative reinforcement)가 있다. 벌은 불쾌한 자극을 제공하거나 유쾌한 자극을 제거함으로써 특정한 행동을 감소시키는 과정이다. 간단히 말해서 학습은 이와 같은 '조건지움' 또는 강화와 벌에 의해서 이루어진다는 것이다. 대표적인 행동주의 심리학자 스키너(B. F. Skinner, 1971)는 인간의 모든 학습은 '조건지움'에 의해서 이루어지기 때문에 이 원리에 따라 인간을 교육시킨다면 유토피아 사회도 건설할 수 있다고 주장한다.

다른 한편에서, 발달심리학자들은 인간의 학습을 '조건지움'에 의해서 설명한다는 것은 적절치 않다고 주장한다. 이들은 행동주의 심리학자들이 거부하고 있는 '마음'의 개념을 사용하는데 주저하지 않고 학습과정을 설명하는데 있어서 보상이나 벌과 같은 외적 요인들보다는 개인 각자의 상황에 대한 '내적 해석' 과정을 강조한다. 특히 보다 높은 수준의 학습은 그 기초가 이미 그 이전의 경험과 해석에 의해서 심리 내부에 쌓여져 있을 경우에만 가능하다고 주장한다.

발달심리학의 지도적인 학자인 피아제(Jean Piaget, 1969)는 어린아이들의 인지능력이 몇 단계를 거쳐 발달한다는 이론을 제시하였다. 그에 의하면 어린아이들은 자신의 세계에 적응하기 위하여 일련의 심리모델들을 발달시켜 나간다고 한다. 그 과정은 어느 한 단계에서의 모델이 새로운 관찰을 수용할 수 없게 될 경우 새로운 모델을 형성하는 방식으로 진행된다는 것이다. 언어학자 촘스키(Noam Chomski) 역시 행동주의 심리학은 어린아이들이 어떻게 언어를 배우는가를 설명할 수 없다고 주장한다. 만일 어린아이들이 행동주의 심리학자들의 주장대로 연관(association)에 의해서만 문장구성을 배운다면 그것은 무한정한 시간이 걸릴 것이다. 촘스키에 의하면 어린아이들은 일정 연령에 도달하게 되면 기본적인 문법들을 이해할 수 있게 되고 일단 문법들을 이해하게 되면 한번도 구성해보지 않았던 문장을 만들 수 있게 된다는 것이다.

위에서 소개한 두 부류의 학습이론은 개인심리의 내적 작용을 서로 다르게 고려하고 있다는 점에서 두드러진 차이가 있다. 행동주의 심리학의 경우는 사람을 수동적인 존재로 보고, 따라서 사람의 행동을 환경에 의한 조건지움의 결과로 이해한다. 그러나 발달심리학은 학습의 많은 부분이 그와 같이 이루어지고 있기는 하나 사람들은 자신의 행동을 판단하고 해석하며 규정하고 창출하는 본질적으로 능동적인 존재로 보고 있다는 점에서 행동주의 심리학과 다르다.

2. 사회화이론

사회화과정은 다양한 관점에서 연구되고 있다. 오늘날 사회화에 관한 기본 이론으로는 정신분석학(psychoanalysis), 인지이론(cognitive theory), 상징적 상호작용론(symbolic interactionism)이 있다.

1) 정신분석학

(1) 프로이드

체코 태생의 오스트리아 과학자이며 의사이기도 한 프로이드(Sigmund Freud, 1856~1939)는 인간의 정신세계에 존재하는 요소와 메커니즘을 탐구하는 방식으로 정신분석학을 발전시켰다. 그는 인간과 사회는 본질적으로 갈등관계에 있다고 보았다. 그에 따르면, 인간은 몇 가지 기본적인 추동들(drives)을 가지고 태어난다고 한다. 그러한 욕구들 가운데서 그는 특히 성욕과 공격욕을 매우 중요한 요소로 보고 사회질서는 이러한 추동들이 억제되지 않는다면 유지될 수가 없다고 주장한다. 따라서 사회는 개인의 추동을 사회적으로 용납될 수 있는 방식으로 발현하도록 억압하고 한정하게 되는데 이러한 억압과 한정은 종종 인성의 혼란을 일으키는 원인이 된다고 한다.

가. 인성의 구조

프로이드에 의하면 인성은 '이드(id)' 와 '에고(ego)' 및 '슈퍼에고(superego)' 의 3부분으로 구성된다. 이 3가지 요소는 각기 다른 뿌리와 기능을 가지고 있지만 이들 간의 상호작용은 정신세계의 본체가 된다. 이드란 태어날 때부터 가지고 있는 추동의 총체로서 흔히 '추동의 저장소(reservoir of drives)' 라고 일컬어진다. 이드는 전적으로 무의식적인 것이며, "즐거움의 원칙(pleasure principle)" 에 따라 계속적으로 또는 간헐적으로 즉각적인 충족을 요구한다. 유년기의 어린아이들은 거의 전적으로 이드에 차 있으나 성장하면서 다른 사람들과의 상호작용을 통해 그것은 늘 충족될 수 없고 종종 억제되어야 한다는 것을 배운다.

슈퍼에고는 이와 같이 다른 사람들과의 상호작용을 통해서 학습된, 다른 말로 해서 사회적 가치 또는 규범을 내면화한 인성의 다른 한 부분을 말한다. 사회는 개인들에게 어떤 것이 옳고 어떤 것이 잘못된 것이라는 또는 어떤 것이 바람직하고 어떤 것이 바람직하지 않다는 도덕을 부과한다. 슈퍼에고는 이와 같은 사회의 도덕적 권위가 인성의 일부로 내면화된 것을 말한다. 프로이드에 의하면 우리들이 의식하고 있는 것의 거의 전부는 슈퍼에고로 차 있다. 위에서 언급한 바와 같이 이드는 충족될 것을 요구하고 슈퍼에고는 사회적으로 용납된 행동만을 할 것을 요구한다.

에고는 이 두 요구 간의 갈등을 합리적으로 해결하여 균형을 이루려고 노력하는 자아의 의식 부분이다. 간단히 말해서 현실을 고려하여 이드와 슈퍼에고의 중재자 역할을 하는 것이 에고라고 할 수 있겠다. 근본적으로 인성은 개인과 사회, 본성과 양육 사이에 존재하는 갈등과 마찬가지의 갈등을 내부에 이드와 슈퍼에고의 갈등형태로 지니고 있다 하겠다.

나. 인성의 발달

프로이드에 의하면 인성은 일련의 생물학적 과정이 나이가 들면서 보편적으로 전개되는 심리적-성적 발달단계(the stages of psycho-sexual develop ment)를 통해 성장한다고 한다. 이 단계는 생존 본능인 에로스(eros)[1] 로부터 발원된 성적 에너지인 리비도(libido)의 발현(cathexis)이 신체의 어느 부분에 집중되어 있는가에 따라 구분된다. 리비도의 집중은 신체의 특정한 부위를 민감하게 만듬으로써 이 부위를 만지고 자극하면 즐거움을 느끼게 만들어 이 부위가 관심의 초점이 되게 한다. 리비도의 집중은 나이가 들면서 신체의 여러 부위를 옮겨다니는데 이에 따라 인성은 구순기(oral stage), 항문기(anal stage), 음경기(phallic stage), 잠재기(latency stage), 성기단계(genital stage)의 5가지의 발달단계를 거친다.

① **구순기** : 구순기는 첫 번째 심리적-성적 발달단계로 출생 후 1년 동안의 유아기에 발생한다. 이 때 아이는 빨기, 물기 등과 같은 입의 활동을 통해 만족감을 찾는다.

② **항문기** : 항문기는 2살에 나타나는데 이 때 아이의 주된 관심은 방광 및 장과 연관된

1) 프로이드는 인간의 행동을 인도하고 형성하는 두 가지 근본적인 욕구들이 있다고 믿었다. 이 중 하나는 생존본능(life instinct)인 에로스(eros)로서 다른 사람과 인연을 맺거나 애정을 가지려는 성향이 그 대표적 예이다. 다른 하나는 죽음의 본능(death instinct)인 새너토스(thanatos)로서 공격적인 성향의 기초가 된다.

배설의 통제에 있다.

③ 음경기 : 음경기는 3살에서 5살 사이에 발생하며 성적인 관심이 최초로 나타나는 시기이다. 정신분석학에서는 이 때 외디푸스 컴플렉스(Oedipus complex) 또는 일렉트라 컴플렉스(Electra complex)가 나타난다고 한다. 외디푸스 컴플렉스는 아들이 어머니를 사랑하게 되고 그 경쟁자인 아버지를 증오하는 현상을 말하고 일렉트라 컴플렉스는 딸이 아버지를 사랑하고 어머니를 미워하는 현상을 말한다. 그러나 정상적인 아이의 경우 증오의 감정은 점차 억압되고 동성 부모(즉 아들의 경우는 아버지, 딸의 경우는 어머니)와 동일화(identification)하는 현상이 일어난다. 여기서 동일화란 동성 부모의 가치와 태도를 내면화함으로써 일어나는 현상, 즉 슈퍼에고의 발전에 따른 결과를 가리킨다. 결과적으로 이러한 동성 부모와의 동일화는 적절한 성역할의 학습으로 이어진다.

④ 잠재기 : 잠재기는 5살에서 사춘기 사이의 시기이며, 이 때 아이의 성적 관심은 수축된다. 대신 아이는 자신의 심신과 지적 발달에 초점을 둔다.

⑤ 성기단계 : 성기단계는 사춘기와 함께 나타나는 마지막 발달단계로 성적 에너지가 재분출하는 시기이다. 이 시기의 성적 변화는 사춘기에 발생하는 호르몬의 변화 때문으로 추정된다. 초기의 음경기와 달리 성기단계는 성적 쾌락을 다른 사람과 공유하는 것을 포함한 보다 성숙된 성적 수준의 상태이다.

프로이드의 발달단계는 모든 인간의 종에 적용되는 보편적인 생물학적 현상이라고 할 수 있다. 하지만 프로이드는 리비도의 충족 또한 인성의 발달에 있어서 매우 중요한 요소라고 강조하면서, 특히 어릴 때의 경험, 부모와의 정서적 관계가 그 이후의 인성발달에 결정적인 요인으로 작용한다는 것을 굳게 믿었다. 그의 이론은 인간의 생물학적 요소를, 즉 성적 추동을 지나치게 강조한 결함을 가지고 있으나 다음 두 가지 점에서 자아의 발달과정을 이해하는데 크게 기여하였다고 평가되고 있다. 그 첫째는 인성은 인간 유기체와 그 환경 간의 상호작용의 산물이라는 것이며, 둘째는 초기의 사회화가 후기의 의식적, 무의식적 동기와 행위에 결정적인 영향을 준다는 것이다.

(2) 에릭슨

에릭슨(Erik Erikson, 1902~1994)은 "신프로이드주의자"라고 불릴 정도로 프로이드로부터 많은 영향을 받은 현대의 대표적인 정신분석학자들 가운데 한 사람이다. 그는 정신분석학에 사회학적 및 인류학적 지식을 통합시킴으로써 프로이드의 정신분석학을 수정·보완한 인물로 평가받는다. 프로이드의 이론은 이드와 관련된 생물학적 내지 심리학적 추동들에 초점을 모으고 유년기의 발달과정을 강조하였다. 그러나 에릭슨은 사회적 맥락을 고려한 '합리적' 인 에고의 세계에 초점을 두고서 자아의 발달과정을 심리적-사회적 단계로 수정하고 아울러 노년기까지 연장시켜 설명하고자 노력했다.

에릭슨은 자아의 발달을 생애주기에 따라 변화하는 환경과 연관시켜 영아기, 유년기, 취학전기, 취학연령기, 사춘기, 청년기, 중년기, 노년기의 8단계로 나누어 보았다(Erikson, 1964). 그의 이론의 기본명제는 사람은 각 단계마다 새로운 '정체성의 위기(identity crisis)' 에 당면하게 되는데 이러한 위기에 직면하여 어떤 사람은 긍정적인 반응을, 또 어떤 사람은 부정적인 반응을 한다는 것이다. 그에 의하면 안정된 자아정체는 그러한 위기를 진취적이고 긍정적으로 해결함으로써 형성된다. 아울러 그의 발달단계는 후성원칙(epigenetic principle)으로 설명하는데, 그 이유는 각 발달단계가 이전 단계의 심리사회적 갈등의 해결과 통합을 토대로 이루어지기 때문이다. 그가 제시하고 있는 단계별 상반하는 반응의 양상을 간단히 소개하면 다음과 같다.

가. 영아기(0~1세) : 신뢰감 대 불신감(trust vs. mistrust)

기본적 욕구가 적절히 충족되어 자라는 영아는 신뢰감을 발전시키나 잘 돌보아지지 않은 아이는 불신감을 갖게 된다. 그러나 이와 같은 신뢰감과 불신감의 문제는 영아기에 완전히 해결되는 것은 아니다. 영아기에 형성된 신뢰감은 나중에 불신감으로 또는 불신감이 신뢰감으로 바뀔 수도 있다.

나. 유년기(1~3세) : 자율성 대 의구심(autonomy vs. doubt)

부모가 그의 아이들이 무엇인가를 혼자서 할 수 있다는 것을 인정하고 혼자 해낼 수 있도록 잘 보살펴주면 그 아이들에게는 스스로를 통제할 수 있는 자율성이 발전한다. 그러나 부모가 참을성이 없어서 어린아이들이 할 수 있는 일을 대신해 주게 되면 의구심과 수

치심이 생긴다. 유년기에 자율성이 발달하지 않은 아이들은 사춘기에 들어서나 성년이 되어서도 자율성을 갖는데 어려움을 겪게 된다.

다. 취학전기(4~5세) : 주도성 대 죄책감(initiative vs. guilt)

이 단계에서 아이들은 자신의 신체를 마음대로 통제할 수 있고 동작, 언어, 환상 등의 활동을 주도할 수 있게 된다. 따라서 부모가 어린아이들 자신이 주도한 활동들에 대하여 어떤 반응을 보여주느냐에 따라 주도성이 발전할 수도 있고 죄책감을 갖게 될 수도 있다. 이 시기에 있는 아이들의 창작활동을 잘못된 것이라고 꾸짖기만 하면 강한 죄의식을 갖게 될 가능성이 많다.

라. 취학연령기(6~12세) : 근면성 대 열등감(industry vs. inferiority)

초등학교를 다니는 어린아이들은 무엇이 어떻게 만들어졌고 그것은 어떻게 작용하는가를 배우고 또한 주위 사람들은 그러한 것들을 실제로 해보도록 장려하고 그 결과를 평가하여 근면성을 고취시킨다. 그러나 부모가 이들의 노력을 "잘못했다"라든가 "엉터리"라고만 한다면 이들은 열등감을 가지게 된다.

마. 사춘기 : 정체성 대 역할혼란(identity vs. role confusion)

사춘기의 청소년들은 두드러진 신체적 변화를 경험하고 또한 세상사를 보는 관점을 형성하게 된다. 더 나아가서 이들은 여러 가지 지위와 역할들—아들 또는 딸, 학생, 운동선수, 단체회원 등—을 갖게 된다. 이러한 지위와 역할들은 강한 자아의 정체의식을 형성하도록 어떤 방식으로든지 통합되어야 한다. 사춘기 이전 단계에서 신뢰감, 자율성, 주도성, 근면성 등이 잘 형성되었다면 그와 같은 정체감을 성취할 가능성이 많고 그렇지 못한다면 역할혼란 상태에 빠질 가능성이 많다.

바. 청년기 : 친교성 대 고립(intimacy vs. isolation)

결혼과 가족형성의 초기를 포함하는 이 시기에서 중요한 문제는 자기 자신을 상실하지 않으면서 다른 사람들과 사교하고 또한 그들을 돌보아 줄 수 있는 친교성이 발달하느냐 그렇지 않느냐 하는 것이다. 친교성의 발달은 대체로 자아 정체감의 확립여부에 의해서 결정되며 그 실패는 고립의 결과를 가져온다.

사. 중년기 : 생산성 대 자아몰입성(generativity vs. self-absorption)

중년기의 성인은 자신과 가족 이외의 사람들 및 사회 더 나아가서는 다음 세대들과 그들의 미래세계까지도 염두에 두게 된다. 에릭슨은 이와 같은 문제를 두고 생산성이라는 말을 사용하고, 생산성을 발전시키지 못한 사람은 자기 자신의 욕구와 안일에만 관심을 두는 자아몰입과 자기정체상태에 빠진다고 한다.

아. 노년기 : 자기완결성 대 절망감(integrity vs. despair)

생애의 마지막 단계에서 자기자신의 일생에 만족을 느끼는 사람은 어떤 완결성을 느끼게 되나 그렇지 못하고 자신의 과거를 기회상실과 과실의 연속이었다고 생각하는 사람은 절망에 빠지게 된다.

2) 피아제의 인지발달이론

프로이드가 사회화의 감정적 측면에 초점을 맞추었다면 스위스의 사회심리학자인 피아제(Jean Piaget, 1896~1980)는 인지발달의 영역에 관심을 집중시켰다. 하지만 이처럼 관심 영역이 다름에도 불구하고 이들 두 사람은 발달과정이 생물학적 요인에 뿌리를 둔 일련의 보편적 단계를 통해 진행된다는 관점을 공유하고 있다.

피아제에 의한 인지발달 연구는 1920년대부터 발표되기 시작하였으나 심리학과 사회학에서 그의 이론을 받아들이기 시작한 것은 1960년대부터이다. 그는 간헐적으로 실험을 한 적이 있으나 그의 이론은 대체로 그의 자녀들이 성장하는 모습을 주의깊게 관찰함으로써 정립된 것이다.

피아제에 따르면 인간은 몇 단계의 인지적 발달을 경험하면서 성숙한다고 한다. 한 단계에서 다음 단계로의 이행은 새로운 인지적 기술의 획득을 말하며 그것은 이전 단계에서 성숙된 기술이 새로운 환경을 수용하지 못하게 될 때 일어난다는 것이다. 피아제는 이와 같이 일어나는 인지능력의 발달과정을 4단계로 나누고 있다(Piaget, 1969).

가. 감각동작 단계(sensorimotor stage)

출생에서부터 약 두 살까지 지속되는 이 단계에서 어린아이들은 감각(시각, 청각, 촉각)과 동작(손으로 붙잡음, 기어다님, 걸음 등)을 하나로 통합하기 시작한다. 예를 들면, 어떤 물건을 보고 기어가서 잡는 동작을 한다는 것이다. 생후 4개월이 될 때까지 어린아이들은 자기자신과 환경을 구별하지 못하며 8개월이 될 때까지는 대상이 지속해서 존재한다는 것을 알지 못한다. 즉 무엇이 눈앞에서 사라지면 그것은 없는 것으로 생각한다는 것이다. 그러나 8개월이 지나면서 없어진 것을 찾으려고 한다. 이와 같이 지속적으로 존재한다는 것을 인지함은 어린아이들한테 안정된 환경이 있다는 것을 의미한다. 그러나 이 단계의 어린아이는 상징을 통하여 세상을 보는 능력이 아직 발달하지 않은 상태에 있다.

나. 조작전 단계(preoperational stage)

2~7세의 연령기에 해당하는 이 단계에서는 상징, 특히 언어를 사용할 수 있는 능력이 급격하게 발달한다. 아이는 보거나 만질 수 없는 것도 원초적인 수준이지만 이해할 수 있게 되고 또한 점차적으로 현실과 환상을 구분할 수 있게 된다. 하지만 지적 조작(추론) 능력이 아직 발달하지 않았다는 의미에서 이 단계에는 '조작전' 이라는 말이 적용되고 있다. 즉, 이 단계에 있는 아이들은 속도, 무게, 부피, 수, 인과성 등의 개념에 대한 이해가 부족하다. 예를 들면, 어떤 두 물질 중 부피가 큰 것을 무게가 많은 것으로 이해한다. 이 단계의 초기에는 자기의 생각, 지각, 느낌을 다른 사람의 것과 구분하지 못하는 자기중심적(egocentric) 성향도 띤다. 예를 들어, 같이 노는 아이들 중 한 아이가 다른 아이에게 장난감을 빼앗겨 울 때 빼앗은 아이가 우는 아이의 심정을 이해하지 못해 멀거니 쳐다보는 행위는 이 단계의 초기에 충분히 나타날 수 있는 현상이다.

다. 구체적 조작 단계(concrete operational stage)

이 단계는 대체로 7~11세의 초등학교 학령기에 해당한다. 이 단계의 어린아이들은 그 이전 단계에서 할 수 없었던 무게, 부피, 수와 관련된 다양한 조작을 할 수 있다. 이들은 또한 논리를 사용하고 다른 관점을 이해할 수 있게 된다. 논리는 아이들로 하여금 원인과 결과의 관계를 이해할 수 있도록 만든다. 하지만 아이들의 사고는 여전히 추상적이거나 가설적인 생각보다는 구체적으로 확인할 수 있는 대상이나 사건에 한정되는 경향이 있다.

한편 이 시기의 아이들은 다른 사람들의 역할을 취득할 수 있을 뿐만 아니라 그들의 관점을 평가할 수도 있으며 게임이나 다른 조직화된 사회적 관계에도 효과적으로 참여할 수 있다. 이것은 사회적 발달로 향하는 중요한 걸음이다.

라. 형식적 조작 단계(formal operational stage)

마지막 단계인 이 시기는 12살부터 시작된다. 이 때부터 아이들(사춘기의 청소년들)은 추상적이고 형식적인 사고를 할 수 있게 된다. 즉 사춘기부터 이론과 가설에 의해서 사고할 수 있는 능력이 생긴다는 것이다. 예를 들어, 어떤 문제가 주어지면 이 단계의 아이들은 그것을 풀 수 있는 모든 가능한 방법들을 검토하고, 그 가운데서 이론적으로 가장 적합한 해결책을 찾아낸다. 또한 이들은 다른 관점들의 존재 가능성을 인지할 뿐만 아니라 그런 관점이 무엇인가에 대해 실제로 상상할 수 있게 된다. 이러한 능력은 청소년들로 하여금 시간과 공간의 한계를 넘어서 사고할 수 있게 해준다. 사춘기에 있는 청소년들은 또한 추상적인 미래, 자기인생의 목표, 더 나아가서는 이상향도 설계할 줄 안다.

피아제는 이러한 발달단계를 거치는 정확한 나이는 개인에 따라 또 사회에 따라 다소 달라질 수 있다고 믿는다. 이는 모든 사회에서 인지의 내용이 동일하게 나타나지 않으며 모든 개인이 인지발달의 최종단계까지 성숙하지 않을 수 있다는 것을 의미한다. 인지의 내용은 문화에 따라 다르며 그 성숙 정도는 각 개인의 사회환경에 따라, 즉 사회화가 어떻게 이루어지느냐에 따라 다르다는 것이다. 하지만 피아제는 이러한 인지발달 과정이 인간의 생물학적 유전인자에 뿌리를 두고 있기 때문에 우리 인간에게 보편적으로 그리고 변함없이 나타난다고 주장한다.

3) 쿨리와 미드의 자아발달이론

(1) 쿨리

쿨리(Chales Horton Cooley, 1864~1929)와 미드(George Herbert Mead)의 이론은 자아의 발달에 있어서 생물학적 측면보다는 사회적 측면을 강조한다는 점에서 위에서 살펴본 프로이드와 피아제의 심리학적 이론과는 차이가 난다.

쿨리는 미드와 거의 동시대의 인물이었으나 자아이론에 관한 한 미드보다 20년 정도나 앞선 고전이론가이다. 쿨리의 이론에 있어서 중심개념은 이른바 '거울(영상) 자아(looking-glass self)'라는 것이다. 우리가 우리의 얼굴모양이 어떤지를 거울을 보고 그 반사된 모습을 통해서 알 수 있듯이 우리의 자아도 우리의 행동에 대한 다른 사람의 반응을 통해서 알 수 있다는 것이다. '거울 자아'란 한 마디로 말해서 다른 사람들이 우리를 어떻게 보고 있는가에 대한 우리의 상상에 의해서 얻어진 우리들 자신에 대한 우리의 느낌이라고 할 수 있겠다. 쿨리에 따르면 이와 같은 거울 자아는 다음 세 가지 요소를 내포하고 있다고 한다. 즉 첫째 내가 다른 사람에게 어떻게 보여지는가에 대한 나의 상상, 둘째 그들이 그렇게 보여지고 있는 나를 어떻게 평가하는지에 대한 나의 상상, 그리고 이에 따른 자부심이나 굴욕감 같은 자아감 등의 세 가지 요소이다(Cooley, 1902: 184).

프로이드와 마찬가지로 쿨리도 어린아이 때 부모와의 정서적 관계를 통해 형성된 자아상은 지속적인 것이어서 그 후의 인성발달에 결정적인 영향을 준다고 생각하였다. 그러나 그는 프로이드와 달리 개인과 사회는 갈등관계에 있지 않으며 또한 서로 분리할 수 없는 것으로 보았다. 즉 사회는 상호작용하는 개인들이 없이는 존재할 수 없고 또한 개인의 자아도 사회적 상호작용이 없이는 형성될 수 없는 것으로 보았다.

(2) 미드

미드는 쿨리의 이론을 한층 더 정교화시켜 자아발달에 관한 사회심리학적 이론의 기초를 마련해놓은 미국의 대표적인 사회학자들 가운데 한 사람이다. 그는 자유와 통제, 변화와 안정, 창조성과 동조성과 같은 양 극단성에서 자아가 어떤 역할을 하는가에 대해 관심을 가졌다. 미드의 연구에 의해 자아는 사회화에 대한 상징적 상호작용론적 접근의 핵심주제가 되었다.

가. 자아 발달의 메커니즘

미드에 따르면 자아는 사회적 경험과 함께 성장한다. 왜냐하면 자아의 활동은 자신의 행위를 다른 사람의 관점에서 바라볼 수 있는 능력을 갖추어야만 가능하기 때문이다. 그런데 이러한 능력은 우리 자신을 객체와 주체로 동시에 볼 수 있게끔 해주는 언어를 통해서만 가능하다. 우리가 다른 사람들에게 말할 때, 우리는 우리가 말한 것을 다른 사람처럼 똑같이 듣고 다른 사람처럼 똑같이 그 말한 것에 대해 반응할 수 있다. 따라서 상징, 특히 언어를 이해하고 사용할 수 있는 능력은 자아발달에 있어 관건적인 요소이다(Mead, 1934). 언어의 사용은 우리로 하여금 이른바 '내적 대화(internal conversation)' 를 가능하게 해준다. 내적 대화란 우리가 언어를 통해서 다른 사람과 대화를 하는 것과 마찬가지로 우리의 마음 속에서 자신에게 말하고 답변 또는 반응하는 현상을 가리킨다. 내적 대화를 하는 과정에서 우리는 동시에 주체(행위자)와 객체(행위의 대상)가 된다.

미드에 따르면 사람은 이와 같은 내적 대화를 통해서 '타자의 역할을 담당해 보는 것(taking the role of the others)' 이 가능하다고 한다. 그는 사회화의 매우 중요한 결실의 하나로서 다른 사람의 기대를 예견하고 그에 따라 행동할 수 있는 능력의 발달을 지적하고, 그러한 능력은 흉내를 내서든 실제로든 다른 사람의 역할을 담당해봄으로써 발달한다고 보았다. 왜냐하면 우리는 다른 사람의 역할을 담당해 봄으로써 우리 자신을 다른 사람의 견지에서 바라볼 수가 있기 때문이라는 것이다.

나. 자아 발달과정

프로이드와 피아제에 비교해 미드는 자아의 발달과정을 일련의 나이와 연관되어 일어나는 단계로 보지 않았다. 대신 그는 자아를 보다 다양하고 광범위한 사회적 경험에 의해 점차 더 복잡하게 되는 것으로 보았다. 이러한 미드의 관점은 사회화에 있어 생물학적 요인보다 사회적 맥락이 더 중요함을 말해주는 것이다. 하지만 미드는 언어를 효과적으로 사용하기 이전과 이후를 구분하여 자아의 발달을 설명한다.

① 말하기 이전 기간(preverbal period) : 말하기 이전 기간의 갓난아이들은 다른 사람과의 상호작용을 거의 원초적인 수준밖에 하지 못한다. 이 때 아이들은 무엇이 자아이고 자아가 아닌지를 분간하지 못한다. 하지만 점차 다른 사람, 특히 부모와의 상호작용을 통해 아이들은 자아에 대한 개념을 갖게 된다. 의사소통 또한 갓난아이의 행위를 해석해주고(실제로는 의미를 부여해주고) 언어를 통해 이러한 행위를 규정해주는 부모에 전적으로 의존한다.

② 말하기 기간(verbal period) : 언어와 몸짓과 같은 상징적인 의사소통을 이해하고 사용할 수 있는 능력을 발달시킴에 따라 아이들은 자기 자신의 발달에 보다 적극적으로

참여하게 된다. 미드에 따르면 어렸을 때는 부모와 같은 '특정의 타자들(particular others)' 의 기대를 내면화하나, 점차 성장하면서는 '일반화된 타자들(generalized others)' 의 기대를 내면화하게 된다. 여기서 일반화된 타자들이란 우리가 속하여 있는 공동체 또는 사회를 의미한다. 따라서 일반화된 타자들의 기대를 내면화한다는 것은 전체 사회의 태도와 관점을 내면화한다는 것을 의미한다. 미드는 이와 같은 자아의 발달은 놀이(play)와 조직화된 게임(organized game)과 같은 사회적 상호작용을 거쳐 이루어진다고 보았다.

• 놀이

미드에 의하면 어린아이들은 두 살 정도가 될 때까지 '몸짓(gesture)' 으로 대화하고 다른 사람의 동작을 모방하여 행동한다고 한다. 그러나 두 살쯤부터는 말을 배우고 놀이를 통해서 다른 사람들의 역할을 담당해 볼 줄도 알게 된다. 두서너살 된 아이들은 대부분의 시간을 놀이로 보낸다. 인형놀이의 엄마노릇도 해보고 아버지의 구두를 신고 어른 흉내를 내보기도 하며 병원놀이를 하면서 의사나 간호원의 흉내도 내본다. 이와 같은 놀이를 통해서 그들은 다른 사람들, 특히 그들에게 '중요한 타자들(significant others)' 의 관점에서 세상을 볼 수 있는 능력을 갖게 된다. 이 시기에 있는 어린아이들에게 '의미 있는 타자들' 이란 부모와 같이 그들과 자주 접촉하고 그들의 자아발달에 매우 큰 영향을 주는 사람들을 말한다.

• 조직화된 게임

놀이단계에서 아이들은 '특정의 타자들' 의 역할을 흉내냄으로써 그들의 관점에서 세상을 볼 수 있는 능력을 기르게 되나 조금 더 성장해서 야구시합과 같은 조직화된 게임을 하면서부터는 다양한 역할들 간의 관계를 알고 또 그들이 하고 있는 역할을 전체 역할체계의 부분으로서 바라볼 수 있는 능력을 발달시킨다. 게임단계에서의 역할은 단순한 흉내내기가 아니라 실제의 역할이다. 조직화된 게임에 참가하는 사람들은 다른 모든 참여자들의 역할과 태도를 동시에 염두에 두고 있어야만 자기의 역할을 제대로 수행할 수 있다. 예를 들면 야구시합을 할 때 투수는 자기팀 선수들이 어떤 역할들을 수행하고 있으며 준비상태가 어떤지 그리고 또한 상대방 팀의 타자들은 어떤 능력을 가지고 있으며 어떻게 공격할 것인지를 알아야 자기의 역할을 잘 수행할 수 있을 것이다.

이러한 능력을 발달시킴으로써 아이들은 다양한 사람들의 역할을 담당하고 또 이러한 역할의 관점에서 자신의 행위를 돌이켜 볼 수 있는 능력을 학습한다. 이렇게 자신의 행동을 돌이켜 본다는 것은 사회적 자아의 발달에 결정적인 역할을 한다.

• 일반화된 타자

미드에 따르면 발달과정의 후기단계에서 아이들은 특정한 타자나 관점뿐만 아니라 전체로서 공동체의 입장에서 자신을 돌이켜 볼 수 있다. 이 때 조직화된 게임에 참여하는 사람들은 조직구성원들의 복합적인 역할들뿐만 아니라 그 게임의 규칙들을 숙지하고 그 규칙들에 따라 행동할 것이 요구된다. 참여자들의 행동이 이와 같은 규칙들에 의해서 통제되어 일어날 경우 그들은 '일반화된 타자' 의 기대에 맞게 역할을 수행하고 있다고 말할 수 있다. 따라서 '일반화된 타자' 라는 개념은 특정 개인들의 기대가 아니라 일반적인 기대와 표준을 내포하고 있다.

'일반화된 타자' 라는 개념은 야구경기와 같이 소규모의 사회현상에만 국한되어 사용되는 말이 아니다. 그것은 또한 전체의 공동체 또는 전체사회의 기대와 표준, 가치와 규범을 가리키는 말로 사용된다. 즉 일반화된 타자는 보다 넓은 의미에서 자기가 속하고 있는 공동체 또는 사회가 자기에 대하여 어떻게 행동할 것을 기대하고 있는 총체를 가리키는 말로 규정되고 있다. 미드에 의하면 성숙한 자아는 '일반화된 타자' 가 충분히 내면화될 때 이루어진다고 한다.

다. 자아의 속성

미드에게 있어서 자아는 단순하게 사회의 규범과 가치가 내면화되어 있는 상태를 의미하지는 않는다. 그에 따르면 자아는 'I' 와 'me' 의 두 부분으로 이루어져 있다고 한다. 여기서 'I' 는 자발적이고 충동적이며 자기중심적이고 조직화되어 있지 않은 능동적인 주체로서의 자아를 의미하고, 'me' 는 사회의 규범과 가치 및 기대를 의식하고 있는 조직화되고 사회화된 자아를 의미한다.

미드에 의하면 자아의 발달은 'I' 와 'me' 의 계속적인 상호작용 또는 '내적 대화(internal conversation)' 로 이루어진다. 그는 프로이드처럼 개인과 사회를 갈등상태로 보지는 않았으나 'I' 는 ' me' 에 의해서 결코 완전히 통제되지는 않는 것으로 생각하였다. 사람은 대체로 어렸을 때 부모의 요구와 기대에 부응하여 행동하려 하고 성장해서는 보다 큰 사회의 요구와 기대에 맞추고자 한다. 이와 같이 해서 사회화된 자아, 즉 'me'가 지배적인 것이 되기는 하나 사람은 누구나 사회의 규칙을 위반하고 다른 사람의 기대에 어긋난 행동을 할 가능성을 가지고 있다. 이는 'me'가 'I'를 결코 완전히 통제할 수는 없음을 말한다. 그러므로 미드에게 있어서 I와 me의 요소는 주체(I)와 객체(me) 뿐만 아니라 자유(I)와 통제(me), 변화(I)와 안정(me)의 중요성도 설명하고 있다.

자아는 유일무이한 개인과 사회적 맥락 간의 상호작용으로부터 나온 산물이다. 각 개인은 사회적 맥락을 다르게 인식하고 해석한다. 따라서 한 사람의 사회적 실체는 다른 사람의 사회적 실체와 같을 필요는 없다.

3. 사회화 기관

사회화는 개인들이 사회의 가치, 규범, 태도 및 기술 등을 학습하고 내면화하는 복잡한 과정이다. 이 같은 과정은 주로 구조화된 사회적 상호작용의 맥락에서 일어나며 전 생애를 통하여 진행된다. 다음에서 사회화가 일어나는 구조화된 사회적 상황들 또는 사회기관들에 관해서 살펴보기로 하겠다.

사회화는 출생과 더불어 시작해서 죽을 때까지 다른 사람과의 상호작용을 지속하는 한 계속되는 과정이다. 따라서 어느 특정 개인의 사회화 과정은 그가 구체적으로 어떤 사회적 상황을 겪어왔는지를 살펴보지 않고서는 알 수가 없다. 하지만 무한대로 펼쳐지는 개인의 특수한 상황을 다 알기는 불가능할 뿐 아니라 무의미하기 때문에 여기서의 관심은 어떤 특정 개인의 사회화에 영향을 준 특정의 사회적 상황이 아니라 모든 사회성원들에게 영향을 주는 비교적 보편적인 사회적 상황을 살펴보는데 있다. 그러한 상황은 대체로 사회적 상호작용이 구조화되어 있는 맥락, 즉 집단이나 제도의 맥락에서 이루어진다. 사회학자들은 그러한 집단이나 제도들을 '사회화 기관(agencies of socialization)'이라 부르고 가족, 또래집단(peer group), 학교, 대중매체 등을 사회화의 주요 기관으로 꼽고 있다.

1) 가족

가족은 어떤 사회에서나 사회화의 가장 중요한 담당자로서의 기능을 수행한다. 그 한 가지 이유는 일생에서 가장 중요한 시기, 즉 유년기의 사회화를 책임지고 있는 곳이 가정이기 때문이다. 어린아이들은 가족과 처음으로 정서적 유대를 맺게 되고 가족으로부터 말을 배우며 또한 문화적 가치와 규범들을 내면화한다. 어린아이들에게 있어서 가정은 거의 모든 것을 의미한다. 따라서 부모의 애정과 훈육은 어린아이들의 정서적 발달과 행동방식에 결정적인 영향을 준다. 그 영향은 특히 프로이드를 위시한 정신분석학자들에 의해서 강조되고 있다. 그 대표적인 예로 어린 아이들과 부모와의 관계는 슈퍼에고의 발달과 정체감의 형성, 즉 성역할의 확립에 결정적인 영향을 준다는 프로이드의 이론을 들 수 있다.

가족이 사회화의 가장 중요한 기관으로 고려되는 두 번째 중요한 이유는 가족이 사회에서 차지하고 있는 구조적 위치 때문이다. 어린아이들은 출생시부터 그들의 가족이 사회구조에서 점유하고 있는 위치에 따라 일련의 귀속적 지위를 갖게 된다. 따라서 아이들은 가족이 어느 인종, 계층, 종교, 지역집단 등의 하위문화 집단에 속하느냐에 따라 서로 다른 사회화를 경험하게 된다. 예를 들면, 상류층의 가정에서 자라나는 아이들은 하류층의 아이들과는 다른 내용의 문화가치와 규범을 내면화한다(Kohn, 1977). 이 점에서 가족은 사회화의 주관자로서 또 다른 중요성을 가지고 있다고 할 수 있겠다.

가족에서의 사회화는 여러 가지 요인들의 복합작용에 의해 결정된다. 많은 연구들은 어린아이들의 사회화는 부모가 모두 있는 경우와 그렇지 않은 경우, 형제자매가 있는 경우와 없는 경우, 그리고 부모의 자녀 양육방식, 직업활동, 사회경제적 지위 등에 따라 서로 다르다는 것을 밝혀 놓고 있다.

2) 학교

학교는 의도적으로 만들어진 사회화의 공식기관이다. 일반 사람들은 흔히 학교를 읽고, 쓰고, 계산하는 지식과 기술을 가르치는 곳이라고 생각한다. 물론 이러한 일도 학교의 중요한 기능이기는 하나 학교는 그 이외에도 많은 중요한 사회화의 기능을 수행한다. 특히 사회의 존속과 유지에 불가결한 문화가치와 규범을 전수하는 일은 다른 어떤 기능보다도 중요시된다.

학교는 공식적인 교과과정을 통해서만 아이들을 사회화시키는 것이 아니라 이른바 '숨은 교과과정(hidden curriculum)' 을 통해서도 많은 내용을 가르친다. 아이들은 교실에서 교사가 가르쳐주는 것 이외에도 학교를 다니면서 정직할 것, 시간을 잘 지키는 것, 옷을 단정하게 입는 것, 공공장소에서 조용히 하는 것, 순서를 지키는 것, 자기가 할 일을 남에게 미루지 않는 것 등등을 배운다. 더 나아가서 사회적 권위를 가진 사람들을 존경해야 하고 그들의 명령에 따라야 한다는 것도 배운다.

아이들은 학교에 다니기 시작하면서 처음으로 부모나 친척이 아닌 사람들의 직접적인 감독하에 놓이게 된다. 그들은 학교 교사들이 사랑과 보호를 제공해주기 때문이 아니라 학교가 여러 가지 규칙들을 지키라고 요구하기 때문에 그들에게 복종하는 것을 배운다.

대개 가족들 간의 관계는 친밀하며 또한 가족구성원들은 자기 식구들을 다른 사람과는 다르게 대한다. 비록 부모들이 자기 집에 놀러온 자기 아이의 친구들을 따뜻하고 친절하게 대하더라고 부모들은 대개 자기 아이에게 특별한 관심과 느낌을 가지는데, 이러한 행위는 특별한 것이 아니다. 하지만 학교는 모든 학생들을 똑같이 대하고 또 동일한 규칙을 적용하도록 되어 있다. 아울러 선생의 행위는 아이들이 누구이냐에 따라서가 아니라 아이들이 무엇을 어떻게 하느냐에 따라 지도하도록 요구된다. 선생은 몇몇 학생들과 개인적인 '특별한 관계' 를 맺어서는 안되게끔 되어 있다. 비록 이러한 일들이 현실적으로 일어나기는 하지만 적절한 행위로 간주되지는 않는다.

학교에서 아이들은 공식적인 규칙과 절차에 따라 자신의 행동과 학업능력을 객관적으로 평가받는다. 따라서 학생들도 다른 사람이 자기에게 적용하고 있는 것과 동일한 기준에 의해서 자신을 평가하는 것을 배운다. 이것은 가족의 비공식적인 사회화와 현저하게 차이나는 점이며 동시에 많은 아이들에게는 새로우면서 어려운 경험이기도 하다.

3) 또래집단

또래집단은 비슷한 배경과 관심을 가진 비슷한 나이 또래의 아이들 또는 사춘기에 있는 청소년들의 집단을 말한다. 아이들은 두세살쯤 되면 같은 나이 또래의 아이들과 어울려 놀기 시작하고 학교에 다니기 시작하면서부터는, 특히 사춘기에는 부모보다는 또래집단과 함께 지내는 것을 더 좋아하게 된다. 이와 같은 또래집단 역시 사회화에 매우 큰 영향을 준다.

또래집단에서의 사회화는 앞에서 살펴본 가정이나 학교에서의 사회화와는 다르게 일어난다. 또래집단에서의 사회화는 무엇보다도 계획되지 않은 상태에서 일어난다는 점에서 가정이나 학교에서의 사회화와 다르다. 또래집단의 성원들 가운데는 부모나 교사와 같이 권위를 가지고 훈육하는 사람이 없다. 그들은 그들 자신이 선택한 친구들인 만큼 대체로 평등한 관계를 맺고 있으며 자주 어울려서 그들의 주변에서 일어나는 일을 얘기하고 새로운 지식을 교환한다. 이렇게 함으로써 그들은 부모나 교사가 가르쳐주지 않는 많은 것들을 알게 된다. 한편 가족에서 아이의 지위는 자동적으로 결정되는 귀속지위이지만 또래집단에서는 일반적으로 획득하는 성취지위이다.

또래집단의 성원들은 종종 가정이나 학교에서 금지되고 있는 것들을 추구하고 부모나 교사의 영향에서 벗어나 그들 나름대로의 역할과 정체성을 확립하려고 한다. 그들이 추구하는 것에는 간혹 수업시간 빼먹기, 시험에서의 부정행위, 흡연, 음주 심지어는 경미한 범죄까지도 있다. 그러나 이와 같은 것들은 대부분의 경우 또래집단에서 배우는 많은 내용 중의 극히 일부에 지나지 않는다. 또래집단의 성원들은 대화와 토론을 통해서 그들의 부모가 가르쳐주지 않은 많은 것을 알게되고 또한 인생과 사회에 대해서 그들의 부모나 선생과는 다른 생각을 가지게 된다. 이 같은 방식으로 또래집단은 자라나는 아이들로 하여금 그들 나름대로의 태도와 정체감을 갖게 하는데 큰 영향을 준다. 아울러 또래집단은 아이가 가족에 대해 갖고 있던 총괄적이고 깊은 유대를 느슨하게 해준다.

또래집단의 영향은 사춘기에 절정을 이룬다. 사춘기에 있는 청소년들은 그들 나름대로의 취미, 여가활동, 의복, 은어, 가치, 영웅적 존재 등을 가지고 독특한 하위문화를 형성하는 경향이 있다. 그러므로 사춘기에 있는 청소년들의 또래집단은 일반적으로 결속력이 강하다. 그리고 집단의 결속력이 강한 만큼 성원들에 대한 집단규범의 제재력도 강하다. 집단적인 따돌림은 그 한 예이다. 이와 같이 사춘기에 있는 청소년들의 또래집단은 그 성원들에게 규범에 따른 보상과 벌을 가함으로써 그들의 행위와 인성에 매우 큰 영향을 주고 있다.

4) 대중매체

앞에서 언급한 사회화 기관은 모두 상호작용적이고 개인적인 접촉에 바탕을 둔다. 다수의 시청자들을 위한 다양한 커뮤니케이션 양식인 대중매체는 그렇지 않다. 하지만 신문, 잡지, 책, 라디오, 텔레비전, 영화, 비디오, 인터넷 등등을 포함하는 대중매체는 사회규범과 가치뿐만 아니라 대안적이고 부가적인 역할모델도 제공함으로써 사회화에 큰 몫을 하고 있다. 특히 최근 들어 발달한 정보통신기술은 대중매체가 시간과 공간의 제약없이 많은 사람들에게 막강한 영향력을 미칠 수 있게 해주면서 대중매체의 사회화에 대한 중요성은 더욱 커져 가고 있다.

여러 가지 대중매체 가운데서도 가장 영향력이 큰 것은 텔레비전이다. 특히 텔레비전이 아이들의 사회화에 미치는 영향은 매우 크다고 할 수 있다. 왜냐하면 대부분의 아이들은 하루에도 몇 시간씩 텔레비전을 시청하고 있을 뿐만 아니라 그것은 사회의 다양한 모습을 가장 효과적으로 보여주는 매체이기 때문이다.

대중매체는 뉴스로부터 유행에 이르기까지 다양한 사건과 변화하는 사회의 모습을 알려주고 또한 우리가 직접적으로 경험하지 않은 생활양식들까지도 보여준다. 따라서 아이들이 대중매체를 통해서 배우는 것도 매우 광범하다. 예를 들면 어떤 만화영화를 보고도 어린이들은 경찰관이나 의사는 어떤 일을 하는 사람인가를 알게 되고 아름다운 것, 추한 것 또는 인생에서 성공과 실패가 어떤 것인지도 알게 된다. 더 나아가서 매스미디어는 유행이나 사회의 가치와 규범의 변화를 잘 보여주고 있기 때문에 청소년들은 그러한 미디어를 통해 새로운 것을 빠르게 배우게 된다.

텔레비전, 특히 오늘날 보편화된 인터넷이 아이들의 사회화에 미치는 영향에 대해 두 가지 상반된 평가가 존재한다. 먼저 긍정적인 관점은 이들 미디어가 지식을 전달해주는 뛰어난 교육매체의 역할(예: EBS의 교육용 프로그램)과 또한 아이들이 직접 경험할 수 없는 장소나 사건을 간접적으로 경험하게 해줌으로써 아이들의 시야를 넓혀주는 재미있는 방식(예: 다큐멘터리용 프로그램)을 제공해준다는 점을 지적한다. 부정적인 관점은 비현실적이면서 지나치게 단순한 프로그램, 특히 사람들을 유혹하기 위한 자극적이고 선정적인 성폭력물이 청소년의 정서와 태도에 부정적인 결과를 가져오는 측면을 강조한다.

5) 기타 사회화 기관

사회화는 사회적 상호작용이 구조화되어 있고 지속적으로 일어나는 어떤 상황에서도 일어날 수가 있다. 그러한 상황을 제공해주는 것들로서는 앞에서 서술한 가족, 또래집단, 학교, 대중매체 이외에도 유아원, 학원, 종교집단, 청소년 단체, 군대, 동호회, 양로원 등이 있다. 이러한 집단이나 기관들도 경우에 따라서는 매우 중요한 사회화의 주관자 역할을 수행한다. 이들에서 수행되는 사회화는 학교나 또래집단의 경우와 마찬가지로 반드시 서로 보완적인 것은 아니다. 예를 들면 종교단체에서 가르치는 것과 군대에서 요구하는 것은 서로 갈등을 일으킬 수도 있다. 사회화의 주관자들이 서로 다른 내용을 부과하고 있는 것만큼 우리들의 인성은 어느 한 주관자에 의해서 의도되거나 예상된 그대로 형성되지는 않는다. 더 나아가 우리들은 생애주기에 따라 새로운 사회적 상호작용의 상황에 처하게 되고 그러한 상황의 변화에 따라 새로운 사회화 과정을 겪게 된다. 이 점에서 우리의 인성은 결코 불변적이지 않다.

4. 사회화와 생애주기

1) 전 생애에 걸친 사회화의 필요성

우리는 성숙함에 따라 새로운 지위들을 갖게 되고 또한 새로운 역할들을 수행하게 된다. 이러한 지위들, 예를 들면 직업적 지위나 혼인상의 지위는 어릴 때 가져보지 않았기 때문에 이러한 지위에 적합한 새로운 역할들은 이전에 배울 수 없었다. 그렇기 때문에 취직과 더불어 공식적인 직업교육이나 훈련과 같은 새로운 사회화가 부가적으로 필요하고 결혼해서는 남편 또는 아내의 역할과 부모의 역할들도 이전에 학습한 내용들은 충분치가 않기 때문에 또다른 부가적 사회화가 필요하다.

급격한 사회변동이 기존의 규범을 변경시킬 경우에도 어릴 때 이후의 사회화가 필요한 이유가 되겠다. 예를 들어, 여자라고 하는 지위에 연관된 역할은 과거 수십년간에 걸쳐 상당히 변해왔다. 20여년 전에 배웠던 여성의 적합한 성역할에 관한 개념은 오늘날 별로 맞지 않다. 현대여성을 위한 새로운 규범, 가치, 행동이 필요하다. 이것들의 습득은 지속적인 사회화를 통해 달성된다.

마지막으로, 우리가 어렸을 때 배웠던 것들의 많은 부분은 일반적이고 추상적인 규범과 가치로 이루어져 있는데, 이것들은 이후 실행에 옮길 경우 수정될 필요가 있다. 우리는 자라면서 보다 구체적이고 다양하고 복잡한 현실 세계에 접하게 되면서 어릴 때와는 달리 보다 분명하고 관찰가능한 행동에 많은 비중을 두게 된다. 사람들은 무엇을 해야할 것인가에 대해 이미 알고 있다. 이제 초점은 그것을 어떻게 할 것인가에 두어져야 한다. 예를 들어, 우리는 아이들에게 정직할 것을 가르친다. 하지만 아이들은 나중에 경우에 따라 이 정직성을 재치있게 적절히 조절하는 것을 학습해야 한다.

이상주의는 종종 젊은이와 연관되며 현실주의는 어른과 연관된다. 나이를 먹으면서 이상주의가 사라질 필요는 없지만 이것은 현실과 자주 부딪치게 된다. 자라면서 겪는 사회화의 어려운 측면 하나는 자신의 이상을 버리지 않고 현실적인 방식으로 세상사를 다루는 일이다. 우리는 이 문제와 관련해서 "왜 이것이 행해져야 하는가?"에서 "이것을 행하는 가장 최선의 방법은 무엇인가?"로 질문을 바꾸곤 한다.

2) 사회화의 유형

앞에서 살펴본 바와 같이 사회화는 출생시부터 성숙기와 노년기를 거쳐 죽음에 임박할 때까지 계속되는 과정이다. 이와 같이 평생을 통해 일어나는 사회화 과정은 원초적 사회화(primary socialization), 예기 사회화(anticipatory socialization), 발달 사회화(developmental socialization), 역사회화(reverse socialization), 재사회화(resocialization) 등의 다섯 가지 유형으로 나누어 볼 수 있다.

과거의 학자들은 사회화란 거의 전적으로 어린 시절에만 일어나는 것으로 생각하였으나 오늘날에 와서는 평생을 통해서 계속되는 과정으로 이해하고 있다. 물론 어린 시절에 이루어지는 사회화가 기본을 이루기는 하나 학교에 다니면서부터는 주로 예기 사회화가 그리고 성인이 되어서는 과거에 배운 것과 새로운 것이 융화되어 발달 사회화의 과정을 거치고 나이가 들어서는 역사회화도 경험한다. 또한 경우에 따라서는 직업학교에서 필요한 기술을 배우기도 하고, 정상적으로 사고하거나 행동하지 못할 경우에는 정신병원에서 치료를 받기도 하며, 탈선적 행위를 할 경우에는 소년원 또는 교도소에서 교화를 받는 등의 재사회화 과정을 겪기도 한다. 여기서는 이와 같이 일어나는 사회화 과정을 그 유형별로 간단히 고찰해 본 다음 생애주기에 따른 사회화 과정을 살펴보기로 하겠다.

(1) 원초적 사회화

원초적 사회화는 인생의 초기에 일어나는 기본적인 사회화, 즉 어린 시절의 학습과정을 말한다. 이 시기의 주된 사회화 내용은 언어와 그 밖의 인지적 능력 향상, 문화적 규범과 가치의 내면화, 정서적 유대의 확립 그리고 다른 사람들의 역할과 관점에 대한 평가 등이 있다.

(2) 예기 사회화

예기 사회화는 학습되는 내용이 미래의 역할에 지향된 것일 경우를 말한다. 아이들이 소꿉놀이를 하면서 어머니와 아버지의 흉내를 내보는 것은 성장해서 부모가 되었을 때 부모의 역할을 수행하는데 도움이 되는 예기 사회화의 일종이라고 볼 수 있다. 이와 같은 놀이단계에서의 예기 사회화는 의도되지 않은 것도 있지만 많은 경우 그것은 의도적으로 수행된다. 학교에서 장차 직업에 도움이 되는 지식을 가르쳐준다든지 기업체나 정부 그리고 군대 등에서 임무수행에 필요한 연수교육과 훈련을 시키는 것 등은 의도된 예기 사회화의 좋은 예이다.

(3) 발달 사회화

발달 사회화는 원초적 사회화 과정에서 획득된 기술과 지식을 바탕으로 일어난다. 성인이 되어가면서 사람들은 결혼, 전직 등과 같은 새로운 기대, 의무, 역할 등을 요구하는 상황에 처하게 된다. 이러한 상황에 처해서 일어나는 사회화는 대체로 원초적 사회화 과정에서 획득된 것들에 기초해서 원만하게 진행된다. 이와 같이 새로운 학습이 옛것에 부가되거나 융화되어 일어날 경우 그것을 발달 사회화라고 한다.

(4) 역사회화

역사회화는 기성 세대의 문화지식이 젊은 세대로 전해지는 것이 아니라 그 반대의 방향으로 일어나는 현상을 말한다. 이와 같은 현상은 전통사회에서는 잘 일어나지 않으나 복잡한 현대사회, 특히 급격히 변동하는 사회에서는 자주 일어난다. 사회가 급격히 변동할 때 새로운 교육을 받은 젊은 사람들은 그 변동에 부응하는 보다 적절한 지식과 정보를 가질 수 있으나 나이 많은 사람들의 기존 지식은 쓸모없게 되어 버린다. 이와 같은 상황에서는 어른들이 오히려 젊은이들로부터 많은 것을 배우게 된다. 노인들이 자식이나 손자로부터 컴퓨터나 스마트폰의 사용방법을 배우는 현상은 역사회화의 한 예이다.

(5) 재사회화

재사회화는 여기서 마지막으로 다루고 있기는 하나 매우 중요한 사회화의 한 형태이다. 사회화는 앞에서 서술된 여러 가지 형태로 평생을 통해서 지속된다. 대부분의 경우 이러한 과정들은 원만하게 점진적으로 일어난다. 그러나 어떤 사람들은 과거에 가지고 있던 것과는 근본적으로 다른 규범과 가치를 내면화하는 경우가 있는데 이와 같은 경우를 재사회화라고 한다. 재사회화는 급격한 생활환경의 변화가 있을 때 일어난다. 사람들은 과거와는 전혀 다른 새로운 환경에 처하게 될 때 과거에 내면화되어 있던 가치와 규범은 잊어버리게 되고 새로운 것들을 내면화하게 된다.

재사회화는 자발적으로 일어나기도 하고 비자발적으로 일어나기도 한다. 자발적 재사회화의 예로 개종이나 성격을 바꾸기 위해 자발적으로 받는 심리치료를 들 수 있다. 이 양자의 경우 목적은 기존의 가치와 행위양식 또는 현재의 정체성을 새로운 것으로 바꾸는 것이다. 비자발적 재사회화의 예로 교도소와 정신병원에서 강제로 실시되는 재사회화를 들 수 있다.

극단적인 재사회화의 예로서는 포로수용소에서 종종 수행되는 세뇌(brain washing)를 들 수 있겠고 그보다 조금 약한 경우로서는 군대에서 훈련을 받고 군대의 규범과 가치에 따르게 된다든지 문화가 다른 사회로 이주한 사람이 그 사회의 생활양식을 배우는 경우를 들 수가 있겠다. 재사회화는 특히 군대, 포로수용소, 교도소, 수녀원, 정신병원 등과 같은 이른바 '총체적 기관(total institution)' 에서 효율적으로 일어난다. 총체적 기관이란 비슷한 상황에 있는 많은 사람들이 일정기간 동안 외부와 단절된 상태에서 단일의 권위체계하에서 생활하는 거주지를 말한다(Goffman, 1961). 이런 곳에 수용되는 사람들은 지금까지 형성되어 온 자아를 상실하게 되고 직원들에 의해서 강요되는 엄격한 규율에 복종해야 하며 거기에 맞는 역할을 수행해야 한다. 그 과정에서 그들은 그들을 가두어 놓고 있는 기관에 적절한 방향으로 재사회화된다.

3) 생애주기에 따른 사회화

(1) 유년기

전통적으로 대부분의 발달심리학자들은 자아란 초등학교에 들어갈 나이인 6~7세나 되어서야 형성된다고 생각하였다. 그들은 6세 미만의 어린 아이들은 수동적이고 자기중심적이며 다른 사람을 생각할 능력이 없는 것으로 믿는 경향이 있었다. 그러나 최근의 연구들은 6세미만의 아이들도 다른 사람을 생각할 줄 알 뿐 아니라 다른 사람과 공유하는 행동도 할 수 있다는 사실을 밝혀냈다.

한 살이 채 못된 유아들도 손가락으로 지적해서 부모의 주의를 불러일으키고 장난감을 집어 들어 어른에게 주는 행동을 한다. 이는 유아들도 타자지향적인 성향을 가지고 있다는 사실을 잘 입증해준다. 2살쯤부터 급속도로 발달하는 언어능력은 다른 사람의 관점을 인식가능케 해준다. 3~4살쯤 된 어린이집의 아이들을 보자. 그들은 어린이집에서 대부분의 시간을 보모나 친구들과 얘기하면서 보낸다. 그들의 얘기는 혼자하는 소리가 아니라 상호반응하는 것들이다. 이와 같은 사실들은 자아의 발달이 매우 어릴 적부터 지속적으로, 그리고 누진적으로 일어난다는 것을 잘 입증해주고 있다.

초등학교에 다닐 동안 아이들은 사회와 사회적 상호작용에 필요한 지식을 급속도로 축적한다. 어떤 한 연구에 의하면, 아이들은 8살을 전후로 하여 지각발달이 획기적으로 일어난다고 한다. 8살 이전의 아이들은 사람들을 대체로 특징적인 요소들, 즉 가족, 소유물 그리고 신체적 특징 등 외적으로 쉽게 관찰할 수 있는 속성들로 기술하나 그 이후부터는 다른 사람의 미세한 내적 특성을 인식하고 행동을 분석하고 해석할 수도 있게 된다고 한다.

(2) 청소년기

초등학교에 다니는 아이들은 그들 자신이나 다른 사람들을 대체로 구체적인 범주를—예를 들면 집주소, 신체적 모습, 소유물, 취미활동 등—로서 표현하나 사춘기에 들어와서는 개인적 신념, 동기 및 대인관계의 특성 등과 같은 보다 추상적이고 주관적인 묘사도 할 줄 알게 된다. 사춘기에 들어오면서 소년 소녀들은 신체적 변화를 겪는다. 신체적인 변화와 더불어 그들은 감수성이 매우 예민해지며 여러 가지 활동에 참가하면서 많은 것을 배우게 된다.

이들은 어렸을 때보다 다른 사람의 관점을 더 잘 이해하고 다른 사람들이 항상 자기를 지켜보며 평가하고 있다는 생각하는 경향이 있다. 따라서 자기자신에 대해서 보다 더 조심스럽게 생각한다. 그러나 그들의 역할과 책임은 애매하게 규정되어 있어 심적인 갈등과 고민에 빠지는 경우가 많다. 그들은 아이 때보다는 좀더 자유롭게 활동할 수 있으나 어른들처럼 행동할 수는 없다. 그들은 신체적으로 성숙하여 있고 대중매체는 성적인 쾌락과 여러 가지 기호를 자극하나 어른들처럼 그것을 쉽게 경험할 수는 없다. 따라서 그들은 어른들과는 다른 취미, 여가활동, 가치, 규범, 태도 등을 가지고 하위문화를 형성하는 경향이 있다. 그들이 형성한 하위문화는 흔히 '세대차' 라는 말로 표현되는 어른, 특히 부모와의 갈등을 일으킨다.

세대차는 우리가 어릴 때와 그 이후에 배우는 사회화의 내용이 다름으로 인해 일어나는 경우가 많다. 청소년기까지 우리는 일반적인 규범과 가치를 학습하는 경향이 있다. 하지만 그 이후부터는 분명하고, 현실적인 행동에 점차 보다 많은 비중을 둔다. 어른들은 이미 무엇을 할 것인가를 알고 있고 이제 관심은 그것을 어떻게 할 것인가에 두어져 있다. 종종 사람들은 자신들의 목표를 성취하기 위한 행동과 판단을 정하기 위해 학교와 직장에서 배운 것을 종합할 필요가 있다.

흔히 이상주의는 젊은이와 현실주의는 성인과 연결된다. 이상주의는 나이를 먹음에 따라 사라질 필요는 없다. 하지만 이것은 현실과 부딪힐 수밖에 없다. 청소년기 이후의 사회화과정에서 나타나는 어려운 측면 중에 하나는 자신의 이상을 버리지 않으면서 세상사를 현실적인 방식으로 다루어 나가는 것이다.

(3) 성인기

성인기에 도달하면 이른바 '원초적 사회화' 는 거의 끝나고 자아상을 확립하게 된다. 성인들은 대체로 자기 자신을 잘 통제할 줄 알고 자기가 속한 집단과 사회의 규범과 가치에 자발적으로 순종한다. 그러나 결혼을 하고 자식을 갖게 되어 가족을 형성하는 과정에서 그리고 취업, 전직, 전근, 승진 등의 직업경력 과정에서 많은 새로운 역할을 배우지 않으면 안된다. 이 같은 과정에서 일어나는 사회화는 간혹 직업연수와 같은 예기 사회화도 있으나 대부분의 경우는 기존의 지식과 경험에 기초한 발달 사회화의 성향을 띤다.

사람들은 대체로 20대나 30대에 결혼을 하여 가족을 형성하고 자기 나름대로의 생활양식을 발전시킨다. 그러나 급격히 변동하는 사회에서의 역할수행은 가정과 직장 모두에서 쉽지가 않다. 이전의 사회화는 상당한 부분이 쓸모없는 것이 되어 버리고, 새로운 도전에 재적응하지 않으면 안되는 경우가 종종 일어난다.

(4) 중년기

40대와 50대에서의 생활은 비교적 안정되나 이른바 '중년의 위기'가 내재되어 있다. 나이가 들면서 사람들은 신체적으로나 정신적으로나 위약해지기 마련이다. 이 시기에 남자들은 지금까지 성취하지 못한 것은 더 이룰 수 없다는 사실을 감수해야 하고 여자들은 자신의 정체감의 기초가 되었던 아름다움과 자식들 모두를 상실하게 된다. 특히 자식이 성장해서 독립하게 됨에 따라 부부만 집에 혼자 남는 "빈 둥지(empty nest)"상태가 될 경우, 이러한 상황에 잘 적응하지 못하면 부모가 느끼는 허탈감, 소외감, 과거의 삶에 대한 회환과 후회는 적지 않다. 따라서 중년기에 있는 사람들에게 우울증이나 알코올 중독 심지어는 결혼생활의 파탄 같은 위기현상이 비교적 자주 일어난다. 그러나 이와 같은 위기현상은 불가피하게 일어나는 것은 아니다. 위기를 겪는 사람들도 그 대부분은 그것을 잘 극복해낸다.

(5) 노년기

인생의 황혼길에 접어든 노년기의 사회화는 전통사회에서와 산업사회에서의 경우가 서로 크게 다르다. 확대가족과 혈연유대가 강한 전통사회에서는 노인의 권위가 매우 컸다. 전통사회에서의 젊은 사람들은 많은 경험으로 축적된 노인들의 지식을 배우고 노인들은 실제로 가족이나 공동체에서 매우 중요한 역할을 수행했다. 그러나 핵가족화하고 있는 현대 산업사회에서의 노인들의 지위와 역할은 전혀 다르다. 그들 지식의 상당 부분은 쓸모없는 것이 되어버리고 그들의 권위는 과거와 비교가 안될 정도로 약해지며 많은 노인의 경우 생계는 자식이나 사회에 의존하지 않을 수 없게 된다. 따라서 노인들 가운데는 자아정체감을 상실하는 경우가 적지 않게 일어난다. 특히 은퇴와 더불어 겪는 자아상실감은 매우 큰 것으로 알려져 있다.

그러나 모든 노인들이 자아상실을 경험하는 것은 아니다. 일생을 거쳐 축적된 풍부한 사회적 경험과 재정적 자원에 바탕을 두고 현실에 적극적인 참여를 시도하는 노인들은 여전히 권위와 존경을 계속적으로 유지할 수 있다. 특히 현대 의학의 발달은 이러한 노인들의 활발한 사회적 활동과 참여의 가능성을 높여주고 있다. 에릭슨의 말대로 인생을 만족스럽게 살았다고 느끼는 사람은 자기완결성을 가질 수 있으나 과거를 실패의 연속이었다고 생각하는 사람은 절망감을 느낄 것이다.

■■ 참고문헌

Bernard, L. L. 1924. *Instincts.* New York: Holt, Reinhard and Winston.

Cooley, Charles Horton. 1909. *Social Organization.* New York: Scribners.

Davis, Kingsley. 1940. "Extreme Social Isolation of a Child." *American Sociological Review* 45: 554-565.

______. 1947. "Final Note on a Case of Extreme Isolation," *American Journal of Sociology* 52: 432-437.

Erikson, Erik M. 1964. *Childhood and Society.* New York: W. W. Norton.

Kenkel, William F. 1980. *Society in Action: Introduction to Sociology.* New York: Harper &Row, Publishers,

Kohn, Melvin l. 1977. *Class and Conformity: A Study in Values.* Homewood, IL: Dorsey.

McDougall, William. 1908. *An Introduction to Social Psychology.* London: Metheun.

Mead, George Herbert. 1934. *Mind, Self, and Society.* Chicago: University of Chicago Press.

Piaget, Jean and Barbell Inhelder. 1969. *The Psychology of the Child.* New York: Basic Books.

Robertson, Ian. 1981. *Sociology.* New York: Worth Publisher Inc.

Skinner, B. F. 1971. *Beyond Freedom and Dignity.* New York: Knopf.

van den Berghe, Pierre L. 1974. "Bringing Beasts Back In: Toward a Biosocial Theory of Aggession" *American Sociological Review* 39: 777-788.

Wallace, Ruth A. and Alison Wolf. 1980. *Contemporary Sociological Theory.* Englewood Cliffs, N.J.: Prentice-Hall Inc.

Watson, John B. 1970[1924]. *Behaviorism.* New York: Norton.

Wilson, Edward O. 1975. *Sociobiology: The New Synthesis. Cambridge,* MA: Harvard University Press.

제 7 장

일탈행위

1. 일탈행위의 성격

일탈의 개념 / 일탈행위의 유형
일탈행위의 역기능과 기능

2. 일탈행위에 관한 이론

생물학적 이론 / 심리학적 이론 / 아노미 이론
차별교제이론 / 통제이론 / 낙인이론

3. 일탈행위의 종류

범죄 / 비범죄적 일탈행위

4. 범죄와 범죄자의 특성

범죄의 특성 / 범죄자의 특성

5. 사회통제

사회통제의 메커니즘 / 사회통제의 문제점

6. 일탈의 사회적 함의

사회적 오명 / 일탈과 사회

제 7 장

일탈행위

지금까지 사회와 문화가 어떻게 구조화되어 있으며 사람들은 그들에게 부여되는 역할을 어떻게 학습하고 사회질서 유지에 필요한 규범들을 어떻게 내면화하는가에 관해서 살펴보았다. 대부분의 사람들은 사회화 과정을 통해서 그들이 속하고 있는 사회나 집단의 규범들을 내면화했기 때문에 그리고 법과 경찰과 같은 사회통제구조에 의해 사회생활은 대체로 규칙적이며 예측가능한 유형으로 이루어진다. 그러나 사회화는 완전무결하게 이루어지지는 않는다. 설사 비교적 완전하게 이루어진다고 해도 개인적 또는 상황적 이유 때문에 부득이 규범을 위반하는 경우가 있다.

일탈행위란 간단히 말해서 사회 또는 집단의 규범을 위반하는 행위를 가리킨다. 그러나 일탈행위를 이와 같이 간단하게 규정하는 데에는 문제가 있다. 앞에서 문화를 설명할 때 논의된 바와 같이 어느 사회나 무수히 많은 규범들이 있다. 거짓말을 해서는 안 된다는 것도 사회규범이다. 그러나 평생을 통해서 거짓말을 한번도 해보지 않은 사람은 없다. 사소한 거짓말을 하는 사람도 일탈자로 규정해야 할 것인가? 또한 어떤 경우에는 부득이하게 규범을 위반할 수가 있다. 예를 들어, 생명이 위독한 환자를 차에 태우고 교통신호를 위반하면서 병원으로 달려가는 것도 일탈행위로 취급해야 하는가? 누가 어떤 규범을 어떤 상황에서 왜 어겼는지를 고려하지 않고서는 무엇이 사회질서에 문제가 되는 일탈행위인지 알 수가 없다.

이 장에서는 먼저 일탈행위의 성격을 구명하고 그 원인과 과정을 설명하는 몇 가지 중요한 이론을 소개한 다음, 일탈행위의 연구에 가장 중요한 범죄와 그에 대한 사회적 통제의 문제를 살펴보기로 하겠다.

1. 일탈행위의 성격

사람의 행위를 아무런 기준도 없이 규범에 동조하는 행위와 동조하지 않는 행위로 나누어 본다는 것은 쉬운 일이 아니다. 왜냐하면 규범이라는 것은 사회 또는 집단에 따라 다를 수 있고 또한 사회가 변함에 따라 변하는 것이기 때문이다. 예를 들면 어떤 사회는 결혼 전 성관계를 허용하나 어떤 사회에서는 부도덕한 것으로 규제한다. 또 흡연이나 음주와 같이 어른들에게는 허용되나 청소년들에게는 금지되고 있는 것들도 있다. 더 나아가 우리 사회의 경우, 과거에는 자식을 낳지 못하는 부인을 내쫓을 수 있었으나 지금은 그렇게 할 수가 없다. 따라서 사회학자들은 대체로 상대적 관점에서 일탈행위를 규정한다.

이 절에서는 사회학자들이 일탈행위를 어떻게 규정하고 있으며 그 유형은 어떻게 구분될 수 있는가를 살펴본 다음 그것의 사회적 효과에 관해서 논의해 보고자 한다. 일탈행위의 유형을 구분하고 그 사회적 효과, 즉 사회에 대한 기능과 역기능을 논의하는 것은 일탈행위의 성격을 이해하는데 큰 도움이 될 것이다.

1) 일탈의 개념

일탈행위란 사회의 규범을 어기는 행위를 가리키는 말임에는 틀림없다. 그러나 이와 같이 간단한 개념규정만 가지고 일탈행위를 연구하는 데에는 다소 무리가 뒤따른다. 왜냐하면 사회규범들 가운데에는 어겨도 별로 문제가 되지 않는 사소한 규범들이 있기 때문이다. 사회학자들이 관심을 가지고 있는 일탈행위는 대체로 많은 사람들이 문제로 삼고있는 행위들이다. 따라서 사회학자들은 연구의 목적을 위해서 일탈행위를 중요한 사회규범의 위반행위로서 많은 사람들이 부정적으로 평가하는 것으로 규정하고 있다. 다음에서 일탈행위에 대한 몇 가지 다른 개념규정들을 소개하고 각각은 어떤 문제점을 가지고 있는가에 관해서 살펴보기로 하겠다.

첫째, 일탈의 개념은 가장 단순하게 통계적 평균으로부터 상당히 벗어난 특성으로 규정되기도 한다. 이와 같은 개념은 사람들의 행위나 속성을 통계학적으로 분석하는데는 도움이 될지 모르나 그 자체만으로는 문제가 많다. 그 이유는 이 개념에 따르자면 불구자나 왼손잡이, 노총각이나 노처녀 지능지수가 매우 높거나 낮은 사람 모두가 일탈자의 범주에 들어가기 때문이다.

둘째, 위의 통계학적 개념과 유사하게 일탈이라는 용어는 무엇인가 '비정상적(abnormal)' 인 것을 가리키는 말로도 쓰인다. 이러한 의미규정도 '정상' 과 '비정상' 을 구분하는 기준이 애매하기 때문에 동조적 행위와 일탈적 행위를 제대로 구분하지 못하는 결함을 가지고 있다. 왜냐하면 사람들이 비정상적이라고 생각하는 행동들 가운데에는 사회적으로 용납되고 어떠한 규범에도 위배되지 않는 경우가 있기 때문이다. 예를 들면 어떤 학생이 선생을 지나치게 자주 방문하는 것은 비정상적으로 보일지는 몰라도 규범에 어긋나는 행동은 아니다. 더 나아가 중요한 규범을 위반한 사람이라고 해서 그를 비정상적이라고 단정한다는 것은 문제가 된다. 만약 규범을 위반한 적이 있는 모든 사람을 비정상적이라고 한다면 정상인은 한 사람도 없게 되기 때문이다.

셋째, 일탈을 병리적(pathological) 현상으로 보는 견해가 있다. 이 견해는 의학의 관점을 유추로 해서 범죄현상을 설명하려 했던 19세기의 학자들에 의해 처음으로 제안되었다. 이들에 따르면 규범에 동조하는 행위는 건강한 것이 되고 동조하지 않는 행위는 병리적인 것이 된다. 초기의 기능론자들 가운데서도 사회의 안정에 도움을 줄 경우는 기능적 또는 건강한 것으로, 그리고 해를 줄 경우는 역기능적 또는 병리적인 것으로 본 사람이 있었다. 그러나 어떤 일탈행위는 사회발전에 기여하는 경우도 있고 또한 어떤 집단에는 역기능적이나 다른 집단에는 기능적인 경우가 있다. 더 나아가서 사회규범은 시간에 따라 변하고 장소에 따라 다르기 때문에 동일한 현상이 어떤 때에는 병리적인 것으로 또 어떤 때에는 병리적이지 않은 것으로 다루어져야 한다는 것도 문제가 될 수 있다.

마지막으로 일탈행위를 사회적 반응의 산물로 규정하는 사회학자들이 있다는 것도 소개할 필요가 있다. 이른바 낙인이론가라고 불리는 일군의 사회학자들은 일탈행위란 행위 그 자체의 속성에 의해서가 아니라 사회적 반응의 산물, 즉 사회가 명백한 규칙위반이라고 낙인 또는 규정한 결과로 나타나는 것이라고 주장한다(Lemert, 1951; Becker, 1963). 이 개념에 따르면 아무리 사소한 물건이라도 훔치려다가 발각되어 사람들이 도둑놈이라고 규정하면 일탈자가 되나 아무리 비싼 물건을 훔치려 했어도 관용이 베풀어져 벌을 받지 않는다면 일탈자로 취급되지 않는다. 따라서 이 개념도 사회적 반응을 지나치게 강조할 경우에는 적절하다고 볼 수 없는 측면이 있다.

위에서 일탈행위에 대한 몇 가지 규정들을 소개하고 각각의 규정이 내포하고 있는 문제점들을 살펴보았다. 이와 같은 검토를 통해서 일탈행위를 하나의 사회문제로 보고 다음과 같이 규정하는 것이 다른 어떤 규정들보다 더 적절하다는 생각을 한다. 즉 일탈행위를 중요한 사회규범에 대한 위반행위로서 많은 사람들에 의해 부정적으로 평가되는 것으로 규정함이 가장 적절하다는 말이다.

이와 같은 개념 규정에 관련해서 일탈행위란 어떤 절대적인 기준에 의해서 규정될 수 있는 성질의 것이 아님을 거듭 강조해둘 필요가 있겠다. 왜냐하면 앞에서도 언급된 바와 같이 규범은 사회에 따라 다르고 또한 사회가 변함에 따라 변하기 때문이다. 과거에 우리 사회에서는 오늘날의 중동사회와 마찬가지로 한 남자가 여러 부인을 거느릴 수 있었으나 지금은 법으로 금지되고 있다는 사실은 그 좋은 예가 될 것이다. 더 나아가 규범은 동일한 사회 내에서도 집단 또는 집단 내에서의 사회적 지위에 따라 다르다. 예를 들면, 성인들은 술집이나 카바레 같은 유흥접객업소에 자유롭게 드나들 수 있으나 미성년자의 출입은 금지되어 있다. 이와 같이 규범은 사회적 지위에 따라 다르게 부과되어 있기 때문에 어떤 학자는 일탈행위를 사람들이 가지고 있는 사회적 지위에 부과된 규범으로부터 크게 벗어난 행위로 규정하기도 한다(Merton, 1966: 882).

2) 일탈행위의 유형

위에서 일탈행위에 대한 개념규정에 관해 살펴보았다. 여기서는 그 형태를 구분해 봄으로써 그 성격을 좀더 자세히 알아보고자 한다. 일탈행위는 누가 어떤 규범을 어떤 상황에서 왜 위반하였는가에 따라 여러 가지 종류로 나누어 볼 수가 있다. 이와 같이 구체적인 기준에 의해서 분류되는 일탈행위의 종류에 관해서는 나중에 다루기로 하고 여기서는 보다 일반적인 수준에서의 구분만을 살펴보기로 하겠다.

일탈행위는 먼저 탈선적 행동(aberrant behavior)과 비동조적 행동(noncon forming behavior)으로 나누어 볼 수 있다. 이 구분은 머튼(Merton, 1966: 808~813)이 제안한 것으로, 전자는 원칙적으로 규칙의 타당성을 수용하나 개인적 이득을 취하기 위해서 고의로 위반하는 행위를 말하고 후자는 규칙을 어김으로써 다른 사람의 관심을 불러일으키고자 하는 행위를 말한다. 절도, 강도, 공금횡령과 같은 탈선적 행동을 하는 대부분의 범죄자들은 그들의 행위가 규칙에 위반된다는 점을 잘 알고 있으며 따라서 다른 사람에게 발각되지 않으려고 노력한다. 이와는 대조적으로 혁명가나 극단적인 사회운동가와 같은 비동조적 일탈자들은 대부분이 규칙 그 자체를 부당한 것으로 생각하고 그 규칙을 위반함으로써 그것을 바꾸어 보려고 시도하는 사람들이다.

둘째, 일탈행위는 사회적으로 용납되는 행위와 용납되지 않는 행위의 두 부류로 나누어 볼 수 있다(Sutherland, 1967). 어떤 법은 경우에 따라 사회성원들의 태도나 요구에 상반될 수가 있다. 이러한 법을 어긴 사람들은 비록 법에 의해서는 일탈자로 규정되나 다른 사람들에 의해서는 용납되는 경향이 있다. 예를 들어, 공무원들은 간혹 자기의 업무를 효율적으로 수행하기 위해서 행정절차나 법을 어기는 수가 있다. 이 경우 위법행위가 대수롭지 않다면 사람들은 그것을 용납하는 경향이 있다.

셋째, 어떤 사람들은 신체적 또는 정신적 결함 때문에 규범에 동조하는 행동을 할 수가 없다. 따라서 일탈행위는 규범에 동조할 수 없는 무능성(inability) 때문에 일어나는 것과 규범에 동조하는 것을 이행하지 않는 것으로 나누어 볼 수 있다. 정신병자나 신체불구자 또는 병약자들은 규범을 위반하는 경우가 많으나 그들은 그들의 행위에 책임질 수 있는 능력이 없기 때문에 사회는 그들이 범하는 일탈행위에 대해서는 관용을 베풀어주는 경향이 있다. 그러나 규범을 지킬 수 있는 사람이 그것을 위반했을 경우, 사회는 그 사람에게 그 행위에 대한 책임을 질 것을 요구한다.

마지막으로 일탈행위는 개인이 범하는 일탈과 집단이 일으키는 일탈로 구분될 수 있다는 것도 알아둘 필요가 있다. 즉 어떤 종류의 일탈행위는 한 사람의 단독행위로 일어나나 어떤 것은 집단의 행위로도 일어난다는 것이다. 어느 한 기업체가 정부관리에게 뇌물을 주고 이득을 취하는 것은 집단의 수준에서 일어난 일탈행위의 한 좋은 예가 될 것이다.

3) 일탈행위의 역기능과 기능

일반사람들은 대체로 일탈행위를 사회에 부정적인 결과만을 초래하는 것으로 보는 경향이 있다. 그러나 일탈행위는 사회에 대하여 부정적인 기능, 즉 역기능만 수행하는 것이 아니라 긍정적인 기능도 수행한다. 먼저, 일탈행위의 역기능에 관해서 살펴본 다음 그것의 기능적인 측면을 살펴보기로 하자.

사회는 일탈행위에 대처하기 위해 여러 가지 제도적 장치, 즉 사회통제기관들을 마련해 놓고 있기 때문에 어느 한 일탈행위로 인해 그 기능이 마비되는 경우는 극히 드물다. 그러나 일탈행위가 장기간에 걸쳐 광범하게 일어난다면 그것은 다음과 같은 몇 가지 부정적인 결과를 초래한다. 첫째, 중요한 사회규범들에 대한 위반행위가 만연하게 되면 사회조직의 해체, 더 나아가서는 사회질서의 붕괴현상을 초래할 수 있다. 어떤 사회조직체이든 그 구성원들에게 각자가 많은 역할을 규칙에 따라 수행할 것을 요구한다. 만일 그 성원들 가운데 많은 사람들이 규칙에 위반되는 행위를 한다면 그 조직체는 해체될 가능성이 있다. 더 나아가 사회의 성원들 가운데 많은 사람들이 중요한 사회규범을 위반하게 되면 사회생활은 예측이 불가능하게 되고 일탈자와 동조자들 사이에 긴장 또는 갈등이 심화되어 전체 사회질서가 붕괴될 가능성이 많아진다.

둘째, 일탈행위의 만연은 조직화된 사회생활을 유지하는데 필요한 신뢰감을 저하시키는 역기능을 초래한다. 사회적 관계는 사람들이 규범에 따라 행동할 것이라는 가정 위에 형성된다. 다시 말해서 사회적 관계는 사람들이 계약을 위반하지 않을 것이라는 등의 신뢰에 기초해서 유지된다. 따라서 이와 같은 규범을 어기는 사람들이 많아지면 서로가 서로를 믿지 않게 되어 사회생활은 더 어려워질 수밖에 없다.

셋째, 일탈행위가 만연되는데도 불구하고 그에 대한 적절한 통제가 가해지지 않는다면 사람들은 규범을 준수하고자 하는 동기 또는 의지를 상실하게 된다. 예를 들면, 시험에서 부정행위를 하는 학생들이 많아짐에도 불구하고 부정행위에 대한 처벌이 가해지지 않는다면 그 만큼 열심히 공부해서 정직하게 시험을 치고자 하는 학생들은 줄어들 것이다. 대부분의 일탈자들은 규범을 위반함으로 해서 만족이나 이득을 취한다. 만약 일탈자나 동조자 모두가 똑같은 사회적 보상을 받는다면 규범에 따라서 행동하고자 하는 사람이 얼마나 되겠는가?

마지막으로 일탈행위의 만연은 사회적 자원을 낭비하는 결과를 초래한다는 것도 지적해 둘 필요가 있다. 일탈행위를 통제하는 데에는 많은 비용이 들어간다. 따라서 일탈행위가 만연하게 되면 그 만큼 보다 더 유용하게 사용할 수 있는 사회적 자원을 일탈행위의 통제를 위해서 쓰지 않을 수 없게 된다.

위에서 일탈행위의 사회적 역기능에 관해서 살펴보았다. 그러나 일탈행위는 앞에서도 지적한 바와 같이 사회에 부정적인 결과만을 가져오는 것이 아니라 긍정적인 기능도 수행한다.

일탈행위의 가장 중요한 기능은 아마도 사회규범을 보다 분명히 규정해주고 사회성원들에게 용납될 수 있는 행동의 범위를 한정해 주는 것이라고 보아야 할 것이다. 많은 규범들은 그것들을 위반하는 행위가 있기 전까지는 애매하게 규정된 상태에 놓여있다. 따라서 일탈행위가 발생함으로해서 그 규범이 명백해지는 경우가 많다. 예를 들어 설명하자면, 사생활을 침해해서는 안된다는 규범이 있으나 어떤 행위가 사생활을 침해하는 것인지는 실제로 사생활을 침해하는 행위—일례로 밤늦게까지 시끄러운 파티를 해서 이웃 사람들의 수면을 방해하는 행위—가 일어날 경우에 보다 명백해진다는 것이다. 더 나아가 사회는 일탈자들을 처벌함으로써, 즉 그들이 위반한 규범과 그에 상응하는 처벌이 무엇인가를 모든 사람에게 명백히 알려줌으로써 동조의 규범(norm of conformity)을 보강한다. 이러한 이유 때문에 옛날에는 범죄자를 일반 사람들 앞에서 처벌하였고 지금도 재판을 공개하고 있다.

둘째, 일탈행위는 집단의 결속을 강화시킬 수도 있다. 집단 성원들은 일탈행위 또는 일탈자에 대하여 비슷한 태도를 가지고 있으며 경우에 따라서는 힘을 합쳐 대응하는 경향이 있다. 집단의 성원들은 그들 가운데 어느 한 사람이라도 일탈자에 의해 피해받기를 원하지 않으며 심지어는 그들 가운데 일탈자가 있을 경우에는 그를 교화시키려고 노력한다. 이와 같이 사회성원들은 일탈행위에 공동으로 대처하고 그들의 가치와 규범을 재확인함에 의해서 집단의 통합력과 응집력을 강화시키기도 한다.

셋째, 일탈행위는 축적된 욕구불만을 해소시켜 줌으로써 그보다 더 심각한 무질서를 예방해주는 안전판(safety valve)과 같은 구실을 하는 수도 있다. 사회의 성원들 가운데에는 어떤 결함 때문에 자신의 욕구를 정당한 방법으로 충족시킬 수 없는 사람들이 많다. 이러한 사람들에게도 일반사람들에게나 마찬가지로 엄격한 규칙이 적용된다면 그들은 욕구불만을 해소할 길이 없어 사회에 보다 큰 해악이 되는 행동을 할지도 모른다. 일탈행위가 사회에 안전판과 같은 작용을 한다는 것은 바로 이러한 점에서이다. 따라서 매춘행위와 같은 것도 사회에 부정적으로만 작용하는 것이 아니라 긍정적인 기능도 수행한다고 주장하는 사람도 있다(Davis, 1937). 왜냐하면 그것은 다른 방법으로 성적 욕구를 충족시킬 수 없는 사람들에게 그 기회를 제공함으로써 강간이나 간통과 같은 범죄를 어느 정도 예방해주고 더 나아가서는 우리의 가족제도를 보호해주는 기능을 수행하기 때문이다.

넷째, 일탈행위는 사회조직의 결함을 미리 알려주는 구실도 한다. 어떤 환경 하에서는 특정의 일탈행위가 매우 광범위하게 유형화되어 일어난다. 어떤 지역에서는 과속으로 달리는 자동차가 많다든지, 어떤 집단에는 알코올중독자가, 그리고 어떤 학교에는 무단결석자가 많다는 등은 그 지역 또는 집단에 무엇인가 잘못되어 있다는 것을 알려주는 지표가 된다.

마지막으로 일탈행위는 사회변동의 근원이 되는 경우가 많다는 점도 무시할 수 없다. 현존하는 여러 가지 규범들 가운데는 많은 사람들에게 불이익을 주는 것들이 있을 수 있다. 그러한 규범을 고치고자 사회운동을 전개하는 사람들은 일탈자로 규정될 경우가 많다. 예를 들면 여성의 전통적인 성역할을 거부하고 남성들과 똑같은 사회참여의 권리를 주장하는 사람들은 일탈자로 규정된다. 그러나 여권운동은 대부분의 사회에서 여성들의 권리와 사회참여를 증대시키는 결과를 가져왔다.

위에서 일탈행위의 역기능과 기능에 관해서 살펴보았다. 이를 통해서 일탈행위란 그 자체가 본질적으로 '악한 것' 또는 '선한 것'이라고 볼 수 없음을 알 수 있을 것이다. 그것은 경우에 따라서 사회에 부정적으로 작용할 수도 있고 긍정적으로 작용할 수도 있다.

2. 일탈행위에 관한 이론

지금까지 일탈행위란 무엇이며 그것이 사회에 미치는 영향에 관해서 논의해 왔다. 다음에서는 일탈행위는 왜 그리고 어떻게 일어나는가에 관해 몇 가지 중요한 이론을 소개해 보기로 하겠다.

일탈행위에 관한 이론들은 흔히 생물학적 이론, 심리학적 이론, 그리고 사회학적 이론 등의 세 가지로 구분되고 있다. 일탈의 원인을 개인의 생물학적 결함이나 심리학적 인성의 탓으로 보는 이론들에 관해서는 간단히 소개하는 정도로 그치고 사회학적 이론들—아노미이론, 문화전달이론, 통제이론, 낙인이론 등—에 관해서 보다 더 자세히 검토해 보기로 하겠다. 그 검토에 앞서 이들은 제가끔 일탈행위를 설명하는데 기여하여 왔으나 어느 것도 완전무결하지 못하다는 것을 미리 알아둘 필요가 있겠다. 어떤 이론은 일탈행위의 근본적인 원인을 밝히는 데에는 성공적이나 그 과정을 설명하는 데에는 부족한가 하면 다른 이론은 그 원인보다는 과정과 결과를 더 잘 설명해 주고 있다. 따라서 여기서는 이론의 단순한 소개에 그치지 않고 각각의 이론이 가지고 있는 장단점도 서술해 보기로 하겠다.

1) 생물학적 이론

19세기 말 이탈리아의 의사이며 범죄학자인 롬브로조(Cesare Lombroso)는 교도소에 수감되어 있는 죄수들의 신체적 특징을 조사연구한 적이 있다. 이 조사연구에 따르면 범죄자는 원시인의 신체적 특징을 닮았다는 것이다. 그가 제시한 범죄자의 독특한 신체적 특징은 좁은 이마, 주걱턱, 튀어나온 광대뼈, 당나귀형 큰 귀, 짙은 눈썹, 딸기코, 신체의 많은 털 등이다. 그런데 신체적 특징은 유전되는 것으로 따라서 범죄는 진화에 있어서 격세유전(atavism)의 결과이며 범죄자는 생물학적으로 덜 발달된 존재라는 것이다. 이와 같은 '생득적 범죄인(born criminals)' 학설은 얼마 지나지 않아서 영국의 의사였던 고어링(Charles Goring, 1913)에 의해서 잘못된 주장이라는 것이 판명되었다. 고어링은 범죄자들과 일반시민의 신체적 특징은 아무런 차이가 없음을 발견하였기 때문이다.

롬브로조 이후에도 어떤 학자는 비행소년들의 신체 형태를 연구하여 강인하고 근육질적이며 기민한 신체적 특징을 가진 소년들이 키가 작고 뚱뚱하거나 키가 크고 마른 특징을 가진 소년들보다 범죄성향이 높다는 결론을 내린 적이 있다(Sheldon et al., 1949). 그러나 그것도 근육질적인 소년이 좌절이나 다른 사람의 행동에 대해 폭력적인 행동으로 반응하는 경향이 높고 또 소년갱의 성원으로 잘 선택되거나 비행을 더 잘 할 수 있기 때문이지 그것이 직접적으로 비행의 원인이 된다는 증거는 전혀 없다. 즉 신체적 특징과 범죄성은 직접적으로가 아니라 간접적으로 관련되어 있다는 것이다.

최근에 와서는 범죄행위를 유전인자의 구성과 관련시켜 연구하는 사람들도 있다. 이들에 따르면 표준적인 성염색체(XY)보다 남성염색체를 가외로 더 가지고 있는(예: XYY) 남성들이 폭력적인 범죄행동을 일삼을 가능성이 높다. 하지만 이들이 조사한 표본의 수가 너무 적고 또한 XYY염색체 유형을 가진 남성들 중에 공격적 성향을 지니지 않은 사람도 많다는 점에서 아직까지 유전인자의 구성이 범죄행위의 원인이 된다는 주장은 신빙성을 얻고 있지 못하다.

오늘날 대부분의 사회학자들은 생물학적 요인들이 어떤 특별한 종류의 일탈행위—예를 들면, 저능아와 정신병자의 행위—와 관련되어 있을지라도 일반적인 수준에서 일탈행위를 설명하는 데에는 거의 쓸모없는 것으로 보고 있다.

2) 심리학적 이론

일탈행위를 설명할 수 있는 심리학적 이론은 여러 가지가 있겠으나 여기서는 가장 중요하다고 생각되는 프로이드의 이론과 그로부터 발전한 것으로 볼 수 있는 욕구좌절-공격이론(theory of frustration-aggression)에 대해서만 소개하기로 하겠다.

앞 장에서 소개된 바와 같이 프로이드는 사람의 인성을 욕망의 덩어리인 이드(id)와 그것을 억제하는 요소인 슈퍼에고(superego), 그리고 이 둘의 갈등을 조정 및 중재하는 에고(ego)로 구성되어 있다고 보았다. 따라서 그의 이론에 따르면 일탈행위는 슈퍼에고나 에고가 적절히 발달하지 못하여 이드의 충동을 통제하지 못할 경우에 일어나는 현상이라고 볼 수 있다.

욕구좌절-공격이론은 일탈행위를 욕구좌절에 의해서 일어나는 사람 또는 사회에 대한 공격적 행위의 한 형태로 보는 이론이다(Dallad, et al., 1939). 따라서 좌절감의 정도는 억압된 욕구의 강도에 따라 그리고 공격의 강도는 좌절감의 강도에 따라 결정된다.

이 같은 심리학적 이론들은 어느 특정한 개인이 왜 일탈행위를 하는가에 관해서는 잘 설명해 줄런지 모른다. 그러나 이 이론들은 사회들 간에 일탈율이 왜 차이나는지 그리고 동일한 사회에서도 어떤 집단은 다른 집단보다 왜 더 많은 일탈행위를 하는가에 관해서는 적절한 설명을 제공해 주지 못한다. 일탈행위에 대한 심리학적 이론은 생물학적 이론과 마찬가지로 일탈행위란 문화적으로 규정된다는 사실을 간과하고 있다. 앞에서도 지적한 바와 같이 어떤 사회적 상황에서 일탈행위로 규정된 것이 다른 상황에서는 그렇게 규정되지 않은 경우가 있다. 바로 이와 같은 이유 때문에 일탈행위는 개인의 특성으로만 설명될 수 없는 것이다. 다음에서 일탈행위를 사회구조와 문화에 관련시켜 설명하고자 하는 몇 가지 중요한 사회학적 이론들을 살펴보자.

3) 아노미 이론

일탈행위에 관한 대부분의 사회학적 이론은 사회적 상황이 사람들로 하여금 일탈행위를 막도록 해준다는 것을 가정한다. 머튼(Merton, 1938)의 아노미 이론(anomie theory)은 이와 같은 가정에 기초하여 발전한 대표적 일탈행위 이론이다.

아노미라는 개념을 사회학에 처음으로 소개한 사람은 뒤르켐이다(Durkheim, 1933, 1951). 뒤르켐은 범죄 또는 일탈행위를 모든 인간사회에서 보편적으로 일어나는 정상적인 현상으로 보았다. 더 나아가 범죄에 대한 처벌은 사회성원들의 행동범위를 한정시켜 주고 사회적 결속력을 증진시켜 주는 기능도 수행하기 때문에 어느 한 사회의 범죄율이 일정한 상태에서 변하지 않는다면 그것은 오히려 그 사회가 건강하다는 표시가 된다고 주장하였다. 그러나 범죄율이 상승할 경우 그 사회는 비정상적이라고 볼 수 있다. 그에 의하면 일탈률의 상승은 사회를 유지시켜주는 규범들이 약화되거나 효과적으로 작용하지 않을 경우, 즉 아노미상태에 있을 때 일어난다고 한다. 많은 사회학자들은 이와 같은 뒤르켐의 이론을 바탕으로 일탈행위를 설명하려는 이론들을 발전시켰다. 그 중에 가장 대표적인 것이 머튼의 아노미 이론이다.

머튼은 뒤르켐의 아노미 개념을 수정하여 일탈행위를 설명코자 시도하였다. 뒤르켐에 있어서 아노미란 규범들이 약한 상태에 있거나 부재하거나 또는 서로 상충하고 있는 상태를 말한다. 그러나 머튼에 있어서의 아노미는 사회의 가장 중요하고 또한 서로 밀접하게 관련되어 있는 두 요소인 문화적 목표(goals)와 제도적 수단(means)이 괴리되어 있을 때 일어나는 현상으로 이해되고 있다. 사회에는 그 성원들 대부분이 추구하는 문화적으로 인정된 목표들이 있고 그러한 목표들을 정당하게 성취할 수 있도록 사회적으로 마련된 수단들이 있다. 머튼에 의하면 아노미는 이 두 요소가 잘 부합되지 않을 경우에 일어나는 현상이라는 것이다. 예를 들어, 현실적으로 한국사회에서는 물질적 성공이 매우 중요한 문화적 목표로 되어 있다. 하지만 모든 사람들이 이러한 맥락에서 성공할 수는 없다. 높은 교육수준이나 특별한 훈련의 경험이 없는 사람들의 경우 물질적으로 성공하기란 쉽지 않다. 이러한 조건은 아노미의 상황을 만든다.

머튼에 의하면 이와 같은 문화적 목표와 제도적 수단 사이의 괴리는 사람들에게 다양한 적응양식들 가운데 어느 한 가지 유형으로 반응하도록 압력을 가한다는 것이다. 그는 이 다양한 유형의 적응양식들을 5개의 범주로 구분하여 분석했다(<표 7-1> 참조).

동조는 한 사회의 표준적인 문화적 목표와 제도적 수단을 모두 수용하는 적응양식이다. 지위상승이나 물질적 성공을 위해서 열심히 공부하고 일을 한다든지 저축하는 사람들은 동조형에 속한다. 그러한 사람들은 설혹 목표를 성취하는데 실패한다고 해도 일탈자는 아니다.

혁신은 문화적 목표는 수용하나 그것을 사회적으로 용납된 제도적 수단에 따라 추구하지 않는 적응양식을 말한다. 대부분의 일탈행위는 이와 같은 유형의 적응양식이다. 그 예로서는 학교성적을 올리기 위해서 부정행위를 한다든지, 승진을 하기 위해서 상사에게 뇌물을 바친다든지 또는 돈을 벌기 위해서 도둑질을 하고 사기를 친다거나 탈세를 하고 공금을 횡령하는 행위 등을 들 수 있겠다.

의례주의는 사회에서 중요시하는 문화적 목표를 무시하거나 또는 거부하고 제도적 수단과 절차에만 집착하는 유형의 적응양식을 말한다. 머튼은 그 전형적인 사례로서 조직의 목표에는 무관심하고 규칙이나 절차에만 집착하는 관료들의 행위를 들고 있다. 일반적으로 의례주의는 극단적인 경우를 제외하고는 일탈행위로 취급하지 않는 경향이 있다.

패배주의는 문화적 목표와 제도적 수단 모두를 포기 또는 부정하는 형태의 적응양식이다. 알코올 중독자, 은둔자, 부랑아, 가출아 등의 행동유형이 여기에 속한다.

마지막으로 반역은 현존하는 문화적 목표와 제도적 수단 모두를 거부할 뿐만 아니라 이를 새로운 목표와 수단으로 대치하려는 행동유형을 말한다. 이 같은 유형의 적응을 하

〈표 7-1〉 아노미에 대한 개인의 적응양식

적응양식	문화적 목표	제도화된 수단
동조(conformity)	+	+
혁신(innovation)	+	−
의례주의(ritualism)	−	+
패배주의(retreatism)	−	−
반역(rebellion)	−/+	−/+

주 : 위의 표에서 '+'는 문화적 목표 또는 제도적 수단의 수용을, '−'는 거부를, 그리고 '−/+'는 현존하는 문화적 목표 또는 제도화된 수단을 거부하고 대신 새로운 목표 또는 수단으로 대체하려는 행위를 나타낸다.

출처 : Robert K. Merton(1968: 194)

는 사람들로서는 혁명가, 급진적인 사회운동가, 극단적인 종교주의자 등이 있다.

머튼의 이론은 일탈의 근본적인 원인이 개인이 아닌 문화와 사회에 있음을 지적하면서 일탈의 사회구조적 원인을 구명하고 왜 사람들은 어떤 특정의 일탈행위를 범하게 되는지를 설명하는데 기초를 마련해 주었다. 그것은 특히 사회적 성공에 필요한 정당화된 수단들이 부족한 하층계급이 저지르는 재산관련 범죄를 잘 설명해 주고 있는 것으로 알려져 있다. 그러나 그의 이론은 다음과 같은 몇 가지 문제점 또는 결함을 가지고 있다. 첫째, 그의 이론은 어느 사회에서나 중요한 문화적 가치와 목표들은 일반적으로 합의가 이루어져 있다는 가정에 기초하고 있다는데 실은 그렇지가 않다는 것이다. 머튼은 미국의 도시빈민층에서 재산범죄를 많이 범하는 이유를 다음과 같이 설명하고 있다. 즉 미국사회에서는 물질적 성공이 매우 중요한 가치로 되어 있는데 도시 하층민들에게는 그것을 성취할 수 있는 제도적 수단이 제대로 제공되지 않기 때문이라는 것이다. 그러나 모든 사람이 물질적 성공이라는 가치를 내면화하고 있지는 않을 뿐 아니라 현대사회의 중류층이나 하류층은 머튼이 생각한 것처럼 지위상승의 열망이 그렇게 높지는 않다.

둘째, 머튼의 이론은 일반적인 가치합의를 기초로 해서 전개되고 있기 때문에 일탈행위가 일어나는 사회적 상호작용 과정, 특히 일탈행위가 누구에 의해서 어떻게 규정되고 있는가에 대해서는 적절한 설명을 제공해 주지 못한다. 일탈행위의 낙인 또는 규정 과정에는 그러한 규정을 내릴 수 있는 권력을 가진 사람들과 그러한 권력을 가지고 있지 못한 사람들 간의 가치갈등의 문제가 내포되어 있다. 우리는 주변에서 종종 이해가 대립되고 있는 두 집단은 서로 다른 가치기준을 가지고 있음을 종종 볼 수 있다. 그러나 대부분의 경우 일탈행위에 대한 규정은 권력을 가지고 있는 사람들 또는 집단에 의해서 이루어진다.

셋째, 머튼의 이론은 문화적 목표를 성취하기 위한 수단의 문제에 있어서 합법적인 수단에만 역점을 둠으로써 비합법적인 수단에 근접할 수 있기 때문에 일어나는 일탈행위의 경우를 충분히 설명해 주지 못한다는 결함을 가지고 있다. 이에 관해서는 다음에 소개되고 있는 문화전달이론에서 잘 설명되고 있기 때문에 여기서는 문제점만 지적해 두는 것으로 그치겠다.

4) 차별교제이론

쇼(Clifford Shaw)와 맥케이(Henry Mckay)는 시카고의 중심상가 지대에 인접해 있는 빈민지역들에서의 범죄율이 주민들의 인종구성의 변화에도 불구하고 20여년 동안이나 지속적으로 매우 높게 나타나고 있음을 발견하였다. 이들은 그러한 현상의 원인을 다음과 같이 설명하였다. 즉 일탈행위도 집단이나 공동체에 문화유형의 한 형태로 내재해 있으며 동조적 행위나 마찬가지로 학습을 통해서 전달되기 때문이라는 것이다(Shaw and Mckay, 1929). 그들의 이러한 설명은 문화전달이론(cultural-transmission theory)으로 불린다.

쇼우와 맥케이의 영향을 받은 서덜랜드(Edwin Sutherland)는 일탈행위가 전달되는 과정을 보다 체계화시켜 하나의 이론으로 제시하였다. 그에 따르면, 일탈행위는 차별적 교제(differential association)의 과정을 통해서 학습된다(Sutherland, 1939). 우리는 다른 사람, 특히 중요한 타자(significant others)와의 상호작용을 통해 사회적 규범에 어느 정도 기꺼이 동조할 것인가 또는 말 것인가를 결정해주는 믿음, 태도, 가치 등을 내면적으로 발전시킨다. 사람들이 범죄행위에 참여할 것인가의 여부는 바로 이러한 영향과 일탈행위를 지지하고 실행하는 사람들과 교제한 시간의 양에 의존한다. 우리는 종종 "친구를 잘 사귀어라. 나쁜 친구와 사귀면 나쁜 길로 빠지기 쉽다."라는 말을 듣는다. 서덜랜드의 차별교제론은 바로 이와 같은 말에 함축되어 있는 일탈행위의 과정을 정교화시킨 것으로 볼 수 있겠다. 서덜랜드의 차별접촉이론은 구체적으로 다음과 같이 요약될 수 있다.

첫째, 범죄행위는 학습된다. 이는 역으로 말해서 범죄행위란 유전되는 것이 아니며, 기계공학을 배우지 않은 사람은 기계를 발명할 수 없듯이 범죄를 배우지 않은 사람은 범죄행위를 할 수 없다는 것을 뜻한다.

둘째, 범죄행위는 커뮤니케이션을 통한 다른 사람과의 상호작용에서 학습된다. 그 커뮤니케이션은 대체로 언어로 이루어지나 몸짓에 의한 커뮤니케이션도 포함된다.

셋째, 범죄행위 학습의 중요한 부분은 친밀한 원초집단 내에서 이루어진다. 이는 역으로 말해서, 영화나 신문과 같은 공식적인 커뮤니케이션 기관들은 상대적으로 범죄행위를 유발시키는데 그다지 큰 영향을 주지 않는다는 것을 의미한다.

넷째, 범죄행위가 학습될 때 그 학습은 범죄의 기술뿐만이 아니라 특정한 방향의 동기, 추동, 합리화 및 태도까지도 포함된다.

다섯째, 특정 방향으로의 동기와 추동은 법조문들에 대한 사람들의 우호적 또는 비우호적 규정으로부터 학습된다. 어떤 사회에서는 개인이 법조문들을 반드시 지켜야 할 규칙들로서 규정하는 사람들로 둘러싸여 있는 반면에 다른 사회에서는 개인이 법조문들을 위반해도 좋다고 생각하는 사람들에 둘러싸여 있기도 한다.

여섯째, 어떤 한 사람이 비행을 범하는 이유는 범법에 동조적인 규정들에 더 많이 접촉하고 있기 때문이다. 이것이 바로 차별교제론의 기본원리이다. 이 원리에 따르면 사람들은 범죄적 유형과 접촉하고 반범죄적 유형으로부터는 격리되어 있을 때 범죄자가 될 가능성이 높다.

일곱째, 차별교제는 빈도, 기간, 우선순위 및 강도에서 차이가 있다. 따라서 이 네 가지 요소들 모두가 범죄행위에 영향을 줄 것이다.

여덟째, 범죄성의 학습에 영향을 주는 또다른 요인은 나이이다. 어리거나 젊은 사람들은 일탈적인 가치나 행동을 깊이 있게 이해하거나 평가해주는 사회적 경험과 통제력이 부족하다. 이들은 일탈행동을 포함한 모든 종류의 영향에 취약하다.

아홉째, 범죄적 및 반범죄적 유형과의 접촉에 의한 범죄행위에의 학습과정은 다른 유형의 행위를 학습하는 경우와 마찬가지로 모든 종류의 학습방법을 통해서 이루어진다.

마지막으로 범죄행위는 일반적 욕구와 가치의 표출일지라도 그것은 그러한 욕구와 가치에 의해서 설명되지 않는다. 왜냐하면 비범죄 행위도 똑같은 욕구와 가치들의 표출이기 때문이다. 절도범들이 돈을 얻기 위해서 도적질을 하는 것과 마찬가지로 정직한 노동자들도 돈을 벌기 위해서 일을 한다. 따라서 범죄행위는 일반적 욕구나 가치에 의해서 설명될 수 없다.

위에서 살펴본 바와 같이 차별교제론의 기본가정은 일탈행위도 여느 다른 행위처럼 학습된다는 것이다. 범죄성은 사람들로 하여금 반사회적 행위에 이르게 하는 규범과 행동을 학습하게 하는 일탈적 하위문화로부터 나온 자연스런 결과이다. 범죄자와 비범죄자를 구분해주는 것은 사회화의 과정 그 자체가 아니라 그것의 내용이다. 즉 어떻게 학습되는 것이 아니라 무엇이 학습되는가이다. 근묵자흑(近墨者黑: 먹을 가까이하면 검어지듯이 좋지 못한 사람과 가까이하면 악에 물들게 된다는 뜻), 맹모삼천지교(孟母三遷之敎) 등의 고사성어는 이런 현상을 잘 대변해준다.

실제로 범죄행위는 범죄자들과 우호적인 관계를 맺고 그들로부터 범죄기술을 배우고 그들의 태도를 받아들임으로써 일어나는 경우가 많다. 비행청소년집단에 들어간 소년이 비행을 학습하고 다른 성원들과 같이 비행을 저지르는 경우가 그 좋은 예이다. 서덜랜드는 그의 저서 『화이트칼러 범죄』에서 직장동료들로부터 장부를 위조하는 방법을 배워 탈세를 하는 중산층의 범죄행위 등을 차별교제론으로 잘 설명하고 있다(Sutherland, 1967). 이밖에 차별교제론은 어떤 특정한 지역이나 집단에 범죄성이 지속되는 현상을 설명하는 데 효과적으로 사용된다. 일단 어떤 지역에 일탈적 하위문화가 형성되면 이러한 일탈적 가치, 태도, 규범, 기술, 행동은 하나의 모델이 되어 그 지역의 모든 사람들에게 유효하게 된다.

그러나 모든 일탈행위가 일탈자들과의 직접적인 교제를 통해서 학습되는 것은 아니며 또한 일탈자와 접촉하는 사람 모두가 일탈행위를 하는 것도 아니다. 서덜랜드의 이론은 전문적 내지 조직범죄나 상습적인 범죄는 잘 설명해 줄지 모르나 우연적 또는 충동적 범죄는 적절히 설명해 주지 못하는 결함을 가지고 있다. 그것은 또한 범죄자들과 장기간 자주 접촉하는 사람들 가운데서도 범죄행위를 하지 않는 경우를 적절히 설명해주지 못한다. 마지막으로 어떤 일탈행위는 법을 잘 지키는 사람들과의 접촉을 통해서도 학습되는 경우가 있다는 것도 지적해 둘만하다. 예를 들어, 다른 사람으로부터 경리기술을 잘 배워서 공금을 횡령하는 데에 이용하는 경우도 있는데 이 경우는 차별교제론으로 설명할 수 없다는 것이다.

5) 통제이론

일반적으로 사람들은 인간의 천성을 선하거나 아니면 최소한 선이나 악에도 물들지 않은 백지상태로 가정하는 경향이 있다. 사회학자들도 이런 가정에 근거해서 범법자들로 하여금 범죄를 저지르게 만든 외부적 요인을 찾으려고 시도한다. 따라서 많은 사회학자들은 주로 '왜 어떤 사람은 사회규범이나 법을 어기는가?' 라는 질문을 제기한다.

이에 반해 렉클리스 등(Reckless et al., 1956)은 우리 인간은 동물적 존재로 자연스럽게 범죄행위를 저지를 수 있다는 가정하에 왜 일부 젊은이들은 범죄율이 높은 지역에서도 일탈자가 되지 않는가의 문제에 관심을 가졌다. 이들은 개인이 발달시킨 '착한(good)' 자기상(self-image)이 그 사람을 주변의 일탈적인 하위문화로부터 격리시켜주는데 이바지한다고 주장한다.

이러한 시각에 바탕을 둔 통제이론(control theory)은 범죄행동이 개인의 내면적 자기 통제와 사회에 의한 적절하고 효과적인 외부의 통제가 부족하기 때문에 나타난 결과라고 본다. 이 이론의 핵심적 요소는 설명될 필요가 있는 것은 일탈이 아니라 '동조(conform ity)' 라는 주장이다. 동조는 내면적 및 외부적 통제메커니즘의 결과로 간주된다.

그렇다면 이러한 사회통제의 메커니즘은 무엇인가? 통제이론가들은 뒤르켐의 이론에 근거해서 공동체의 통합(integration)과 강한 사회적 결속(bond)이 사람들로 하여금 자기 공동체의 가치와 규범을 수용하고 동조하게끔 만든다고 주장한다. 이 이론의 대표적 인물인 허쉬(Hirschi, 1969)는 강한 사회적 결속은 애착(attachment), 헌신(commitment), 참여(involvement), 신념(belief)의 4가지 중요한 특성을 지니고 있다는 의견을 제시한다.

첫째, 애착은 자신의 공동체에 있는 특정한 개인과 상당히 연결되어 있음을 의미하는 것으로 부모, 친구와 같은 중요한 타자들과의 관계에서 발전시킨 애정과 존경이 포함된다. 특정한 타인에 대한 연결은 개인들로 하여금 그 타인의 느낌과 관심을 고려하도록 유도하여 보다 책임있는(resoponsible) 방식으로 행동하게끔 만든다. 예를 들어 우리가 부모에 대해 애정과 존경을 가지면 부모의 기대에 어긋나는 행동을 하려들지 않을 것이다.

둘째, 사회에 대한 헌신 또는 투자는 사람들의 행동을 유연하게 만든다. 예를 들어 사회변혁을 외치는 젊은이들은 종종 기성세대에 대한 불신을 내비친다. 이런 태도의 근저에 놓인 믿음은 기성세대 사람들이 가족과 안정된 직업을 가지고 있어 기존 체제에 이해관계를 갖고 있으며 그래서 이런 체제를 바꾸는 것을 별로 달갑지 않게 생각할 것이라는 생각이다. 기성세대는 젊은 세대보다 기존의 사회 가치와 규범에 동조할 가능성이 높다.

셋째, 비일탈적인 활동이나 사람들에 참여하거나 접촉하는 것은 일탈적 행동을 위한 시간을 감소시킨다. 청소년의 경우 가정에서 자식으로서의 의무, 공부 또는 운동 등의 정상적인 활동에 전념하느라 바쁘다 보면 일탈행동을 학습하거나 저지를 시간이 별로 없게 된다.

넷째, 신념은 사회의 가치 및 규범체계에 대한 동조를 의미한다. 공유된 신념체계는 공동체의 성원들을 묶어주고 일탈행위에 대한 저항을 강화시켜준다. 따라서 전통적 가치에 대한 신념이 약한 사람이나 위세가 있는 인물에 대한 존경이 별로 없는 사람은 도덕적 구속으로부터 자유로워 비행이나 범죄를 저지르기가 쉽다.

통제이론은 내면적 통제와 공동체의 사회적 통합을 강조함으로써 일탈의 사회적 학습과정만을 강조한 차별교제이론을 상당히 보완해주는 측면이 있다. 하지만 이 이론은 기존 사회나 공동체에 잘 통합된 중상층의 사람들 특히 사회적으로 지위가 높고 '유명한' 사람들이 저지르는 착복, 뇌물수수, 공금횡령 등과 같은 범죄는 설명하기가 어렵다. 덧붙여 이 이론은 일탈적 하위문화의 사회적 결속과 사회적 규범에 강하게 통합되어 나타난 행동을 설명하지 못한다. 이런 점에서 공동체의 통합뿐만 아니라 공동체의 믿음체계의 속성도 중요하다. 일탈적 하위문화 내에서의 강한 공동체적 연결은 일탈 행동을 유발하는데 기여한다. 통제이론은 사람들이 왜 어떤 종류의 일탈에는 참여하고 다른 종류의 일탈에는 참여하지 않는가에 대해 적절히 설명하고 있지 못하다. 통제이론의 마지막 문제점으로 개인이 공동체에 충분히 통합되지 않은 것이 일탈 행동의 원인도 될 수 있지만 결과도 될 수 있음이 지적될 수 있다.

6) 낙인이론

낙인이론은 앞에서 소개한 이론들과는 다른 시각에서 정립된 이론이다. 이 이론의 기본 주장은 어떠한 행동도 본래적으로 그리고 자동적으로 일탈적이지는 않다는 것이다. 무엇이 일탈이냐 아니냐는 규정이 필요하다. 사회마다 그리고 한 사회 내의 다양한 집단들은 각기 다른 행위를 일탈이라고 낙인찍는다. 예를 들어, 한국에서 정치지도자의 권력 독점 현상을 비판하면 그렇게 문제되지 않을 뿐만 아니라 긍정적인 평판까지도 들을 수 있지만 북한이나 기타 다른 독재국가들에서의 이런 행위는 숙청이나 정치범수용소에의 감금을 유발할 수 있다. 낙인이론에 따르면 어떤 사람 또는 그의 행위가 사회나 다른 사람들에 의해서 '일탈' 이라는 딱지가 붙여지면 그는 곧 '일탈자' 가 된다.

낙인이론은 설명의 틀로서 두 가지 사회학이론에 근거하고 있다. 먼저, 낙인이론가들은 대체로 낙인과정과 그 결과로 나타나는 현상을 상징적 상호작용론의 관점에서 이해하고 있다. 다음으로 최근의 경향이기는 하나, 이들은 누가 어떤 행동에 그리고 누구를 낙인하는가의 문제와 관련해서는 대체로 갈등론적 관점을 따르고 있다. 하지만 낙인이론은 어떤 행동에 낙인을 부여하는데 있어서 경제적 영역보다는 개인과 집단의 권력에 더 많은 비중을 두고 있다.

대표적인 낙인이론가의 한 사람인 벡커(Howard S. Becker, 1963)는 규칙위반의 요인을 개인의 인성과 생활환경에서 찾아내려는 이론들은 일탈이 사회에 의해서 창출된다는 사실을 무시하고 있다고 비판하면서 일탈은 행위의 속성에 의해서가 아니라 다른 사람들에 의한 규칙과 제재의 적용 결과로 파악되어야 한다고 주장하였다. 그에 따르면 사회집단들은 규칙들을 만들고 그 규칙들을 특정인들에게 적용시켜 그들을 '국외자들(outsiders)' 이라고 낙인지음으로써 일탈행위를 만들어 낸다. 그러한 규칙들은 대체로 권력을 가지고 있는 지배집단에 의해서 만들어져 권력이 없는 집단에게 적용되는 경향이 있다. 어떤 과정을 거쳐 규칙이 적용되든지 간에 일단 일탈자라는 딱지를 받게 되면 그것은 사회참여와 자아상에 큰 영향을 주게 된다. 그 가장 중요한 결과는 그에 대한 일반 사람들의 태도가 바뀌는 것이다. 왜냐하면 그는 일반 사람들에 의해서 새로운 지위, 즉 일탈자라는 주지위(master status)를 부여받게 되기 때문이다.

대부분의 일탈행위들은 다른 사람들에 의해서 발견되지 않으며 또한 발견되더라도 중요한 사람들이나 경찰 혹은 검찰과 같은 사법기관에 의해서 발견되지 않는다면 별다른 문제없이 지나간다. 월러스타인과 와일(James Wallerstein and Clement Wyle, 1947: 107-112)은 뉴욕주에서 무작위로 추출한 시민들을 대상으로 1년 이상 교도소에 수감될 만한 49가지의 범죄를 열거하고 위반한 적이 있는 것들을 지적하도록 하는 조사를 시행한 적이 있다. 그 결과는 놀랍게도 조사에 응답한 1698명 중 99%가 한 가지 또는 그 이상의 위법행위를 한 적이 있고 남자의 경우는 평균 18건, 그리고 여자의 경우는 11건의 범법행위를 하였다는 것이다. 이러한 조사결과는 대부분의 일탈행위들이 발각되지 않고 지나간다는 것을 잘 입증해 주고 있다.

두말할 필요도 없이 발각되지 않은 일탈행위에 대해서는 어떠한 사회적 반응도 일어날 수가 없다. 더 나아가서 발각이 되더라도 중요한 사람들에 의해서 발각되지 않는다면 그 반응은 무시될 것이다. 예를 들어 지나가던 행인은 상점에서 물건을 훔치는 사람을 보고도 모른 체 할 수 있으나 상점주인이 보면 그냥 놔두지 않는다는 말이다. 낙인이론가들은 이와 같이 동일한 행위에 대한 차별적인 사회적 반응과 그 결과를 중요시한다.

레머트(Edwin Lemert, 1951, 1967)는 일탈행위를 일차적 일탈과 이차적 일탈이라는 두 개념으로 구분하고 있다. 그에 따르면 사람은 누구나 개인적 또는 상황적 이유 때문에 수시로 일탈적인 행동을 한다는 것이다. 그러나 그 대부분은 일시적이거나 경미한 것으로 다른 사람의 눈에 잘 발견되지 않으며 그러한 행동을 한 사람도 자신을 일탈자라고 생각하지 않는다. 이와 같은 일탈을 레머트는 일차적 일탈(primary deviance)이라고 한다.

그러나 이와 같은 행동들도 중요한 다른 사람들(예를 들면 친구, 부모, 고용주, 선생, 또는 경찰관이나 검사 등)에 의해서 발견되고 공개된다면 그 상황은 급변하게 된다. 무엇보다도 그러한 행동을 한 사람은 이제 다른 사람들에 의해서 일탈자라는 낙인이 찍힘으로써 이전과는 다른 반응을 받게 된다는 사실이다. 즉 사람들은 이제 그를 일탈자로 취급하여 반응하기 시작한다는 것이다. 그 결과, 그는 의식적이든 무의식적이든 그러한 낙인을 수용하고 자신에 대한 새로운 자아상을 형성하게 되고 그에 따라 행동하기 시작한다는 것이다. 범죄자의 경우, 소위 사회가 범죄자에게 대하는 공식적인 사법절차과정 예를 들면, 수갑이 채워지고, 취조를 당하고, 구치소에 갇히고, 재판을 받으면서 자신이 이제 범죄자가 되었다라는 생각을 갖게 된다. 이와 같이 다른 사람 또는 사회의 반응이 일어나 일탈자라는 낙인을 받게 되고 자기 자신이 일탈자라는 자아상을 갖게 될 경우를 이차적 일탈(secondary deviance)이라고 한다.

사람들은 일단 일탈자라는 낙인을 받게 되면 인생경력이 크게 달라진다. 그들에게 부과되는 법적 또는 사회적 제재는 그들로 하여금 다시는 일탈행위를 못하게 해준다기보다는 오히려 일탈행위를 반복해서 하도록 보강해 주기도 한다. 왜냐하면 그들은 사회로부터 차별적인 대우를 받기 때문에 다른 방법으로 살기가 어렵게 되기 때문이다. 일탈자라고 낙인 된 사람들은 그들이 과거에 어떤 지위를 가지고 있었던지 간에 일탈자라는 주지위를 부여받게 되고(Becker, 1963), 그에 따라 일반사람들은 그들의 행동을 실제로는 평범한 일상적인 상호작용일지라도 그 한가지 일탈적 특성만 가지고 해석하려고 한다. 이러한 해석은 심지어 과거의 행동에까지도 적용되는 수가 있는데 이를 소급적 낙인(retrospective labeling)이라고 부른다. 예를 들어 사기꾼이라고 낙인 된 사람이 과거에 어떤 사람에게 베푼 일상적인 친절도 사기를 치기 위한 수단으로 해석된다는 것이다. 과거의 행위까지도 그렇게 해석된다면 지금의 행위에 대해서는 두말할 필요가 없을 것이다. 전과자를 고용하려는 사람은 별로 없다. 따라서 전과자는 다른 방법으로 살기가 어려워 경력범죄자가 되기 쉽다.

낙인이론은 범죄성과 사회적 일탈을 관련지어 설명하는데 유용하게 사용된다. 정체성은 상징적 상호작용론에 뿌리를 두고 있는 낙인이론의 기본 요소이다. 일탈적 행위 자체는 일탈이라고 낙인되는 것보다 덜 중요하다. 따라서 낙인은 개인의 정체감에 영향을 주고 이것은 다시 또다른 일탈적 행위를 낳게 한다.

낙인이론은 위에서 살펴본 바와 같이 왜 어떤 사람과 어떤 행동만이 일탈로 낙인되는가를 설명하고 경력일탈현상의 원인을 밝히는데 크게 기여하였다. 그러나 이 이론은 다음과 같은 몇 가지 취약점을 가지고 있다. 그 가장 큰 결함은 범죄행위의 원인을 그에 대한 반응의 결과로 돌리는 순환론적 논리이다(Nettler, 1974: 202-212). 낙인이론은 일탈행위의 근본적 원인, 즉 낙인이 적용되는 행위들이 근본적으로 왜 일어나는가를 설명해주지 못하기 때문에 이론으로서의 예측력이 낮다는 비판을 받고 있다.

둘째, 그것은 사회적 반응을 경험하지 않고도 일탈행위를 반복적으로 계속 시행하는 경우와 일탈자로 낙인을 받음으로써 그것이 자극이 되어 더 이상 일탈행위를 하지 않는 경우를 적절히 설명하지 못한다.

여기에 부가해서 낙인이론은 이른바 사회의 '문제아' 들을 단순히 낙인에 의한 무기력한 희생자로 간주하여 무분별한 동정심을 불러일으키게 한다는 점도 지적할 필요가 있다. 교도소의 모든 수감자들이 단순하게 어떤 힘을 가진 사람들에 의해 아무렇게나 낙인을 받았기 때문에 수감되어 있는 것은 아니다. 살인, 강도, 조직폭력, 강간 등을 포함한 많은 일탈행위들은 사회적으로 매우 파괴적이고 위협적이기 때문에 사회는 질서와 안녕을 유지하기 위하여 그러한 행위들에 대해서는 무거운 제재를 가하고 있는 것이다. 낙인이론이 취하고 있는 극단적인 상대주의는 바로 이와 같은 사실을 종종 애매모호하게 만들고 있다.

3. 일탈행위의 종류

일탈행위는 앞의 절에서 논의한 바와 같이 서로 다른 기준에 의해서 몇 가지 형태로 구분될 수 있다. 그러나 여기서는 마지막으로 논의될 사회통제와 관련해서 가장 주요하게 다루어지는 것이 범죄이므로 범죄와 범죄가 아닌 다른 일탈행위의 두 유형으로 나누어 그 종류를 살펴보기로 하겠다.

1) 범죄

범죄란 법에 의해서 공식적으로 금지되어 있는 행위를 말한다. 범죄행위는 대개 사회적으로 지나치게 파괴적이어서 허용될 수 없고 비공식적인 제재에 의해서 통제될 수 없는 행위들로 한정된다. 국가는 법에 의해서 범죄행위를 명백하게 규정함으로써 그러한 행위에 대한 사회적 반응이 질서있고 예측가능한 형태로 일어날 수 있도록 만든다. 법을 위반하는 행위는 여러 가지 방법으로 분류될 수 있겠으나 여기서는 범죄사회학자들에 의해서 가장 많이 이용되고 있는 클리나드와 퀴니(Clinard and Quinney, 1967)에 의한 방식을 따라 살펴보기로 하겠다. 이들은 범죄를 대인폭력범죄(violent personal crime), 비상습재산범죄(occasional property crime), 직업범죄 또는 중산층 범죄와 기업범죄(occupational or white-collar crime and corporate crime), 정치범죄(political crime), 공공질서범죄(civil disorder crime), 상습범죄(conventio nal crime), 조직범죄(organized crime), 전문직 범죄(professional crime) 등 8가지로 분류하고 있다. 이 여덟 가지 범죄에 부가해서 일탈행위 연구의 중요한 과제로 되어 있으며 동시에 범죄적 성격을 띠고 있으나 일반범죄와는 다르게 다뤄지고 있는 청소년비행에 관해서도 살펴본다.

(1) 대인폭력범죄

이 범죄는 사람에 대한 폭력이나 폭력적 위협을 행하는 행위로 살인, 강도, 강간, 폭행 등이 있다. 강도는 대부분 잘 모르는 사람에 대하여 일어나나 살인은 서로 잘 아는 사이에, 심지어는 친구 간이나 근친 간에서 다툼이 확대되어 일어나는 수가 많다. 이것들은 하나뿐인 신체에 대해 손상을 입힌다는 점에서 다른 어느 범죄보다 사회적 불안을 조장하며 그래서 이에 대한 사회적 제재도 무겁다.

(2) 비상습재산범죄

많은 범죄들은 다른 사람이나 집단에 속한 가치있는 재산과 재물을 무단으로 탈취하거나 훼손하는 행위이다. 이러한 행위를 비상습재산범죄라 일컬으며 여기에는 절도, 방화, 수표위조, 자동차도둑, 시설물훼손(vandalism) 등이 있다. 이러한 범죄를 저지르는 자들은 대체로 단독범이며 전문적인 범죄기술이 없다. 비상습적으로 범죄행위를 하기 때문에 범죄가 생활수단인 사람들과 관계를 맺으려 하지 않고 자신의 범죄행위를 정당화하려는 경향도 있다. 상점 좀도둑들은 그들이 훔치는 물건은 대수롭지 않고 그 희생자는 통상 도난당한 물건을 쉽게 보충할 수 있는 백화점과 같은 대규모 조직이기 때문에 자신들이 큰 죄를 짓고 있다고 생각하지 않는 경향이 있다.

(3) 직업 또는 중산층 범죄와 기업범죄

직업범죄란 대체로 중산층에 있는 사람들이 직업을 수행하는 과정에서 불법적인 행위를 하는 것을 말한다. 직업범죄의 종류는 공금횡령, 수뢰, 장부위조를 통한 탈세, 허위광고, 상품가격 사기, 암거래, 담합, 환경오염 등이 있다. 직업범죄와 유사한 것으로 기업의 대표나 간부가 자신의 기업을 위해 그리고 기업 자체가 불법행위를 저지르는 기업범죄가 있다. 이 같은 범죄들은 대체로 수입이 좋고 사회적 지위도 높은 중산층에 의해서 많이 행하여지고 있다. 따라서 대부분의 사람들은 이들을 범죄자라고 생각하지 않는 경향이 있으며 또한 그들도 자신을 선량한 시민이라고 생각하고 자신의 위법행위를 어떻게 해서든지 정당화하여 자기 자신이 위법자라는 생각을 하지 않으려고 한다. 더 나가서 직업범죄는 일반사람들이나 범죄통제기관에 의해서 잘 발견되지 않고 발견되더라도 묵인되는 경우가 많아 가장 많은 '숨은 범죄' 가운데 하나라는 것도 알아둘 필요가 있다.

(4) 정치범죄

정치범죄에는 반역, 치안방해, 시민불복종 등이 있으며 이는 종종 반국가 또는 반정부 활동이라 불린다. 이러한 범죄들은 국가의 입장에서 볼 때 기존 사회질서를 위협하고 만약 통제되지 않는다면 현존 정치체제에 심각한 해를 줄지도 모르는 행위이다. 따라서 정치범들에게는 대체로 무거운 형벌이 가해지는 경향이 있다. 그러나 정치범들은 대개 자신들의 위법행위를 국가보다도 더 높은 목표와 이상을 달성하기 위한 수단으로 생각하고 있기 때문에 자신들을 범죄자라고 생각하지 않는다.

(5) 공공질서범죄

매춘, 도박, 마약상습, 취중망동, 문란행위, 교통위반 등 시민질서를 깨뜨리는 행위는 가장 많이 일어나는 종류의 범죄이다. 여기서 열거한 위법행위의 대부분은 다른 사람에게 해를 주기보다는 오히려 자신을 해치는 경우가 많으므로 흔히 '피해자 없는 범죄(victimless crime)' 라고도 불린다. 그럼에도 불구하고 이러한 행위들은 공동체의 질서의

식을 깨뜨리기 때문에 사회는 이것들을 범죄행위로 규정해 놓고 있다. 하지만 시민질서의 위반자들은 자신들이 범죄자라고 생각지 않는 경향이 있으며 사회도 이들에 대하여는 어느 정도 관용하는 경향이 있다.

(6) 상습범죄

이 범죄는 생활방식의 일부로서 절도, 강도, 도둑질 등을 하는 경우를 말한다. 이러한 범죄를 저지르는 사람은 대부분 20대의 젊은 연령층이며 비행소년집단의 성원이 되면서부터 시작하는 경우가 많다. 이들은 조직화되어 범죄를 하거나 전문적으로 범죄만을 자행하는 사람들만큼 범죄기술을 가지고 있지는 않다. 그러나 그들은 어느 정도까지 범죄생활에 빠져 들어가 있기 때문에 '준전문적 범죄자들'이라고도 불린다. 이들은 범죄자로서의 자아상을 단지 부분적으로만 형성하고 있다. 상습범죄를 저지른 자들은 좀처럼 체포가 잘 안된다. 체포율이 낮기 때문에 그들 대부분은 그들이 행한 범죄로부터 충분한 대가를 받고 있다고 믿고 있으며 따라서 상습적으로 범죄를 저지르게 된다.

(7) 조직범죄

어떤 종류의 범죄, 예를 들면 마약밀매, 협박에 의한 강탈, 매춘, 도박 등의 범죄는 조직화되어 자행되는 수가 많다. 즉 이러한 종류의 범죄는 범죄조직들에 의해서 수행되는 경우가 많다는 것이다. 조직범죄의 여러 특징 중 가장 두드러진 것은 비교적 대규모 조직에 의해서 철저히 계획되어 일어난다는 점이다. 둘째 특징은 사람들이 원하지만 합법적으로는 성취할 수 없는 재화나 용역을 제공해주는 경우가 많다는 것이다. 호텔, 나이트클럽, 술집 등을 경영하면서 매춘과 도박의 기회를 제공해 주는 조직범죄는 그 대표적인 예가 될 것이다. 마지막으로 조직범죄는 종종 사법기관과 정부의 요직인사들을 매수함으로써 자행되기 때문에 결과적으로 이들을 부패시키는 경우가 많다는 점도 지적해 두어야 하겠다.

(8) 전문적 범죄

전문적 범죄자들에는 전문적인 금고털이나 화폐위조범으로부터 시작해서 소매치기, 상습적인 상점도둑, 수표위조범, 장물아비, 사기범 등의 여러 부류가 있다. 이들 모두는 고도의 범죄기술을 가지고 있으며 범죄로 생활하는 자들이다. 이들은 범죄기술에 능하기 때문에 좀처럼 체포되지 않으며 체포되더라도 재판을 적당히 피하는 방법을 잘 알고 있기 때문에 처벌을 전혀 받지 않거나 가벼운 처벌만 받는 경우가 많다.

위에서 열거한 위법행위들은 모두가 성인에 의해서만 저질러지는 것이 아니다. 미성년자들도 성인들 못지 않게 저지르는 위법행위가 많다. 그러나 미성년자들에 의한 반사회적 행위, 즉 청소년 비행은 형법에 의해서 처벌되지 않고 다른 방법으로 취급된다. 한편, 청소년 비행에는 성인들이 범하였다면 범죄가 될 만한 것들 뿐 아니라 미성년자이기 때문에 해서는 안될 행동까지도 포함된다. 후자의 예로서는 무단가출, 무단결석, 부모에 대한 불순종, 성행위, 미성년자에게 금지된 유흥접객업소의 출입 등이 있다.

2) 비범죄적 일탈행위

범죄행위는 위반되는 규범이 성문화되어 있기 때문에 비교적 잘 식별될 수 있으나 비범죄적 일탈행위는 뚜렷한 준거가 없기 때문에 구별하기가 매우 어렵다. 비범죄적 일탈행위는 대부분의 경우 그것을 결정할 수 있는 권위를 가진 집단 또는 사람에 의해서 규정된다. 따라서 여기서는 주로 비범죄적 일탈행위들이 어떤 과정을 거쳐 규정되는가에 관해서 살펴보기로 하겠다.

(1) 정신이상

전통적으로 정신이상은 정신과 의사들에 의해서 규정되고 일종의 병으로 취급되어 왔다. 정신과 의사들은 규범에 어긋난 비정상적인 행동을 하는 사람들을 신체적 질환이나 마찬가지의 의미에서 정신이상이 있기 때문인 것으로 보고 그 징후, 즉 나타난 행위에 따라 몇 가지 종류의 정신병으로 나누어 치료를 한다. 그러나 비정상적인 행동이란 상황에 따라 다르고 사람에 따라, 심지어는 정신과 의사들 간에도 다르게 규정된다. 따라서 오늘날의 많은 정신과 의사와 사회학자들은 신체적 결함에서 오는 정신병을 제외하고는 정신이상의 대부분을 사회적 반응의 결과, 다시 말해서 낙인의 결과라는 것에 동의한다.

인간관계는 본질적으로 매우 복잡하고 갈등이 많아 적응하기 매우 어려운 경우가 많다.

적응의 문제를 정신병의 증세로 규정하여 정신과 의사에게 또는 정신병원에서 치료를 받게 한다면 그것은 상태를 더 악화시킬 수도 있다. 다소 비정상적인 행동을 하였다 해서 정신병 환자로 규정하여 병원에 입원시킬 경우 그것은 다음과 같은 문제를 일으킨다. 무엇보다도 먼저 그에게 이른바 '자기충족적 예언(self-fulfilling prophecy)' 이라는 현상이 일어난다는 것이다. 자기충족적 예언이란 다른 사람들, 특히 중요한 타자들(significant others)이 규정한 것을 그대로 받아들이게 되는 현상을 말한다(Merton, 1968: chapter XII). 따라서 그는 자기한테 중요한 타자들(significant others)인 의사나 간호원들이 규정하는 대로 자기가 정신병환자라는 것을 받아들이게 된다. 더 나아가 그가 치료를 받고 퇴원하게 되더라도 그는 정신병환자였다는 오명 때문에 사회로부터 소외되는 현상이 일어나 문제를 더욱 악화시키기도 한다.

(2) 알코올 중독

이 두 가지 현상도 비범죄적 일탈행위에 속한다. 그러나 어느 정도의 술을 마시고 어떤 상태에 있어야 알코올 중독이고, 어떤 경우에 누가 알코올에 중독되어야지 일탈행위로 규정되는지는 그 한계가 애매할 수밖에 없다. 따라서 정신이상의 경우나 마찬가지로 그것은 사회적 반응의 결과로 규정되는 경향이 있다.

(3) 일탈적 성행위

대부분의 사회에서는 혼외 성관계를 해서는 안된다는 규범을 가지고 있다. 그러한 성행위 가운데 간통과 같이 법에 의해 규제되고 있는 행위도 있으나 그 보다는 오히려 법에 의해서 규정되지 않는 부도덕한 성행위가 더 많은 것으로 알려져 있다. 그러나 어떤 경우가 일탈적인 성행위인지를 규정하기란 좀처럼 쉽지 않다. 그 중요한 이유의 하나는 성도덕 그 자체가 점차 약화되고 있기 때문이다. 미혼의 성인들이 합의에 의해서 동거생활을 하는 경우는 점차 용납되는 추세에 있다. 또한 성인들은 아직까지도 미성년자들은 어떤 경우에도 성행위를 해서는 안된다고 생각하나 청소년들 가운데에는 그렇게 생각하지 않는 사람이 점점 더 늘어가고 있다.

4. 범죄와 범죄자의 특성

범죄와 범죄자의 특성을 분석하기 위해 일반적으로 범죄 통계자료를 활용한다. 이러한 통계자료는 시간과 지역에 따른 범죄행위의 종류와 빈도를 파악하도록 해준다. 하지만 많은 범죄는 발각되지 않을 뿐만 아니라 피해자들이 귀찮아하거나 자신들의 신분을 감추기 위해 범죄를 신고하지 않는다. 따라서 범죄에 관한 대부분의 통계는 사법기관에 의해 검거되었거나 유죄판결을 받은 사람들에 한정된다. 요약하면, 통계자료에 바탕을 둔 범죄와 범죄자의 특성에 관한 분석은 시험적이라는 사실을 명심할 필요가 있다. 하지만 범죄에 관한 통계자료가 오랜 기간에 걸쳐 체계적으로 축적되고 분류되어 왔기 때문에 사회학자들은 여전히 이 자료를 범죄 연구에 많이 사용하고 있다.

1) 범죄의 특성

(1) 범죄유형의 비교

한국 전체 범죄 중에서 재산범죄의 비율이 폭력범죄보다 높다. 2021년의 경우 재산범죄는 57만5천건, 강력범죄(살인, 강도, 방화, 강간, 폭행, 상해, 폭력행위 등 처벌에 관한 법률위반 행위 포함)는 21만6천건이 발생했다. 재산범죄 중에서는 절도와 사기의 비율이 각각 30.0%, 51.8%정도로 가장 높다. 강력범죄에서는 폭력이 전체 강력범죄의 83.7%로 가장 많은 비중을 차지하고 다음에는 강간 2.7%, 방화 0.5%, 강도 0.2%, 살인 0.3% 등의 순으로 많이 발생하였다.

(2) 범죄건수의 변화

한국의 경우 범죄는 2010년대 후반까지 증가하다가 이후부터는 약간씩 감소하는 추세를 보여주고 있다. 총범죄는 2012년에는 193만건, 2016년에는 201만건, 2019년에는 177만건, 2021년에는 153만건을 기록하고 있다. 강력범죄의 경우는 2012년에서 2021년까지 9여년 동안 흉악범죄(살인, 강도, 방화, 강간)는 2만9천건에서 3만5천건으로 21% 증가한데 비해 폭력범죄는 25만3천건에서 18만건으로 29% 감소했다. 재산범죄 중 절도는 같은 기간에 29만1천건에서 16만7천건으로 43% 감소한 반면, 사기는 24만건에서 29만8천건으로 24% 증가했다.

(3) 범죄의 대도시 집중

범죄는 시골이나 소도시보다 대도시 지역에서 보다 많이 발생한다. 물론 대도시 지역에 인구가 많아서 그렇겠지만, 이러한 인구요인을 고려하더라도 대도시의 범죄발생율은 다른 지역에 비해 훨씬 높다. 이러한 현상의 원인에는 여러 가지가 있다. 첫째, 대도시에는 범죄자들의 유혹물이 될 수 있는 부가 집중되어 있다. 둘째, 대도시에는 판단력과 자기통제력이 약하며 사회적 경험이 부족한 젊은이들이 많이 몰려 있다. 셋째, 범죄의 유혹에 빠지게 할 수 있는 향락유흥업소가 대도시에 집중되어 있다. 넷째, 대도시의 익명성 보장은 범죄의 감소에 이바지하는 사회적 통제력과 억제력을 약화시킨다.

2) 범죄자의 특성

(1) 나이

나이는 범죄와 관련되어 있다. 한국의 경우 2021년에 전체 범죄의 96.0%는 19세 이상의 성인에 의해 저질러졌다. 범죄자를 연령대별로 살펴보면 50대가 23.0%, 40대가 20.8%, 20대(19세 포함)가 18.4%, 60대 이상이 17.3%, 30대가 16.5%, 18세 이하가 4.0%를 차지한다. 한편 전체 범죄에서 18세 이하의 연령층이 차지하는 비율은 4.0%이지만 절도는 14.8%, 강도는 23.7%, 강간은 12.1%를 차지하고 있다. 직업범죄는 30대 이상의 사람들에 의해 저지르는 경향이 있다. 예를 들어, 횡령은 40대와 50대에 의해 각각 20.4%, 24.5%가 발생한다. 범죄자들 가운데 60대 이상이 차지하는 비율은 2012년 7.3%에서 2021년 17.3%로 10% 증가했다. 이러한 변화는 인구고령화의 추세를 반영한다. 65세 이상 인구의 비율은 2012년 11.7%에서 2021년 17.1%로 9년 동안 5.4% 증가했다.

(2) 성

2021년의 경우 남자는 여자에 비해 총범죄자수는 3.7배, 폭력강력범죄자는 4.4배, 재산범죄자는 3.2배 더 많다. 어떤 범죄는 한쪽 성에 한정되어 일어난다. 강간은 남자에게 거의 자동적으로 연결된다. 하지만 남녀의 권리와 사회적 참여의 기회가 동등해지면서 남녀간 범죄율의 차이는 줄어들고 있다. 한국의 경우 여성범죄자의 비율이 1986에 9.3%였으나 1990년에는 9.9%, 2002년에는 14.9%, 2012년에는 18.0%, 2021년에는 21.2%로 증가했다.

(3) 사회적 계급

일반적으로 범죄자의 비율은 중상층계급보다 하층계급에서 높게 나타난다. 2021년의 경우 전체 범죄자 중에 생활정도가 하류인 사람이 차지하는 비율이 약 55.6%를 나타냈다. 더욱이 범죄의 희생자도 하층계급에서 더 많이 나온다. 또한 하층계급의 범죄자가 다른 계급의 범죄자보다 체포되거나 유죄판결을 받는 비율도 더 높다. 범죄의 종류도 계급에 따라 다르다. 길거리주변에서 일어나는 범죄 예를 들면 강도, 소매치기, 절도는 하층계급의 사람들이, 그리고 직업범죄는 중상층계급의 사람들이 저지르는 비율이 높다.

(4) 재범

범죄자는 재범하는 경향이 있다. 2021년에 발생한 범죄 중 재범자에 의해 저질러진 비율은 65.2%이며 주요 범죄별 재범자의 비율은 절도가 62.0%, 살인이 67.4%, 강도가 71.4%, 성폭력이 50.5%, 폭행은 68.2%를 나타냈다.

5. 사회통제

사회통제란 규범으로부터의 일탈을 억제하고 그것에 동조하도록 만드는 메커니즘 또는 과정을 말한다. 그러한 과정은 크게 사회화, 즉 규범의 내면화를 통한 사회통제와 사회적 압력 또는 제재에 의한 통제 두 가지로 나누어 볼 수 있다. 이와 같은 사회통제의 메커니즘 가운데 공식적 제재를 통한 통제는 기존질서의 유지를 위해서 불가결한 것이기는 하나 몇 가지 문제점을 가지고 있다. 그 첫째 문제는 실제로 일탈자들에 대한 공식적 통제는 공평하게 이루어지지 않는다는 점이며, 그 둘째는 일탈자에 대한 사회통제는 경력일탈자를 창출해내기도 하고 보다 바람직한 방향으로의 사회변동을 저해하는 역기능적인 면도 있다는 것이다. 먼저 사회통제의 메커니즘을 살펴본 다음 그 문제점에 관해서 논의해 보기로 하겠다.

1) 사회통제의 메커니즘

앞에서 일탈행위에 대한 통제는 규범의 내면화에 의해서도 이루어 질 수 있고 일탈행위에 대한 사회적 압력 또는 제재를 가함에 의해서도 이루어진다고 하였다. 사회적 압력 또는 제재에 의한 통제에는 비공식적 통제와 공식적 통제 두 가지가 있다. 먼저 규범의 내면화에 의한 통제부터 보기로 하자.

(1) 규범의 내면화

사람은 사회화 과정을 통해서 규범을 내면화한다. 일단 사회규범들을 자아의 일부로 내면화한 사람은 그 규범에 동조하는 행동을 한다. 역으로 말해서 사회규범들이 성공적으로 내면화되면 좀처럼 그 규범에 어긋나는 행동을 하지 않는다는 것이다. 따라서 사회화를 통해 규범을 내면화시키는 것은 사회통제의 가장 효율적인 수단이라고 할 수 있겠다.

그러나 사회화는 결코 완전하게 일어나지 않는다. 더 나아가 규범의 내면화가 성공적으로 이루어졌다고 해도 어떤 사회적 상황에서는 불가피하게 규범에 위반하는 행위를 하는 수가 있다. 사회는 이러한 행위에 대해서도 계속적으로 공식적 · 비공식적 제재를 가해 질서를 유지하고자 한다.

(2) 비공식적 통제

비공식적 통제는 우리들의 행동에 대한 제재가 일상생활에서 우리와 관련을 맺고 있는 사람들(부모, 친구, 이웃, 직장의 동료 등)에 의해서 이루어지는 경우를 말한다. 그러한 제재에는 긍정적 제재(positive sanction)와 부정적 제재(negative sanction)가 있다. 전자는 규범에 동조하는 행위에 대해서 미소, 칭찬 또는 상금과 같은 보상을 줌으로써 그러한 행위를 보강해 주는 경우를 말하며 후자는 일탈행위에 대해서 주어지는 조소, 훈계, 고립화 등과 같이 벌을 가함으로써 그것을 억제하는 방향으로의 제재를 말한다.

비공식적 통제는 규모가 작고 친밀한 관계로 형성되어 있는 원초집단 내에서 효율적으로 일어난다. 원초집단 내에서의 통제는 특히 일탈행위가 집단의 결속력을 위협할 경우에 보다 효율적으로 발생한다. 그러나 원초집단은 바로 똑같은 이유 때문에, 즉 집단의 결속력이 강하기 때문에 일탈행위를 하는 성원을 감추어 주는 경우도 있다는 것을 알아둘 필요가 있겠다.

비공식적 제재는 경우에 따라서 매우 효율적으로 이루어질 수 있으나 다음과 같은 한계가 있다. 첫째, 비공식적 제재는 애매한 경우가 많고 또 그 힘이 약하기 때문에 일탈행위를 억제하지 못하는 수가 있다. 둘째, 비공식적 제재는 개인의 감정, 사회적 지위, 집단의 소속감 등의 영향을 받기 때문에 부적절하게 가해지는 수가 많다.

(3) 공식적 통제

공식적 통제는 사회의 질서유지에 책임을 맡고 있는 공식기관에 의해서 이루어지는 제재를 말한다. 앞에서 지적한 바와 같이 규범의 내면화는 불완전하고 비공식적 통제만으로 일탈행위를 억제할 수 없기 때문에 사회통제를 전문적으로 수행하는 메커니즘들이 발전한다. 공식적 통제를 하는 사람 또는 기관에는 경찰, 검사, 재판관, 사회사업가, 정신의학자, 교도소, 소년원, 정신병원 등이 있다.

공식적 통제기관 중에서 가장 크고 중요한 것은 범죄통제를 전문적으로 관장하고 있는 경찰, 법정, 교도소를 포함한 사법기관이다. 사법기관에 의한 범죄처벌의 주요한 기능은 첫째, 범죄자의 감금을 통해 사회를 보호하며 둘째, 희생자를 위로하면서 동시에 도덕적 균형 및 사회정의를 실현하고 셋째, 범죄를 예방 또는 억제하고 넷째, 범죄자들을 재사회화시키는 일이다.

2) 사회통제의 문제점

여기서 다루고자 하는 사회통제의 문제점은 주로 범죄에 대한 공식적 통제에 관한 것이다. 그 가장 중요한 문제는 "모든 사람은 법 앞에서는 평등하다"는 이념에도 불구하고 실제에 있어서는 위법자들에 대한 통제가 불공정하게 일어난다는 사실이다. 둘째로 사회통제는 오히려 그것이 통제하려는 일탈행위를 창출해내기도 하고 바람직한 방향으로의 사회변동을 억제하는 방향으로 작용하는 수가 있다는 것이다. 먼저 범죄자들에 대한 사회통제의 선택성 문제부터 보기로 하자.

(1) 사회통제의 선택성

앞에서 지적한 바와 같이 어떤 사회에서든지 정도의 차이는 있으나 "숨은 범죄"가 많다. 즉 위법행위를 한 많은 사람들이 체포되어 처벌을 받지 않고 있다는 말이다. 이와 같은 숨은 범죄에 관한 많은 연구들은 위법행위란 어느 계층에서나 만연되어 일어나고 있음을 보여주고 있다. 그러나 정부에서 나오는 공식범죄통계는 중산층에서 보다 하층에서 더 많은 범죄가 있는 것으로 발표되고 있으며 일반사람들도 그렇게 생각하는 경향이 있다. 그 이유는 범죄통제의 선택성 내지 편견에서 기인할 수 있다. 일반적으로 하층계급이 범하는 범죄는 절도나 강도와 같은 것으로 다른 사람의 눈에 잘 발견되지만 중산층의 범죄는 잘 발견되지 않을 뿐만 아니라 발견되더라도 관용이 베풀어지는 경우가 많다. 더 나아가 동일한 범죄로 체포되어 재판을 받게 되더라도 중산층은 처벌을 피하는 방법을 보다 잘 알고 있고 유능한 변호사를 고용할 능력이 있기 때문에 하층민보다 유죄판결을 받을 확률이 적다.

(2) 사회통제의 역기능

사회통제는 범죄자로 하여금 재범을 하도록 조장하는 수가 있으며 경우에 따라서는 사회발전을 저해하기도 한다. 사회통제가 범죄를 창출하는 현상은 낙인이론에 의해서 잘 설명된다. 아무리 사소한 범죄를 저질렀다고 해도 일단 체포되어 처벌을 받게 되면 범죄자라는 낙인이 붙게 되고 사회로부터 냉대를 받는다. 일자리를 구해 새로운 생활을 하려고 해도 쉽지가 않다. 따라서 한 번 범죄자의 낙인을 받은 사람은 다시 범죄를 범하는 경향이 있다.

사회통제의 또 다른 역기능은 사회개혁을 통해서 보다 좋은 사회를 이루고자 하는 사회운동에 제재를 가함으로써 사회발전을 저해하는 경우이다. 사실상 사회통제는 지배집단의 기득권을 보호하는 방향으로 작용하는 성향이 있다. 따라서 그것은 사회의 구조적 결함이나 불평등을 해소하고자 일어나는 반부패운동과 여권운동 그리고 노동운동과 같은 사회운동을 억제하는 방향으로 작용한다.

6. 일탈의 사회적 함의

1) 사회적 오명

비범죄적 일탈의 많은 형태들은 강한 부정적 이미지인 사회적 오명(stigma)을 지니고 있다. 사회적으로 분명하게 규정되지 않은 여러 유형의 행동들도 때때로 '독특하다', '괴짜들이나 하는 행동이다', '별나다', '다르다', '미친 짓이다' 라는 식으로 불린다. 한국사회에서는 정신병, 중독행위, 신체적 기형, 장애, 여러 질병들이 오명을 가진 채 사회적으로 차별화된다. 이러한 신체적 · 심리적 특징과 행동은 일반 사람들로 하여금 종종 이러한 신체적 · 심리적 특징과 행동에 관련된 사람들을 피하게 할 뿐만 아니라 통제하게 만든다. 요약하면, 표준화되지 않은 사람들은 일탈자로 규정되는 경향이 있다. 이러한 규정은 일반 사람들로 하여금 표준화되지 않은 사람들을 바라보는 방식은 물론 표준화되지 않은 사람들이 자신들을 바라보는 방식에도 심각한 영향을 준다.

2) 일탈과 사회

뒤르켐은 일탈이 모든 사회에 존재한다는 점을 지적한다(Durkheim, 1938[1895]). 그는 일탈은 결코 비정상적인 현상이 아니라 모든 사회에 필요한 측면으로서 여러 가지 중요한 기능을 수행한다고 주장한다.

첫째, 일탈에 대한 사회적 규정은 허용할 수 있는 행동의 경계를 표시함으로써 사회가 생각하는 것이 옳고 적합한 행위라는 것을 분명히 해준다. 둘째, 행위를 낙인지우는 것은 사회적으로 수용된 행동에 도덕적 힘을 실어준다. 셋째, 일탈행동에 대한 전체 사회의 단합된 반응은 종종 사람들을 결합시킴으로써 사회적 연대를 강화시킨다.

일탈은 또한 사회변동을 이끌어내면서 사회에 이바지한다. 일탈은 기존의 규범과 가치에 대한 대안들이 존재한다는 사실을 입증해준다. 과거에 일탈자로 규정되었던 사람 가운데 현재 존경받는 인물이 되거나 또는 미래에 존경받을 수 있는 인물이 될 수 있다. 역으로 과거에 위대한 인물로 추앙받았던 사람이 오늘날이나 미래에 범죄자로 몰릴 수 있다.

일탈은 정상적이거나 전통적인 행동과 다른 행동이다. 어떤 행동이 박수갈채를 받거나 비난받는가는 그러한 판단을 내리는 사람과 사회 그리고 그러한 행동이 발생한 시기에 의존한다. 결론적으로 일탈은 사회적 과정의 결과이다.

■■ 참고문헌

대검찰청. 2022. 『범죄분석』.

통계청. 2022. 『한국의 사회지표』.

Becker, Howard. 1963. *Outsiders.* New York: The Free Press.

Clinard, Marshall B. and Richard Quinney. 1967. *Criminal Behavior System:* A Typology. New York: Holt, Reinhart and Winston.

Dallad, John, et al. 1939. *Frustration and Aggression.* New Haven: Yale University Press.

Davis, Kingsley. 1937. "The Sociology of Prostitution." *American Journal of Sociology* 2: 744-755.

Durkheim, Emile. 1933. *The Division of Labor.* Translated by George Simpson. New York: The Free Press.

______. 1938[1895]. *The Rules of Sociological Method.* Chicago: University of Chicago.

______. 1951. *Suicide.* Translated by John A. Spaulding and George Simpson. New York: The Free Press.

Goring, Charles. 1913. *The English Convict.* London: His Majesty' s Stationary Office.

Lemert, Edwin M. 1951. *Social Pathology.* New York: McGraw-Hill Book Company.

______. 1967. Human *Deviance, Social Problems, and Social Control.* Englewood Cliffs, N.J.: Prentice-Hall.

Merton, Robert K. 1938. "Social Structure and Anomie." *American Sociological Review* 3: 672-682.

______. 1968. Social *Theory and Social Structure.* New York: The Free Press.

Merton, Robert K. and Robert A. Nisbet (eds.). 1966. *Contemporary Social Problems.* New York: Harcourt, Brace & World, Inc.

Nettler, Gwynn. 1974. *Explaining Crime.* New York: McGraw-Hill Book Inc.

Shaw, Clifford R. and Henry C. McKay. 1929. *Delinquency Areas.* Chicago: University of Chicago Press.

Sheldon, William H., Emil M. Harl, and Eugene McDermott. 1949. *Varieties of Delinquent Youth.* New York: Harper.

Sutherland, Edwin H. 1939. *Principles of Criminology.* Philadelphia: J.B. Lippincott.

______. 1967. *White Collar Crime.* New York: Holt, Reinhart & Winston.

Wallerstein, James S. and Clement J. Wyle. 1947. "Our Law-Abiding Law Breakers." *Probation* 25: 102-112.

제 8 장

사회계층

1. 사회계층의 개념

2. 계층체계

카스트사회 / 계급사회 / 무계급사회

3. 계층이론

기능론적 관점 / 갈등론적 관점 / 다차원적 접근: 막스 베버

4. 계층체계의 유지

경제 / 가족 / 이념 / 정치

5. 불평등의 실태

경제적 자원 / 정치적 권력 / 위세

6. 사회계층의 결과

건강과 수명 / 가족생활 / 교육 / 가치와 태도

7. 사회적 이동

수직적 및 수평적 사회적 이동
세대 간 및 세대 내 사회적 이동
사회적 이동의 개인적 요인 / 사회적 이동의 구조적 요인

제 8 장

사회계층

모든 사회가 갖는 가장 근본적인 문제들 중의 하나는 자원을 어떻게 배분하느냐이다. 왜냐하면 어떤 자원을 가지느냐 못가지느냐 그리고 가지더라도 얼마나 가지느냐가 개인이 세상을 살아가는데 있어서 그리고 사회가 작동하고 유지하는 데 있어서 매우 중요한 영향을 미치기 때문이다. 이 장에서는 이와 같은 사회적 자원의 배분 즉 사회계층에 대해 살펴보기로 한다. 먼저 사회계층의 개념과 사회계층의 다양한 형태 및 이를 설명하는 이론들에 대해 논의해보고 다음으로 사회계층을 유지시켜주는 사회제도와 과정에 대해 알아본다. 또한 사회적 불평등의 실태와 이러한 사회적 불평등이 사람들의 삶에 가져다주는 결과를 살펴보고 마지막으로 사회적 이동에 대해 검토해보기로 한다.

1. 사회계층의 개념

우리 인간은 사회적 삶을 살아가기 위해 많은 자원을 필요로 한다. 이 같은 사회적 자원은 사회에서 가치가 있다고 쳐주는 모든 것이다. 이러한 자원에는 옷, 식량, 집, 건강 등과 같은 기본적 자원 외에 보다 나은 삶을 영위하기 위한 돈, 권력, 인기, 자동차, 휴대폰, 컴퓨터 등등의 자원도 있다. 하지만 모든 사회는 이러한 자원을 그 구성원들에게 똑같이 분배하지 않는다. 어떤 사람은 다른 사람보다 많은 재산이나 권력을 가진다. 이처럼 어떤 사회에서 자원이 그 구성원들에게 똑같이 분배되지 않는 현상을 사회적 불평등(social inequality)이라고 한다.

사회적 불평등과 유사한 개념으로 불공정 또는 불공평(inequity 또는 unfairness)이라는 개념이 쓰인다. 불평등은 자원이 결과적으로 똑같이 분배되지 않는 현상을 일컬으며 사실적인 차원에서 확인이 가능하다. 이에 비해 불공정은 정의(justice)라고 하는 가치가 개입된 개념으로 자원의 분배가 옳게 이루어지지 않는 현상을 말한다. 사람들은 분배가 옳고 그른지를 판단하기 위해 주로 어떤 자원을 얻기 위해 투입된 다른 자원이나 다른 사람의 분배과정을 비교하거나 고려한다. 따라서 평등한 분배가 옳은 분배 또는 공정한 분배임을 그대로 이야기해주지는 않는다. 예를 들어, 빈둥빈둥 노는 사람이나 열심히 일하는 사람이나 똑같은 보상을 받는다면 이것을 옳다고 판단할 사람은 그리 많지 않을 것이다. 이러한 측면에서 평등한 분배와 공정한 분배는 별개라고 할 수 있다.

사회적 불평등은 사회집단의 차원에서도 발생한다. 어떤 집단은 다른 집단에 비해 보다 많은 자원을 소유하고 있다. 이와 같이 어떤 집단들이 사회적 자원에 대한 통제나 접근에 있어 위계적으로 서열화된 불평등 현상을 사회계층(social stratification)이라 한다. 결과적으로 서열화된 집단은 지구의 표면을 겹겹이 둘러싸고 있는 지층(strata)과 같은 모습을 지니고 있다.

사회계층은 체계적으로 이루어져 있다. 이는 집단간 불평등이 복권에 당첨되는 것처럼 우연한 기회로 생겨난 것이 아니라 사회구조에 내재화되어 있음을 의미한다. 즉 사회계층은 개인의 운이나 노력의 결과가 아니라 사회적 측면이라는 것이다. 비슷한 계층에 속한 사람들은 자신들이 달성하고자 하는 교육수준, 얻고자 하는 건강의 정도, 갖고자 하는 생활수준 등과 같은 삶의 기회(life chance)에서 비슷한 처지에 놓이게 된다.

2. 계층체계

계층체계는 사람들이 하나의 계층에서 다른 계층으로 이동하는 것이 얼마나 어려운가의 정도에 따라 폐쇄형(closed) 계층체계와 개방형(open) 계층체계로 크게 분류할 수 있다. 폐쇄형 계층체계의 대표적 유형은 카스트사회(caste society)이며 개방형 계층체계의 대표적 유형은 계급사회(class society)이다. 이밖에 계층체계 자체를 부정하는 무계급사회도 이념상 제기될 수 있다.

1) 카스트사회

카스트란 힌두교의 종교적 원리에 따라 위계적으로 나뉜 사회신분 집단을 일컫는 말로서 오늘날에는 폐쇄형 계층체계를 나타내는 데 사용된다. 카스트사회에서 개인의 지위는 자신이 태어난 가족의 지위에 의해 결정되며, 이러한 지위는 평생동안 좀처럼 변하지 않는다. 다시 말해, 개인의 귀속지위(ascribed status)가 카스트의 위치를 결정해준다. 피부색, 성, 부모의 종교와 직업, 부모의 신분은 개인의 카스트를 결정해주는 대표적인 특성이다.

카스트의 신분은 가족을 통해 다음 세대로 세습되기 때문에 카스트사회의 사람들은 같은 사회적 지위의 사람들끼리 혼인하는 족내혼(endogamy)의 경향이 있다. 이러한 족내혼을 통해 카스트의 순수성은 유지된다. 카스트가 서로 다른 사람들과의 접촉은 높은 카스트 신분의 사람을 더럽히고 경멸하는 행위로 간주될 수 있는데, 이를 의식적 오염(ritual pollution)이라 부른다. 의식적 오염이 발생하면 카스트의 순수성을 회복시키기 위해 관련된 사람들을 추방하거나 사형 또는 보다 낮은 카스트로 강등시키는 정화의식(cleansing ritual)을 행하기도 한다.

카스트체계는 주로 산업화 이전의 사회에서 널리 행해졌다. 고대 그리스의 도시국가, 로마제국, 중세유럽 모두 귀족, 평민, 노예, 농노 등의 신분을 가진 카스트체계를 가지고 있었다. 미국도 노예제를 시행했었으며, 1863년 노예제를 공식적으로 폐지한 이후에도 카스트적인 인종차별 관행을 거의 100여년 간이나 유지했었다. 한국의 조선시대에도 양반, 중인, 상민, 천민의 세 가지 기본 신분이 존재했었다.

카스트체계의 원형은 인도의 카스트제에서 찾아 볼 수 있다. 사람은 자신의 운명을 순순히 받아들이고 주어진 일을 도덕적 의무로서 성실히 수행해야 한다는 힌두교의 근본적 믿음에 기초하고 있는 인도의 카스트제는 브라민(Brahmin), 크샤트리야(Kshatriya), 바이샤(Vaishya), 수드라(Shudra)라고 하는 4개의 기본적 카스트와 이를 이루고 있는 수천 개의 하위 카스트로 구성되어 있다. 각 카스트는 대개 특정한 직업집단과 연관되어 있다. 가장 높은 카스트인 브라민의 구성원은 성직자와 정신적 지도자, 크샤트리야의 구성원은 정치지배자, 장군, 대지주 등, 바이샤의 구성원은 상인, 일반 평민, 수드라의 구성원은 일꾼,

하인 등이다. 이 4개의 카스트 밖에 하리잔(Harijan)이 있는데, 이 계층은 카스트라는 지위도 갖지 못하며 일반 사람들이 접촉하기를 꺼리는 최하위 불촉천민(untouchable)이다. 하리잔은 인도사회에서 가장 비천한 일로 치부되는 구걸, 사람 오물 치우기, 쓰레기 뒤지기로 생계를 유지한다.

인도는 독립 후 2년이 지난 1949년 공식적으로 카스트제를 폐지했지만 종교적 이념과 가치, 직업 및 혼인제도와 밀접히 결부된 이 제도는 3000년 이상이 지난 지금에도 인도사회 전반에 걸쳐 강한 영향력을 행사하고 있다. 하지만, 최근 들어 인도사회가 산업화되면서 익명성이 어느 정도 보장되는 도시지역을 중심으로 사회관계에 대한 카스트의 영향력은 점차 약화되고 있다.

2) 계급사회

카스트제가 폐쇄형 계층체계인데 비해 계급체계는 개인의 지위가 살아가는 과정에서 변할 수 있는 개방형 계층체계이다. 근본적으로 개인의 계급은 최소한 부분적으로나마 출생이 아닌 개인의 노력이나 결정을 통해 획득한 직업이나 학력과 같은 성취지위(achieved status)에 기초한다.

계급체계의 개방성은 계급구조 내에서 개인이 상위의 계급 또는 하위의 계급으로 움직일 수 있는 사회적 이동(social mobility)을 가능하게 한다. 비록 계급도 카스트와 마찬가지로 계급 간에 경계가 존재하지만, 사회적 이동으로 인해 계급은 카스트처럼 뚜렷하게 규정되지는 않는다. 계급들 간의 경계는 선명하지 않으며, 계급의 구성원조차도 항상 분명하게 파악되지는 않는다. 또한 계급을 결정해 주는 기준도 상당히 유연적이다. 특히 상당히 복잡한 사회에서 계급을 결정해주는 요인은 부, 권력, 사회적 위세 등과 같이 다차원적으로 존재한다. 이로 인해 개인은 모든 측면의 계급적 요소를 다 가지지 않을 수도 있다. 예를 들어, 어떤 연예인과 운동선수는 상당히 많은 사회적 위세나 인기를 지니고 있지만 권력은 별로 없을 수가 있고, 또 어떤 정치인은 상당히 많은 권력을 지니고 있지만 사회적 존경이나 명예는 형편없을 수도 있다.

계급 또한 카스트처럼 개인의 삶에 큰 영향을 미친다. 상위계급은 하위계급에 비해 교육, 일자리, 건강 등과 같은 사회적 자원에 대해 보다 많은 접근의 기회를 가진다. 하지만,

사회적 이동을 통해 이러한 자원에 대한 접근의 기회는 개인의 일생동안 변할 수 있다.

산업화는 카스트제를 약화시키는 대신 계급제도가 성장하는 데 상당한 기여를 했다. 현대적인 산업생산은 사람들이 일자리를 찾아 자유스럽게 이동하고 개인적인 능력을 중요시하며 경제적 조건에 따라 직업을 빨리 바꾸는 것을 필요로 한다. 주거와 직업에 대한 카스트제의 경직성과 고정성은 산업사회가 요구하는 이러한 자유로움과 유연성에는 맞지 않는다.

3) 무계급 사회

많은 사람들은 계급이 없는 무계급 사회(classless society)를 이루기 위해 오래 전부터 노력해왔다. 대표적으로 칼 맑스는 사회적으로 가장 중요한 자원인 생산수단을 사유화하지 않고 사회구성원이 모두 공유함으로써 무계급사회 또는 공산주의 사회를 이룰 수 있다고 주장했다. 이러한 그의 주장에 근거해서 20세기 들어 러시아, 동유럽, 중국, 북한, 쿠바 등을 비롯한 많은 나라에서 사회주의 혁명이 일어났고 또 사회주의 정부가 들어섰다. 1990년대 초 소련과 동유럽국가들이 사회주의를 포기할 때까지 전 세계 인구의 25%이상이 소위 계급없는 공산주의 국가에서 살았다.

실제적으로 공산주의 사회에서는 경제적 불평등이 자본주의 사회보다 낮았다. 예를 들어, 구소련에서 의사의 봉급은 공장노동자나 관리자의 봉급과 거의 같았다. 하지만 여러 연구들은 이 사회에서도 계급이 사라지지 않았음을 밝히고 있다(Lane, 1990). 이들에 따르면, 구소련은 4개의 계급으로 계층화되어 있었다. 첫 번째 최상위 계급은 공산당 간부와 정부고위관리, 두 번째 계급은 지식인, 전문가, 하위직 정부관리, 세 번째 계급은 공장노동자, 마지막 계급은 농민으로 구성되어 있었다. 중국도 국가사회관리자, 대 · 중형 기업체 관리자, 사영기업주, 전문기술자, 행정사무인력, 개체 상공업자, 상업 서비스 종사자, 노동자, 농업노동자, 도시 실업 · 반실업자의 10개 사회계층으로 분화되어 있는 것으로 조사됐다(조선일보, 2002년 2월 2일). 구소련과 중국 및 북한의 고위 공산당 간부에게는 일반 국민이 접근하기 거의 불가능한 특별한 휴양지와 별장, 고급주택과 승용차, 해외여행, 호화사치품, 고급 의료서비스 등의 엄청난 특권과 혜택이 주어졌다. 심지어 북한에서는 김일성 · 김정일 부자의 생일이 국가의 명절로 지정되어 있기까지 하다.

이론적으로 무계급 사회를 만든다는 것은 가능할지 모르지만 현실적으로 이러한 사회를 창조하기 위한 시도는 성공한 적이 없었다. 비록 이전의 사회주의 국가들이 자본주의 국가들에 비해 사회구성원들 간의 경제적 불평등은 많이 완화시켰지만 이들 사회주의 국가는 경쟁이 되었던 자본주의 국가보다 더 가난했고 정치적, 종교적, 개인적 자유는 더 제한되었으며, 보다 전체주의지향적이었다.

3. 계층이론

모든 사회에 계층체계가 실제로 존재하는 현상을 설명하기 위해 다양한 이론들이 제시되어 왔다. 이들 이론은 대부분 세 가지 기본적인 시각, 즉 기능론, 갈등론, 막스 베버의 다차원적 접근에 기초하고 있다.

1) 기능론적 관점

기능론은 모든 사회구성원이 궁극적으로는 불평등에 의해 어느 정도 혜택을 입을 수 있다고 주장하면서 계층이 전체 사회에 이바지하는 방식에 설명의 초점을 맞춘다. 기능론의 기원은 여러 사회 계급들이 전체사회를 위해 각각 서로 다른 기능을 수행하는 부분으로 이해될 수 있다고 강조한 뒤르켐의 주장에서 찾아볼 수 있다(Durkheim, 1964[1893]). 이런 의미에서, 사회계급은 인체에서의 기관과 같은 존재로 간주될 수 있다. 킹슬리 데이비스와 윌버트 무어(Kingsley Davis and Wilbert Moore)는 이 같은 뒤르켐의 이론 및 사회 제도는 전체 사회를 위해 뭔가 기능하기 때문에 존재한다는 파슨즈의 구조기능주의에 근거해서 1945년 불평등에 관한 기능론적 설명을 제시했다. 이들에 따르면 어느 정도의 계층현상은 불가피할 뿐만 아니라 사회적으로 필요하다는 것이다. 이들의 주장은 다음과 같이 요약될 수 있다.

- 사회는 복잡하고 다양한 지위와 역할들로 이루어져 있는데, 사회가 잘 기능하기 위해서는 이러한 지위에 가장 능력있는 사람이 들어서야 한다.

- 사회의 생존과 유지를 위해 어떤 지위는 다른 지위보다 더 중요하다. 예를 들어, 의사의 일은 청소부의 일보다 사회적으로 더 중요하다고 하겠다.
- 대개 중요한 지위는 그 역할을 수행하기 위해 오랜 기간의 훈련과 교육, 비용, 노력, 능력 등을 요구한다. 의사가 되기 위해서는 청소부보다 훨씬 많은 교육과 훈련을 필요로 한다.
- 사람들은 자기들의 시간, 노력, 비용을 귀중한 자원으로 생각한다.
- 사람들의 능력과 재능은 다 똑같지 않다.
- 따라서 사회적으로 중요한 자리에 능력있고 또 필요한 훈련과 교육을 받은 사람이 들어가도록 장려하기 위해 사회는 자연스레 불평등한 보상체계, 즉 계층체계를 발전시켜 왔다. 만약 모든 지위에 동일한 보상이 주어진다면 사람들은 어렵고 힘들거나 오랜 훈련을 요구하는 일을 구태여 하지 않을 것이다. 따라서 계층체계는 필요한 재능과 기술을 가진 사람들이 사회적으로 중요한 자리를 차지해 맡은 일을 잘 수행하도록 동기부여를 하기 위해 나온 것이다.

데이비스-무어의 이론은 계층체계가 왜 필요하며 또 그것이 거의 모든 사회에서 보편적으로 나타나는 현상인가를 설명하는 기본적인 기능이론이다. 하지만, 이 이론은 여러 가지 측면에서 비판받는다(Tumin, 1953; Wrong, 1959). 비록 대부분의 사람들은 어떤 자리가 다른 자리에 비해 기능적으로 사회의 유지와 생존에 더 중요하다는 것을 인정하지만, 과연 그 자리가 어느 정도로 더 중요한지 정확하게 판단하기란 좀처럼 쉽지 않다. 의사의 임금이 청소부의 임금보다 많은 만큼 의사가 청소부보다 사회적으로 더 중요한가? '올바른' 사회의 유지를 위해 가정주부, 초등학교 교사, 대통령, 국회의원 중 누가 더 많이 기여해왔는가? 한국사회에서 변호사가 경찰관보다 기능적으로 더 중요한가? 만약 중요하다면 그 기준은 무엇이고 사회는 어떻게 그런 결정을 내리는가? 오히려 현재 의사의 임금이 청소부의 임금보다 더 많기 때문에 괜히 의사가 청소부보다 더 중요하게 보이지는 않는가? 청소를 하지 않으면 도시는 쓰레기와 오물로 뒤덮일 테고 그러면 전염병이 만연해 수많은 사람이 목숨을 잃을 수도 있다. 기능이론에 비판적인 사람들은 자리가 사회에서 차지하는 기능적 중요도에 따라 보상이 공평하게 분배되지 않으며, 아울러 사회에 대한 기능적 중요도를 판단하는 기준의 존재에 대해서도 회의적이다.

기능이론은 계층현상을 영속화시키고 사회적으로 비생산적이라는 비판도 받는다. 설사 어떤 한 시기에 보상이 많은 높은 지위가 많은 노력과 재능을 갖춘 사람에 의해 차지하게 되더라도 높은 지위에 있는 사람은 자신의 부와 지위를 자식에게 물려주려고 할 것이다. 이렇게 되면 높은 지위의 부모를 둔 자식은 별다른 재능이 없어도 많은 부와 높은 지위를 얻을 수 있는 반면 낮은 지위의 부모를 둔 자식은 재능이 뛰어나더라도 적절한 훈련과 교육을 받지 못해 높은 지위를 얻기가 힘들다. 대기업 설립자의 2, 3세 회장들이 그 기업에 고용되어 있는 일반 사원들보다 본래적으로 더 뛰어난 경영 자질과 능력을 갖추었다고는 말하기 어려울 것이다. 이렇게 계층을 영속화 시키는 상황은 자신의 재능을 살릴 기회를 박탈당한 개인과 사회적으로 중요한 자리에 재능있는 사람을 배치시키지 못하는 사회 모두에게 해가 될 수 있다.

이 밖에 현실적으로 사람들은 성, 지역, 피부색과 같은 귀속적 특징에 의해 보상이 차별화되고 있으며, 아울러 사람들은 보상에 연연하지 않는 이타주의적 또는 자기희생적 행동을 하는 경우가 있는데, 이 같은 현상들을 설명하는 데 있어서 기능론은 한계를 가진다.

2) 갈등론적 관점

기능론과 달리 갈등론은 모든 사람의 공동 이익을 반영하는 사회란 존재하지 않는다고 본다. 갈등론에 따르면, 인간의 무한한 욕망에 비해 사회적 자원은 상당히 한정되어 있기 때문에 이러한 한정된 자원을 놓고 인간들이 서로 다투고 경쟁하는 것은 자연스런 현상이다. 그러므로 사회는 주요 자원들에 대한 이해가 서로 다른 계급들로 나뉘어져 있는 장이며, 이들 계급은 각각 자신의 이익을 지키거나 늘리기 위해 다른 계급과 끊임없는 투쟁을 벌이고 있다. 계층은 이러한 투쟁의 승자와 패자로 이루어져 있다.

계층에 대한 갈등론의 기본 시각은 맑스(Karl Marx)의 주장에서 비롯되었다. 맑스는 부를 생산하는 데 있어 가장 중요한 요소를 공장, 기계, 땅, 원료 등의 생산수단(means of production)으로 간주하고 이러한 생산수단의 소유여부에 따라 사람들을 크게 2개의 집단 즉, 유산계급과 무산계급으로 나누었다. 유산계급은 생산수단을 소유한 집단으로 봉건시대의 영주나 귀족, 자본주의 사회의 자본가나 부르주아가 여기에 포함된다. 이에 비해 무산계급은 생산수단을 소유하지 못한 집단으로 봉건시대의 농노와 자본주의 사회의 노동자나 프롤레타리아가 여기에 속한다.

자본주의 사회에서 자본가는 부를 생산하기 위한 기계와 공장을 소유하고 있지만 그것들을 움직이기 위해서는 노동력을 필요로 한다. 반면, 노동자는 생산수단을 소유하고 있지 못하며 단지 노동력만 지니고 있을 뿐이다. 따라서 두 계급은 생존을 위해 서로를 필요로 한다. 하지만 이들 계급의 이해는 근본적으로 모순관계에 놓여 있다. 자본가는 상품을 싸게 만들어 시장에서 경쟁력을 확보하기 위해 상품가격의 구성요소인 인건비를 가능한 낮추려고 노력한다. 이에 따라 우세한 계급인 자본가는 노동자의 임금을 깎거나 노동력을 대신하는 효율적인 기계를 생산과정에 도입한다. 결과적으로 노동자의 임금은 줄어들고 실업자는 증가하게 된다. 이와 같은 양극화 현상이 지속되면 열악한 상황에 놓인 절대다수의 노동자는 자본가의 이익이 자신의 노동과 희생으로부터 파생된다는 계급의식을 갖고서 혁명을 일으키게 된다. 혁명에 성공한 노동자들은 생산수단의 사유제를 폐지하는 대신 공유제를 실현하고 "능력에 따라 일하고 필요에 따라 배급받는다." 맑스에 따르면, 생산수단을 공유하게 되면 계층체계는 불가피하지도 않으며 필요하지도 않다. 왜냐하면 더 이상 한 계급에 의한 다른 계급의 착취가 일어나지 않기 때문이다.

맑스가 예측한 대로 산업화 이후 자본가와 노동자 간에는 끊임없는 갈등이 있어왔다. 하지만 다른 한편으로 맑스의 예측과 어긋나는 많은 현상들이 있어왔다. 첫째, 자본주의 사회 특히, 자본주의가 발전한 사회에서 자본가와 노동자 두 계급 간의 양극화 현상은 증가하지 않고 있다. 오히려 생산수단만도 또 노동력만도 소유하지 않은 중간계급 예를 들면, 변호사, 의사, 교사, 전문가, 관리자, 자영업자 등의 비율이 증가하고 있다. 둘째, 사회주의 혁명은 서유럽이나 미국의 선진자본주의 사회가 아니라 러시아(1917년), 중국(1949년), 쿠바(1959년)와 같은 가난한 농업사회에서 일어났다. 셋째, 발달한 선진산업자본주의 사회에서는 생산수단의 소유와 경영이 점차 분리되고 있으며, 주식시장의 활성화는 노동자라도 주식을 소유할 수 있게 만들었다. 또한 소수의 경영자가 다수의 소액 주주보다 기업경영에 있어서 훨씬 우세한 힘을 지니고 있다. 넷째, 자본주의 국가에서 정치지도자가 자본가의 이익에 봉사하는 종속적인 위치에 있는 것이 아니라 오히려 주요한 정책의 독자적 결정을 통해 자본가의 행위에 영향을 미치는 경우가 많다. 다섯째, 소비자단체와 노동조합의 성장은 시장과 기업에 대한 자본가의 통제력과 영향력을 제한하고 있다.

3) 다차원적 접근 : 막스 베버

베버는 개인과 집단의 행동을 이해하는 데 있어서 경제적 요인이 중요하다는 맑스의 주장에 동의한다. 하지만 베버는 사람들을 계급구조의 각 범주에 위치시키는 주요 원천이 경제적 요인에만 있다고 보지 않는다. 베버에게 있어서 사람들의 삶의 기회에 영향을 주는 사회적 자원은 다양하다. 그는 이러한 자원들을 경제적 차원에서의 부(wealth), 사회적 차원에서의 위세(prestige), 정치적 차원에서의 권력(power)으로 구분하고, 이 세 가지 주요 차원에 따라 계층도 경제적 계급(class), 사회적 지위(status), 정치적 정당(party)의 세 영역으로 나눈다.

(1) 경제적 영역 : 계급

맑스는 생산수단의 소유여부에 따라 경제적 계급을 자본가와 노동자의 두 집단으로만 구분하였다. 베버는 맑스의 이러한 구분이 한편으론 말끔하지만 다른 한편으론 너무 단순해 복잡한 산업자본주의 사회에서 사람들의 경제적 위치를 이해하는 데에는 부족하다고 본다. 대신, 베버는 경제적 계급을 부에 따라 높은 계급에서 낮은 계급으로 이어지는 연속적 개념으로 파악한다. 베버에 있어서 부는 소득, 재산, 그리고 소득을 창출하는 재산과 직업 등을 포함해서 개인이나 가족이 소유하거나 통제할 수 있는 가치있는 모든 물건들을 일컫는다. 베버는 소득이나 재산에 대한 소유나 기회에 있어서 비슷한 수준이나 상황에 있는 사람들을 동일한 계급의 범주에 포함시켰다. 예를 들어, 부유한 은행가, 공장소유주, 의사, 건물주, 그리고 이들과 유사한 재정적 능력을 가진 상인은 값비싼 소비재를 구입할 수 있고, 부와 재산을 획득하려는 다른 사람의 기회를 통제할 수 있으며, 자식들에게 능력과 재능을 키울 수 있게 해주는 여러 가지 특권을 독점할 수 있다는 공통성으로 인해 동일한 경제적 계급의 범주에 포함될 수 있다.

(2) 사회적 영역 : 지위

사람들은 베버가 지위라고 부르는 사회적 위세나 명예 또는 인기를 똑같이 지니고 있지 않다. 일반적으로 성직자는 높은 위세를 가지고 있음으로 인해 다른 사람들로부터 많은 존경을 받을 뿐만 아니라 이들의 사고와 행동에 많은 영향을 미친다. 하지만 성직자는 높은 경제적 계급으로 올라가는 데 필요한 부는 그렇게 많이 가지고 있지 않다. 또한 화이트칼러 직업은 블루칼러 직업보다 위세가 높은 경향이 있다. 베버는 비슷한 수준의 사회적 위세를 공유하고 있는 사람들을 그들이 각자 가지고 있는 부에 상관없이 같은 지위집단에 포함시킬 것을 제안하였다. 동일한 사회적 지위집단에 속한 사람들은 자기들끼리 사귀고, 혼인하고, 여가를 보내며, 외부인이 자기집단에 참여하려는 시도를 제한하려는 경향이 있다(Beeghley, 1996). 생활양식, 정규교육, 직업 등은 현대사회에서 위세를 만들고 유지시키는 데 있어서 중요한 요인으로 작용한다.

(3) 정치적 영역 : 정당

베버가 정당이라고 부른 세 번째 영역은 정치적 권력(power)을 말한다. 권력은 다른 사람의 저항이나 반대에도 불구하고 자신의 의지나 목표를 관철시킬 수 있는 능력이다. 강력한 권력자는 자신의 이익에 부합하도록 사회를 변형시키며 다른 사람의 행위를 조종한다. 오늘날의 권력은 정부나 기업과 같은 조직의 관료제에 의해 규정되어 있다. 즉, 개인의 권력은 관료제 내에서 개인이 공식적으로 차지하고 있는 위치에 따른다. 권력은 경제적 자원에 의존할 수도 의존하지 않을 수도 있다. 경제적 부의 도움없이 정부 내의 고위직에 오른 사람들도 있다. 슈퍼스타 운동선수들은 경제적 영역에서나 사회적 영역에서 상당히 높은 등급에 위치해 있지만, 이들 중 자신들의 경제적 및 사회적 위치를 정치적 권력으로 전환시킬 수 있는 사람은 매우 드물다.

베버에게 있어서 부, 위세, 권력은 사람들을 낮은 등급에서 높은 등급까지 연속적으로 매기는 중요한 기준일 뿐만 아니라 이들 세 요소는 상대적으로 독립적이면서 동시에 서로에 영향을 준다. 그래서 한 개인은 한 영역에서 높은 위치를 점유하면서도 다른 영역들에서는 낮은 또는 중간 위치를 가질 수 있다. 하지만 현실적으로 이 같은 계층의 세 가지 다른 영역에서 개인이 가지는 지위들은 함께 가는 경우가 많다는 측면에서 베버의 이론은 비판을 받는다. 정치적 권력은 종종 경제적 권력과 서로 연관되어 있다. 정치적 권력을 바탕으로 경제적 부를 축적한 인물들이 있으며, 자신의 경제적 부를 이용하여 정치적 권력을 획득한 인물들도 있다. 또한 유명 연예인이나 언론인이 자신의 대중적 인기를 업고 정치인이 되기도 한다.

하지만 비록 이 세 차원들 사이에 연관성이 존재하고 또 서로 영향을 준다고 하더라도 이 세 차원들은 분명히 서로 동일하지 않으며 또한 각 차원의 상대적 중요성도 사회적 조건이나 상황에 따라 다르다. 그래서, 오늘날의 많은 사회학자들은 사회의 계층구조를 파악하기 위해 베버의 다차원적 관점을 수용하고 있으며, 이에 근거해 사회경제적 지위(SES: socioeconomic status)라는 용어를 종종 사용한다. 사회경제적 지위는 재산, 수입, 직업, 학력 등과 같이 다양한 요인들을 포함한 복합적 측정치에 기초해서 개인이나 가족이 계급체계에서 가지는 위치이다. 이러한 방식을 사용하면 현대 사회에서 개인의 사회적 위치를 구성해주는 다양한 요소들을 파악할 수 있다.

4. 계층체계의 유지

계층체계는 오랫동안 지속되어 왔다. 인도의 카스트제는 영국의 식민통치에서도 생존했었고 독립 후 인도정부가 공식적으로 폐지했음에도 불구하고 여전히 유지되고 있다. 한국에서도 비록 조선시대의 신분제는 없어졌지만 상층이나 부유층에서부터 하층이나 서민층에 이르는 다양한 계층이 존재하고 있다. 사회주의 국가마저도 공식적인 이념과는 반대로 계급체계가 존재해왔었다. 이러한 계층체계의 유지는 사회제도의 영향에 기인한 바가 크다. 여러 사회제도들이 기존의 계층체계를 지지하는 데 상당히 이바지하고 있다. 근본적으로, 이러한 사회제도들은 상위의 집단을 정당화하는 경향이 있다.

1) 경제

계층은 사회적 자원의 불평등한 분배에 기초하고 있다. 그런데 이러한 자원에 가장 자주 포함되는 것이 경제적 재화와 서비스이다. 오늘날 대부분의 사회에서 화폐는 필요한 재화와 서비스를 획득할 수 있게 해주는 가장 중요한 매개수단이다. 화폐제도를 통한 이러한 자원의 차별적 배분은 사회계층을 규정해줌과 동시에 사회계층의 형성에 기여한다. 또한 시장에서의 자유스런 교환은 자원의 불평등한 분배를 자연스레 가져오기도 한다. 이와 같이 화폐제, 자유시장경제와 같은 경제적 제도에 의해 불평등한 경제적 자원이 다음 세대에 전달되면 기존의 계층체계는 유지된다.

2) 가족

사회적 자원의 차별적 배분을 다음 세대에 그대로 이어지게 해주는 가장 대표적인 메커니즘은 가족이다. 사회적 자원이 가족구성원 간에 상속, 증여, 연결망과 같은 방식을 통해 직간접적으로 전달되는 것을 인정해주는 사회제도로 인해 경제적 부, 정치적 권력, 사회적 위세의 일부가 종종 자손들에게 세습된다. 3대째 세습되는 재벌의 총수, 아버지가 대통령이나 국회의원이었던 국회의원, 부모가 연예인이었던 연예인, 부모가 대학교수였던 대학교수 등의 사례는 가족제도가 계층체계의 유지에 기여하고 있음을 보여준다.

기존의 계층체계가 가족을 통해 유지되는 보다 간접적인 방식은 사회계급에 따라 차별적으로 일어나는 사회화이다. 각각의 사회계급은 자신들의 자녀를 다른 계급의 자녀와 다르게 생각하고 행동하도록 양육하며, 다른 종류의수준의 교육을 받게 하고, 다른 유형의 직업과 경력을 가지게 하는 경향이 있다(Kohn and Schooler, 1983). 결과적으로, 가족은 부, 권력, 위세와 같은 사회적 자원의 이전을 통해 직접적으로, 그리고 사회화를 통해 간접적으로 자신의 계급적 위치를 다음 세대에 전달한다.

3) 이념

기존의 계층체계는 종교적 가르침, 정치적 이념, 사회적 가치 등에 의해 정당화되곤 한다. 고대 동서양의 군주제에서 왕은 자신이 신에 의해 만들어지고 정해진 것이라는 믿음인 왕권신수설(divine right of kings)에 근거해서 절대적인 권력을 행사했다. 카스트제는 하층카스트의 도덕적 열등은 타고난 것이라는 힌두교의 믿음에 의해 여전히 지지되고 있다. 현대 산업 및 정보사회에서 계층체계를 지지하는 주요 이념은 개인의 자질, 능력, 근면, 기회의 평등에 초점을 두는 경향이 있다. 이로 인해 실력주의(meritocracy, ableism), 자유방임주의(laissez-faire), 적자생존주의(survival of fitness)가 계층 간의 차이를 인정하는 지배적 이념으로 등장한다.

이념적 믿음은 계층체계를 유지시킨다. 특히 현대사회에서 개인의 특징에 의해서만 계층체계를 설명하려는 생각은 계층체계의 이면에 존재하는 구조적이고 문화적인 요인을 간과하도록 만든다. 개인적 관점에서만 바라볼 경우, 만약 어떤 개인이 높은 계층에 속한다면 그것은 그 사람의 노력과 재능의 결과이고, 낮은 계층에 속한 사람은 자신의 부족한 노력과 재능을 원망해야 된다. 하지만 대기업 총수의 2, 3세가 그 기업의 일반 직원보다 노력을 더 많이 하고 재능이 뛰어나서 다시 그 대기업의 총수가 되었다고는 할 수 없을 것이다.

4) 정치

국가 또한 기존의 계층체계를 유지하는 데 기여를 한다. 이는 주로 기존의 사회적 자원이 불평등하게 분배되는 체계를 지지하는 법의 통과나 적용처럼 주로 법체계에 대한 통제를 통해 실시된다. 물론 법은 개인이나 가족이 지닌 상당 부분의 부가 다음 세대에 전달되는 것을 촉진하거나 억제할 수도 또 요구하거나 금할 수도 있다. 하지만 일반적으로 관련법을 입안하거나 제정하는 사람들, 특히 국회의원들은 기존의 계층체계 내 최상위에 위치해 있다. 따라서 기존의 계층체계로부터 이익을 보고 있는 이들이 기존의 상황을 바꾸는 법을 좀처럼 만들거나 개정하려 하지 않을 것이다.

5. 불평등의 실태

베버는 경제적 요인에만 초점을 맞춘 맑스의 주장이 사회적 불평등을 협소하게 설명할 수 밖에 없다고 주장했다. 대신 베버는 사회계층과 분화의 또 다른 요인으로 정치적 권력과 사회적 위세를 제시했다. 오늘날의 많은 사회학자들은 그의 이런 주장에 기초하여 복잡한 현대사회의 계층체계를 분석하기 위해 보다 다양한 요인들을 고려한다.

1) 경제적 자원

계층체계를 설명하기 위한 경제적 자원으로는 소득과 부의 두 가지 요소들이 주로 사용된다.

(1) 소득

소득은 임금이나 봉급, 그리고 자산에 대한 소유나 투자로부터 들어오는 수입을 일컫는다. 한국사회에서 소득은 불평등하게 분포되어 있다. 2022년 전체 가구의 월평균 소득은 588만원이었다. 하지만 소득상위 10% 가구의 월평균 소득은 1,367만원으로 전체 가구의 월평균 소득보다 2.3배 많았다. 이와는 대조적으로 소득하위 10% 가구의 월평균 소득은 128만원으로 전체 가구 평균 소득의 22%에 지나지 않았다. 상위 10% 가구와 하위 10% 가구의 소득을 비교할 경우 상위가구가 하위가구보다 10.7배 정도 소득이 많다. 소득분배의 불평등을 나타내는 지표인 지니계수는 2021년의 경우 0.333이었다.

소득의 불평등은 비단 한국만이 갖고 있는 현상은 아니다. 미국의 경우, 2013년 소득상위 20% 가구의 연평균소득은 26만5천$로 소득하위 20% 가구의 연평균소득인 2만5천$보다 10.6배 정도 많다. 아울러 미국 전체 소득에서 차지하는 비율에서 소득상위 20% 가구는 약 51.1%인 반면 소득하위 20% 가구는 3.1%에 지나지 않았다. 지니계수도 미국(2019년)은 0.395, 독일(2018년)은 0.289, 스웨덴(2020년)은 0.278, 중국(2019년)은 0.382, 멕시코(2020년)는 0.420, 브라질(2020년)은 0.489, 일본(2018년)은 0.334이다.

고소득자의 소득은 임금이나 봉급보다 건물임대료, 주식배당금, 예금이자와 같이 투자로부터 오는 수입이 차지하는 비율이 높은 경향이 있다. 고소득은 생활비를 제외하고도 추가소득을 더 생산할 수 있는 부문에 투자할 수 있는 잉여자본을 제공해준다. 저소득자는 생활비를 조달하는 데도 빠듯하기 때문에 여분의 자본이 없으며 따라서 거의 전적으로 임금이나 봉급에 의존해야 한다. 이러한 현상은 머튼(Robert K. Merton)이 '가진 자는 더 많이 가지게 될 것이다'라는 성경구절을 인용해 만든 개념인 마태효과(Matthew's effect)가 적용될 수 있다. 머튼은 이 용어를 과학에서 이미 명성을 얻은 학자가 그렇지 못한 학자들에 비해 보상을 보다 쉽게 얻을 수 있는 경향을 설명하기 위해 만들었다. 만약 어떤 사람이 한 체계에서 좋은 위치를 갖고 있으면 그는 그만큼 유명하고 또 정보와 인맥이 많기 때문에 또다른 보상을 남들보다 쉽게 얻을 수 있다.

(2) 부

소득과 마찬가지로 부도 불평등하게 분배되어 있다. 일반적으로 부는 개인이나 가족이 통제할 수 있는 돈과 값어치 있는 물건으로 규정될 수 있다. 이러한 재산에는 예금, 주식, 채권, 부동산(집, 땅, 건물 등), 공장, 가게, 차, 가전제품 등이 포함된다. 2022년의 경우 소득상위 20% 가구의 전체 평균 자산은 12억1천만원 인데 비해 하위 20%의 전체 평균 자산은 1억7천만원으로 이들간의 차이는 7.1배 정도된다. 이같은 가계자산의 불평등도를 지니계수로 환산하면 0.606이다. 2020년의 경우 부동산의 지니계수는 0.649, 금융자산의 지니계수는 0.640이었다.

부는 소득보다 더 불평하게 배분되어 있다. 예로서, 한 조사에 따르면 2022년 삼성그룹 회장 가족의 재산은 25조4천억원, 현대자동차그룹회장 부자의 재산은 10조1천억원, SK 그룹회장의 재산은 3조1천억원이었다(Forbes, 2022). 2019년 전체 가구 중 가장 부유한 1%가 차지하는 국가 전체 부의 비율은 한국이 34%, 미국이 37%, 일본이 19%, 독일이 30%, 스웨덴이 32%, 중국이 39%, 러시아가 70%로 나타나있다(BBC, 2019).

부유층과 중하층은 재산의 양뿐만 아니라 종류에 있어서도 차이가 난다. 대개 중하층이 소유하고 있는 재산은 시간이 지나면서 가치가 떨어지는 차나 가전제품과 같은 소비재로 구성되어 있다. 이에 비해 부유층의 재산은 소득을 창출하거나 시간이 지나면서 가치가 상승하는 경향이 있는 주식, 부동산과 같은 자본재가 많이 차지하고 있다.

부유층과 중하층의 부를 크게 차이나게 하는 주요 요인은 상속이다. 이는 재벌 2,3세가 내는 수천억에서 수조억 원대의 상속세로 추정할 수 있다. 2015년 자산 10억달러 이상을 소유한 사람들 가운데 상속을 통해 부를 축적한 비율은 한국이 74.1%, 미국이 28.9%, 독일이 64.7%, 핀란드가 100%, 덴마크가 83.3%로 나타났다(Businesspost, 2016).

2) 정치적 권력

정치적 권력은 정부의 행위에 영향을 줄 수 있는 능력으로, 이 또한 사회의 모든 구성원들에게 똑같이 분배되어 있지 않다. 공식적으로만 수천 명의 고위 공직자들을 임면할 수 있고 또 경우에 따라 헌법행위를 중지시킬 수 있는 대통령의 권력과 단지 선거에서의 투표로만 자신의 의지를 행사할 수 있는 일반 시민의 권력 사이에는 엄청난 차이가 존재한다.

현실적으로 정치적 권력은 종종 경제적 자원과 연계된다. 대통령은 높은 봉급과 막대한 판공비, 개인비서와 경호원, 운전사가 딸린 최고급 승용차, 전용비행기, 전용호화휴양지, 공연장의 VIP석, 임기 후에도 계속되는 재정적 지원과 보상 등등의 수많은 경제적 특권과 혜택을 받는다. 국회의원 또한 자신들의 봉급을 스스로 정할 수 있으며, 개인비서와 운전사, 무료 국내외 여행, 각종 공연장의 무료입장과 할인 등등의 혜택이 주어진다. 이밖에 대통령과 국회의원은 자신의 막강한 권력을 이용하여 가끔은 부정한 방법으로 재물을 축적하곤 한다. 이는 지금까지 대통령과 국회의원, 그리고 그 일가 친인척들이 각종 이권과 관련해 뇌물, 리베이트, 상납 등의 부패와 비리 사건에 연루되어 온 사실에서 확인할 수 있다.

정치적 권력은 나이와 성별, 그리고 학벌에 따라서도 차별화되어 있다. 일반적으로 한국에서 대통령, 장관, 국회의원, 그리고 주요 기관장의 자리는 대부분 50대 이상의 연령층이 점유하고 있다. 여성은 남성에 비해 정치적 권력에서 상당한 열세에 놓여 있다. 2020년 21대 국회의원 가운데 여성 국회의원이 차지하는 비율은 19.0%이다. 2021년 전체 공무원에서 여성의 비율은 48.6%이지만, 중앙부처 5급(사무관) 공무원 중 여성의 비율은 27.8%에 불과하며 고위공무원(1, 2급)에서는 8.2%에 그친다(인사혁신처, 2022). 정치적 권력은 몇몇 특정 학교출신에 편중되는 경향도 있다. 2016년 현재 1~3급 고위 공직자의 출신대학 분포를 살펴보면 서울대 33.5%, 연세대 12.1%, 고려대 9.6%, 성균관대 4.9%, 한양대 4.1%로 나타났다(중앙일보, 2016).

3) 위세

(1) 직업적 위세

직업은 소득을 제공해준다는 측면에서 매우 중요하다. 하지만 소득은 사회적 위치를 결정해주는 데 있어서도 중요한 역할을 한다. <표 8-1>에서 보는 바와 같이 한국에서는 판사, 대학교수, 관공서 국장, 군장성, 약사와 같은 직업이 사회적으로 매우 높은 평가를 받고 있다. 이들 직업은 상당히 많은 훈련과 교육, 기술과 재능을 요구한다. 하지만 그렇다고 이들 직업이 직업세계에서 가장 높은 임금을 받는 위치에 있는 것은 아니다.

직업은 크게 화이트칼러(white collar) 직업과 블루칼러(blue collar) 직업으로 나뉠 수 있다. 화이트칼러 직업은 육체적 노동보다 정신적 활동을 보다 많이 사용하며 광범위한 감독으로부터 비교적 자유스러울 뿐만 아니라 오히려 다른 사람을 감독하는 경우가 많은 직업을 포함한다. 블루칼러 직업은 상당한 육체적 노동을 포함하며 또한 직접적 감독을 자주 받는 직업을 포함한다. 일반적으로 의사나 대기업 간부와 같은 화이트칼러 직업이 식당종업원이나 공장노동자와 같은 블루칼러 직업보다 높은 사회적 위세를 가지고 있다.

(2) 정규 교육

대개 위세가 높은 직업일수록 상당한 양의 공식 교육을 요구하는 경향이 있다. <표 8-1>에 나와 있는 대로 최상위의 위세점수를 기록한 직업은 4년제 대학교육과정은 기본이고 경우에 따라 석사와 박사학위를 필요로 한다. 보다 높은 교육수준은 개인들을 보다 높은 위치의 직업으로 이끌어 주며 또한 보다 존경받는 사고방식과 생활양식을 형성하도록 만든다. 한국의 경우 2021년 근로자 중 4년제 대졸자의 임금을 100%로 했을 때, 중졸은 47.6%, 고졸은 63.3%, 2년제 대졸은 77.0%, 대학원졸은 147.1%로 나타났다(통계청, 2022). 2020년의 경우 25세이상 한국국민의 학력분포는 대졸(2년제 포함)이상 43.4%, 고졸 37.6%, 중졸이하 19.0%로 나타났다.

전통적으로 유교의 영향을 강하게 받아온 한국사회는 교육과 학력을 중요시 여기는 사회적 가치를 발전시켰으며, 이는 사회 전 분야에 걸쳐 학업성취와 학력이 개인의 삶의 기회와 생활의 조건에 많은 영향을 미치도록 만들어 왔다. 실제적으로 개인이 어디까지 학교를 나왔느냐, 어느 학교를 나왔느냐는 개인이 어떤 직업과 직장을 얻고, 소득을 얼마나

〈표 8-1〉 주요 직업의 사회적 지위에 대한 평가

한국		
순위	직업	위세 점수
1	판사	90.4
2	대학교수	81.6
3	관공서 국장	80.3
4	군장성	75.7
5	약사	70.1
6	신문기자	64.4
7	중학교 교사	63.7
8	전자대리점 사장	56.6
9	중소기업 과장	56.3
10	은행 대리	55.7
11	교통경찰관	53.7
12	하위공무원	53.4
13	자영농	42.7
14	아파트 경비원	22.3
15	막노동자	15.7

출처: 한국 종합사회조사(2022)

올릴 것이며, 어떤 사회적 연결망을 갖게 되고, 또 심지어는 어떤 배우자를 만날 수 있는가에 까지도 상당한 영향을 주고 있다(박미해, 1991; 차종천, 1992; 장상수, 1999). 사회구조적으로도 많은 기업과 기관들에서는 입사와 진급에 있어서, 또는 자격증 취득에 있어서 학력과 학업성적에 따른 조건과 제한을 두고 있다. 이러한 상황에서 한국의 학부모들은 자녀들이 상급학교와 보다 명성있는 대학에 진학할 수 있도록 다른 어느 나라의 학부모보다도 자녀들에 대해 높은 교육열을 보인다.

6. 사회계층의 결과

만약 사회계층의 위치가 단지 통계나 연구 목적을 위한 범주의 구분에 지나지 않는다면 계층의 개념은 오직 사회과학자나 정부기관에만 중요할 따름일 것이다. 하지만 사회계급의 위치는 모든 사람의 생활양식과 삶의 기회에 실제적으로 중요한 영향을 미친다. 사회계급은 개인이 얼마나 건강한가, 얼마나 오래 살 것인가, 어떤 종류의 교육을 받을 것인가, 어떤 가족생활을 가질 것인가 등과 밀접하게 관련되어 있다.

1) 건강과 수명

(1) 건강

사회경제적 지위와 건강은 직접적인 관계가 있다. 부유하고 학력이 높으며 고임금의 직업을 갖고 있는 사람은 가난한 사람보다 건강할 가능성이 더 높다. 2018년의 조사에 따르면, 건강이 좋다고 생각하는 비율은 대졸이상이 57.2%인데 비해 고졸은 48.3%, 중졸은 45.3%였으며, 건강이 나쁘다고 생각하는 비율은 대졸이상이 6.8%, 고졸이 12.2%, 중졸이 20.2%로 나타났다(통계청, 2019). 실제로도 가난한 사람은 결핵과 같은 전염병은 물론 당뇨, 심장질환, 암과 같은 만성 질환에 걸릴 위험이 더 높다.

중상층계급과 하층계급 간의 이러한 차이는 여러 요소들에 의해 발생한다. 먼저 가난한 사람은 위험하고 건강에 위해한 환경에 살거나 일할 확률이 더 높다. 둘째, 부유한 사람은 건강에 좋은 음식이나 영양을 섭취할 수 있는 능력이 더 많다. 셋째, 부유한 사람은 좋은 건강을 유지하는데 필요한 의료, 보건서비스는 물론 보다 훌륭한 의료 · 건강시설에 접근할 기회를 더 가진다.

사회경제적 지위는 정신건강과도 관련이 있다. 낮은 계층의 사람들은 경제적 어려움과 사회적 관계에서 주로 명령과 통제를 받는 입장에 있기 때문에 스트레스와 긴장에 노출될 확률이 상당히 높다. 게다가 이들은 그러한 스트레스와 긴장에 효과적으로 대처해줄 수 있게 해주는 주변 환경에 대한 통제력도 많지 않다. 결과적으로 하층계급은 정서적 문제를 겪을 가능성이 높고 또한 이러한 문제로부터 빨리 벗어나기가 쉽지 않다.

2017년 조사에 따르면 우울감 경험률은 소득 상위 20%가 9.1%인데 비해 소득 하위 20%는 17.4%로 이들 간의 차이는 거의 2배에 가깝다(보건사회연구원, 2020).

(2) 수명

중상층계급과 하층계급 간의 신체적, 정신적 건강에 차이를 나타나게 해주는 요인은 결과적으로 수명에도 영향을 주어, 일반적으로 중상층계급의 사람들은 하층계급의 사람보다 오래 산다. 태어난 지 1년 안에 사망할 확률은 빈곤층의 아이가 중상층의 아이보다 훨씬 높다(Kendall, 2001). 또한 빈곤층의 아이는 중상층의 아이보다 영양결핍, 질병, 사고, 폭력 등으로 인해 사망하는 비율이 더 높다. 2015년의 조사에 따르면 소득 상위 20%의 기대수명은 85.1세, 건강수명은 72.2세인데 비해 소득 하위 20%의 기대수명은 78.6세, 건강수명은 60.9세로 이들 간에 기대수명의 차이는 6.5세, 건강수명의 차이는 11.3세로 나타났다(보건사회연구원, 2020)

2) 가족생활

가족생활의 형태도 사회계급에 따라 다르다. 하층계급의 가족은 중간계급의 가족보다 자녀를 더 많이 가지는 경향이 있으며 아울러 이혼율도 높다(Coltrane and Collins, 2001). 2015년의 경우 이혼율(1천명당 이혼 건수)은 고졸이 남녀 각각 6.4건과 7.5건인데 비해 대졸은 남녀 똑같이 4.4건을 나타냈다(통계청, 2017).

남녀의 성역할에 관해서, 하층계급과 노동자계급은 전통적인 개념에 근거해 남녀의 차이를 분명하게 구분하는 경향이 있다.

자녀훈육에 있어서도 하층계급은 신체적 처벌에 의존하는 경향이 있다. 하지만 중상층계급에 있어서 훈육은 부모와 자식 간의 정서적 애착에 보다 근거하고 있으며, 아울러 논리적 설명이나 설득 또는 애정을 조절하는 방식을 더 사용한다.

자녀양육의 목표도 계급에 따라 차이가 난다. 중상층계급의 부모는 자녀들이 창의력과 유연성을 요구하는 직업을 가지기를 기대하며, 그래서 이러한 직업에 필요한 자율성과 독창력을 자녀들에게 심어주는데 더 노력한다. 이에 비해 하층계급의 부모는 자녀들이 규칙과 절차를 요구하는 직업을 가지기를 바라며, 그래서 자녀들에게 권위에 대해 존중하고 복종할 것을 강조하는 경향이 있다.

3) 교육

교육수준은 계급 위치를 반영할 뿐만 아니라 계급지위의 획득에도 기여한다. 교육을 많이 받은 사람일수록 보다 높은 계급 지위를 가질 수 있다. 계급의 지위가 높을수록 자녀들이 보다 많은 양질의 교육을 받을 가능성이 높다. 가난한 사람은 부유한 사람이 자녀들에게 제공하는 만큼 교육의 기회를 제공할 재정적 능력을 갖고 있지 못하다.

4) 가치와 태도

중상층계급의 사람들은 자신들의 삶에 대한 통제력을 보다 많이 가질 수 있다. 따라서 이들은 장기간에 걸쳐서 나타나는 결실을 얻기 위해 당장의 즐거움이나 만족을 기꺼이 연기할 가능성을 하층계급의 사람들보다 더 가지고 있다. 이와 비슷한 경향으로 하층계급의 사람들은 과거나 미래보다 현재에 더 치중하는 데 비해 중상층계급의 사람들은 과거, 현재, 미래를 연계해서 생각하는 편이 강하다.

7. 사회적 이동

앞에서 언급했지만 카스트사회와 계급사회를 나누는 중요한 요인들 중의 하나는 계급사회에서 개인들은 자신들의 사회적 위치를 바꿀 수 있는 사회적 이동이 가능하다는 것이다. 사회적 이동에는 다음과 같은 여러 가지 다양한 형태들이 있다.

1) 수직적 및 수평적 사회적 이동

수직적 사회적 이동(vertical social mobility)은 한 사회적 위치에서 이보다 높거나 낮은 다른 사회적 위치로 움직이는 것을 말한다. 예를 들면, 식당 종업원이 독학을 해 검정고시에 합격하고 야간대학을 나와 대기업의 중역이 되는 경우가 수직적 상승 이동이 되겠다. 다른 한편으로, 대기업 간부가 실직하여 보험회사 외판원이 되는 경우는 수직적 하강 이동이 되겠다.

수평적 사회적 이동(horizontal social mobility)은 한 사회적 위치에서 비슷한 지위의 다른 사회적 위치로 움직이는 것을 일컫는다. 은행 창구직원이 증권회사 창구직원으로 이동하는 것이나 중국음식점 배달원이 주유소 종업원이 되는 것은 수평적 사회적 이동의 예이다.

2) 세대 간 및 세대 내 사회적 이동

세대 간 사회적 이동(intergenerational social mobility)은 부모와 자식 간에 발생하는 사회적 이동을 말한다. 아버지가 버스운전사였던 변호사는 세대 간 수직적 상승 사회적 이동을 달성한 셈이다. 반면, 아버지가 대기업 소유자였던 건물수위는 세대 간 수직적 하강 사회적 이동을 경험한 셈이다.

세대 내 사회적 이동(intragenerational social mobility)은 개인의 일생동안에 일어나는 사회적 위치의 변화를 일컫는다. 회사 사환이 나중에 대기업의 간부가 되는 것은 세대 내 수직적 상승 이동의 예가 된다. 은행지점장이었던 사람이 노점상이 되는 경우는 세대 내 수직적 하강 이동을 보여준다. 세대 내 사회적 이동은 수직적 사회적 이동에만 국한되지 않는다. 버스운전사가 나중에 택시운전사가 되는 것은 세대 내 수평적 사회적 이동에 해당한다.

3) 사회적 이동의 개인적 요인

사회학자들은 특히 수직적 사회적 이동에 관심을 가진다. 왜냐하면 수직적 사회적 이동이 카스트제와 계급제를 구분해주는 중요한 척도가 되기 때문이다. 사회적 이동에 기여를 하는 개인적 요인에는 사회계급, 교육, 직업, 성 등이 있다. 이들 변수들은 개인의 사회적 지위를 반영해줄 뿐만 아니라 동시에 개인의 사회적 이동에도 영향을 준다. 사회적 이동에 대한 개인적 요인에 초점을 맞추는 연구들은 주로 기능론적 관점에서 개인들이 자신의 사회적 지위를 어떻게 달성하는가에 관심을 둔다(Blau and Duncan, 1967).

(1) 사회적 계급

가족은 사회적 계급에 영향을 줄 수 있는 부, 교육수준, 가치와 태도 등을 자식들에게 전달한다. 따라서 부모의 사회적 계급이 높을수록 그 자녀가 달성할 사회적 계급이 높을 가능성이 많다.

(2) 교육

교육은 사람들에게 특정한 직업을 얻거나 수행하는 데 필요한 기술, 경험, 가치, 태도, 사회적 관계 등을 제공해준다. 이는 나중에 개인이 갖게 되는 사회적 지위와 경력을 결정하는 데 상당히 중요한 영향을 미친다.

(3) 직업

개인이 갖는 직업은 임금, 거주지, 능력과 기술 향상의 기회, 미래의 직업에 대한 접촉기회를 결정한다. 이 밖에 직업은 계급의 상승에 도움을 줄 수 있는 가치와 태도, 인간관계, 여가활동, 건강 등을 발달시킬 수 있는 기회를 제공해준다.

(4) 성

여성은 성 차별적인 태도와 사회적 관행으로 인해 사회적 이동에 제한을 받는다. 비록 오늘날의 여성들이 과거에 남성들이 독점하던 직업을 가질 수 있게 되었지만 남성들만큼이나 높은 직위로 올라가거나 그들과 같은 임금과 대우를 받기란 쉽지 않다. 최근 들어, 이러한 차별이 계속적으로 줄어들고는 있지만 남녀 간의 차이는 여전히 상존하고 있다.

(5) 기타 개인적 요인

사회계급, 교육, 직업, 성 이외에도 다른 여러 개인적 요인들이 사회적 이동에 관련되어 있다. 신체적 매력, 대인관계 기술, 건강, 지적 능력, 매너, 그리고 키와 몸무게도 사회적 이동에 중요한 역할을 할 때가 있다. 비합리적 측면이긴 하지만, 때론 우연한 장소와 시간에 있게 되는 것 즉, 운도 사회적 이동에 작용하기도 한다.

4) 사회적 이동의 구조적 요인

개인이 가지고 있는 특질에 덧붙여 사회구조 또한 사회적 이동에 영향을 미친다. 우선 경제성장이 계속되면 보다 높은 지위를 가진 새로운 직업이 만들어지고 또한 사회적 이동의 기회가 보다 많이 생겨난다. 기술적 진보는 기존 직업의 사회적 위치를 올려주기도 한다. 예를 들어, 이전에 서류정리만 하던 어떤 사무직은 컴퓨터의 사용으로 인해 '정보처리 전문가' 라는 새로운 직함을 얻고 보다 높은 임금을 받음과 동시에 지위가 올라가기도 한다. 사회적 이동에 영향을 주는 개인적 요인의 일부분은 구조적 요인에 포함될 수 있다. 예를 들어, 여성에 대한 차별과 기회의 제한은 사회구조적 요인이 기능한 결과의 일부라고 할 수 있다.

■■ 참고문헌

김지범 외. 2022『한국종합사회조사 KGSS 2003-2021』. 성균관대학교 출판부.

박미해. 1991. "한국의 교육계층으로 본 배우자선택." 『가족학논집』 제3집: 21-29.

보건사회연구원. 2000『보건복지포럼』.

장상수. 1999. "학력이 노동시장 진입에 미치는 영향: 학교에서 첫 계급으로의 이행." 『한국 사회학』 33: 751-87.

차종천. 1992. "사회계층의 구조와 과정." 황일청 편.『한국사회의 불평등과 형평』. 나남.

통계청. 2022.『2022년 가계동향조사 결과』.

______. 2019.『사회조사』.

______. 2022.『2021년 한국의 사회지표』.

______. 2017.『교육수준별 출생, 사망, 혼인, 이혼 분석: 2000~2015년』.

Beeghley, Leonard. 1996. *The Structure of Social Stratification in the United States.* Boston: Allyn & Bacon.

Blau, Peter M. and Otis Dudley Duncan. 1967. *The American Occupational Structure.* New York: Wiley.

Coltrane, Scott and Randall Collins, 2001. *Sociology of Marriage and the Family.* Belmont, CA: Wadsworth.

Davis, Kingsley and Wilber E. Moore. 1945. "Some Principles of Stratification." *American Sociological Review* 10: 242-49.

Durkheim, Emile. 1964[1893]). *The Division of Labor in Society.* New York: The Free Press.

Kendall, Diana. 2001. *Sociology in Our Times.* Belmont, CA: Wadsworth.

Kohn, Melvin L. and Carmi Schooler. 1983. *Work and Personality.* Norwood, NJ: Ablex.

Lane, David. 1990. *Soviet Society Under Perestroika.* Winchester, MA: Unwin Hyman.

Tumin, Melvin M. 1953. "Some Principles of Stratification: A Critical Analysis." *American Sociological Review* 18: 387-93.

US Census Bureau. 2007. *People 18 Years Old and over by Total Money Earnings in 2006.* Washington DC.

Wrong, Dennis H. 1959. "The Functional Theory of Stratification: Some Neglected Consideration." *American Sociological Review* 24: 772-82.

http://www.bbc.com/korean/vert-cap-46773192.
www.businesspast.com/BP?command=mobile_vierLnum=24691.

제 9 장

성

1. 생물학적 성과 사회적 성

생물학적 성
사회적 성

2. 남성과 여성의 차이

생물학적 측면
심리학적 측면
비교문화적 측면

3.성역할

전통적 성역할
현대적 성역할과 계층
성사회화

4. 성에 대한 관점

성차별주의
기능론적 관점
갈등론적 관점
페미니즘

제 9 장
성

대부분의 사회에서 사람들은 남자와 여자는 서로 다르다고 생각하면서 이들을 다르게 대한다. 그렇기 때문에 성은 사회계층 현상을 낳는 가장 보편적인 기준으로 사용된다. 이 장에서는 먼저 남녀 간의 관계와 차이 그리고 이러한 차이를 일으키는 요인들에 대해 살펴본다. 아울러 남녀의 역할이 어떻게 변화되어 왔으며 또 서로 다른 성역할이 어떻게 학습되는가에 대해 알아본다. 마지막으로는 성에 관련된 주요 이론들에 대해 논의해보기로 한다.

1. 생물학적 성과 사회적 성

모든 사회는 남자와 여자를 다르게 대한다. 사람의 행동에 대한 사회의 기대도 그 사람이 남자인지 여자인지에 따라 차이난다. 일반적으로 사회학자는 남녀 간의 이러한 차이가 어디에 근거하는지를 밝혀내기 위해 성을 생물학적인 측면과 사회적인 측면으로 구분해서 살펴본다.

1) 생물학적 성

생물학적인 성(sex)은 유전적으로 다른 남성(male)과 여성(female) 사이에서 나타나는 생물학적 및 해부학적 차이를 의미한다. 생물학적 성은 아이가 수정될 때 부모가 전달하는 23쌍의 염색체 중 1쌍의 성염색체 정보에 의해 결정된다. 어머니는 이 성염색체 쌍에 대해 X염색체만 기여할 수 있는 반면에 아버지는 X염색체를 기여할 수도, Y염색체를 기여할 수도 있다. 만약 아버지가 어머니의 X염색체에 X염색체를 기여하면 태아는 XX성염색체쌍을 가지면서 여자가 된다. 만약 아버지가 어머니의 X염색체에 Y염색체를 기여하면 태아는 XY염색체쌍을 가지게 되어 남자가 된다.

염색체의 차이는 서로 다른 신체기관과 조직을 발달시킨다. 만약 고환조직이 남성의 생식기를 생성시키는 호르몬인 테스토스테론(testosterone)을 생산해내면 태아의 기본구조는 남성이 되고 그렇지 않으면 여성이 된다. 따라서 아주 예외적인 경우를 제외하곤, 모든 사람은 생물학적으로 남성이거나 여성이 된다.

생물학자들은 일차적 성징(primary sex characteristics)과 이차적 성징(secondary sex characteristics)을 구분한다. 일차적 성징은 인간의 번식 과정에 사용되는 생식기를 일컫는다. 사춘기가 되면 호르몬의 증가에 의해 남성과 여성한테 번식과 직접 관련은 없지만 남성과 여성을 신체적으로 구분해주는 이차적 성징이 나타나기 시작한다. 남성호르몬인 안드로겐(androgen)과 테스토스테론에 의해 남자는 골격이 강화되고, 근육이 발달하며, 생식기가 커지고, 신체에 털이 나고, 목소리가 굵어진다. 여자의 경우는 여성호르몬인 에스트로겐(estrogen)과 프로게스테론(progesterone)에 의해 젖가슴과 허벅지와 엉덩이가 커지며, 생식기가 발달하고, 생리현상이 나타난다. 이러한 두 가지 성징 모두 생물학적인 남성과 여성을 구분해주는데 기여를 한다.

2) 사회적 성

생물학적인 남성과 여성의 개념은 인간뿐만 아니라 생물의 모든 종에 똑같이 적용될 수 있다. 이에 비해 사회적 성(gender)은 인간에게만 해당된다. 사회적 성은 생물학적 남성과 여성에 대해 사회가 부여한 사회적 및 문화적 차이를 의미한다. 이러한 차이에는 남성다움과 여성다움에 관련된 믿음, 가치, 태도, 행동, 기대 등을 포함한다. 생물학적 성이 말 그대로 생물학적으로 결정되는 데 비해 사회적 성은 문화적으로 구축되고 사회적으로 학습된다. 각 사회의 문화는 나름대로의 성역할(gender role), 즉 각 생물학적 성에 적합하도록 사회적으로 규정되고 사회화 과정을 통해 학습되는 규범적 기대와 행동을 가지고 있다. 인간은 생물학적 남성과 여성으로 태어나서 문화적으로 그리고 사회적으로 남성(man)답게 되거나 여성(woman)답게 되는 것을 배운다.

생물학적 성과 사회적 성 사이에 존재하는 성 개념의 차이는 중요하다. 남성과 여성 사이에 존재하는 생물학적 성의 차이는 거의 변하지 않는다. 하지만 사회적 성의 차이는 사회적으로 구축되고 사회변동에 영향받는다. 사회들이 서로 다른 만큼 각 사회는 생물학적 남성과 여성에 대해 서로 다른 사회적 남성다움과 여성다움을 제시하고 학습시킨다.

2. 남성과 여성의 차이

1) 생물학적 측면

남녀 간 행동의 차이를 설명하는 데 있어서 가장 논란이 되는 부분은 과연 그러한 차이가 생물학적 요인에 기초하느냐 아니면 사회적 요인에 기초하느냐이다. 생물학적으로 남자와 여자는 테스토스테론이나 안드로겐과 같은 남성호르몬과 에스트로겐이나 프로게스테론과 같은 여성호르몬을 다 가지고 있지만, 여자는 여성호르몬을 남자는 남성호르몬을 더 많이 가지고 있다. 비록 동물의 연구에서 나온 결과를 인간에게 적용하는 것이 과학적으로 얼마나 타당한가에는 문제가 있지만 몇몇 연구들은 남성호르몬의 증가가 동물들에게 있어서 공격성과 성적 충동을 증가시키고 있다는 증거를 내세운다(Rutter and Giller, 1983). 또한 몇몇 과학자들은 선천적으로 남성호르몬인 안드로겐이 정상 수치보다 높은 여성들에 대한 종단적 연구를 통해 이들 여성이 공격적이고 거칠며, 남자들을 친구로 삼으며, 인형놀이나 모성적 행동과 관계있는 여성적인 놀이에 관심이 별로 없으며, 가정 밖의 일에 더 관심을 가지고 있는 것을 밝혀냈다(Parker and Parker, 1979).

하지만 남성과 여성의 행동에 대한 호르몬의 영향은 개인들 간에 그리고 한 개인이라고 하더라도 성장 시기에 따라 상당히 다르다. 우선 공격성에 있어서 성 간의 차이보다 각 성 안에서 나타나는 차이가 훨씬 크다. 즉 공격성이 높은 여성은 평균 수준의 공격성을 지닌 남성보다 훨씬 공격성의 수준이 높다. 또한 같은 성호르몬의 비율을 갖고 있는 사람들

간에도 공격성의 수준에 있어서 큰 차이가 난다. 일반적으로 남성호르몬과 여성호르몬의 비율은 사춘기 이전의 아이에겐 남자와 여자 간에 큰 차이가 없으며, 사춘기에 접어들면 남자아이는 남성호르몬을 여자아이는 여성호르몬을 더 가지게 되고, 갱년기가 지나면 역으로 여자는 남성호르몬을 남자는 여성호르몬을 더 많이 가지게 된다. 하지만 공격성과 거칠음이 아동기 때 남자와 여자가 같고, 장년기 이후에 여자가 남자보다 더 높은 것이 아니라 아동기 때부터 계속해서 남자는 여자보다 더 공격적이고 거칠다.

일반적으로, 남자는 여자보다 키가 크고 무거우며 힘이 세다. 이러한 차이는 어느 정도 여자를 지배할 수 있는 남자의 능력에 기여를 한다. 하지만 다른 관점에서 보면 여자는 이 지구 상의 환경에 더 적합하고 튼튼한 신체적 능력을 지니고 있다고 할 수 있다. 수정이 이루어지면 여자보다 남자가 될 확률이 더 높지만 태어나기 전부터 노년기가 될 때가지 남자가 여자에 비해 더 많이 사망한다. 일반적으로 여자 100명을 기준으로 했을 때 남자는 수정시 140명, 출생시 105~6명, 20대 중반에는 100명, 65세에는 85명이 된다. 또한 여자보다 남자가 장애아로 태어날 확률이 더 높고, 유전적 결함을 더 많이 가지고 있다. 이 밖에 여자가 남자보다 신체적 고통을 더 잘 참고 견디며, 질병에 대한 저항력도 더 가지고 있다.

2) 심리학적 측면

남자와 여자의 행동과 인성에는 분명한 차이가 있다. 일반적으로 남자는 보다 공격적이고 활동적이다. 또한 남자는 수리적 능력과 공간적 구상력이 뛰어나다. 이에 비해 여자는 다른 사람을 배려하고 보살피는 데 관심을 기울이며 감성적이고 어휘능력도 뛰어나다 (Jacklin et al., 1984; Tavris and Wade, 1984). 남녀 간의 이러한 차이를 설명하기 위해 과학자들은 오랫동안 남녀의 두뇌를 비교, 실험해왔다(Weintraub, 1991; Witelson, 1992; Shay witz et al., 1995). 이들에 따르면, 남녀의 두뇌는 비록 크지는 않지만 조금은 차이가 있으며 이러한 차이가 남녀의 행동과 인성에 차이가 나도록 영향을 준다. 여자의 뇌는 남자의 뇌에 비해 크기는 작지만 뇌신경세포인 뉴론(neuron)을 많이 가지고 있으며 좌뇌와 우뇌를 연결하는 큰 다리를 지니고 있다. 그리고 이 같은 요인들이 여자로 하여금 뛰어난 언어 능력과 직관 능력을 소지하도록 도움을 준다. 뇌에 대한 자극 실험에서도, 남자는 행위, 특히 공격성과 연결된 쪽의 뇌가 활동을 많이 하고 여자는 복잡한 감정을 표현하거나 통제하는 쪽의 뇌가 활동을 많이 하는 것으로 나타난다.

하지만 이러한 두뇌의 차이가 남녀 간의 행동과 인성의 차이를 유발하는 직접적인 요인인지는 더 살펴볼 필요가 있다. 사람은 태어나면서부터 남자아이와 여자아이는 다르게 키워진다. 일반적으로 남자아이는 여자아이보다 거칠게 다루어진다. 하지만 여자아이는 보다 조심성있게 그리고 곱게 다루어지며 아울러 감성적으로 키워진다. 또한 남자아이가 성급하거나 침착하지 못한 성격을 가질 경우 그렇게 심하지 않다면 부모들은 그러한 성격에 대해 별로 이상하게 생각하지 않는다. 하지만 딸의 그러한 성격은 부모의 걱정거리가 된다. 이와 같이 남자아이와 여자아이에 대한 차별적인 양육방식은 아이가 태어나면서부터 시작된다. 따라서 남녀 간에 존재하는 행동과 인성의 차이가 과연 생물학적 본성에 의한 것인지 아니면 사회적 학습의 결과인지 분간해내기란 좀처럼 쉽지 않다.

성 차이를 연구하는 또다른 방법은 태어나면서 생식기의 이상이나 사고로 인해 한 성의 사람을 잘못 인지하거나 또는 의도적으로 다른 성의 사람으로 키워진 사례를 살펴보는 것이다(Money and Ehrhardt, 1972; Williams and Smith, 1979; Marini, 1990). 대표적 예로 일란성 남자 쌍둥이의 한 아이가 할례를 받는 중에 생식기의 일부가 절단되는 사고를 입어, 여자 생식기로 전환하는 수술을 받고, 이후 여자로 양육된 경우를 들 수 있다. 이 '여자' 아이는 사춘기가 될 때까지 다른 여자 아이와 즐겨 놀았고, 집안살림하는 것에 관심을 가졌으며, 어른이 되면 결혼해서 아이를 낳고 가정을 가지기를 원했다. 이에 비해 다른 남자 쌍둥이 아이는 다른 남자아이와 어울리길 좋아했고, 장난감으로 자동차와 트럭을 선호했으며 커서는 소방원이나 경찰관이 되고 싶어했다. 이러한 사실은 성 차이에 있어서 사회적 학습이 얼마나 중요한 역할을 하는가를 보여주는 결정적 증거로서 제시될 수 있다. 하지만 사춘기가 되면서 이 '딸' 은 자신의 성정체감과 역할에 대해 심한 갈등을 느끼기 시작했으며, 진정한 의미로 자신은 '남자' 라는 발언을 하기도 했다. 이러한 사실은 궁극적으로 성정체감을 결정하는데 있어서 사회적 요인보다는 생물학적 요인이 더 중요하다는 입장을 지지해 준다. 하지만 그 딸의 성정체감에 대한 반대감정병존(ambivalence)을 설명해줄 수 있는 다른 요인들이 있을 수 있다. 사춘기 이후 호르몬의 변화에 따라 신체에 나타나는 이차적 성징으로 인해 그 녀의 몸이 근육질적 남성체형으로 변했고, 이에 대해 그녀의 학교급우들은 그녀를 놀려댔다. 또 그녀는 '비정상적' 인 자신의 출신 배경을 주위 사람들을 통해 나중에 알게 되었다. 이러한 요인들이 그녀가 자신의 채택된 성정체감에 대해 의문을 제기하게 만들었을 것이다라는 것은 충분히 납득이 가는 사실이다. 결과적으로 이러한 연구는 인간을 연구하는 데 있어 생물학적 요인과 사회적 요인을 분리하는 것이 얼마나 어려운가를 다시 한번 보여준다.

최근 들어 남녀 간 행동의 차이를 설명해줄 수 있는 생물학적 기본 성향이 존재할 수 있다는 것에 대해 어느 정도의 동의가 이루어지고 있다. 하지만 성 간에는 물론이고 같은 성 안에서 조차 상당한 편차가 존재한다. 그리고 남녀의 성향은 문화적 학습과정을 통해 충분히 바뀔 수 있다. 또 어떤 성향은 남자에게 더 우호적이며 또 어떤 성향은 여자에게 우호적이다. 게다가 남녀 간에 존재하는 이러한 성향의 차이는 오늘날 남녀 간에 존재하는 활동의 차이나 차별을 정당화해 줄만큼 충분하지도 않다.

3) 비교문화적 측면

성 차이에 관한 이해를 넓히기 위해 서로 다른 사회들에서 나타나는 성에 관한 제도나 행태를 비교해 볼 필요가 있다. 만약 사회적 성 차이가 생물학적 성 차이에 전적으로 기인한다면, 어떤 사회를 막론하고 각 성에 고유하다고 규정된 행동, 권리, 의무와 같은 성역할이 똑 같아야 한다. 그렇지 않고 만약 사회적 성역할에 있어서 남녀 간에 상당한 차이가 존재한다면, 이것은 생물학적 요인보다 사회문화적 요인에 더 작용한 결과라고 이야기할 수 있다.

많은 문화인류학자들은 사회의 주요 일들이 성에 기초해서 어떻게 할당되는가에 대해 연구해왔다(Mead, 1935; Murdock, 1937). 이러한 연구들을 살펴보면 세 가지 뚜렷한 유형이 나타난다. 첫째, 사회적 일을 할당하는데 있어 성이 중요한 기준이 된다. 대부분의 사회에서 남자와 여자는 서로 다른 사회적 역할을 담당한다. 둘째, 몇 가지 제한된 수의 일들은 사회가 다름에도 불구하고 일관되게 한 성에 국한되어 할당된다. 보편적으로 여성은 자녀양육이나 집안살림과 같이 주로 가정을 중심으로 이루어지는 활동을 맡는데 비해 남성은 강한 신체적 활동과 사냥이나 싸움과 같이 집을 떠나 이루어지는 활동을 요구하는 일을 맡는 경향이 있다. 셋째, 위에서 언급한 몇 가지 일들을 제외하곤 사회마다 상당한 성역할의 변이가 존재한다. 즉, 한 사회에서 남성한테 적합하다고 여겨지는 행동이 다른 사회에서는 여성에 의해 행해진다는 것이다. 예를 들어 머독(Murdock, 1937)은 자신이 연구한 144개의 사회 중에 땅을 경작하는 일이 54개의 사회에서는 주로 남성들에 의해, 57개의 사회에서는 주로 여성들에 의해, 33개의 사회에서는 남성과 여성에 의해 동등하게 이루어지고 있음을 발견했다.

마가렛 미드(Mead, 1935)는 뉴기니(New Guinea)에 있는 세 가지 다른 부족들을 연구하면서 성과 연결되어졌다고 여겨지던 행동이 문화적 요인과 관련되어 있음을 밝혀냈다. 이들 세 부족 중 두 부족은 남녀의 행동에 상당한 유사성이 있음을 보여주었다. 먼저, 아라페쉬(Arapesh)족은 남녀 모두가 협조적이고, 비공격적이었으며 정서적으로 따뜻했다. 이에 비해 식인종인 문두구모(Mundugumor)족은 이기적이고 공격적이었으며 다른 사람에 무감각했다. 즉, 아라페쉬족의 남녀는 일반적으로 여성적이라고 간주되는 행동을 보여주었고, 문두구모족의 남녀는 전형적으로 남성적인 행동을 나타냈다. 세 번째 부족인 참불리(Tchambuli)족에서는 남녀 간의 행동에 차이가 있었는데 이러한 차이는 현대사회에서 생각하는 남녀의 역할과는 정반대였다. 여성은 지배적이었으며 장식도 하지 않았고 비감정적인데 비해 남성은 복종적이었으며, 감정적이고 수다스러웠고 자녀양육에 관심을 많이 가졌다.

여러 가지 비교문화적 증거들은 성과 연계된 특정한 사회적 역할들이 어느 사회를 막론하고 상당히 일관된 유형을 가지고 나타남을 보여준다. 하지만 이러한 유형은 지배적이지도 않으며 불가피하지도 않다. 이들 사회적 역할 사이에는 상당한 변이가 존재한다.

3. 성역할

1) 전통적 성역할

“남자는 집 밖에, 여자는 집 안에”라는 용어가 전통적 성역할을 가장 정확하게 요약해주는 개념일 것이다. 예로부터 남자는 집 밖에서 일하고 가족을 부양하기 위해 필요한 소득을 획득하는 책임을 져왔다. 또한 남자는 권위를 가지고서 가족을 이끌며 가족의 중요한 사안에 대해 최종 의사결정권을 행사하도록 기대되어 왔다. 사회의 중요한 일 특히, 정치적 활동에 참여하는 것은 전적으로 남자의 몫이었으며 정치와 고등교육은 남자의 영역이었다.

다른 한편으로 여자는 삶을 가정과 자녀 주위에 두어야 했다. 여자의 주요 일은 집안살림과 자녀양육이었다. 만약 시간이 난다면, 여자는 자신이 사는 지역 내에서 봉사나 자선활동에 참여할 수 있었다. 요약하면, 성역할은 남자의 경우 착실한 부양자로서의 남편/아버지, 여자의 경우 남편과 자녀를 잘 보살피는 만족스런 주부로서의 부인/어머니로 고정관념(stereotype)화되었다.

남녀의 성역할에 맞물려 인성에 관련된 고정관념도 발달했다. 여자는 애정적이며, 다른 사람에 민감하고 봉사적인 존재로 기대되어 왔다. 또한 여자는 의존적, 감성적, 수동적, 동조적 성향을 지녔다고 여겨졌으며, 기계, 정치, 운동에 대해 관심을 가지거나 많이 알아서는 안된다고 생각되었다. 가정과 자녀에 집중해야 하기 때문에 여자는 집 바깥세상의 복잡성에 관해 알 필요가 없으며 이에 관해서는 수동적으로 남편에 의존해야만 했다. 이러한 역할 기대는 여자는 어렸을 때는 아버지에게, 혼인해서는 남편에게, 늙어서는 자식을 따라야 한다는 유교적 '삼종지도' 의 가르침에 잘 나타나 있다.

이에 비해 남자는 바깥세상에서 성공하기 위해 설사 공격적이 아니더라도 단정적이고 독립적이며 유능해야 하고 또 많은 것을 알아야 한다고 기대되었다. 남자의 경우, 직업은 가사보다 항상 우위에 있었으며, 또 이런 경향은 일반적으로 바람직하게 여겨졌다.

2) 현대적 성역할과 계층

오늘날의 성역할은 과거에 비해 훨씬 유연하다. 비록 성역할에 대한 많은 전통적 개념들이 여전히 상존해 있지만 상당한 변화가 허용되고 나아가 장려되기도 한다. 보다 많은 여성들이 경제활동에 참가하고 있으며 '가정남편(househusband)' 이라는 용어도 생겨나고 있다. 최근에는 보다 많은 조직들이 자녀출생과 양육을 위해 남편의 산전산후 휴가제도를 시행하고 있다. 하지만 오늘날의 여성이 자신의 어머니와 할머니에 비해 훨씬 높은 수준으로 남성과 평등한 삶을 살고 있지만 여전히 여성에 대한 불평등은 일, 교육, 정치, 가사 등을 포함한 사회의 여러 부문들에서 지속되고 있는 것이 사실이다.

〈표 9-1〉 남녀 경제활동참가 분포

	취업자 수(백만명)		경제활동 참가율(%)		성별 경제활동 참가율 비 (남=100)
	남	여	남	여	
1965	5.3	2.8	78.9	37.2	47.1
1970	6.1	3.5	77.9	39.3	50.5
1980	8.5	5.2	76.4	42.8	56.0
1990	10.7	7.4	74.0	47.0	63.5
1995	12.2	8.3	76.5	48.3	63.1
2000	12.4	8.7	74.0	48.3	65.3
2003	13.1	9.0	74.7	48.3	65.0
2007	13.7	10.0	74.2	50.9	68.6
2011	14.3	10.3	73.6	50.4	68.5
2015	15.0	11.0	73.8	51.8	70.2
2020	15.3	11.5	72.6	52.8	72.7

출처 : 통계청(2022).

(1) 일

최근 들어 경제적 측면에서 성 불평등적 구조와 유형에 상당한 변화가 일어나고 있다. 산업화가 본격적으로 이루어지기 시작한 1960년대 초부터 여성의 경제활동 참여는 꾸준히 늘어 1965년 280만 명이었던 취업자 수는 2020년 1,150만 명으로 약 4.1배 증가했다(<표 9-1> 참조). 비록 절대수에 있어서는 남성보다 적지만 같은 기간의 증가비율에 있어서는 여성이 남성취업자의 비율(2.9배)보다 높다. 여성의 경제활동 참가율은 1965년 37.2%에서 2020년 52.8%로 지난 50여년간 15.6% 증가했다. 이는 같은 기간에 남성의 경제활동 참가율이 전체적으로 조금씩 줄어들거나 정체되어 있는 현상과는 대조적이다.

그럼에도 불구하고 경제활동 부문에서 남성과 여성의 차이는 여전히 남아 있다. 우선 여성의 경제활동 참가율은 2020년 현재 여전히 남성의 경제활동참가율의 72.7% 밖에 되지 않는다. 여성의 전문관리직 종사자 비는 꾸준히 증가해 양성 간의 격차가 크게 줄었으나, 임금의 격차는 여전히 크게 나타난다(<표 9-2> 참조). 여성의 임금은 그 동안 쭉 증가해온 경향이 있지만 여전히 2021년 현재 평균적으로 남성 임금의 64.6% 밖에 받고 있지 못하다.

(2) 교육

얼마 전까지만 하더라도 대학은 남자만을 위한 장소로 여겨졌다. 하지만 이러한 상황은 이제 크게 바뀌었다. 점점 많은 수의 여학생들이 대학을 포함한 고등교육기관에 진학하고 있다(<표 9-3> 참조). 한편 대학원의 경우에 2021년 석사과정 여학생의 비율은 54.6%이지만, 박사과정 여학생의 비율은 42.8%를 나타냈다(교육부, 2021).

〈표 9-2〉 여성 전문 · 관리 · 경영직 종사자 비 및 남자 대비 여성임금(%)

	여성 전문 · 관리 · 경영직 종사자 비(%)	남자 대비 여성임금
1970	2.4	45.0
1980	3.6	44.5
1990	7.7	55.1
1995	11.2	59.8
2000	13.6	63.2
2002	15.2	63.9
2006	18.8	63.5
2010	21.1	62.6
2015	23.2	62.8
2021	23.9	64.6

출처 : 통계청(경제활동인구연보, 여러 해).

〈표 9-3〉 남녀 대학교 진학률

	진학률	
	남	여
1985	38.3	34.1
1990	33.9	32.4
1995	52.8	49.8
2000	70.4	65.4
2005	83.3	80.8
2010	77.6	80.5
2015	67.3	74.6
2020	69.3	76.1

출처 : 통계청(한국의 사회지표, 여러 해).

(3) 정치

여성의 정치적 참여도 계속 증가하고 있다. 1948년 제1대 국회의원 선거에서 당선된 여성 국회의원의 수는 단 1명으로 이는 전체의원 수 200명의 0.5%에 지나지 않는다. 하지만 여성 국회의원의 수는 계속 조금씩 증가해 2020년 21대 국회에서는 57명의 여성의원이 당선되어 전체 의원수 300명의 19.0%를 차지하였다. 하지만 여전히 대부분의 국회의원은 남성이며, 기타 다른 고위 정치인도 대다수가 남성이다. 공무원의 경우도 국회의원과 비슷한 모습을 보인다. 비록 전반적으로 여성 공무원의 비율이 증가하는 추세를 보이지만 고위직급으로 갈수록 여성의 비율은 급격히 줄어드는 실정이다(<표 9-4> 참조). 결론적으로 아직까지 한국에서 정치부문은 다른 어느 부문보다도 남녀 간의 격차가 심하게 나타나는 곳이라고 할 수 있다.

(4) 가사

점차 보다 많은 수의 남편들이 가사의 의무를 부인과 공유하고 있다. 하지만 여전히 가정과 가사는 여성의 주 영역이자 책임으로 남아 있다(<표 9-5> 참조). 비록 남편들이 가사를 분담은 하지만 이들이 하는 가사는 집안 수리, 자동차 관리, 재정 등과 같이 덜 단조로운 일에 몰려 있는 경향이 있다. 이에 비해 부인의 일은 자녀양육과 교육, 요리, 청소, 쇼핑 등의 전통적인 주부 역할에 집중되어 있다. 더욱이 여성은 집바깥에서 직업을 갖고 있

〈표 9-4〉 행정부 국가공무원 일반직 직급별 여성 공무원 비율 (단위 : %)

	고위직 공무원(1~2급)	3급	4급	5급	6급	7급	8급	9급	소계
2015	3.7	6.3	12.4	19.8	25.7	41.2	47.3	41.4	33.7
2021	8.2	13.5	19.7	27.8	42.4	50.6	56.4	54.3	46.0

출처 : 인사혁신처 (2016, 2022).

〈표 9-5〉 평소 가사분담 상태 (단위 : %)

	부인이 전적으로	부인이 주로 하지만 남편도 분담	부인과 남편이 공평하게 분담	남편이 주로 하지만 부인도 분담	남편이 전적으로
2015	28.4	51.2	17.7	2.3	0.4
2021	18.2	56.4	21.3	3.3	0.8

출처 : 통계청(사회조사, 2016, 2022).

음에도 불구하고 집에 돌아오면 실제적으로 모든 가사를 떠맡는 경향이 사회 깊숙이 자리잡고 있다. 이와 같이 일반적으로 여성이 유급의 직장일에서 집으로 돌아와 무급의 가사를 또 돌보게 되는 형태를 이차 교대(second shift)라고 한다.

3) 성사회화

인간은 거의 본능적인 생물학적 존재로 태어나지만 오랜 기간 가족을 포함한 다른 사회적 기관들과의 사회적 상호작용을 통해 그 사회의 문화를 내면화하면서 사회적으로 능력있는 '인간' 이 된다. 현재 우리가 가지고 있는 지식, 믿음, 가치, 태도 등은 바로 이러한 사회화의 결과이다. 대부분의 사회는 남성다움과 여성다움의 문화유형을 가지고 있으며 아울러 남자와 여자에게 각자의 성에 적합한 문화유형을 학습시키고 또 이에 맞는 방식으로 행동할 것을 기대한다. <표 9-6>은 전통적으로 기대되는 남성다운 행동유형과 여성스런 행동유형을 나타낸다. 이러한 행동유형의 학습에는 가족, 또래집단, 학교, 대중매체

〈표 9-6〉 '남성다움'과 '여성다움' 행동유형 비교

남성다움	여성다움
적극적	소극적
공격적	방어적
계산적 및 판단력 있는	양육적 및 원조적
합리적	감성적
강한	약한
독립적	의존적
강하고 억센	부드럽고 세심한
높은 성욕	약한 성욕
지저분한	단정한
논리적	비논리적
기계적	예술적
경쟁적	협조적
지배적	종속적
사실적	직관적

출처 : Appelbaum and Chambliss (1997).

등과 같은 다양한 사회적 기관들이 연관되어 있다.

(1) 가족

부모는 아이가 태어나자마자부터 아이의 생물학적 성에 따라 아이를 다르게 대한다. 일반적으로 부모는 자신의 어린 아들과 딸이 어떻게 행동해야 되는지에 관한 어떤 역할을 기대하고 있으며, 그리고 이러한 역할기대(role expectation)는 다양한 의사소통방식으로 자녀에게 전달된다. 우선 남자아이는 남자이름을 여자아이는 여자이름을 가진다. 남자아이는 적극적이고 사나우며 자주적이길, 여자아이는 얌전하고 상냥하며 의존적이길 기대되며 또 그렇게 되도록 배운다. 남자아이가 울면 부모는 곧잘 "사내자식이 울면 못쓰지." 라며 타이른다. 반면 여자아이가 울면 부모는 남자아이보다 훨씬 빨리 응답하고 또 "계집아이라서(마음이 약하고 감수성이 강해서) 잘 우는구나."라며 달래준다.

아이들의 옷과 장난감은 부모의 성역할에 대한 기대감을 반영한다. 일반적으로 남자아이의 옷은 짙은 색의 활동하기 편하고 기능적인 '남성복'이며 여자아이의 옷은 밝은 색의 멋을 강조하는 '여성복'이다. 남자아이를 위한 장난감으로 자동차나 트럭, 로봇, 운동기구, 총이나 군인, 모형제작 등이, 여자아이를 위한 장난감으로 인형, 화장품, 소꼽놀이기 등이 선호된다.

아이들이 어느 정도 자라게 되면 집안일도 성에 따라 다르게 배분된다. 신체적 힘을 요구하는 집 관리나 집바깥 일은 남자아이에게, 청소, 빨래, 요리, 동생들 볼보기와 같은 집안일은 여자아이가 주로 맡는 경향이 있다. 성역할의 학습은 간접적인 방식에 의해서도 이루어진다. 아이는 아버지가 하는 행동과 일을, 그리고 어머니가 하는 행동과 일을 관찰하면서 남자가 되는 길과 여자가 되는 길을 배운다.

최근 들어 성역할의 사회화가 자녀에게 미칠 수 있는 영향을 인식한 일부 부모들은 의식적으로 이러한 전통적 성역할을 자녀들이 답습하지 않도록 여러 가지 노력을 시도하고 있다. 이들 부모는 자녀에게 어릴 때부터 남녀평등에 관한 교육을 실시하고 비성차별적인 경험과 기회를 아들과 딸에게 똑같이 제공한다. 예를 들어 이들 부모는 딸에게 체력과 정신의 중요성을 강조하며 운동을 가르치고 성격에 있어서도 독립심과 개척정신을 가지도록 하며 아울러 아들을 청소와 요리 등의 가사에 참여시키고 사려깊고 남을 보살피는 성격을 가지도록 사회화시키는 일에 적극적인 역할을 한다.

(2) 또래집단

또래집단도 성역할의 사회화에 중요한 역할을 담당한다. 소년과 소녀 또래집단의 활동은 상당히 다르다. 소년들은 보통 축구, 농구, 야구 등의 스포츠와 같은 단체활동에 참가하는데, 이런 활동은 경쟁과 규칙이 매우 중요하다. 이에 비해 소녀들은 규칙이 별로 엄격하지 않은 활동, 예를 들면 노래부르기나 수다떨기를 많이 하는데 이런 활동은 격식없이 자발적으로 일어나며 별로 조직화되어 있지 않다.

아이들에게 있어 또래집단의 의견은 성 정체감에 상당한 영향을 미친다. 비록 또래의 압력은 일생에 걸쳐 계속해서 중요하게 작용하지만 특히 부모의 그늘에서 벗어나 집 밖에서 생활하는 시간이 급격히 증가하기 시작하는 십대에 강하게 나타난다. 아이들은 대개 10살이 지나면 나름대로의 성정체감을 분명히 갖고서 남자아이는 남자답게 여자아이는 여자답게 행동하려 한다(Davidson and Gordon, 1979; Reeves and Boyette, 1983). 아이들은 서로 간의 상호작용에 의해 이러한 성정체감과 행동을 재확인하면서 자기들의 규범으로 받아들인다. 만약 성정체감에 대한 또래집단의 기대감에 동조하지 않을 경우 이는 매우 고통스럽고 치욕적인 결과, 즉 따돌림, 조소, 조롱, 놀림 등을 가져오게 된다. 아이들이 사춘기를 지나 청년기에 접어들면 성정체감에 대한 동조의 압력은 조금씩 약화되기 시작하는데, 이는 사회의 여러 집단과 기관으로부터 성역할에 대한 다양한 모델과 대안을 접하기 때문이다.

(3) 학교

유치원부터 대학까지 학교는 성별화된 제도로서 작용한다. 초중고등학교의 교과서는 보통 소년과 소녀를 고정화된 성역할 모델로서 묘사한다. 예를 들면, 교과서의 이야기 줄거리에서 남자아이는 용감하고 적극적으로, 여자아이는 자애적이고 소극적으로 기술된다. 직업에 있어서 남자는 정치인, 법조인, 의사, 대기업 사장과 같이 사회적으로 활동범위가 넓고 보수가 많은 직업으로 여자는 간호사, 비서, 보육사, 디자이너와 같이 상대적으로 활동범위가 제한되고 부속적 특성을 가진 직업으로 나타난다. 부모의 역할에서 남자는 '남자다운' 아버지와 남편으로, 여자는 '여자다운' 어머니와 부인으로 묘사된다.

일반적으로 중고등학교 이후의 성별화된 과목선택은 전통적 성역할을 반영한다. 남학생은 기술이나 공업을, 여학생은 가정이나 가사를 선택하는 경향이 높다. 뿐만 아니라 초등학교 졸업 후 여전히 많은 수의 남학생은 남자중학교와 남자고등학교에, 여학생은 여자중학교와 여자고등학교에 진학한다.

교사는 가정에서의 부모 못지않게 공식적인 교육내용의 전달과 비공식적인 상호작용을 통해 학교에서 학생들에게 중요한 영향을 미친다. 물론, 교사가 성평등적인 내용을 학생들에게 가르칠 수도 있지만 전통적 성정체감을 어릴 때부터 내면화해 온 교사는 이런 전통적 성역할과 태도를 의식적으로나 잠재적으로 학생들에게 학습시킬 가능성이 높다. 여학생과 남학생이 같이 모여 있는 반에서 힘든 일은 남학생에게, 미화와 장식 일은 여학생에게 주로 부여한다든지, 교육방식으로 남학생에게는 용기와 창의력을 북돋아주고, 여학생에게는 참을성과 자상함을 강조하며, 또한 학습활동의 하나로서 성별로 남학생과 여학생을 패로 나누어 서로 경쟁하게 하는 것도 전통적 성정체감이 반영된 예라고 할 수 있다.

(4) 대중매체

다수의 시청자들을 대상으로 한 다양한 의사소통 양식인 대중매체(mass media)는 사회화의 중요한 담당자이다. 대중매체는 한편으로 기존 사회의 가치와 태도를 반영할 뿐만 아니라 다른 한편으로 이것들을 사람들한테 전달하여 수용하도록 하는 역할을 담당하기도 한다. 특히 오늘날에는 정보통신기술의 발달에 따라 텔레비전, 라디오, 신문, 책 등의 전통적 매체 이외에 인터넷, 위성방송, 케이블TV 등의 보다 새롭고 강력한 매체들이 등장하면서 대중매체의 영향력은 점점 사람들의 행위와 의식에 많은 영향을 미치고 있다. 이제 우리는 같은 시간에 지구 상의 모든 사람이 똑같은 소식과 사건을 보고들을 수 있다고 해도 과언이 아닌 세상에 살고 있다.

하지만 대중매체는 여전히 기존의 전통적인 성역할을 전달하고 강화하는데 한 몫을 하고 있다. TV의 프로그램에서 남자는 대개 억세면서 용감한 검사나 경찰, 훌륭한 과학자, 뛰어난 의사, 모험심이 강하고 예리한 판단력을 갖춘 대기업 사장, 화통한 정의의 해결사 등으로 묘사된다. 이들은 대부분 드라마 내의 상황을 주도하는 인물로 등장한다. 그러면서도 이들은 가사에 대해서 잘 모르거나 무관심한 '대범한' 인물로 소개된다. 만약 남자가 가사에 적극적으로 참여하면 그는 속이 좁거나 자상한 소시민으로 표현된다. 남녀가 같이 진행하는 뉴스나 쇼프로그램에서도 주도권을 쥐고 있거나 비중있는 기사와 주제는 대부분 남자들의 몫이다. 이에 비해 여자는 일반적으로 조연이나 보조적인 역할을 담당하는 경우가 대부분이다.

여자들은 사회적으로 지위나 보수가 낮은 직업에 주로 종사하며 이들의 주활동 무대는 가정인 경우가 많다. 여자들은 예쁘고 미모에 관심이 많으며 남자에게 의존적이다. 만약 여자가 용감하고 씩씩한 배역을 맡으면 그 프로그램은 코미디일 확률이 높다. 남녀가 공동으로 진행하는 프로그램, 특히 연예프로그램에서 여자는 화려하고 예쁘지만 지적인 주제에 대해서는 별로 언급하지 못하고 대신 남자 진행자의 말에 동조하는 방식으로 말을 하는 경향이 있다.

광고에서도 전통적인 성정체감과 성역할에 근거해서 보통 남자는 남성과 관련된 물품에 여자는 여성과 관련된 물품에 등장한다. 고급승용차, 스포츠용품, 증권이나 금융 관련 비즈니스 광고에는 남자가, 가정과 연관된 세탁기, 청소기, 전자레인지, 밥솥 등의 가전제품이나 아파트, 신체와 관련된 화장품, 체중조절 다이어트식품, 성형병원, 성적(sexual) 이미지와 관련된 술 등의 광고에는 여자가 주로 등장한다. 광고의 표현에서 남자는 여자보다 키가 크게, 남자가 주도적인 역할을 하는 동안 여자는 그것을 바라보고 있는 모습으로, 남자는 서있고 여자는 앉거나 누워있는 자세로 또는 남자가 여자를 감싸는 모습으로 묘사되는 경향이 있다(Goffman, 1976).

4. 성에 대한 관점

1) 성차별주의

성차별주의(sexism)는 한 성(주로 여성)이 다른 성보다 본래적으로 열등하다고 보는 관점이다. 성차별주의는 신체적 속성의 유사성에 기초해서 묶어지는 어떤 개인들의 전체 범주를 규정하고 이 범주들에 대해 고정관념을 갖고서 사회경제적 기회를 제한한다는 측면에서 인종차별주의와 유사하다.

성차별주의의 이념은 태어날 때부터 남자가 여자보다 우세하다는 믿음에 뿌리를 박고 있다. 대부분의 주요 종교들이 이러한 관점을 뒷받침하는 믿음체계와 관행을 부분적으로나마 지니고 있다. 기독교의 구약성서에는 “우주의 왕이신 하나님이시여 내가 여자로 태어나지 않게 하신 것에 대해 감사드립니다.", 신약성서에는 "남자는 하나님의 이미지이며 하나님의 영광을 반영하는 반면 여자는 남자의 영광을 반영한다.", 불경에는 "여성은 성불할 수 없다.", 이슬람교의 코란에는 "남자는 하나님이 부여하신 탁월한 특질에 의해 여자보다 우월하다.", 그리고 유교에는 "삼종지도" 등과 같은 가르침이 남존여비의 관점을 담고 있다. 이 밖에 주요 종교단체의 상위 직급은 남자들이 차지하고 있으며 주요 의식 또한 남자들에 의해 인도된다.

성차별주의는 개인적 형태뿐만 아니라 제도적 형태도 지니고 있다. 달리 말하면, 남성의 타고난 우월성에 대한 믿음은 사회적 구조에 내재화되어 있기 때문에 개인적으로 의도하든 안하든 간에 상관없이 여성의 사회적 및 경제적 기회에 영향을 미친다. 한편, 제도적 성차별주의는 개인적 성차별주의보다 남녀평등의 실현에 더 해로울 수가 있다. 여자에 대해 편견을 갖고 차별하는 개인은 구체적으로 확인이 되고 또 직접적인 상호작용을 통해 그의 관점과 행위가 변화될 수 있다. 하지만 제도적 성차별주의는 개인적 차원에서 직접 다룰 수 없으며 또 널리 퍼져 있기 때문에 바꾸기란 여간 어렵지 않다.

2) 기능론적 관점

기능론은 기본적으로 만약 전부는 아니더라도 대부분의 사회가 남성 지배적 유형을 보여준다면 이것은 결국 남성 지배적 유형이 최소한 어느 정도는 사회에 기능적이고 이롭기 때문이라는 입장을 견지하고 있다. 즉 기능론은 생물학적 성의 차이가 근본적으로 남녀를 구분하였기 때문에 이에 근거하여 서로 다른 과업과 역할을 성에 따라 할당하는 노동의 분화는 매우 효율적이라는 주장을 펼친다.

다른 포유류 동물들과 달리 갓 태어난 인간은 혼자서 아무 것도 할 수 없는 아주 무력한 존재로서 다른 사람의 보살핌을 상당 기간 받아야만 살 수 있다. 분유나 이유식, 그리고 젖병이 없던 시기에 모유의 수유는 갓난아이의 생존에 절대적이다. 그런데 모유의 생산은 어머니만이 가능하기 때문에 모유의 수유는 어머니가 아이와 함께 있을 것을, 즉 아이가 있는 가정에 머무르는 것을 필요로 한다. 따라서 기능론자들은 시간이 흐르면서 여자는 자녀양육과 가사를 책임지고 대신 남자가 바깥세계를 맡아보는 성별 노동 분화 방식이 자연스레 발달해왔다고 주장한다.

기능론자들은 이러한 전통적 성별 노동 분화가 지금에도 여전히 효율적이라고 주장한다. 가족도 하나의 집단으로서 다양한 과업과 역할들이 존재하며 따라서 각각에 알맞은 전문가를 필요로 한다. 특히 가족은 생존과 유지를 위해 내부적으로 가족 구성원들 간의 관계를 책임지는 표출적(expressive) 지도자와 가족을 바깥 세계와 연결시켜주는 도구적(instrumental) 지도자가 필요하다. 비록 필연적으로 여자가 표출적 지도자가 되어야 하고 남자가 도구적 지도자가 되어야 한다는 근거는 없지만 이미 생물학적 특성에 기초해서 남녀 간의 역할을 체계적으로 나누어 놓았기 때문에 이러한 기존의 성별 노동분화를 활용하는 것이 보다 효율적이 될 수 있다.

한편, 가정과 바깥세계의 두 영역은 전통적으로 다른 위세를 지녔는데, 대부분의 사회는 경제적 지원과 관련된 바깥세계를 가정보다 훨씬 높이 평가하였다. 이에 따라 도구적 역할을 수행하는 남자가 표출적 역할을 수행하는 여자보다 많은 위세와 권위를 가지게 되었다.

기능론적 관점은 성 차이를 설명하는 데 있어서 오랫동안 지배적인 이론으로 자리잡아 왔다. 하지만 최근에 이 관점은 각 계의 사람들로부터 시대에 뒤떨어졌다는 비판을 받고 있다. 편리한 물건의 등장, 보다 긴 수명, 자녀수의 감소, 여성들의 경제활동 참여 등등의 변화는 이제 더 이상 여성으로 하여금 자신의 삶을 가족 내의 표출적, 내부적 관계에 헌신하지 안해도 되게끔 만들었다. 또한 변화하는 경제적 및 사회적 분위기는 여성이나 남성에 대한 경직된 역할에 대해 많은 회의를 던지고 있다.

3) 갈등론적 관점

갈등론자들에 있어서 기능론자들의 주장은 단순히 지배집단의 권력을 정당화시켜 주는 이념으로 밖에 보이지 않는다. 어떻든지 일단 남성과 여성의 사이에 권력 차가 발생하게 되면 그러한 차이는 유지될 수밖에 없다. 왜냐하면 그러한 차이로 인해 이익을 보는 집단, 즉 힘있는 집단이 기존의 상황을 바꿀 이유가 없기 때문이다(Collins, 1985).

일반적으로 갈등이론가들은 성역할 차이의 원천을 경제적 불평등에서 찾고 있다. 전통적 역할에서 남자는 여자보다 훨씬 많은 경제적 기여를 사회에 하기 때문에 거기에 합당한 많은 위세와 권력을 가진다. 맑시스트의 전통을 좇는 갈등이론가들은 성별 계층이 생산수단의 사적 소유에서 기인한다고 주장한다. 일부 남자들은 재산에 대한 통제권 및 물건에 대한 처분권을 소유할 뿐만 아니라 여성에 대한 권력도 얻는다. 성차별에 대한 경제적 요인의 중요성은 남성과 여성이 사회의 경제에 비교적 비슷하게 기여하는 사회에서는 성불평등이 별로 나타나지 않는 예에서 찾아볼 수 있다(Blood and Wolfe, 1960).

오늘날 기능론과 갈등론은 성 차이에 대해 과거에 비해서는 의견의 불일치가 덜한 편이다. 많은 갈등론자들은 생물학적 성에 따른 전통적 노동의 분화가 과거에는 기능적이었을 수 있다는 생각을 수용한다. 다른 한편으로, 점점 많은 수의 기능론자들은 전통적 성역할이 이제 더 이상 과거처럼 기능적이 될 수 없다는 점을 이해하고 있다.

4) 페미니즘

페미니즘(feminism)은 남성과 여성은 동등하며, 따라서 양성은 사회적으로 동등한 대우와 권리를 가져야 한다는 믿음을 일컫는다. 경우에 따라 페미니즘은 이러한 믿음을 실현하려는 사회운동을 가리키기도 한다. 페미니즘은 전통적인 성역할의 개념을 자연스런 현상이며 또한 사회에 효과적이라고 보는 관점에 강력히 도전한다. 페미니스트들은 성 불평등이 인구의 반을 차지하는 사람들의 교육과 직업의 기회를 제한하며 이것은 차별적일 뿐만 아니라 사회에 역기능적이라고 주장한다. 왜냐하면 사회는 필요한 과업을 수행하기 위해 남자와 여자에 상관없이 가능한 능력있고 학식있는 많은 사람들을 필요로 하기 때문이다.

페미니스트들은 여성의 행동을 제약하는 사회제도, 규범, 역할 등을 찾아내고 이를 개선시키기 위해 오래 전부터 상당한 노력을 전개해오고 있다. 이 과정에서 페미니스트들은 다양한 주장과 활동을 펼치는데 이러한 주장과 활동의 방향 및 종류에 따라 페미니즘은 몇 갈래로 나뉘어 질 수 있다.

(1) 자유주의적 페미니즘

자유주의적(liberal) 페미니즘은 여성에 대한 차별은 주로 불완전한 제도의 결과로 나타나며, 이것은 사회 그 자체에 대한 근본적 변혁을 수반하지 않는 점진적 개혁에 의해서도 고칠 수 있다고 본다. 기본적으로 자유주의적 페미니즘은 사회 정의의 기초로서 개인의 권리와 동등한 기회를 강조하는 관점이다. 자유주의적 페미니스트들에 따르면 남성에 대한 여성의 종속은 사회활동에 참여하는데 있어서 여성이 남성과 동등한 기회를 갖지 못하게 하는 차별에서 비롯된다고 주장한다. 따라서 이러한 차별이 제거될 때 비로서 여성도 남성과 동등한 사회적 성공의 기회를 가질 수 있다.

자유주의적 페미니스트들은 성역할에 대한 사회화가 여성에 대한 불평등을 심화시키는 중요한 요인으로 간주한다. 왜냐하면 불의와 불공정은 비합리성과 무지에서 비롯되는 경우가 많기 때문이다. 따라서 자유주의적 페미니스트들은 남성과 동등한 여성의 권리와 기회를 보장하는 정책을 지지하면서 동시에 보다 평등한 남녀관계와 성역할을 창조하는 사회화와 재교육을 강조한다. 이러한 입장에서 이들은 전통적 성역할과 태도를 가르치는 가정, 학교, 미디어에 변화를 가져오기 위해 노력한다.

자유주의적 페미니즘은 특히 법과 정책을 통한 사회개혁을 강조하는 이론적 및 정치적 관점이다. 강제적 집행력을 가진 법은 이전의 차별적 장애물들을 제거하고 모든 사람들에게 동등한 권리와 기회를 제공하는 데 효과적으로 활용될 수 있다. 최근에 증가하고 있는 남녀평등에 대한 일반인의 인식, 재산상속과 분할에 있어 여성에게 동등한 권리 부여, 남편의 출산 및 육아휴직제 인정, 고용 및 직장에서의 성차별을 금지하는 법 제정 등등은 어느 정도 자유주의적 페미니스트들의 주장과 노력의 산물이라고 할 수 있다.

(2) 급진적 페미니즘

급진적(radical) 페미니스트들은 자유주의적 페미니스트들의 주장과 해결책에 대해 상당히 거부적인 반응을 보인다. 왜냐하면 이들 자유주의적 페미니스트들이 성차별주의가 단지 과거의 믿음과 관행의 잔재라고 가정하면서 여성을 억압하는 근본적인 원인을 건드리지 않기 때문이다. 급진적 페미니즘은 여성을 위한 진정한 평등은 기존의 어떠한 정치 · 경제 체계에서도 실현될 수 없다는 가정하에 여성의 평등은 사회의 모든 제도와 부문에 걸쳐 근본적 변혁이 이루어져야만 가능하다고 본다. 급진적 페미니스트들에 따르면, 남성의 지배가 모든 사회적 불평등과 압제의 원천이며, 여성에 대한 남성의 억압은 의도적으로 계획되어 왔고 이러한 지배를 위한 이념적 정당화가 미디어와 종교 등에 의해 제공되고 있다.

급진적 페미니스트들은 여성들의 조건을 개선하기 위해서는 가부장제가 완전히 폐지되어야 한다고 주장한다. 이들은 기존 제도의 수정을 통한 여성의 지위향상에 대해 회의적이다. 급진적 페미니즘에서 보면 기존의 모든 제도와 관행은 지배집단인 남성을 위해 남성에 의해 남성중심으로 만들어졌다. 따라서 급진적 페미니스트들은 여성의 해방을 위해 기존의 모든 가부장적 제도와 문화를 타파하고 대신에 여성의 정체감이 담긴 새로운 제도와 공동체의 창조 및 대체를 주장한다.

(3) 사회주의적 페미니즘

사회주의적(socialist) 페미니즘의 이론적 기원은 맑시즘에 있다. 맑시스트들은 여성의 억압과 불평등이 여성을 남성의 재산으로 간주하는 자본주의적 경제관계의 결과로 간주한다. 맑시스트들의 관점에 따르면 자본주의 하에서 이익의 축적은 노동의 착취를 요구한다. 자본주의는 성별 임금 불평등을 조장하면서 경제력이 약한 여성의 싼 노동력을 공급받아 여기서 또다른 이익을 창출해낸다.

구체적으로 여성에 대한 억압은 자본주의 경제 내에서 유급노동자와 무급노동자의 이중 역할으로부터 결과하기도 한다. 여성은 일터에서 자본주의에 의해, 가정에서 가부장제에 의해 착취당한다. 여성에 대한 남성의 우월성을 유지하는 전통적 자본주의의 메커니즘이 성별로 일자리를 차별화하면서 노동시장에서 여성의 노동을 저임으로 격하시켰다. 결과적으로 여성은 고임을 받는 남성의 경제적 지원을 얻기 위해서 또는 부족한 자신의 임금을 보충하기 위해 가사를 해야만 한다.

사회주의적 페미니스트들은 자본주의가 여성에 대한 억압의 원천이라는 점에 동의하지만 여성의 어려운 상황이 정통적 맑시스트들이 제시하듯이 단지 계급적 분석 하나만으로 이해될 수 있는 현상은 아니라고 주장한다. 이들은 현재 여성의 상황을 자본주의와 가부장제가 상호작용하는데서 나온 결과라고 주장한다. 결과적으로 사회주의적 페미니스트들은 성평등을 성취하기 위해 자본주의를 폐지하고 사회주의를 건설함과 동시에 가부장제를 제거할 것을 제안한다.

(4) 페미니즘에 대한 저항

페미니즘은 남녀의 역할에 대한 전통적 견해를 간직하고 있는 사람들에 의해 다양한 이유들로 저항을 받고 있다. 첫째, 일부 남성들은 페미니즘이 자신들의 지배권과 통제력을 위협하기 때문에 반대하기도 한다. 둘째, 페미니즘은 일부 여성들에 의해서도 저항을 받는데, 이 여성들은 주로 성역할에 대한 전통적 관점을 수용하면서 동시에 이러한 성역할에 상당히 만족하는 사람이다. 또한 반페미니스트적 여성들은 기존의 보수적 종교 이념에 영향받을 뿐만 아니라 경제적으로나 사회적으로 남성에 많이 의존되어 있는 경향이 있다. 셋째, 일부 사람들은 페미니스트 운동이 남성과 여성을 서로 적대시하게 만들어 가족과 사회를 혼란스럽게 만들어 놓고는 그 결과에 대해 책임지지 않는 남성혐오자들의 행위라는 믿음을 갖고 있다. 넷째, 또 다른 사람들은 페미니즘을 남녀평등이 아닌 남성을 차별하는 또다른 성차별주의로 이해하기도 한다. 하지만 경제, 교육, 문화, 정치 등등 사회 전반에 걸쳐 페미니즘을 지지하는 사람들은 숫자나 영향력에 있어 계속적으로 커가고 있으며 또한 페미니즘적 사회변형은 앞으로도 지속될 가능성이 높다.

참고문헌

교육부. 2021.『교육통계연보』.

인사혁신처. 2022.『2022년 행정부 국가공무원 인사통계』.

통계청. 여러 해.『한국의 사회지표』,『사회조사』.

______. 여러 해.『한국통계연감』.

______.『경제활동인구연보』.

______.『국가통계포털(www.kosis.kr)』.

Appelbaum, Richard P. and William J. Chambliss. 1997. *Sociology*. New York: HarperCollins.

Associated Press. 1992. "Women Worldwide Work Harder for Less, Study Says." September 7: A-3.

Blood, Robert O. and Donald Wolfe. 1960. *Husbands and Wives. The Dynamics of Married Living*. Glencoe, IL: Free Press.

Collins, Randall. 1985. *Sociology of Marriage and the Family. Gender, Love, and Property*. Chicago: Nelson Hall.

Davidson, L. and L. Gordon. 1979. *The Sociology of Gender*. Chicago: Rand-McNally.

Goffman, Erving. 1976. *Gender Advertisements*. New York: Harper and Row.

Jacklin, Carol N., Eleanor E. Maccoby, Charles H. Doering, and David R. King. 1984. "Neonatal Sex-steroid Hormones and Muscular Strength of Boys and Girls in the First Three Years." *Developmental Psychobiology* 20: 459-72.

Marini, Margaret Mooney. 1990. "Sex and Gender: What Do We Know?" *Sociological Forum* 5: 95-120.

Mead, Margaret. 1935. *Sex and Temperament in three Primitive Societies*. New York: Morrow.

Money, J. and A. E. Ehrhardt. 1972. *Man, Woman, Boy, and Girl. Baltimore*: Johns Hopkins University Press.

Murdock, George Peter. 1937. "Comparative Data on the Division of Labor by Sex." *Social Forces* 15: 551-53.

Parker, Seymour and Hilda Parker. 1979. "The Myth of Male Superiority: Rise and Demise." *American Anthropologist* 81: 289-309.

Reeves, Joy B. and Nydia Boyette. 1983. "What Does Children' s Art Work Tell Us About Gender?" *Qualitative Sociology* 6: 322-33.

Rutter, M. and H. Giller. 1983. *Juvenile Delinquency: Trends and Perspectives.* Harmondsworth, UK: Penguin.

Shaywitz, Bennett A., Sally E. Shaywitz, Kenneth R. Pugh, and R. Todd Constable. 1995. "Sex Differences in the Functional Organization of the Brain for Language." *Nature* 373: 607-09.

Tavris, Carol and Carole Wade. 1984. *The Longest War: Sex Difference in Perspective.* San Diego: Harcourt Brace Jovanovich.

Weintraub, Pamela. 1991. "The Brain: His and Hers." *in The Gender Reader* edited by Evelyn Aston-Jones and Gary A. Olson. Boston: Allyn and Bacon.

Williams, P. and M. Smith, 1979. Interview in *The First Question.* London: British Broadcasting System Science and Features Department.

Witelson, Sandra F. 1992. "Cognitive Neuroanatomy: A New Era." *Neurology* 42: 709-13.

제 10 장

가족

1. 가족 및 가족제도의 의미

2. 가족의 유형

생애주기에 따른 분류
거주 세대수에 따른 분류
배우자의 수에 따른 분류
혈통과 유산의 계승방식에 따른 분류
권위관계에 따른 분류
거주방식에 따른 분류
배우자의 선택범위에 따른 분류

3. 가족의 기능과 역할

기능론적 관점
갈등론적 관점
상징적 상호작용론적 관점

4.가족의 변화

제 10 장

가족

인간이 사회적 동물이라 함은 군집생활이 인류사회의 본유적 특성임을 의미한다. 군집생활을 통해 사람들은 다양한 형태의 사회제도들(예, 가족제도, 교육제도, 종교제도, 정치제도, 경제제도 등)을 발전시킨다. 개념적으로 말해, 사회제도란 일정한 사회적 기능을 충족시키기 위해 마련된 일련의 일반화된 신념과 규칙 체계를 뜻하는데, 여러 사회제도들 가운데 가장 기본적이고 원초적인 제도가 바로 가족제도이다. 가족 및 가족제도는 인류역사의 시작과 동시에 발전되어 온 사회제도로서 다른 어떠한 제도보다도 유구한 역사를 지닌다. 그런데 이처럼 장구한 역사를 지니는 가족제도가 정형화되거나 정체되어 있는 것은 결코 아니어서, 사회변화와 더불어 끊임없이 변화하기도 한다.

이 장에서는 가족제도와 관련된 여러 가지 주제들—가족의 의미, 유형, 특성, 변화—을 중심으로 가족 및 가족제도에 대한 심층적인 이해를 도모하기로 한다.

1. 가족 및 가족제도의 의미

가족과 가족제도는 매우 유사한 개념이지만 동일한 개념은 아니다. 가족과 가족제도는 각각 개별적 현상과 제도적 현상을 일컫는 것이어서, 이들 사이의 차이는 마치 교육과 교육제도 사이, 종교와 종교제도 사이, 정치와 정치제도 사이, 경제와 경제제도 사이의 차이와 마찬가지이다. 즉, 가족 · 교육 · 종교 · 정치 · 경제가 각각 구체적이고 관찰 가능한 개별적 현상임에 비해서 가족제도 · 교육제도 · 종교제도 · 정치제도 · 경제제도는 각각 일련의 개별적 현상들이 집합적으로 형성하는 제도화된 현상이다. 이를테면, 가족은 "나의 가족"이나 "너의 가족" 등 특정한 개체를 가리키지만 가족제도는 여러 가족들을 통해 일관되게 나타나는 체계화된 규칙, 신념, 지위, 행위유형 등의 총체를 가리킨다. 결국 개체적 가족들의 집합이 가족제도를 형성한다는 점에서 볼 때 가족이 가족제도를 반영하는 것은 사실이지만 반드시 그러한 것은 아니어서, 사회적 · 제도적으로 일반화된 신념이나 규칙 체계를 반영하지 아니하는 가족도 물론 있을 수 있다.

"가족이란 무엇을 지칭하는가?"라는 질문에 대한 대답은 언뜻 보기에는 대단히 쉬워 보이지만 조금 더 깊이 생각해보면 그다지 쉽지 않음을 알 수 있다. 예를 들어, 결혼하지 않은 상태에서 동거하는 한 쌍의 남녀, 동성애 관계를 유지하는 한 쌍, 아이를 입양한 부부 등은 전통적인 가족관계에서는 좀처럼 찾아보기 어렵고 최근에 새로이 나타나기 시작한 생활양태인데, 이들도 과연 가족이라고 부를 수 있을 것인가? 이 질문은 결국 가족에 대한 개념정의에 있어서 이성 간의 성관계, 혈연관계, 친자관계, 사회적으로 인정된 부부관계 등 이른바 가족에 대한 전통적 정의의 핵심적 구성요건들이 어느 정도 중요한가 하는 문제로 귀착된다. 모든 사회현상들이 그러하듯이 가족관계 또한 현대사회에서 급속한 변화의 과정에 있으며 이러한 변화에 상응해서 가족에 대한 개념정의도 수정될 것을 요구받고 있고, 실제로 수정될 필요성 또한 있다. 그러므로 전통적 방식과 현대적 방식의 개념정의를 별도로 살펴봄으로써 현대사회에서의 가족의 의미를 보다 잘 이해할 수 있다.

전통적으로 가족에 대한 가장 전형적인 개념정의 가운데 하나는 "혈연이나 혼인 관계를 통해 서로 연결되어 있는 사람들로서, 일정한 경제적 단위를 형성한 상태에서 사회적으로 용인되는 동거관계를 유지하는 사람들의 집합"(Benokraitis, 1999)이다. 이러한 개념정의는 혈연관계, 친자관계, 이성 간의 성관계, 사회적으로 인정되는 부부관계 등이 가족의 핵심적 구성요건임을 묵시적 혹은 명시적으로 강조하고 있다. 그러나 이러한 정의는 가족의 범위를 지나치게 한정시킴으로써 현대사회에서 발생하는 다양한 형태의 새로운 구성요건들(예, 사회적 용인과정이 생략된 동거관계, 동성 간의 성 결합, 입양 등)을 체계적으로 배제한다는(Lamanna and Riedmann, 1997) 점에서 비현실적이라는 비판을 종종 받는다. 따라서 대부분의 현대 사회학자들은 가족의 범위를 한층 완화시켜서 "서로에 대한 의무감을 지니고서 공동의 경제생활을 영위하는 사람들로서, 다른 집단과는 확연히 구분되는 집단정체감을 보유하는 사람들의 집합"(Kendall, 2001)이라고 정의하곤 한다. 이러한 정의에는 가족의 경계를 가름에 있어서 중요한 기준은 혈연관계, 친자관계, 이성 간의 성관계, 사회적으로 인정되는 부부관계 등 다분히 객관적인 요인들이기보다는 당사자들이 스스로에게 부여하는 주관적 의미라는 인식이 깔려 있다.

2. 가족의 유형

가족의 형태는 매우 다양하다. 실제로 이 지구상의 여러 사회들에는 각각 서로 다른 모습의 가족들이 존재하고 있을 뿐만 아니라 특정한 사회 내에서도 과거와 현재의 가족의 모습이 서로 다르다. 그리고 가족은 끊임없이 변화하기 때문에 미래의 가족의 모습도 현재와 같지 않을 것임을 쉽게 예측할 수 있다. 이처럼 다양한 가족의 종류를 유형화하기 위해서 사회학자들은 많은 노력을 기울여 왔다. 가족의 유형을 구분하기 위해서는 일정한 기준이 요구되는데, 그러한 기준은 학자들마다 서로 달라서 실제로 수많이 기준들이 동원되는 경향이 있다. 그렇지만 공통적으로 발견되는 유형구분의 기준들을 구분해낼 수 없는 것은 아니다. 대표적인 기준들로는 생애주기, 거주 세대수, 배우자의 수, 혈통과 유산의 계승방식, 권위관계, 거주방식, 배우자의 선택범위 등이 있다. 이러한 여러 기준들은 각각 나름대로의 유용성을 지니기 때문에 딱히 어떤 기준이 가장 적합하다고는 말할 수 없을 뿐더러 이들 사이에 개념적 중복도 적지 않게 존재한다는 사실을 인식할 필요가 있다.

1) 생애주기에 따른 분류

일생을 살아가는 동안 대다수의 사람들은 두 가지 종류의 가족에 소속되기 마련이다. 그 중 하나는 출신가족(family of origin)으로서, 이는 사람이 태어나고 초기의 사회화를 경험하는 가족을 말한다. 다른 하나는 출산가족(family of procreation)으로서, 이는 사람이 자기 자신의 자녀와 함께 독립적으로 형성하는 가족을 말한다. 쉽게 말해, 결혼한 사람이 새로이 만든 가족이 출산가족이라면 그 사람이 결혼 이전에 속해 있었던 가족은 전대의 가족이다. 전대의 가족은 대부분 혈연으로 맺어지지만 법적으로만 맺어지는 경우

(예, 입양)도 있을 수 있다(Aulette, 1994). 출산가족에서 부모와 자식 간의 관계는 혈연 또는 (혈연이 없는) 법적 관계이지만 부부 간의 관계는 혈연이 배제된 법적 관계일 따름이다.

모든 사람들이 전대의 가족과 출산가족을 가지는 것은 아니어서, 예컨대 혼인관계를 통해 자녀를 생산하지 않고 노부모와 함께 생활하면서 전대의 가족에서 일생의 대부분을 보내는 사람도 있을 수 있다. 그리고 전대의 가족과 출산가족을 모두 가지는 대다수의 사람들의 경우 두 가족 사이에 일정한 유기적 연계가 존재하여서, 이를테면 조부모가 손자 · 손녀 혹은 성인 자녀와 다양한 방식의 세대간 상호작용을 지속하곤 한다.

2) 거주 세대수에 따른 분류

가족의 유형에 대한 가장 흔한 구분 가운데 하나는 아마도 확대가족과 핵가족의 구분일 것이다. 이 구분은 동일 가구내에 거주하는 세대의 수에 따른 것으로서, 확대가족(extended family)은 3세대 혹은 그 이상의 가족들이 거주를 함께 하는 형태이며 핵가족(nuclear family)은 2세대(부모와 자녀 세대)만이 거주를 함께 하는 형태이다.

산업화 이전의 사회에서는 확대가족이 보편적이었는데, 이는 무엇보다도 경제적 이유때문이었다. 즉, 농경이나 목축, 원예 등의 생업을 위해서는 풍부한 노동력이 요구되었으며, 이 문제는 동일 가구 내에 여러 세대가 같이 모여 살면서 많은 자녀들을 출산하는 방식으로 해결되었다. 또한 당시의 사회에서 확대가족은 경제적 필요성 이외에 교육적 필요성도 적지 않게 지녀서, 예컨대 조부모가 성인 자녀에게 농사기술을 전수할 뿐만 아니라 성인 자녀가 생업에 종사하는 사이에 손자녀의 양육과 교육을 담당하는 기능을 수행하기도 하였다. 그러나 산업화 및 도시화의 진전과 더불어 성인 자녀들이 일자리를 찾아 도시로 향하게 되면서 확대가족은 그 기능을 상당 부분 상실하였으며 핵가족이 지배적인 가족형태로 자리잡게 되었다.

비록 현대 산업사회에서 핵가족이 지배적인 유형인 것은 사실이지만 사회에 따라서 그리고 시기에 따라서 일정한 변이가 발견되기도 한다. 즉, 동양사회에서는 여전히 확대가족이 서양사회에서보다 상대적으로 많으며, 동서양을 막론하고 확대가족의 비율이 일률적으로 감소하는 것만도 아니다. 최근 우리사회에서 맞벌이 가정의 수가 늘어남과 동시에 자녀 양육이 심각한 사회문제로 대두되기 시작하면서 성인 자녀 부부가 그들의 노부모가 살고 있는 집 근처로 이사해서 도움을 청하거나 아예 노부모와 거주를 함께 하는 등의 거주방식을 선택하는 것은 기존의 확대가족 혹은 신종 확대가족의 기능적 필요성과 증대가능성을 엿볼 수 있게 하는 현상이다.

3) 배우자의 수에 따른 분류

가족이 생성되는 가장 주된 경로는 결혼을 통해서인데, 결혼에 있어 상대편 배우자의 수가 몇 명인가에 따라 단혼제와 복혼제가 구분된다. 말 그대로, 단혼제(monogamy)는 남녀 각 1명씩이 짝을 이루어 결혼하는 방식임에 비해서 복혼제(polygamy)는 남성 1명이 복수의 여성들과 혹은 여성 1명이 복수의 남성들과 결혼하는 방식이다. 복혼제 가운데서도 1명의 남성과 복수의 여성들이 결합하는 방식을 일부다처제(polygyny)라고 부르고 1명의 여성과 복수의 남성들이 결합하는 방식을 일처다부제(polyandry)라고 부른다. 결혼방식의 이와 같은 차이는 가족의 유형을 달리하게 하여서, 이를테면 단혼제를 통해 형성되는 가족은 단혼제 가족이라고 명명하고 복혼제를 통해 형성되는 가족은 복혼제 가족이라 명명할 수 있을 것이다.

현대사회의 지배적인 결혼방식은 단혼제인데, 대부분의 사회에서 단혼제는 민습(folkways)이나 원규(mores)의 차원을 넘어 법(laws)적인 강제성을 지니는 경향이 있다. 한편, 단혼제가 한 사람의 남성 혹은 여성이 평생에 걸쳐 이성의 특정한 배우자와만 혼인관계를 유지해야 하는 것을 반드시 의미하지는 않아서, 이혼과 재혼을 거듭하면서 배우자를 지속적으로 바꾸는 경우도 있을 수 있다. 이러한 경우를 순수한 형태의 단혼제(straight-life monogamy)와 구분해서 연속단혼제(serial monogamy)라 칭하는데, 연속단혼제도 일정한 시점에 복수의 법적 배우자가 존재하는 것이 아닌 이상 단혼제임에는 틀림이 없다.

단혼제보다 덜 보편적인 복혼제는 예전의 사회에서 그리고 현대사회에서도 제한된 일부 지역에서만 발견되는 경향이 있다. 복혼제의 하위유형 가운데서는 역사적으로 일처다부제보다 일부다처제가 훨씬 더 보편적인데, 실제로 일부다처제는 오늘날에도 적잖은 이슬람 국가들과 몇몇 아프리카 국가들, 그리고 남부 러시아 일부 지역에서 여전히 찾아볼 수 있다(Chipungu, 1999). 비록 흔하지는 않지만 일처다부제도 일부(예, 티벳의 일부 지역)에서 여전히 발견되곤 하는데, 일처다부제는 전쟁이나 높은 여아사망률 등으로 인해 여성의 수가 남성의 수에 비해 현저히 부족한 경우에 같은 형제들과 한 여성이 함께 결합하는 방식으로 전형적으로 나타나는 경향이 있다(Trevithick, 1997).

4) 혈통과 유산의 계승방식에 따른 분류

다양한 사회들마다 결혼의 방식은 다를지언정 혈통과 유산을 대를 이어가면서 승계하는 방식을 정해놓지 않는 사회는 거의 없다(어느 사회에서든 혈통과 유산은 동시에 승계되는 경향이 있다.). 혈통과 유산의 승계방식은 기본적으로 편계제(unilineal system)와 양계제(bilineal system)로 구분되는데, 편계제는 아버지와 어머니 가운데 어느 한 편으로부터만 승계가 이루어지는 형태이고 양계제는 아버지와 어머니 모두로부터 승계가 이루어지는 형태이다.

현대사회에서는 대체로 편계제보다 양계제가 더 보편적인 경향이 있다. 이를테면, 재산에 대한 법적 소유권이 아버지와 어머니 모두에게 있을 뿐만 아니라 재산의 상속시에도 아들과 딸 모두에게 동등한 법적 권한이 부여되곤 한다. 한편, 유산의 승계와 달리 혈통의 승계에 있어서는 현대사회에서도 편계제적 전통이 아직 많이 남아 있는데, 이러한 사실은 성의 대물림에 있어서 여전히 아버지쪽을 따르는 경향에서 잘 확인할 수 있다. 하지만 서구사회에서 기혼 여성이 자신의 이름에 결혼 전의 성을 그대로 유지시키거나 남편의 성과 자신의 성을 함께 연결해서 사용하는 행위라든지 최근 우리사회에서 부모 모두의 성을 함께 쓰는 행위 등은 양계제적 혈통 계승방식을 향한 움직임이라고 볼 수 있다.

전통사회에서는 편계제가 더 일반적이었다. 편계제는 다시 부계제와 모계제로 나뉘는데, 부계제(patrilineal system)는 혈통과 유산이 아버지쪽으로부터 승계되는 형태이고 모계제(matrilineal system)는 혈통과 유산이 어머니쪽으로부터 승계되는 형태이다. 모계제보다는 부계제가 더 보편적인 형태인데, 부계제 하에서는 성은 물론이요 재산과 지위까지도 아버지로부터 아들(특히 장남)에게로 전수된다. 부계제 하에서 어머니와 딸은 일정한 권한이 없이 가족에 잠시 소속된 성원쯤으로 여겨지는 경향이 있다(O' Connell, 1994). 부계제와 달리 모계제에서는 어머니의 성이 자식들에게로 이어진다. 그런데 모계제 하에서 재산까지도 반드시 어머니로부터 딸에게로 승계되는 것은 결코 아니어서, 대부분의 모계제 사회에서 재산은 삼촌(어머니의 남형제)으로부터 그의 조카(어머니의 아들)에게로 전수되는 경향이 있다.

5) 권위관계에 따른 분류

가족 내 권위의 행사방식은 기본적으로 세 가지—가부장제, 가모장제, 평등주의적 권위체계—이다. 가부장제(patriarchal system)는 권위가 주로 가장 나이가 많은 남성(주로 아버지)에게 집중되어 있는 형태이고, 가모장제(matriarchal system)는 권위가 주로 가장 나이가 많은 여성(주로 어머니)에게 집중되는 형태이며, 평등주의적 권위체계(egalitarian system)에서는 성별의 구분 없이 부부 모두에 의해 권위가 행사되는 형태이다. 혈통과 유산의 승계방식은 자연히 가족 내 권력과 권위의 행사방식과 매우 밀접한 연관을 지녀서, 일반적으로 부계제 사회에서는 가부장제가, 모계제 사회에서는 가모장제가, 양계제 사회에서는 평등주의적 권위 체계가 지배적인 경향이 있다.

전통사회는 대부분 가부장제이어서, 가부장이 자신의 가족을 대표하면서 대부분의 의사결정을 행하며 모든 가족 구성원들에 대한 통제력을 행사하였다. 한편, 가모장제에서는 최고령 여성이 가족을 대표하고 통제력을 행사하는데, 인류학자들의 연구에 따르면 가모장제는 상당 부분 개념적으로만 존재할 뿐 역사상 실질적인 가모장제가 존재한 적은 거의 없었다고 한다.

전통사회와 달리 현대사회는 가부장제도 가모장제도 아닌 평등주의적 권위 체계로 변모하고 있다. 여성의 교육수준이 향상되고 여성의 취업이 증가하면서 여성의 법적 지위도 향상되고 있으며, 그에 상응해서 집안일을 위시하여 자녀양육, 가정 내 대소사에 대한 의사결정 등에 있어서 부부가 동등한 권한을 행사한다. 한편, 대부분의 현대사회에서 평등주의적 권위 체계는 이미 주어진 현실이기보다는 앞으로 지향하고 추구해야 할 이상의 성격을 다분히 지녀서, 여러 사회학자들의 연구에 따르면 가부장적 요소는 정도의 차이는 있을지언정 거의 모든 사회에서(심지어 구미사회에서조차도) 지배적인 권위행사 방식으로 여전히 잔존하고 있다고 한다.

6) 거주방식에 따른 분류

결혼한 부부가 어느 곳에서—남편의 가족(혹은 남편의 동네)에서 또는 아내의 가족(혹은 아내의 동네)에서—거주하는냐에 따라 부거제와 모거제가 구분된다. 용어 그대로, 부거제(patrilocal system)는 부부가 남편의 가족과 함께 기거하거나 남편 가족이 사는 인근 지역에서 신접살림을 차리는 형태를 말하고, 모거제(matrilocal system)는 부부가 아내의 가족과 함께 기거하거나 그 인근 지역에서 신접살림을 차리는 형태를 말한다.

역사적으로 볼 때, 모거제보다는 부거제가 더 보편적이다. 물론 이는 어느 사회에서이고 여성에 비해 남성의 권한이 상대적으로 강했기 때문인 것으로 풀이된다. 남성의 우월한 권한은 비단 거주방식에만 영향을 미치지 않고 혈통과 유산의 계승방식 및 가족 내 권위관계에도 영향을 미쳐서 부계제와 가부장제가 모계제와 가모장제보다 더 보편적 유형이 되게 하였다.

전통사회와 달리 현대사회에서는 부거제도 모거제도 아닌 신거제(neolocal system)가 보편화되고 있는데, 신거제에서는 신혼부부가 어느 편도 아닌 곳에서 자신들만의 살림을 새로이 차리게 된다. 한편, 부거제, 모거제, 신거제 가운데 어느 것을 선택하는가 하는 문제가 전통사회에서는 다분히 문화적이고 규범적인 방식으로 결정되었으나 현대사회에서는 다분히 경제적으로 결정되는 경향이 있어서(McCann, 1997), 독립적으로 신접살림을 차릴만한 경제적 능력을 구비한 신혼부부는 신거를 택하지만 그렇지 못한 부부는 별다른 대안 없이 부거 또는 모거를 택하는 경향이 있다.

7) 배우자의 선택범위에 따른 분류

결혼에 있어서의 문화적 관습과 규범은 배우자를 선택하는 범위를 제한하기도 한다. 족내혼(endogamy)은 자신이 소속된 집단 내에서 배우자를 선택하는 형태이고 족외혼(exogamy)은 자신의 소속 집단 밖에서 배우자를 선택하는 방식이다. 그런데 자신의 '소속 집단'은 어디까지를 말하고 어떤 기준에 따라 말하는가 하는 문제는 애매모호할 뿐더러 사람에 따라 그 기준이 가변적이고 주관적이어서 과연 어디까지가 족내혼이고 어디까지가 족외혼인가 하는 문제 또한 절대적이기보다는 상대적일 수밖에 없다. 그럼에도 불구하고, 전통사회에서는 족내혼이 지배적이었으나 현대사회에서는 점차 족외혼이 확산되어 가고 있다고 말할 수는 있다. 그 이유는 무엇보다도 사회가 복잡다단해짐에 따라 집단의 일정한 경계(지역, 인종, 국적, 계층, 종교, 교육, 연령 등)를 넘어서는 혼인이 빈발하기 때문이다.

전통사회에서 족내혼이 보편적이었던 이유는 지리적으로 격리된 지역들 사이에 접촉이 거의 있을 수 없었기 때문이기도 하고, 외부인에 대한 배타적 감정이 강했기 때문이기도 하며, 내부인들끼리의 접촉을 통해 사회적 결속력을 고양시키기 위한 의도 때문이기도 했다(Kalmijn, 1998). 하지만 현대사회에서는 이와 같은 원인들이 상당 부분 사라지면서 족외혼이 보편화되는 추세에 있다.

이상에서 우리는 실로 다양한 기준들을 적용하여 가족의 유형을 구분하여 보았는데, 이러한 구분은 일종의 이념형적 분류일 뿐 현실세계에서 우리가 실제로 관찰하고 경험하는 가족은 여러 가지 기준들이 복합적으로 어우러진 모습이라는 사실을 염두에 둘 필요가 있을 것이다.

3. 가족의 기능과 역할

산업화 이전의 사회에서 대부분의 사회적 기능들은 가족에 의해 수행되었다. 이를테면, 새로운 사회성원에 대한 사회화가 가정내에서 이루어졌을 뿐만 아니라 사회통제, 재화와 용역의 생산 및 분배, 종교적 의례 등도 대부분 가정내에서 이루어졌다. 다시 말해, 가족 혹은 가정이 교육, 정치, 경제, 종교 등 대부분의 사회적 기능들을 흡수하고 있어서, 한마디로 말해 가족은 그 자체로서 하나의 자급자족적인(self-sufficient) 사회적 단위이기에 충분했다. 이는 기본적으로 당시의 사회가 기능적으로 미분화된 사회였기 때문이다. 그런데 산업화와 더불어 사회가 점점 복잡해지기 시작하면서 가족은 더 이상 기존의 역할들을 고수할 수 없게 되었다. 예를 들어, 가정이라는 울타리 내에서 경작을 하면서 나름대로의 원칙에 따라 자식들을 훈육시키고 제례를 행하던 한 가정의 아버지가 이제는 가정의 울타리를 벗어난 직장에 출퇴근하여야 하고 자식들을 학교에 보내야만 하며 교회나 절 등의 종교기관에 정기적으로 다니면서 의례를 행하게 되었다. 그 결과 가족은 몇몇 핵심적 기능들(예, 성행위의 규제, 새로운 사회성원의 충원, 정감적 만족의 제공 등)만을 유지한 채 새로이 생겨난 그리고 그 기능이 한층 더 강화된 교육제도, 정치제도, 경제제도, 종교제도 등에 나머지 기능들을 이양할 수밖에 없었다. 이 절에서는 가족 및 가족제도가 어떠한 기능과 역할을 수행하는가 하는 문제를 주요 이론적 관점들을 중심으로 살펴보기로 하겠다.

1) 기능론적 관점

가족의 기능에 대한 기능론적 관점은 전체 사회를 위해 가족이 수행하는 기능 혹은 역할에 주된 초점을 둔다. 따라서 기능론에서는 사회의 안정과 개인의 안녕을 위해 가족을 없어서는 안될 필수불가결한 구성요소로 간주한다. 이러한 관점의 효시는 뒤르켐(Durkheim)인데, 그는 가족을 전체 사회의 축소판(microcosm)으로 보고 사회적 차원에서 나타나는 역할분화와 분업이 가족의 차원에서도 동일한 방식으로 나타난다고 보았다. 현대사회학에서 기능론을 집대성한 파슨스(Parsons) 또한 뒤르켐의 전통을 이어받아 가족내 역할분화에 많은 관심을 가졌다. 이를테면, 가족내에서 아버지(혹은 남편)가 담당하는 도구적 역할(instrumental role; 즉, 가족의 생계를 책임지고 주요 문제에 대한 의사결정을 하는 등의 역할)과 어머니(혹은 아내)가 담당하는 표출적 역할(expressive role; 즉, 가사를 담당하고 자녀를 보호하는 등의 역할)에 대한 그의 구분이 그 대표적 예이다. 뒤르켐과 파슨즈를 위시하여 현대의 기능론자들이 강조하는 가족제도 고유의 기능은 다음의 네 가지로 정리될 수 있다.

① **성행위의 규제** : 가족은 부부 이외의 성원들 사이에 성행위가 발생하는 것을 엄히 규제한다. 이러한 규제는 대체로 적출의 원칙(principle of legitimacy)과 근친상간의 금기(incest taboo)라는 두 가지 원칙을 통해 이루어지는데, 이 원칙들은 정도의 차이는 있을지언정 모든 사회에서 공통적으로 발견되는 보편적 현상이다. 적출의 원칙이란 사회의 새로운 성원들(즉, 아이들) 모두가 사회적으로 공인된 아버지를 가져야 한다는 원칙이다(Malinowski, 1964[1929]). 사회적으로 공인된 아버지가 생물학적 아버지와 동일하지 않을 수 있음은 물론이지만, 적출의 원칙에 따르면 사회적으

로 인정되는 아버지는 반드시 있어야만 적절한 사회성원으로 받아들여질 수 있다. 성행위의 규제와 관련하여 적출의 원칙과 밀접히 연관되는 또 하나의 원칙인 근친상간의 금기는 근친간의 성관계를 엄격히 금지하는 원칙이다. 사실, 인류학자들의 연구에 따르면, 근친상간의 금기는 생물학적 기원보다는 사회적 기원을 지니는 것으로 보는 것이 타당하다고 하는데, 그 이유는 근친상간이 초래하는 생물학적 결과가 일반인의 생각보다 부정적이지도 규칙적이지도 않으며 그보다는 오히려 근친상간으로 인한 가족관계의 혼란이나 적대감 등 부정적인 사회적 결과를 방지하려는 것이 주목적이기 때문이다. 요컨대, 가족은 적출의 원칙과 근친상간의 금기 등을 통해 성원들 사이의 성행위를 규제함으로써 가족 내의 통합뿐 아니라 전체 사회의 통합에도 기여하는 기능을 수행한다.

② **사회화** : 사회의 새로운 성원들은 장차 성인이 되어 사회에서 생존하고 적응하기 위한 기능과 지식을 보유하여야만 하는데, 이러한 기능과 지식은 학교에서의 공식교육을 통해서도 일부 전수되지만 기본적인 교육훈련은 가정에서의 사회화 과정을 통해 전수된다. 가정의 따뜻함과 소규모성은 초기의 사회화 및 비공식적 교육훈련을 위해 가장 적절한 조건을 형성한다.

③ **경제적 · 심리적 지원의 제공** : 전통사회에서 가정은 경제생활의 터전이었을 뿐만 아니라 정서적 안정의 기본단위였다. 현대사회에서는 집과 일터가 분리됨으로써 가정이 더 이상 경제생활의 터전이 아닌 경향이 있지만 여전히 적잖은 경제행위가 가정내에서 이루어지고 있다. 뿐만 아니라, 사람들이 심리적 지원과 정서적 안식을 다름 아닌 가정에서 찾는 경향은 오히려 갈수록 더더욱 강화되는 추세이다(Chafetz, 1989).

④ **사회적 지위의 제공** : 가족은 성원들에게 사회적 지위를 부여하는 기능을 하기도 한다. 부여되는 사회적 지위는 주로 성이나 국적, 인종, 종교, 계층 등의 귀속적 지위(ascribed status)로서, 가족에 의한 이러한 지위부여 기능을 사회적 정치(social replacement) 기능이라고 부른다.

기능론에서는 모든 사회제도들이 유기적인 연계를 지닌다고 보기 때문에 현대사회의 가족문제도 그 근원이 여타 사회제도들의 문제와 밀접히 결부되어 있다고 본다. 이를테면, 일상생활에서 종교의 중요성이 감소하는 현상이 가족가치의 붕괴와 밀접히 관련되며, 이혼을 규제하는 법률이 약화되는 현상이 높은 이혼율 및 단일부모가구의 급증과 밀접히 연관된다고 본다.

2) 갈등론적 관점

전체 사회를 위해 수행하는 가정의 긍정적인 기능과 역할에 초점을 맞추는 기능론적 관점과 달리 갈등론적 관점은 가족을 사회불평등의 핵심적 근원 가운데 하나로 본다(Benokraitis, 1999). 이 관점은 기능론이 지나치게 이상주의적이어서 현대사회에서 실제로 발생하는 가족 내 지배와 갈등의 문제를 도외시한다고 비판한다. 갈등론적 관점에 따르면 자본주의 사회에서 가족 성원들 사이의 관계는 조화와 호혜의 관계이기보다는 가치 · 목표 · 자원 · 영향력 등을 둘러싼 갈등과 지배가 난무하는 관계이다. 이는 마치 공장 노동자들 사이의 관계와 다를 바 없어서, 남성(남편)이 여성(아내)을 일방적으로 지배하고 여성의 노동력을 착취하는 형국인 것이다(Engels, 1972). 더구나 가족 내 성별 지배와 착취의 관계는 자본주의 사회의 계급갈등으로 인해 더욱 더 증폭되는 현상마저 나타나, 노동자 계급(혹은 무산계급)은 자본가 계급(혹은 유산계급)에 의해 노동력을 착취당함으로써 온갖 가족문제들(예, 이혼, 유아사망, 가족해체 등)에 상대적으로 심하게 노출될 수밖에 없게 만든다고 한다.

갈등론의 이와 같은 관점은 현대 여권운동가들(feminists)에 의해 상당 부분 받아들여져서 사회운동으로 이어지는 경향이 있다. 여권운동가들은 가정내 가부장적 권위관계(patriarchy)를 주된 표적으로 삼는다. 이들에 따르면, 여성에 대한 남성의 지배는 자본주의가 발생하기 훨씬 이전부터 존재하여 왔으며(Hartmann, 1981; Mann, 1994), 이러한 지배관계는 본질적으로 남성이 생계의 주책임자로서 누리는 가정 내 지위와 그에 따른 특권을 결코 포기하지 않으려는 발상에서 비롯되었다고 한다(Daly, 1978; Goode, 1982; Wilkie, 1993).

3) 상징적 상호작용론적 관점

기능론과 갈등론은 비록 가족의 기능과 역할에 대해 서로 상반된 관점을 제시하지만 두 이론 모두 거시적 관점을 보유한다는 점에 있어서는 차이가 없다. 한편, 가족의 기능과 역할에 대해 비교적 미시적인 관점을 보유하는 이론들이 있는데, 그 대표적인 이론이 상징적 상호작용론이다. 이 이론은 가족이 전체 사회를 위해 수행하는 기능적 또는 갈등적 역할에 관심을 가지기보다는 개개의 가족 구성원들이 일정한 역할을 가지고 상호작용하는 방식을 주된 분석대상으로 삼는다.

이를테면, 대표적인 상징적 상호작용론자인 버거(Peter Berger)와 그의 동료연구자에 따르면, 부부 사이의 상호작용은 공유된 인식(shared reality)을 만들어 낸다고 한다(Berger and Kellner, 1964). 즉, 신혼부부는 비록 결혼에 대해 서로 다른 인식을 보유한 채 결혼생활을 시작하지만 시간이 지나면서 부부로서의 공통된 인식을 형성하게 된다. 이 과정에서 부부는 각각 자신의 예전 인식을 새롭게 정의하면서 새로운 현실에 점진적으로 적응해가는 것이다. 이러한 시각에서 보면 이혼은 공유된 인식이 미처 형성되지 못함으로써 각자가 결혼 전에 보유했던 인식으로 회귀하는 과정으로 이해된다(Vaughn, 1985).

상징적 상호작용론은 이처럼 가족관계를 각각의 가족구성원들이 자신의 일상생활에 부여하는 주관적 의미(subjective meanings)와 해석(interpreation)을 통해 설명한다. 이러한 관점에서 보면 결혼의 당사자인 남편과 아내가 결혼에 대해 부여하는 의미도 서로 달리 해석되게 마련이다. 즉, 남편은 "그의" 결혼에 대해 다분히 긍정적인 인식을 가짐에 비해서 아내는 "그녀의" 결혼에 대해 다분히 부정적인 인식을 가질 수 있을 뿐만 아니라(Bernard, 1982[1973]) 동일 현상에 대해 부여된 이처럼 상이한 의미와 해석—혹은 '두 가지 현실들(two realities)'—은 종종 상충되곤 한다(Safilios-Rothschild, 1969).

결국 상징적 상호작용론의 관점에서는 현실(reality)이 하나의 객체로서 존재하는 것이기보다는 행위자들 사이의 상호작용과정을 통해 만들어지는(construct 혹은 create) 것이며, 바로 이 점이 상징적 상호작용론을 구성주의적(constructionist) 시각이라고 부르는 이유이다. 구성주의적 시각에서 볼 때 사회적으로 구성된 현실을 가장 적나라하게 보여주는 것은 다름 아닌 용어이다. 예를 들어, 우리가 일상적으로 사용하는 '가정폭력'이라는 말은 남성(남편)과 여성(아내)이 가정 내 폭력에 대해 똑같은 역할을 담당한다는 그릇된 인상을 심어줌으로써 가정 내에서 실제로 행해지는 여성에 대한 남성의 폭력을 가장하기 위한 이른바 "사회적으로 구성되어진" 용어이며, 따라서 '아내학대' 또는 '아내폭행' 등의 용어로 바뀌어야만 한다고 강조한다(Bograd, 1988). 사회적으로 구성된 용어와 구성된 현실은 기본적으로 남성은 능동적이어야 하고 여성은 수동적이어야 한다는 고정관념(stereotype)이 반영되어진 차별적 성별 사회화 과정의 산물이라고 한다(Walker, 1979).

4. 가족의 변화

모든 사회제도들이 그러하듯이 가족제도도 끊임없이 변화한다. 그리고 이와 같은 변화는 다른 사회제도들의 변화와 밀접하게 맞물려 있다. 가족제도가 변화하는 방향에 대한 일반적인 견해는 현대사회의 급속한 기능적 분화에 따라 가족의 기능이 점진적으로 축소될 것이라는 것인데, 그렇다고 해서 가족이 종국에 소멸할 것이라고는 결코 단정할 수 없다. 왜냐하면, 사회적 분화는 다시금 사회적 통합의 필요성을 증대시키고 사회적 통합의 주된 기제 가운데 하나가 바로 가족이기 때문이다. 보다 근본적으로, 현대사회의 급속한 기능분화로 인한 정서적 피폐는 심리적 안정의 욕구를 더 없이 증대시키고 이러한 욕구를 충족시켜줄 수 있는 가장 효과적이고 원초적인 집단이 다름 아닌 가정이라는 사실을 고려하면 심리적 지원의 제공 등을 위시한 가족 본연의 기능은 가일층 강화될 가능성도 생각해볼 수 있다.

현대사회의 가족은 실로 수많은 변화에 직면하고 있는데, 그 특징적 양상들을 살펴보면 다음과 같다.

첫째, 성별 역할 구분이 점차 모호해지고 있다. 전통적 가족에서 남성에게 주어진 역할은 가족의 생계를 책임지는 것이었고 여성에게 주어진 역할을 가족 성원들에 대한 보육을 포함하여 가사를 책임지는 것이었다. 그러나 여성의 교육기회 향상 및 직업생활에 대한 의식변화 등으로 인해 여성도 가정의 울타리를 넘어 노동시장에 본격적으로 참여하게 되고 그에 따라 맞벌이 부부가 늘어나면서 "여성=가사전담자"라는 등식은 더 이상 유지되기 어려워졌다. 따라서 이제 남성도 여성과 마찬가지로 가사를 분담할 수밖에 없게 되었다. 그럼에도 불구하고, 가사에 대한 성역할 고정관념이 급격히 변하지는 않음으로써 직장일과 가사를 모두 책임져야 하는 여성의 이른바 '이중노동(dual labor)' 또는 이차교대(second shift)의 문제가 새로이 대두되고 있다. 예를 들어, 가사를 공평하게 분담해야 한다는 견해의 비율은 2006년 32.4%에서 2020년 62.5%로 증가했고 같은 기간에 아내가 주도해야 한다는 견해는 65.4%에서 34.8%로 감소했지만 남편이 주도해야 한다는 견해는 2.3%에서 2.7%로 크게 변하지 않았다(통계청, 2022).

둘째, 혼인율과 출산율이 급격하게 감소하고 있다. 한국의 혼인건수는 1981년 40만7천건에서 1996년 43만5천건으로 증가했다가 이후부터 감소하기 시작하여 2021년에는 19만3천건이 되었다(통계청, 2022). 인구 1천명당 혼인건수인 조혼인율은 1981년 10.5건에서 1996년 9.4건으로 완만한 감소추세를 보이다가 이후부터 급격하게 줄어들어 2021년에는 3.8건이 되었다. 결혼을 해야 한다는 견해도 1998년 남자 79.5%, 여자 67.9%에서 2010년 남자 70.5%, 여자 59.1%로 그리고 2021년에는 남자 55.8%, 여자 44.3%로 감소하는 추세를 보여주고 있다. 혼인율과 더불어 출산율도 급격히 떨어지고 있다. 1970년에 4.53명이었던 합계출산율(여성 1명이 평생 동안 낳을 것으로 예상되는 평균 출생아 수)은 계속 감소하여 1980년에는 2.82명, 2000년에는 1.48명, 2021년에는 0.81명이 되었다. 이 같은 혼인율과 출산율의 감소는 한국의 급격한 산업화와 정보화에 따른 다양한 사회적 변화가 큰 영향을 미친 결과라고 할 수 있겠다. 먼저, 여성의 경제활동 참여가 증가하고 사회경제적 지위가 향상되면서 보다 많은 여성이 남편이나 가족에 의존하지 않고서도 경제적으로 그리고 사회적으로 독립할 수 있게 되었다. 특히 전통적으로 가사는 여성의 몫으로 인식된 상황에서 여성은 남성보다 혼인과 출산에 대해 더 기피하거나 부담을 가지는 경향이 있다. 두 번째 요인으로 가족이나 공동체보다는 개인의 선택과 행복을 우선시하는 개인주의의 확산을 들 수 있다. 세 번째로 가족의 기능을 대체해주는 다양한 사회제도와 조직의 등장이 영향을 주었다고 할 수 있다. 네 번째, 한국은 지난 60년간 고도의 경제성장을 이루면서 가난한 저개발국에서 부유한 선진국으로 진입했다. 하지만 이와 더불어 높아진 생활수준과 물질적 기대수준은 결혼과 출산에 연결된 주거비, 자녀양육비, 식생활비 등을 포함한 생활비를 증가시켰고 이는 동시에 결혼과 출산에 대한 부담도 증가시켰다고 할 수 있다.

셋째, 새로운 형태의 가족들이 생겨나고 있다. 예를 들어, 동거가족, 무자녀부부, 한부모가족, 신형 확대가족, 1인가구 등은 예전에는 찾아보기 어려웠던 가족들인데, 이들 각각에 대해 보다 더 자세히 살펴보면 다음과 같다.

① 동거(cohabitation)란 법적 혼인관계를 맺지 아니한 두 남녀가 주거를 함께 하는 방식인데, 이는 일종의 실험적 결혼인 경우도 있고 단순한 호기심의 발로인 경우도 있다. 동거에 대해 동의하는 비율은 2012년 남자 49.1%, 여자 42.8%에서 2022년 남자 68.0%, 여자 62.4%로 크게 증가해왔다.

② 전통적 가족에서는 신체적 제약 때문에 자녀를 낳을 수 없는 경우를 제외하면 어느 부부나 자녀를 갖게 마련이었다. 그러나 현대사회에서 피임법이 발달했을 뿐만 아니라 취업하는 여성들이 늘어남에 따라 자녀를 갖는 것은 필수가 아닌 선택의 문제로 간주되고, 그에 따라 무자녀 부부가 증가하는 추세이다.

③ 미혼모, 이혼, 혼외출산 등으로 인해 한부모가족 또한 증가 일로에 있다. 전체 가구에서 한부모 가구가 차지하는 1995년 7.4%에서 2005년 8.6%, 2010년 9.2%, 2017년 10.9%로 증가했다. 한부모가족 가운데는 부자가족과 모자가족이 있는데, 모자가족이 더 일반적이다. 한부모가족이 문제시되는 주된 이유는 정서적 · 경제적 문제 때문이다.

④ 전통사회에서 지배적이었던 확대가족은 현대사회에서 핵가족으로 상당 부분 대치되었지만, 결혼한 성인 자녀가 부모와 거주를 함께 하지는 않으면서도 부모와 인접한 지역에 거주하는 신형 확대가족도 증가하고 있다. 이러한 거주방식은 특히 맞벌이 부부에게서 흔히 발견되는데, 이들이 이러한 방식을 선호하는 이유는 무엇보다도 부부만의 힘으로는 육아와 가사 등을 해결하기 어렵기 때문이다.

⑤ 1인가구도 꾸준히 증가하고 있다. 2000년에 15.5%였던 1인가구의 비율은 2010년에 23.9%, 2021년에는 33.4%가 되었다. 1인가구의 증가는 결혼을 늦게 하거나(만혼), 하지 않는(비혼) 사람, 고령화에 따른 독거노인, 타지 취업자, 이혼이나 별거하는 사람이 늘어나기 때문이라고 할 수 있다.

■■ 참고문헌

통계청. 2022.『2021년 한국의 사회지표』.

______. 2022.『인구동향조사』.

Aulette. 1994. J. R. 1994. *Changing Families.* Belmont, CA: Wadsworth.

Benokraitis, 1999. *Marriages and Families: Changes, Choices, and Constraints* (3rd Edition). Upper Saddle River: NJ: Prentice Hall.

Berger, P. and H. Kellner. 1964. "Marriage and the Construction of Reality." *Diogenes* 46: 1-32.

Bernard, J. 1982. *The Future of Marriage.* New Heaven, CT: Yale University Press (Originally Published in 1973).

Bograd, M. 1988. "Feminist Perspectives on Wife Abuse: An Introduction." Pp. 11-26 in K. Yllo and M. Bograd (Eds.), *Feminist Perspectives on Wife Abuse.* Newbury Park, CA: Sage.

Chafetz, J. S. 1989. "Marital Intimacy and Conflict: The Irony of Spousal Equality." Pp. 149-156 in J. Freeman (Ed.), *Women: A Feminist Perspective* (4th Edition). Mountain View, CA: Mayfield.

Chipungu, J. 1999. "Polygamy Is Alive and Well in Zambia." African News Service (July 22). [Online] http://www.comtex.news.com.

Daly, M. 1978. *The Gyn/ecology: The Meta-Ethics of Radical Feminism.* Boston, MA: Beacon.

Engels, F. 1972. *The Origins of the Family, Private Property, and the States.* Edited by E. B. Leacock. NY: International.

Goode, W. J. 1982. "Why Men Resist." Pp. 131-150 in B. Thorne and M. Yalom (Eds.), *Rethinking the Family: Some Feminist Questions.* NY: Longman.

Hartman, H. 1981. "The Unhappy Marriage of Marxism and Feminism." In L. Sargent (Ed.), *Women and Revolution.* Boston, MA: South End.

Kalmijn, M. 1998. "Intermarriage and Homogamy: Causes, Patterns, and Trends." *Annual Review of Sociology* 24: 395-422.

Kendall, D. 2001. *Sociology in Our Times* (3rd Edition). Belmont, CA: Wadsworth.

Lamanna, M. and A. Riedmann. 1997. *Marriages and Families: Making Choices and Facing Change* (6th Edition). Belmont, CA: Wadsworth.

Malinowski, B. 1964. "The Principle of Legitimacy: Parenthood, the Basis of Social Structure." In R. L. Coser (Ed.), *The Family: Its Structure and Functions.* NY: St. Martin' s (Originally Published in 1929).

Mann, P. S. 1994. *Micro-Politics: Agency in a Postfeminist Era.* Minneapolis, MN: University of Minnesota Press.

McCann, L. M. 1997. "Patrilocal Co-Residence Units (PCUs) in Al-Barba: Dual Household Structure in a Provincial Town in Jordan" *Journal of Comparative Family Studies* (Summer): 113-136.

O' Connell, H. 1994. *Women and the Family.* Atlantic Highlands, NJ: Zed.

Safilios-Rothschild, C. 1969. "Family Sociology or Wives' Family Sociology? A Cross-Cultural Examination of Decision-Making." *Journal of Marriage and the Family* 31(2): 290-301.

Trevithick, A. 1997. "On a Panhuman Preference for Monandry: Is Polyandry an Exception?" *Journal of Comparative Family Studies* (September): 154-184.

Vaughn, D. 1985. "Uncoupling: The Social Construction of Divorce." Pp. 429-439 in J. M. Henslin (Ed.), *Marriage and Family in a Changing Society* (2nd Edition). NY: Free Press.

Walker, L. 1979. *The Battered Woman.* NY: Harper & Row.

Wilkie, J. R. 1993. "Changes in U.S. Men' s Attitudes Toward the Family Provider Role, 1972-1989." *Gender and Society* 7(2): 261-279.

제 11 장

교육

1. 교육 및 교육제도의 의미

2. 교육제도의 발전

3. 교육의 기능과 역할

기능론적 관점

갈등론적 관점

상징적 상호작용론적 관점

4. 교육의 변화

제 11 장

교육

인류사회에서 이제까지 어떠한 형태로든 사회 성원들에 대한 교육이 이루어지지 않았던 적은 없다. 이는 교육이 보편적인 사회제도들 가운데 하나임을 뜻한다. 교육의 기본적 목적은 사회 성원들에 대한 지식전수 및 사회화이다. 그러나 교육이 사회에 미치는 파장은 실로 엄청난 것이어서, 사람들은 교육을 통해 직업을 선택하고 사회적 지위를 획득하며 계층이동을 할 뿐만 아니라 교육받을 기회를 풍부히 누리는 사람들이 있는가 하면 그렇지 못한 사람들도 있다. 그리고 교육제도는 결코 정형화되거나 정체되어 있지 않아서, 여러 사회제도들과 서로 유기적인 관련을 맺으면서 끊임없이 변화한다.

이 장에서는 교육제도에 대한 여러 가지 주제들—교육의 의미, 발전, 기능, 변화—을 중심으로 교육 및 교육제도에 대한 심층적인 이해를 도모하기로 한다.

1. 교육 및 교육제도의 의미

교육이란 공식적 혹은 비공식적으로 조직화된 틀 속에서 지식, 기술, 사회문화적 가치 등을 사회성원들에게 전달하는 사회제도를 가리킨다. 교육에 대한 이와 같은 개념규정에는 두 가지 핵심적인 의미가 내포되어 있다.

첫째, 교육을 통해 전달되는 내용은 지식이나 기술 · 기능에 국한되기보다는 일상생활에 필요한 보편적 규범이나 문화적 가치 등까지도 포함한다. 무릇 정상적 사회성원이 되기 위해서는 두 가지 소양이 필수적으로 요구되는데, 그 중 하나는 직업 및 경제생활을 위한 실용적 지식과 기술이고, 다른 하나는 그 사회에 지배적인 규범이나 보편적 가치를 내면화하는 것이다. 이러한 소양들을 획득하는 통로가 바로 교육이다. 우리는 흔히 교육하면 실용성이 중시되는 지식과 기술만을 떠올리는 경향이 있다. 이는 현대사회의 교육이 얼마만큼 지식과 기술의 전수에 치중하는지를 여실히 보여주는 것이다. 그러나 교육의 본연의 목적이 실용적 지식 · 기술의 전수에 한정되지 않음은 물론일뿐더러 실용적 지식 못지않게 보편적 가치 · 규범의 전달도 중요하다. 이를테면, 실용적 지식은 풍부하지만 극단적인 이기적 · 반사회적 행태를 보이는 사람을 부정적 시각으로 대하는 이유는 그 사람이 아무리 훌륭한 지식과 기술을 보유한다 하더라도 사회적으로 기여하는 바가 별반 없으며 사실상 이는 교육(혹은 사회화) 과정의 실패를 의미하는 것과 다름 아니기 때문이다.

둘째, 교육은 공식화된 모습을 띨 수도 있고 띠지 않을 수도 있다. 현대사회에서 교육은 대부분 공식화되어서, 이를테면 학교를 통해 교육이 이루어진다. 그러나 이는 비교적 근래의 일로서, 우리나라의 경우 대다수의 국민들이 학교에 다니는 이른바 보편교육(mass education)이 시작된 것은 불과 50~60년 남짓일 따름이며 구미에서도 보편교육의 역사는 기껏해야 150년을 넘지 않는다. 보편교육이 실시되기 이전의 교육은 대부분 가정 내에서 이루어지는 비공식적인 것이었으며, 공식화된 교육은 지배적인 형태가 아니었을 뿐만 아니라 설사 있다손 치더라도 소수의 특권층만을 위한 것인 경우가 대부분이었다. 이처럼 가정 내에서 이루어지는 비공식적 교육은 그 기능이 다분히 한정적일 수밖에 없어서, 사회에 보편적으로 통용될 수 있는 지식과 기술을 교육시키기보다는 일상적 생활규범이나 문화적 가치 등의 이른바 인성교육에 치중하고, 설사 지식과 기술을 교육시킨다하더라도 특정한 기능(예, 농사짓는 법)에 머무르는 경우가 많았다. 앞 장에서도 지적하였다시피, 이러한 현상은 아직 사회적 기능이 미분화된 가족제도의 모습과 무관하지 않음은 물론이다. 여하튼 예전에 비해 오늘날 교육은 상당한 정도로 공식화되었으며, 이와 더불어 교육의 내용도 인성교육보다는 장래의 직업생활이나 경제생활에 대비키 위한 성격을 뚜렷이 지닌다. 그렇다고 해서 현대사회에서 인성교육이 중요시되지 않는 것은 결코 아니다. 실제로, 현대사회의 교육이 지식과 기술의 전수에 지나치게 치중하다보니 인간 본연의 감성 혹은 인간성을 상실하게 하며, 이에 따라 인성교육의 필요성에 대한 우려의 목소리가 높은 것이 사실이다. 그럼에도 불구하고, 지식 · 기능의 전수, 사회문화적 규범 · 가치의 전달

등 가족제도의 기능이 가정 내에서 전적으로 수행되기에는 현대사회가 너무도 복잡다단하다. 그 결과, 지식과 기능의 전수 등 실용성이 강조되는 교육은 공식적 교육제도인 학교가 담당하고, 사회문화적 규범이나 가치의 전달 등 보편성이 강조되는 교육은 비공식적 교육제도인 가정이 담당하는 방식으로 기능분화가 이루어지는 경향이 있다. 하지만 이는 어디까지나 대체적인 경향일 뿐 학교에서 보편적 규범 · 가치의 전달이 전혀 안 이루어지는 것이 아닐 뿐더러 가정에서 실용적 지식 · 기능의 전수가 전혀 안 이루어지는 것도 물론 아니다. 특히 취학 이전의 어린 아이들에게는 아직도 가정이 거의 유일한 교육기관이며, 이 점에서 볼 때 가정에서의 공식 혹은 비공식적 교육은 오늘날 비록 그 기능이 적잖이 위축되었을지언정 소멸된 것은 결코 아님을 알 수 있다.

2. 교육제도의 발전

교육제도는 인류사회의 변천과 더불어 끊임없이 변화하고 발전하여 왔다. 읽고 쓰기 위한 문자를 대다수의 사회성원들이 사용하는지의 여부를 기준으로 보면 인류사회는 유사이전시대(preliterate society)와 유사이후시대(literate society)로 구분되는데, 이 두 시대 사이에는 교육제도에 있어 큰 차이가 있다.

유사이전시대에는 문명이 아직 발달하지 않았기 때문에 일정한 기술도 없고 분업도 이루어지지 않으며 일상생활은 대부분 대자연과의 투쟁에서 살아남기 위한 성격을 지녔다. 이러한 상황에서 교육의 초점이 생존을 위한 기술의 전수에 거의 전적으로 집중된 것은 너무도 당연한 일이었다. 즉, 자라나는 새로운 사회성원들은 그들의 부모 또는 여타 집단 성원들로부터 사냥이나 채취를 위한 기술을 주로 배우는 방식으로 교육이 행해졌다. 이와 같은 교육은 본질적으로 자생적이고 비공식적인 성격을 뚜렷이 지녔다. 다시 말해, 굳이 누가 시키지 않아도 생존기술이 공동체 내에서 자연스러운 방식으로 전수(예, 일상적 의례행위를 통한 전수)되었을 뿐 아니라 이를 위해 별도의 조직이나 기구가 필요하지도 않았다. 그런데 특정한 기술의 세대 간 전달에 초점이 맞추어져 있었던 유사이전시대의 교육은 시간의 경과와 더불어 공동체 나름의 도덕적 규범이나 문화적 가치가 점차 생겨나기 시작하면서 그러한 내용까지를 포함시키는 방식으로 변모하여 갔다.

자생적 · 비공식적 성격의 유사이전시대 교육과 달리 유사이후시대의 교육은 계획적이고 공식적인 성격을 강하게 지닌다. 공동체 내에서 생존을 위한 기술을 자연발생적 · 비공식적으로 전수하던 기존의 교육방식은 문자사용과 더불어 문명이 급속히 발전하면서부터 전수되어야 할 내용의 절대분량에 있어서나 전수방식에 있어서도 더 이상 감당하기 어려운 상황으로 변하였다. 즉, 인류문명이 야기한 엄청난 정도의 복잡성과 다양성으로 인해서 전수되어야 할 교육내용은 생존기술을 넘어서 고도로 복잡화 · 다양화되었으며, 이와 같은 내용은 다분히 계획적이고 공식화된 방식이 아니고선 적절히 전달될 수가 없게 되었다. 그 결과, 가족이나 소규모 공동체를 벗어나 학교라는 별도의 공식적 기구가 만들어졌으며, 학교에서의 교육은 일정한 교과과정을 의도적으로 설정하고 이를 학생들로 하여금 이수케 하는 계획성을 지니게 되었다. 한 문헌(Ballantine, 1997)에 따르면, 이와 같이 공식화된 학교교육의 시초는 고대 그리스나 로마의 철학자들(소크라테스, 아리스토텔레스, 플라톤 등)에게서 찾아볼 수 있다고 하는데, 이들은 한 무리의 엘리트 남성들을 일정한 울타리에 모아 놓고 사변가 또는 웅변가가 되기 위한 지식과 기술을 가르쳤다고 한다. 중세에 들어서는 교회의 적극적 후원 아래 최초의 대학이 설립되기도 하였다.

다양한 내용들을 계획적 · 공식적 방식으로 전달하는 학교 교육은 산업화를 계기로 더욱 더 강화되었다. 산업혁명은 인류가 일찍이 경험해보지 못한 실로 엄청난 사회변화를 몰고 와서, 사회의 각 부문들마다 매우 심도 있는 지식과 기술을 필요로 하게 만들었다. 그에 따라 학교 교육도 근본적으로 변화할 수밖에 없게 되었는데, 그 변화의 방향은 크게 세 가지였다. 첫째, 교육하는 내용이 기존의 인성교육 중심에서 전문적 기술 · 기능 중심으로 탈바꿈하였다. 예를 들어, 르네상스로 대표되는 중세의 교육은 교양 있는 지식인으로서의 언변과 학식, 덕목 등을 강조하는 인성교육의 성격이 강했다. 그러나 산업혁명은 특정한 분야의 전문화된 기술 · 기능 · 지식의 필요성을 증대시킴으로써 그러한 내용에로 교육의 초점이 이동하게 되었다. 둘째, 교육의 분량과 심도가 엄청나게 증가하였다. 주지하다시피 산업사회가 필요로 하는 전문화된 기술 · 기능 · 지식의 절대분량과 깊이는 상상을 초월할 뿐만 아니라 그 증가속도 또한 감히 상상하기 어려울 정도이다. 이러한 사회적 수요는 학교 교육을 통해서만 적절히 충족될 수 있으며, 그에 따라 학교에서는 장기간에 걸쳐 다양한 내용들을 깊이 있게 가르치지 않을 수 없게 되었다. 이를테면, 현대 산업사회에서 교사가 가르치는 내용은 문학, 역사, 철학 등 기존의 인문학적 소양에 그치지 않고 컴퓨터를 다루는 기술, 회계장부 작성법, 성교육, 약물오남용 방지법 등 실로 다양한 내용들일 뿐만 아니라 이들 가운데 어느 하나도 상당한 정도의 전문적 식견을 요하지 않는 것이 없다. 더구나 현대사회의 교사들은 전문적 지식을 가르치는 것 이외에도 매우 다양한 업무들(예, 학생의 보호, 상담, 훈육 등)까지도 수행한다는 사실을 고려할 때, 산업사회 이전에 여타 사회제도들이 수행하였던 여러 사회적 기능들이 산업사회에서는 학교를 통한 공식적 교육제도에 통합되는 방식으로 수행된다는 사회학자들의 지적은 설득력을 지닌다. 셋째, 산업사회에 들어서 비로소 보편교육(mass education)의 발판이 마련되었다. 앞에서도 언급되었다시피, 대다수의 사회성원들이 비교적 평등하게 교육기회를 향유하는 보편교육은 동양에서는 물론이고 서양에서도 그다지 오래된 일이 아니다. 산업사회 이전의 교육이란 주로 소수의 특권층 남성들만을 위한 것이었으나, 산업사회의 발전과 더불어 시민권이 획기적으로 신장되면서 보편교육이 가능해졌다.

산업화와 함께 도입된 학교 교육의 이와 같은 변화들—즉, 전문적 기술 · 기능 중심의 교육, 교육의 분량과 심도 증대, 보편교육의 실시—은 현대사회의 변화 흐름을 감안할 때 앞으로도 더 더욱 뚜렷해지고 그에 따라 교육제도의 사회적 중요성은 가일층 확연해질 것으로 전망된다.

3. 교육의 기능과 역할

복잡다단한 현대사회는 교육의 기능과 역할을 그 어느 때보다도 급속히 증대시키고 있다. 앞에서 언급하였다시피, 어느 사회에서나 교육은 두 가지 기본적 기능을 수행하는데, 그 첫째는 생존에 필요한 지식과 기술의 전수이고, 둘째는 사회문화적 가치와 규범의 전수이다. 첫 번째 기능이 적절히 수행될 때에 비로소 개인의 원활한 사회적 적응이 가능해지고, 두 번째 기능이 적절히 수행될 때 비로소 세대 간 문화의 성공적 전달과 영속적 유지가 가능해진다. 바로 이러한 이유 때문에 부르디외와 파세론(Bourdieu and Passeron, 1990)은 교육을 개인의 인성과 전체 문화의 사회적 재생산을 위한 핵심적 기제로 간주한다. 여하튼, 이러한 기본적 기능을 수행하는 과정에서 교육은 여러 가지 사회현상들과 매우 밀접한 관련을 맺게 된다. 이를테면, 교육은 사회성원들에게 사회적 지위를 부여하며,

직업을 선택하게 하고, 사회이동(social mobility)의 통로를 제공하며, 성취를 위한 열망을 갖게 하기도 한다. 이처럼 여러 사회현상들과 유기적 상호작용을 거치면서 교육은 궁극적으로 사회적 안정과 변화에 커다란 영향을 끼치게 된다. 이러한 관점에서 이제 교육 및 교육제도가 제반 사회현상들과 관련하여 어떠한 기능과 역할을 수행하는가하는 문제를 주요 이론적 관점들을 중심으로 살펴보기로 하겠다.

1) 기능론적 관점

기능론자들은 교육을 가장 중요한 사회제도 가운데 하나로 여긴다. 예를 들어, 기능론의 토대를 공고히 한 대표적 고전사회학자인 뒤르켐(E. Durkheim)은 교육을 "사회생활을 위한 준비가 아직 안 되어 있는 신세대에게 기성세대가 행사하는 영향력"(Durkheim, 1956: 28)이라고 지적하였다. 그는 특히 이른바 도덕교육(moral education)의 필요성을 역설하였는데, 그에 따르면 도덕교육이란 대다수의 사회성원들이 공유하는 도덕적 가치를 전사회적으로 확산시키는 과정으로서, 학교에서의 도덕교육을 통해 응집력 높은 사회질서가 형성될 수 있다고 보았다. 교육의 사회통합적 기능에 대한 강조는 현대 기능론자들의 경우에도 마찬가지여서, 예컨대 에치오니(Etzioni, 1994)는 유치원에서부터 대학에 이르기까지의 학교 교육 전반을 통해 사회적으로 공유된 가치들(예, 인권, 관용, 평화, 민주주의, 공정성, 애국심 등)이 전수되어야만 한다고 지적한다. 기능론자들이 교육의 중요성을 이처럼 강조하는 이유는 교육을 매개로 한 공유된 사회적 가치의 확산이 궁극적으로 사회적 결속과 안정의 필수불가결한 기초를 형성한다고 보기 때문이다.

한편, 교육의 사회통합적 기능에 대한 폭넓은 공감대에도 불구하고 기능론자들 사이에는 공유된 가치가 구체적으로 어떠한 것들이며 교육의 역할은 구체적으로 어떠해야 하는지 등의 문제와 관련해서 여러 가지 견해들이 제시되곤 한다. 교육의 가치와 역할에 대한 이러한 다양한 견해들은 현재적(顯在的) 기능(manifest functions)과 잠재적(潛在的) 기능(latent functions)으로 구분해서 살펴볼 수 있다.[1)]

---

1) 현재적 기능과 잠재적 기능의 구분은 기능론자들이 흔히 사용하는 것으로서, 현재적 기능은 어떠한 현상의 명시적이고 의도적인 기능을 지칭함에 비해 잠재적 기능은 어떤 현상의 묵시적이고 의도치 않은 기능을 지칭한다(Merton, 1968). 기능론에 따르면 대부분의 사회현상들은 현재적 기능과 잠재적 기능을 동시에 지닌다.

먼저, 기능론자들이 말하는 교육의 현재적 기능은 다음과 같다.

① **사회화(socialization)** : 일련의 단계적 교육과정을 통해 학생들은 그들에게 적합한 사회적 역할과 함께 세부 교과목들을 학습한다. 구체적으로, 유치원에서는 학생으로서의 역할을 주로 배우고, 초등학교와 중등학교를 거치면서는 자신의 연령에 합당한 여러 교과목들을 배우며, 대학에 진학해선 보다 세분화 · 전문화된 교과를 배운다. 이러한 단계적 학습과정을 거치면서 학생들이 습득한 사회적 역할과 세부 지식은 그 사회의 지배적 가치, 신념, 규범 등을 상당 부분 반영하는 것으로서, 교육과정이 명시적으로 의도하는 바의 목표 가운데 하나가 사회적 가치 · 신념 · 규범 등을 개인에게 내면화(혹은 사회화)시키는 것이다.

② **문화의 전달** : 사회마다 각기 독특한 문화가 존재하기 마련인데, 문화가 전달되는 명시적 · 의도적 기제가 바로 교육이다. 교육을 통한 문화 전달은 시간적 측면에서는 세대 간에 그리고 공간적 측면에선 사회 간에 이루어진다. 다시 말해, 한 사회 내에서 기성세대의 문화는 교육을 통해 새로운 세대에게로 전수되며, 한 세대 내에서 볼 때에도 공간적 이동(예, 이민)이 있을 경우 이주민들은 새로운 사회의 문화를 대체로 교육을 통해 습득하게 마련이다. 시간적 측면에서건 공간적 측면에서건 교육을 매개로 한 문화 전달은 곧 사회의 새로운 성원들이 해당 사회에 동화되는 과정이다. 한편, 일정한 사회 내에서도 여러 부류들(예, 계층, 연령집단, 종교집단, 지역집단, 인종집단 등)마다 다소 이질적이고 다양한 문화가 존재함을 감안할 때, 교육을 통해 전달되는 문화가 과연 어느 부류 혹은 집단의 문화인지의 문제와 관련해서는 적지 않은 논란이 존재하기도 한다.

③ **사회통제** : 사회화와 사회통제(social control)는 본시 동전의 앞뒷면과 같은 관계이어서, 사회의 지배적 가치 · 규범을 자신의 것으로 내면화한(즉, 성공적으로 사회화된) 사람의 경우 동조적 행위를 하므로 통제를 가할 필요가 별반 없지만, 그렇지 못한 사람의 경우 일탈적 행위를 하므로 적절한 통제 혹은 제재가 요구된다. 사회화 과정을 통해 학습되는 일련의 가치와 규범들(예, 준법, 겸양, 도덕, 순종, 공경, 성실, 인내 등)은 개인으로 하여금 자신의 행위를 스스로 통제할 수 있게 하는데, 이는 교육이 의도하는 명시적 목표 가운데 하나이다.

④ **사회적 정치(定置; placement)** : 각 사회에는 저마다 수많은 일자리들이 존재하고 이 일자리들은 개인들에 의해서 채워져야만 하는데, 이러한 일자리들이 필요로 하는 개인의 자격기준은 각기 상이하다. 예를 들어, 변호사에게 필요한 자격과 조리사에게 필요한 자격은 결코 동일하지 않다. 변호사가 되려는 사람은 법과대학에서 법률을 배워야만 하고 조리사가 되려는 사람은 전문기관(기능대학, 학원 등)에서 조리기술을 익혀야 한다. 이처럼 교육은 사회가 필요로 하는 각 일자리에 상응하는 자격을 개인들로 하여금 갖추게 하고 그 일자리에 개인들을 체계적으로 배치하는 기능을 명시적 · 의도적으로 수행하는데, 이를 교육의 사회적 정치 기능이라고 한다.

⑤ **사회변화 및 혁신** : 교육은 사람들로 하여금 사회의 지배적 가치 · 규범 · 지식을 내면화 또는 습득하게 함으로써 사회의 통합과 안정을 도모하지만, 때에 따라서는 전혀 새로운 가치 · 규범 · 지식을 고무시킴으로써 변화 및 혁신의 계기를 마련하기도 한다. 예를 들어, 사회변화에 따라 종종 새로운 가치나 규범(예, 도덕교육, 성교육, 약물오남용 예방 교육, 다민족 공존 교육 등) 혹은 새로운 지식(예, 신약, 신기술, 새로운 치료법 등)이 요구되곤 하는데, 이러한 새로운 가치 · 규범 · 지식은 학교를 중심으로 한 체계적 교육을 통해 명시적으로 제공되고, 이는 곧 사회변화 및 혁신의 발판으로 작용한다.

이상과 같은 현재적 기능 이외에 교육은 다음과 같은 몇 가지 잠재적 기능을 수행하기도 한다.

① **비행 및 실업의 규제** : 대부분의 사회는 일정 수준의 의무교육 및 취업 제한 연령을 법으로 정해서 시행하고 있다. 예를 들어, 우리나라에서는 초등학교와 중학교 과정까지를 모든 국민들이 의무적으로 이수해야만 하고 만 14세에 달하기 전까지는 취업을 할 수 없으며, 만일 이를 어길 경우 그 당사자(부모, 고용주 등)는 법에 의해 처벌을 받게 되어 있다. 이처럼 의무교육을 법으로 강제하는 명시적인 이유는 교육을 통해서 교양 있고 생산성 높은 인력을 양성하는 것이 사회의 전반적 발전을 위해 대단히 중요하다는 판단 때문이다. 하지만 이러한 이유의 이면에 숨어 있는 묵시적 이유 또는 의도치 않은 효과는 미성년자들을 거리에 방치하기보다는 학교의 울타리에

모아두고 일정 기간 동안 노동시장에서 배제시킴으로써 비행을 예방하고 실업을 방지하는(Braverman, 1974) 것이다.

② **사회적 연결망의 형성** : 학교에는 연령이나 계층, 출신, 인종 등에 있어서 유사한 속성을 보유하는 사람들이 함께 모일뿐만 아니라 이들은 대체로 졸업 이후에도 관계를 지속적으로 유지하는 경향이 있다. 학교에서 일단 형성된 이와 같은 관계는 향후 사회적 연결망(social networks)을 형성하곤 한다. 우리사회에서 흔히 '학연' 이라고도 불리는 이러한 연결망은 일부 순기능(예, 동창끼리의 상호부조)을 지니지만 역기능(예, 연고주의)을 지니기도 한다. 여하튼 학교를 통해 연결망이 형성되고 그것이 일정한 사회적 기능을 나타내는 것은 학교 교육이 애당초 명시적으로 목표하고 의도했던 기능이기보다는 교육의 자연스러운 부산물 혹은 결과에 해당한다.

③ **세대차이의 형성** : 학생이 학교에서 교사로부터 배우는 내용은 자신이 가정에서 부모로부터 배우는 내용과 반드시 일치하지 않을 수도 있다. 이로 인해 간혹 교과서의 내용이나 교과운영 방식을 둘러싸고 학교와 가정 사이에 불협화음이 생기고 심할 경우에는 범사회적 문제로 비화되기도 한다. 이처럼 교육의 내용이나 방식과 관련하여 학교와 가정간에 발생하는 의견의 차이는 좁게 보아서는 가정 내에서 부모와 자녀 사이에 그리고 넓게 보아선 기성세대와 신세대 사이에 일정한 차이를 유발하게 마련이다. 이러한 세대차이의 유발이 교육의 묵시적 · 비의도적 결과 혹은 기능임은 물론이다.

2) 갈등론적 관점

교육의 사회통합적 기능을 강조하는 기능론자들의 주장의 이면에는 모든 사람들이 정도의 차이는 있을지언정 교육받을 기회를 비교적 균등하게 향유한다는 전제가 깔려 있다. 기능론자들은 이 전제를 묵시적으로 또는 명시적으로 수용하기 때문에 교육수준의 차이에 따른 사회적 불평등을 정당한 것으로 본다. 즉, 교육수준이 높은 사람은 그렇지 못한 사람에 비해 더 많은 투자(예, 시간, 비용 등)를 했으며, 투자에 따른 보상(예, 고소득, 사회적 지위 등)의 제공은 지극히 정당하다고 본다. 한편, 갈등론자들은 교육기회가 균등하다는 기능론의 전제 그 자체를 문제시하여, 교육기회는 여러 가지 요인들(예, 계층, 인종, 국적, 성별 등)별로 크나큰 차이를 나타내 계층이나 인종, 국적, 성별 등에 있어서 지배적인 위치에 있는 사람들은 그렇지 못한 사람들에 비해서 양적으로 뿐만 아니라 질적으로도 우수한 기회를 누리며, 따라서 교육수준에 따른 사회적 불평등은 결코 정당하지 못할 뿐만 아니라 교육은 피지배계층의 희생을 기반으로 지배계층의 이해와 특권을 보존케 함으로써 사회적 불평등을 재생산해내고 영속시키는 대표적인 기제라고 간주한다(Apple, 1980; Ballantine, 1997).

이와 같은 시각 차이로 인해서 교육의 순기능적(eufunctional) 측면을 중시하는 기능론자들과 달리 갈등론자들은 교육의 역기능적(dysfunctional) 측면을 집중적으로 부각시킨다. 갈등론자들이 말하는 교육의 역기능을 세부적으로 열거하면 다음과 같다.

① **문화자본의 차별적 강화** : 프랑스의 저명한 사회학자인 부르디외(Bourdieu)에 의하면, 다양한 계층의 학생들은 서로 다른 정도의 문화자본(cultural capital: 언어나 생활습관 등에 있어서의 태도 및 행위, 가치관, 신념을 나타내주는 문화적으로 규정된 자본)을 보유하는데, 문화자본의 보유 정도에 따라 교육에 대한 행태가 체계적으로 달라진다고 한다(Bourdieu and Passeron, 1990). 즉, 문화자본을 적게 보유하는 하류층의 자녀들은 학교 교육을 중요하게 보지 않으며 그 결과 학업성취도가 낮은데 반해서, 문화자본을 많이 보유하는 중류층 혹은 상류층의 자녀들은 교육을 중시하며 그 결과 학업성취도가 높다고 한다. 더구나 학생들의 학업능력을 평가하기 위해 광범위하게 시행되는 각종 표준화된 검사들(예, IQ검사, 적성검사)조차도 학생들의 실제적 지능이나 적성을 측정하기보다는 이들의 문화자본을 측정하는 경우가 빈번하여서, 문화자본을 많이 보유하는 지배계층의 학생들은 학교 교육을 통해 그들의 실제 능력 이상으로 보상을 받게 되고 학교는 또다시 지배계층의 문화자본을 강화시키고 합법화시키는 순환과정이 끊임없이 반복된다고 한다.

② **그룹지우기의 폐해** : 문화자본의 차별적 강화와 유사한 역기능으로 갈등론자들은 이른바 '그룹지우기(tracking)' 의 폐단을 지적하기도 한다. 그룹지우기란 상이한 능력 혹은 관심을 보유하는 학생들을 분리해서 교육시킨다는 명분 아래 일련의 검사(예, IQ검사, 적성검사) 및 평가(예, 시험) 결과에 의거해서 학생들을 일정한 교육과정이나 프로그램에 차별적으로 배분시키고 서열화시키는 교육관행을 지칭하는데,

대부분의 사회에서 그룹지우기는 이르면 초등학교에서부터, 늦더라도 중학교에서부터 시작되어 수년 동안 계속된다. 갈등론자들에 따르면, 그룹지우기는 애당초 의도했던 대로 학생들의 능력과 관심에 부합하는 방식의 교육을 제공하기보다는 여러 가지 부작용(예, 부정적 자아개념의 형성, 학업동기의 상실, 진로에 대한 방황 등)만을 양산해낸다(Oakes, 1985).

③ **숨겨진 교육과정을 통한 편향적 가치관 및 태도의 확산** : 갈등론자들은 학교에 공식적 교육과정(formal curriculum) 이외에 이른바 '숨겨진 교육과정(hidden curriculum)' 이 존재한다고 주장한다. 숨겨진 교육과정이란 공식적 교육과정에는 드러나 있지 않으면서 학교의 규율이나 규칙, 교수법, 관행 등을 통해 학생들에게 비공식적인 방식으로 전달되는 특정한 가치관이나 태도(예, 권위에 대한 복종, 관료적 절차에 대한 순응, 성차별적 사고방식 등)로서(Snyder, 1971), 이러한 숨겨진 교육과정은 무엇보다도 지배계층의 이해를 전형적으로 대변한다고 한다. 예를 들어, 학생들의 계층이 거주지역에 따라 체계적인 차이를 나타내는 미국 내 5개 지역에 위치한 초등학교에서 교수법이 서로 어떻게 다른지를 비교 분석한 한 연구(Anyon, 1980)에 의하면, 공식적 교육과정에 있어서는 이들 학교 사이에 어떠한 차이도 없음에도 불구하고 하층민들이 거주하는 지역의 학교에서는 단순암기를 강조하는 교수법이 주로 사용되고, 중류층 거주 지역의 학교에서는 절차(즉, 정확한 답을 도출하기 위한 문제풀이 절차)를 중시하는 교수법이 주로 사용되며, 상류층 거주 지역의 학교에서는 창의성, 분석력, 비판적 사고 등을 독려하는 교수법이 주로 사용된다고 한다. 이처럼 계층별로 차별화된 숨겨진 교육과정을 통해 학생들은 지배계층의 이해가 반영된 특정한 가치관이나 태도를 자신도 모르는 사이에 익히게 된다는 것이다. 이를테면, 하층민 출신의 자녀들의 경우 단순암기 위주의 편협한 교육만을 지속적으로 받아왔기 때문에 고학년으로 진학하면서 점차 창의력, 분석력, 비판적 사고 등을 결여하게 되고, 이로 인해 고등교육의 기회와 그에 수반하는 자격증(credentials)을 박탈당하게 될 뿐만 아니라 고소득과 사회적 지위를 보장하는 전문직업으로부터도 체계적으로 배제될 수밖에 없다고 한다(Bowles and Gintis, 1976). 특히 각종 전문적 자격증을 극도로 중시해서 소위 '자격증사회' (Credential Society)(Collins, 1979)라고까지 불리는 현대사회에서 교육은 자격증 획득을 위한

필수적인 통로이며 고등교육을 이수함으로써 전문자격증을 보유한 사람에게는 그 사람의 실제 능력이나 자질과 무관하게 각종 보상(즉, 고소득, 사회적 지위, 영향력 등)이 가감없이 제공되는 현실을 고려할 때, 숨겨진 교육과정을 통한 계층 편향적 가치관과 태도의 확산은 가공할 위력을 발휘한다고 한다.

3) 상징적 상호작용론적 관점

거시적인 관점에서 전체사회를 위해 교육이 수행하는 기능 혹은 역기능에 초점을 맞추는 기능론 및 갈등론과 달리 상징적 상호작용론은 비교적 미시적인 관점에서 교육이 개인의 태도(자아개념, 성취욕구 등)와 행동(학업성취, 일탈행위 등)에 미치는 영향에 주안점을 둔다. 이를 위해 상징적 상호작용론자들이 주로 분석하는 대상은 학교 내에서 교사와 학생 간에 상호작용이 일어나는 방식인데, 그 대표적인 것이 학생에 대한 교사의 '꼬리표붙이기(labeling)' 이다. 꼬리표붙이기란 '어떤 사람' 이 '다른 사람' 에게 특정한 특성이 있다는 꼬리표를 달아주는 행위를 지칭하는데, 상징적 상호작용론자들에 의하면 여기서 '어떤 사람' 이란 주로 우월한 영향력과 지위를 보유하는 사람을 가리키고 '다른 사람' 은 상대적으로 영향력과 지위를 보유하지 못하는 사람을 가리킨다. 학교란 본시 권위와 영향력으로 무장된 교사에 의해서 학생에게 가르침이 거의 일방적으로 전달되는 장(場)임을 고려할 때, 교육의 전 과정을 통해 학생에 대한 교사의 꼬리표 붙이기는 대단히 빈번하다. 이를테면, 학업평가, 지능(IQ)검사, 성격검사, 품행관찰 등의 다양한 방식들을 통해 학생들에게 "학습부진아," "문제아," "집중력결핍 학생," "우수학생," "특수재능보유학생" 등의 각종 꼬리표들을 달아주곤 한다.

상징적 상호작용론에 따르면, 이와 같은 꼬리표 붙이기가 정작 문제시되는 이유는 그것이 이른바 '자기완성적 예언(self-fulfilling prophecy)' 으로 종종 이어지기 때문이다. 자기완성적 예언이란 어떤 사람이 갖고 있는 어떠한 예상 또는 믿음이 그것의 진위 여부와 무관하게 그 사람의 태도와 행위를 제약하는 요인으로 작용함으로써 실제의 결과로 발현되는 현상을 말하는데(Merton, 1968), 학교에서 교사에 의해 일정한 꼬리표가 붙여진 학생은 그 꼬리표가 과연 정확한 것인지에 관계없이 꼬리표와 일치하는 예상과 믿음을 스스로 갖게 되고 그것이 자신을 구속함으로써 꼬리표에 합당한 행위를 실제로 하게 된다는 것이다. 실례로, 꼬리표 붙이기가 자기완성적 예언으로 연계되는 가장 전형적인 경우는 로젠탈과 제이콥슨(Rosenthal and Jacobson, 1968)에 의해 실시된 한 실험연구를 통해서도 찾아볼 수 있다. 1960년대에 미국에서 행해진 이 실험에서 연구자들은 지능점수가 매우 유사한 한 무리의 학생들의 지능에 대해 초등학교의 교사에게 그릇된 정보를 의도적으로 흘린 후 교사의 교수방식 및 학생들의 학업성취가 어떻게 변화하는지를 면밀히 관찰하였다. 구체적으로, 연구자들은 학생들을 50%씩 양분한 후 한 쪽의 학생들은 지능이 탁월하고 다른 쪽의 학생들은 평균 또는 그 이하라는 조작된 정보를 교사에게 전달하였는데, 점차 시간이 지나면서 교사는 "탁월한" 학생들은 그들의 능력을 평균 이상으로 십분 인정해주는 방식으로 대하였고 "탁월하지 못한" 학생들은 그들의 능력을 평균 이하로 무시하는 듯한 태도로 일관하였을 뿐만 아니라 학생 자신들 또한 교사의 기대에 부응하여 "탁월한" 학생들은 실제로도 탁월한 학업성취를 나타냈고 "탁월하지 못한" 학생들은 실제로 탁월하지 못한 학업성취를 나타냈다.

상징적 상호작용론에 의하면, 사람들에게 붙여진 꼬리표는 긍정적인 내용(예, 우수학생, 특수재능 보유학생 등)을 담고 있을 수도 있고 부정적인 내용(예, 학습부진아, 문제아, 집중력 결핍학생 등)을 담고 있을 수도 있는데, 긍정적 꼬리표보다는 부정적 꼬리표가 문제시된다고 본다. 특히, 부정적 꼬리표는 그 자체가 하나의 강력한 오명(stigma)으로 작동함으로써 바람직하지 못한 방향의 자기완성적 예언이 이루어진다고 한다.

4. 교육의 변화

현대사회에서 아마도 교육제도만큼 급격한 변화의 소용돌이에 있는 사회제도도 그다지 흔치 않을 것이다. 이는 무엇보다도 교육 및 교육제도가 사회적으로 중요한 거의 모든 현안들 혹은 문제들이 집약적으로 반영되어 나타나는 사회문제의 축소판 역할을 하기 때문이다. 다시 말해, 급격한 사회변화에 따라 새로운 사회문제들이 지속적으로 출현하고 그에 적절히 대응하기 위해서는 교육제도의 변화가 불가피하기 때문이다. 특히 최근 산업사회가 정보사회(Information Society)로 변모해가는 과정에서 급속도로 진행되고 있는 세계화(globalization)와 더불어 "지식정보=국가경쟁력"이라는 인식이 팽배해지면서 모든 나라들은 너나없이 그 어느 때보다도 교육의 변화와 전향적 발전을 위해 힘을 경주하고 있다.

현대사회의 전반적 변화와 밀접히 맞물려 있는 교육 변화의 특징적 모습들을 몇 가지 정리해보면 다음과 같다.

첫째, 다양한 요인들(예, 계층, 성별, 장애, 인종, 국적 등)에 따른 교육의 불평등에 대한 우려의 시각이 점차 고조되면서 보다 평등한 교육 제공의 필요성이 대두되고 있다. 교육은 본시 공공재(public goods)의 성격을 매우 강하게 지녀서 시장기제의 움직임에 전적으로 맡겨둘 경우 교육의 기회, 여건, 결과 등이 여러 사회집단별로 층화되는 부작용이 발생하기 마련이다. 이를 방지하기 위해 어느 사회에서나 국가가 교육시장에 적극적으로 개입하여 균등한 교육을 제공하기 위해 노력한다. 그러한 노력에도 불구하고 평등한 교육이 온전히 보장되는 것은 물론 아니어서, 사회적 약자들(예, 하층민, 여성, 장애인, 소수자 등)은 교육의 기회, 여건, 결과에 있어서 불이익을 받게 된다. 이러한 불이익은 특히 고등교육으로 올라갈수록 그리고 각종 첨단 기술과 지식을 요구하는 정보사회가 진행될수록 더욱더 심해지는 경향마저 보인다. 이러한 문제점을 치유하기 위해 사회적 약자를 특별히 우대하는 등 한층 더 평등한 교육을 제공하기 위한 노력이 시도되고 있다.

둘째, 공교육의 공고화와 더불어 사교육이 팽창하고 있다. 교육의 공공재적 성격으로 인해 이제까지는 대체로 국가가 주도적으로 관리 · 운영하는 학교를 중심으로 교육서비스가 제공되었다. 공교육은 수많은 학생들에게 공통의 교과과정을 마련 · 제시하고 교육의 기회와 조건을 균등히 보장하는 등의 장점에도 불구하고 지나치게 획일적인 교육, 단순지식 습득 위주의 교육을 제공한다는 문제점을 지니고 있었다. 특히 정보사회의 도래와 더불어 기존의 획일적 · 집단적 교육방식에서 벗어나 개개 학생의 재능과 적성별로 특화된 교육, 창의적 교육의 필요성이 급격히 증대되면서 다양한 형태의 사교육(예, 홈스쿨링, 각종 대안학교 등)이 등장하는 추세이다. 이러한 사교육은 나름대로의 문제점(예, 편향된 교육, 사회적 위화감 조성, 학생의 사회성 결여 등)에도 불구하고 어느 나라에서나 사회적 수요가 꾸준히 증가하는 추세이며, 기존에 공교육에 할애되었던 역할의 일정 부분을 점진적으로 잠식해가고 있다.

셋째, 학교에서 발생하는 여러 가지 문제점(예, 학교폭력, 조기탈락, 인성교육의 부재 등)에 대한 우려의 목소리와 더불어 전인교육의 필요성이 커지고 있다. 이른바 균형된 교육이란 실체적 지식과 인격적 소양이 겸비되는 것을 말하는데, 그동안 학교 교육이 지나치리만큼 지식의 전달에만 치중하고 전인적 소양을 경시하였을 뿐만 아니라 가정에서조차도 전인교육이 제대로 이루어지지 않음에 따라 여러 가지 문제점을 양산하였다는 사회적 공감대가 어느 사회에서나 폭넓게 형성되어 있다. 따라서 이제부터라도 균형 잡힌 교육을 위해서 학교와 가정에서 공히 전인교육을 한층 강화하는 방향으로의 교육 변화를 시도하고 있다.

마지막으로, 사회변화에 수반하여 매우 다양한 방식(예, 수요자 중심의 교육, 산학연계 교육, 국제화된 교육, 온라인 교육 등)의 교육이 시도되고 있다. 기존의 교육은 공급자 중심의 교육, 직업세계와 격리된 교육, 특정 국가 또는 지역에 국한된 교육, 제한된 매체만을 사용하는 교육의 특성을 지니고 있었다. 이러한 교육방식으로는 급변하는 사회추세에 적절히 대처할 수 없다는 공감대가 널리 확산되기 시작하면서 수요자를 중시하고, 학교와 직업세계 사이의 연계를 원활히 하며, 교육시장을 개방하여 교육의 지역적 지평을 전세계적으로 확대하고, 각종 첨단 기기들을 동원하여 교육효과를 극대화시키는 방향으로의 변화가 적극적으로 도모되고 있다.

참고문헌

Anyon, J. 1980. "Social Class and the Hidden Curriculum of Work." *Journal of Education* 162: 67-92.

Apple, M. W. 1980. "Analyzing Determinations: Understanding and Evaluating the Production of Social Outcomes in Schools." *Curriculum Inquiry* 10: 55-76.

Ballantine, J. H. 1997. *The Sociology of Education: A Systematic Analysis* (4th Edition). Englewood Cliffs, NJ: Prentice Hall.

Berger, P. and H. Kellner. 1964. "Marriage and the Construction of Reality." *Diogenes* 46: 1-32.

Bourdieu, P. and J. C. Passeron. 1990. *Reproduction in Education, Society, and Culture.* Newbury Park, CA: Sage.

Bowles, S. and H. Gintis. 1976. *Schooling in Capitalist America: Education and the Contradictions of Economic Life.* NY: Basic.

Braverman, H. 1974. *Labor and Monopoly Capital.* NY: Monthly Review Press.

Collins, R. 1979. *The Credential Society: A Historial Sociology of Education.* NY: Academic Press.

Durkheim, E. 1956. *Education and Sociology.* (Translated by S. D. Fox). Glencoe, IL: Free Press.

Etzioni, A. 1994. *The Spirit of Community: The Reinvention of American Society.* NY: Free Press.

Merton, R. K. 1968. *Social Theory and Social Structure.* (Enlarged Edition). NY: Free Press.
Oakes, J. 1985. *Keeping Track: How High Schools Structure Inequality.* New Haven, CT: Yale University Press.
Rosenthal, R. and L. Jacobson. 1968. *Pygmalion in the Classroom: Teacher Expectation and Student' s Intellectual Development.* NY: Hold, Rinehart, and Winston.
Snyder, B. R. 1971. *The Hidden Curriculum.* NY: Knopf.

제 12 장

종교

1. 종교의 개념과 특성

종교의 개념

종교의 특성

2. 종교의 유형

믿음의 대상에 따른 분류

종교조직체의 형태에 따른 분류

3.종교의 기능과 역할

기능론적 관점

갈등론적 관점

상징적 상호작용론적 관점

4. 종교와 사회변동

제 12 장

종교

산업혁명과 더불어 현대사회의 기술문명이 급속히 발전하는 과정에서 한때 적잖은 사람들이 종교의 급속한 쇠퇴 혹은 몰락을 예고한 적이 있었다. 이들은 종교를 기술력이 없어서 자연의 힘에 그대로 굴복할 수밖에 없는 나약하고 무기력한 인간들이 정신적인 안식처를 얻기 위해 의지하는 어떤 것쯤으로 생각하는 경향이 있었다. 따라서 산업생산기술이 발전하여 자연력을 통제할 수 있게 되면 종교의 힘은 저절로 수그러들 것이라고 이들은 예측하였다. 종교적 세계관이 지배적일 수밖에 없었던 예전 사회와 달리 현대사회에서는 과학과 기술이 세상에 대한 궁극적 해답을 제공해줄 것이라고 이들은 확신하였는데, 이러한 견해는 흔히 '종교의 세속화(secularization of religion)' 라고 불린다. 종교의 세속화란 종교적 신념, 실천, 제도 등이 사회적 중요성을 상실해 가는 과정(Berger, 1967)으로서, 그 결과 일상생활에서 종교가 쇠락함과 동시에 관료적 · 파편적 · 공식적 조직사회가 출현할 것으로 예측한다(Chalfant, Beckley, and Palmer, 1994).

종교의 쇠퇴 혹은 몰락과 관련한 이러한 예측은 일정 부분 사실로 보이지만 상당 부분 빗나간 것으로 드러났다. 온갖 산업기술로 무장된 현대인들에게 종교의 영향력은 여전히 지배적일 뿐만 아니라 현대인들은 삭막해진 정신세계의 위안을 찾아 종교생활에 전에 없이 매진하는 성향마저 나타내고 있다. 여러 종교학자들(Kosmin and Lachman, 1993; Roof, 1993; Singer and Lalich, 1995)의 분석에 따르면, 종교의 절대적 숫자가 현대사회에 들어 전례 없이 급증했을 뿐만 아니라 고도의 산업발전을 이룩한 나라일수록 신자의 비율이 높은 경향이 있다고 한다. 이러한 결과는 세속화 과정에도 불구하고 종교는 여전히 건재할 뿐만 아니라 인류사회가 존재하는 한 종교는 그 생명력을 유지할 것임을 웅변적으로 보여준다. 한마디로 말해, 종교는 인류사회의 보편적 사회제도 가운데 하나임에 틀림이 없으며, 따라서 사회의 올바른 이해를 위해서는 종교의 이해가 필수적라고 말할 수 있다.

어느 시대 어느 사회에서나 종교는 다른 사회현상들과 매우 밀접한 연관을 지니면서 끊임없는 상호작용과 변화를 추동해왔다. 종교는 본시 안정과 갈등의 원천이어서, 한편으로는 사회적 결속과 평화에 기여하지만 다른 한편으로는 극심한 사회적 갈등(예, 종교와 국가 사이의 대립, 여러 종교집단들 사이의 대립, 창조론과 진화론을 둘러싼 해묵은 논쟁 등)을 유발하기도 하였다. 역사적으로 보더라도 세기적 사회변화의 와중에 종교가 놓여 있었던 예는 일일이 열거하기 어려울 정도로 흔하며, 이는 현대사회에서도 결코 예외가 아니다.

이 장에서는 종교에 대한 여러 가지 주제들—종교의 개념과 특성, 유형, 기능, 사회변동—을 중심으로 종교 및 종교제도에 대한 심층적인 이해를 도모하기로 한다.

1. 종교의 개념과 특성

1) 종교의 개념

종교에 대한 사회학적 연구로 이름을 널리 알린 고전 사회학자 뒤르켐(Durkheim, 1995 [1912])은 종교를 인간의 행위를 유도하고 생활의 의미를 부여하며 일정한 도덕공동체에로 통합시키는 성스러운 혹은 초자연적인 신념 및 행위의 체계라고 규정하였다. 종교에 대한 이와 같은 개념정의에는 종교가 세 가지 핵심적 구성요소를 포함한다는 사실이 강조되고 있는데, 어떤 성스러운 대상(sacred thing), 그 대상에 접근하기 위한 일정한 의례(rituals), 그 의례를 수행하는 공동체(community)가 그것이다. 각 요소에 대해 부연하면 다음과 같다.

첫째, 성스러움 혹은 신성성(the sacred)은 종교의 가장 핵심적인 구성요소로서, 어떤 초월적이고 초자연적인 세계를 가리킨다. 초월적이고 초자연적인 세계는 사람들의 일상적인 감각으로는 결코 경험할 수 없는 영적인(spiritual) 영역으로서, 세속성(profaneness)과 상반되는 의미를 지닌다(Collins, 1982). 시대와 사회를 막론하고 아주 오래 전부터 사람들은 여러 가지 대상들(예, 나무, 동물, 바람, 제단, 십자가, 신 등)에 신성성을 부여해왔는데, 이는 통제할 수 없는 미지의 자연현상에 대해 심리적 위안을 얻고자 하는 인간 본연의 동기와 매우 관련이 깊다(Durkheim, 1995[1912]). 어떤 대상에 일단 신성성이 부여되고나면 사람들은 그것에 경외감을 갖게 되며 그것을 무조건적으로 받아들이게 된다.

둘째, 어떤 대상에 부여된 신성성은 다만 심리적 상태일 뿐 아직 행위적 차원으로까지 발현된 것은 아니다. 태도는 일반적으로 행동의 발현을 전제로 할 뿐만 아니라 행동으로 발현되지 않는 태도는 그 사회적 중요성을 상당 부분 상실할 수밖에 없다. 종교에서 신성성은 의례를 통해 행동으로 발현된다. 의례란 특정한 가치나 신념을 상징적으로 표현하는 반복적이고 규정적인 행동양식(Kurtz, 1995)으로서, 종교에서는 각종 문화적 상징과 제도화된 절차를 사용해서 의례를 행한다. 종교적 의례행위는 매우 다양해서, 기도, 노래, 춤, 행진, 식사 등의 각종 제례가 동원된다. 종교적 의례는 일상적 행위와 달리 엄정성과 공식성이 그 생명이어서(Collins, 1982), 미리 매우 엄격하게 규정된 일련의 공식화된 절차를 준수할 것이 요구된다.

셋째, 성스러운 대상을 설정하고 그 대상에 대해 일정한 의례를 행한다고 하더라도 그것이 다만 몇몇 사람들에 의해 부분적이고 은밀하게 수행된다면 종교라고 말하기 어렵다. 종교는 성스러운 대상과 관련한 태도(믿음)와 행위(의례)가 사회공동체의 차원에서 수많은 성원들에 의해 공유되어 집단적이고 공개적으로 수행되는 것을 전제로 한다. 개별적으로 이루어지는 행위는 엄격히 말해 사회적 행위가 아니라는 것이 사회학의 기본명제 가운데 하나이며, 따라서 종교적 행위도 본질적으로 다수의 성원들에 의해 공유된 집단적 행위를 전제로 한다.

2) 종교의 특성

종교의 특성은 종교와 유사한 것들(예, 주술, 도덕률, 과학 등)을 종교와 구분해봄으로써 가장 잘 이해될 수 있다. 실제로 주술이나 도덕률 혹은 과학을 종교와 구분하는 문제를 놓고 그동안 적잖은 논란과 혼란이 있어 왔다. 이를테면, 종교와 주술 혹은 미신 사이의 경계는 도대체 무엇인지, 도덕률 혹은 실천철학은 과연 종교라고 볼 수 없는 것인지, 종교적 진리와 과학적 진리는 어떻게 다른지 등은 혼동을 유발하기에 충분하다. 결론부터 말하자면, 위에서 지적한 종교의 세 가지 핵심적 구성요소를 모두 포함하지 않는 한 종교라고 볼 수 없다는 것이 일반적인 견해이며, 바로 이 점에서 종교는 주술, 도덕률, 과학과 구분된다.

첫째, 주술은 종교와 마찬가지로 성스러운 대상과 그 대상에 대한 의례를 포함한다. 하지만 주술에서 의례의 수행은 전체 공동체의 차원에서 공유된 선(善; 혹은 공동선)을 달성하기 위해 이루어지기보다는 다분히 개인적인 차원에서 개인의 사사로운 이익을 추구하기 위한 목적으로 이루어진다. 이로 인해, 주술은 신비스럽고 비밀스러운 의례에 많이 의존하는 경향이 있으며, 흔히 미신이라고도 불린다.

둘째, 도덕률은 일정한 공동체에 의해 집단적으로 의례가 행해진다는 점에서는 종교와 다르지 않지만 성스러운 대상을 결여한다는 점에서 종교와 다르다. 가장 대표적인 도덕률로 유교를 들 수 있는데, 유교를 종교로 볼 수 있는가 하는 문제를 놓고 수많은 논란이 있었다. 유교에는 시기에 따라 대상에 따라 반드시 지켜야만 하는 상당히 엄격한 여러 의례들이 정해져 있을 뿐만 아니라, 그러한 의례들은 지배적 사회규범으로서 대다수 사회성원들에 의해 공유된다. 하지만 유교에서 숭상하는 인물인 공자는 기독교의 예수나 불교의 부처처럼 신성화된 존재가 아니다. 유교는 다만 도덕적 삶을 위한 실천철학을 제시할 뿐 신격화를 추구하지 않는다는 점에서 종교와 구분된다.

셋째, 미지의 세계 혹은 진리를 집단적으로 추구한다는 점에서 과학 또한 종교와 유사하다. 그러나 종교에서 추구하는 진리가 주관적, 선험(先驗)적(transcendental), 영속적인 것임에 비해 과학에서 추구하는 진리는 객관적, 경험적, 한시적인 것이라는 점에서 과학과 종교는 확연한 차이를 보인다. 종교와 과학을 엄격히 구분하는 과학철학(philosophy of science)의 입장도 다름 아닌 이 차이에 근거하며, 오랜 세월 동안 유지해 온 종교와 과학 사이의 긴장관계에 대한 오늘날의 해법도 바로 이 차이에 근거한다. 예를 들어, 창조론과 진화론을 둘러싼 해묵은 논쟁을 들여다보더라도 창조론에서는 선험적 근거를 바탕으로 그리고 진화론에서는 경험적 근거를 바탕으로 논리를 전개함을 알 수 있다. 한편, 종교가 과학과 확연히 구분된다고 해서 종교가 과학적 연구의 대상이 되지 않는 것은 물론 아니다. 비근한 예로 종교사회학(sociology of religion)이라는 사회학의 분과학문을 통해서도 쉽게 알 수 있다시피, 종교는 사회학 연구의 핵심주제 가운데 하나이다. 즉, 종교는 과학적 연구의 주요 대상인데, 다만 학자들은 종교를 연구함에 있어서 어디까지나 사회현상과 관련지어 종교를 연구(예, 종교집단에 따른 사회적 의식과 행동의 차이 분석)할 뿐 종교적 진리 그 자체가 과학적 연구의 대상이 될 수는 결코 없다. 원래 종교적 진리는 사실적 · 절대적이기보다는 정신적 · 상대적인 것이기 때문에 과학적 방법을 사용해서 연구하는 것이 원천적으로 불가능하며, 이로 인해 어떤 종교가 다른 종교보다 더 좋다거나 나쁘다거나 하는 등의 가치판단 또한 학문세계에서는 금기시된다. 그렇다면, 신학(theology)은 과연 종교에 대한 과학적(혹은 사회학적) 연구와 어떻게 구분될 수 있는가라는 의문이 제기될 수도 있는데, 신학과 과학적 연구는 두 가지 측면—(1) 과학적 연구는 주로 종교의 관찰가능한 측면을 실증적으로 분석함에 비해 신학은 상대적으로 관찰불가능한 측면(예, 신, 인간, 자연, 우주의 본질)을 사변적으로 탐구함; (2) 과학적 연구는 복수의 종교들을 분석대상으로 삼지만 신학은 대체로 특정한 종교나 종교적 분파 혹은 종교지도자를 분석대상으로 삼는 경향이 있음—에서 차이가 있다.

이상에서 우리는 종교의 의미와 특성에 대해 종교의 핵심적 구성요소를 중심으로 살펴보았다. 한편, 이러한 논의 혹은 규정은 일종의 이념형적 규정이어서, 현실적으로는 이와 같은 엄밀한 규정이 그다지 용이하지 않다. 이를테면, 종교와 주술 · 도덕률 · 과학 사이의 경계가 진정 그처럼 확연할 수 있는 것인지, 종교와 사이비종교를 구분하는 기준은 과연 얼마나 확연한지 등의 문제를 곰곰이 생각해보면, 해답이 생각처럼 쉽지만은 않음을 금방 알 수 있다. 예컨대, 주술이나 사이비종교도 종교의 세 가지 구성요소를 일정 부분(혹은 생각하기에 따라서는 상당 부분) 포함하고 있음을 인정하지 않을 수 없기 때문이다. 결국, 대부분의 다른 사회현상들과 마찬가지로 종교에 대한 이해도 '이거냐 저거냐'의 문제(either-or problem)로 이해하기보다는 정도의 문제(matter of degree)로 이해할 필요가 있다. 이러한 사실은 종교의 유형에 대한 아래의 논의를 통해서도 어렵지 않게 확인해볼 수 있다.

2. 종교의 유형

이 지구상에는 실로 다양한 형태의 종교가 존재한다. 사회에 따라 다양한 종교들이 자리하고 있을 뿐만 아니라 한 사회 내에서도 다양한 종교들이 혼재하는 경우가 많다. 그리고 이런 여러 종교들은 시간의 흐름에 따라 끊임없는 명멸을 반복한다. 인류학적 연구(Haviland, 1993)에 따르면, 인류는 역사의 시작과 더불어 어떠한 형태이건 종교를 가지고 있었다.

서로 다른 종교들을 구분하는 기준이 무엇인가에 따라 종교의 유형은 달리 분류되는데, 가장 일반적인 기준으로는 두 가지—(1) 믿음의 대상, (2) 종교조직체의 형태—가 있다. 이 절에서는 각 기준을 사용해 종교의 유형이 어떻게 분류되는지를 자세히 살펴보기로 하겠다.

1) 믿음의 대상에 따른 분류

종교의 유형에 대한 가장 보편적이고 전통적인 분류는 믿음 혹은 신앙의 대상에 따른 것으로서, 그 대상이 무엇인가에 따라 단순초자연신앙, 생령신앙, 유신교, 선험적 이상으로 구분된다(McGee, 1975).

① 단순초자연신앙(simple supernaturalism) : 이는 긍정적이든 부정적이든 어떤 초자연적인 힘이 사람들의 생활을 지배한다고 믿는 신앙이다. 단순초자연신앙은 원시사회에서 흔히 볼 수 있는 것으로서, 대체로 특정한 신이나 초자연적 정신의 존재는 인정하지 않으며, 그 대신 자연의 사물(예, 태양, 물, 바람 등)에 비범한 힘이 존재한다고 믿는다. 단순초자연신앙은 예전에 인간의 능력으로는 도저히 설명할 수 없었던 자연의 움직임(예, 일출과 일몰, 자연재해, 길흉 등)을 설명하기 위한 수단으로 흔히 사용되곤 하였다.

② 생령신앙(animism) : 이는 살아있는 동식물(예, 뱀, 새, 나무 등) 뿐 아니라 생명이 없는 자연현상(예, 강, 바다, 산 등)에까지도 사람들에게 강력한 영향을 미치는 힘(mana) 또는 영(靈)이 존재한다고 믿는 신앙이다. 생령신앙은 초기 수렵채취사회에서 일반적으로 나타나며, 초자연적인 정신 혹은 영혼의 존재를 인정한다는 점에서

단순초자연신앙과 구분된다. 생령신앙에서 초자연적인 정신이나 영혼은 대체로 인격화되어서 자연사물도 사람과 마찬가지로 감정을 지니는 것으로 묘사되지만, 신으로까지 숭배되지는 않는 것이 보편적이다. 생령신앙에서 자연사물이 중시되는 이유는 그것이 영적인 힘을 반영하는 상징이라고 받아들여지기 때문이다(Durkheim, 1995[1912]). 장구한 역사를 지니는 토템신앙(totemism)이 생령신앙의 가장 대표적인 예이며, 북미의 인디언 원주민들이 일상생활과 자연의 움직임 사이에 불가분의 관계가 존재하는 것으로 믿고 여러 자연사물을 생령화시킨 것 또한 생령신앙의 예이다.

③ 유신교(有神敎; theism) : 이는 신의 존재를 믿는 신앙이다. 단순초자연신앙이나 생령신앙과 달리 유신교는 신의 존재를 인정하며 신을 숭배한다. 유신교는 원예사회에서 최초로 비롯되었으며, 숭배하는 신의 수가 단수인가 복수인가에 따라 일신교(monotheism)과 다신교(polytheism)로 다시금 구분된다. 말 그대로, 일신교는 오직 하나의 신만을 인정하며, 다신교는 여러 신들의 동시적 존재를 인정한다. 오늘날 지구상의 대표적 종교인 기독교와 유대교, 이슬람교는 모두 일신교이며, 인도의 힌두교 및 일본의 전래종교인 신도(神道; Shinto) 그리고 대부분의 아프리카 토착종교들은 다신교에 해당한다.

④ 선험적 이상(transcendent idealism) : 이는 신을 숭배하기보다는 숭고한 정신력이나 윤리적 사고 혹은 행동방식을 강조하는 무신론적 신앙이다. 동양사회의 유교와 도교가 선험적 이상의 가장 대표적인 예로서, 흔히 도덕률 또는 윤리철학이라고도 불린다. 선험적 이상은 우주의 궁극적인 질서와 원리에 관심을 가지며, 진리, 정의, 성찰, 관용 등의 이상적 생활철학을 체득하고 실천할 것을 강조한다. 선험적 이상은 신의 존재를 인정하지 않는다는 점에서 유신교와 뚜렷이 구분되는데, 앞에서도 지적하였다시피 성스러운 대상을 결여하고 신격화를 추구하지 않는다는 점에서 이를 종교로 볼 수 있는가에 대한 논란이 존재하기도 한다.

2) 종교조직체의 형태에 따른 분류

종교집단의 조직형태는 많은 변이를 보여서, 대규모로 관료화된 조직이 있는가 하면 소규모의 비공식적인 조직도 있고, 신자들의 전폭적 몰입(commit ment)을 요구하는 조직이 있는가 하면 부분적인 몰입만을 요구하는 조직 또한 있다. 사회학자들은 종교조직의 이러한 변이를 이념형적으로 유형화하곤 하는데, 그 대표적인 것이 만민교회, 종파, 분파, 도중의 구분이다.

① 만민교회(萬民教會; ecclesia) : 이는 종교가 한 사회의 지배적 문화와 매우 밀접히 통합되어 그 사회의 모든 성원들이 신자를 형성하는 종교조직이다. 모든 국민들이 신자이므로 만민교회는 국교(state religion)라고도 불린다. 개인의 입장에서 볼 때, 만민교회의 경우 종교는 자발적 선택에 의해 결정되기보다는 태어나면서부터 자동적으로 주어지게 된다. 만민교회가 존재하는 사회에서 교단과 국가는 매우 밀접한 유기적 관계를 형성하는 것이 일반적이다. 만민교회는 공식적 특성이 대단히 강해서, 강력한 관료적 조직구조를 형성할 뿐만 아니라 종교적 의례, 성직자 선발, 신자자격 기준 등 조직운영과 관련한 거의 모든 절차에 엄격한 관료적 규칙과 규정을 갖추고 있다. 현대사회에서 진정한 의미의 만민교회는 찾아보기 어려우나 비교적 근사한 예를 영국의 성공회(Anglican Church), 스웨덴과 덴마크의 루터교회(Lutheran Church), 이태리와 스페인의 로마정교회(Roman Catholic Church), 이란과 파키스탄의 이슬람교회(Islam Church) 등에서 볼 수 있다.

② 종파(宗派; denomination) : 이는 대규모로 조직화되어 사회에 많은 영향을 미치는 종교조직이다. 만민교회와 달리 사회구성원들 모두가 종파의 신자는 아니기 때문에 국교라고 말할 수는 없지만 상당수 구성원들이 신자를 형성하기 때문에 사회적 영향력이 큰 경우가 일반적이다. 비록 만민교회보다는 덜 하지만 종파도 조직구조와 과정의 공식적 · 관료적 특성이 현저해서, 예컨대 장기간에 걸친 엄정한 전문적 교육 · 훈련을 통해 성직자 자격이 부여되고, 신자자격은 대개 출생과 더불어 종신적으로 부여되며(성장한 후에는 별도의 절차를 통한 세례를 받아야만 함), 상당히 위계적이고 정형화된 의례 절차가 준수된다. 종파의 대표적인 예로는 기독교의 감리교, 장로교, 침례교, 순복음교, 그리고 불교의 조계종, 태고종, 천태종 등을 들 수 있다. 종파는 그 특성상 다원주의적 사회(pluralist society)에서 번창하는 경우가 많고, 타종교에 대해 비교적 관대한 태도를 보이며, 여러 면에서 확립된 종교

(established religion)이기 때문에 신도는 대체로 중산층의 사람들로 이루어지고, 신도들로 하여금 교회에 대해 전폭적인 몰입을 요구하지 않는 경향이 있다.

③ **분파(分派; sect)** : 이는 특정한 종교집단으로부터 갈라져 나온 비교적 소규모의 종교조직이다. 분파는 그 규모가 작기 때문에 사회적 영향력이 상대적으로 제한적이며, 공식적 · 관료적 특성도 그다지 뚜렷하지 않다. 이를테면, 종파와 비교해볼 때 성직자와 신도의 충원 기준이 느슨한 편이며, 비공식적인 개인의 체험이 강조되고 기도 또한 일정한 책 또는 교본이 없이 비공식적인 방식으로 행해지는 등 종교적 의례의 규칙과 절차도 정형화되어 있지 못하다. 분파의 예로 기독교의 종파에서 갈라져 나온 말일성도회 및 여호와의 증인을 들 수 있다. 분파는 대개 특정한 종파로부터 파생된 개종자들에 의해 조직되는 경우가 많기 때문에 다른 종파 혹은 분파에 적대적인 태도를 보이고, 새로운 교리를 제창하며, 아직까지 확립된 종교의 지위를 얻지 못해 대체로 소규모의 하층민들로 신도가 형성되고, 성직자와 신도 혹은 신도와 신도 사이에 사생활이 노출될 정도의 친밀한 개인적 관계가 유지되며, 신도들의 전폭적인 몰입이 요구되는 경우가 흔하다(Stark, 1992). 시간의 경과에 따라 어떤 분파는 얼마 못 가서 급격히 소멸되지만 어떤 분파는 종파 또는 도중으로 새로이 변신하기도 한다.

④ **도중(徒衆; cult)** : 이는 한 사회의 지배적인 문화나 종교들로부터 격리되어 매우 느슨한 방식으로 형성된 종교조직이다. 특정한 종교집단 혹은 종파로부터 갈라져 나온 종교조직은 때로는 분파를 형성하기도 하지만 때론 도중을 형성하기도 한다(Stark and Bainbridge, 1981). 비록 많은 사람들이 도중을 부정적인 시각으로 바라보지만 현존하는 상당수의 거대 종교들(예, 유대교, 이슬람교, 기독교)과 종파 혹은 분파(예, 몰몬교, 통일교)도 처음에는 도중에서 비롯되었음을 기억할 필요가 있다. 도중은 다른 어떤 종교조직보다도 공식적 · 관료적 특성이 미약해서, 성직자로서의 지위는 흔히 개인의 카리스마적 인성에 바탕을 두며, 신비스러운 은혜와 체험이 부각되고, 일관된 교리나 정형화된 의례도 없는 경우가 많다(Stark, 1992). 도중은 일반인들에게 잘 알려져 있지 않을 뿐만 아니라 끊임없이 명멸을 반복하기 때문에 도중의 예를 열거하기는 쉽지 않다. 일부에서는 도중의 예로 통일교를 언급하기도 하는데, 현재 통일교는 그 위상의 확립 정도를 고려할 때 이미 도중의 차원을 넘어 분

파를 형성한 것으로 볼 수 있다.[1] 타종교에 대한 적대적 태도, 새로운 교리의 주창, 하층민들로 구성된 신도집단, 신도들 간의 은밀한 관계, 전폭적 몰입 등에 있어서 도중은 분파에 비해 더하면 더했지 결코 덜하지는 않은 특성을 지닌다. 시일의 경과에 따라 도중이 점차 분파 혹은 종파의 지위를 확립하여 사회적 영향력을 크게 확대하고 사회적으로 기여하는 경우도 있지만 부정적인 사회적 결과(예, 집단자살)를 초래하는 경우도 종종 있다.

3. 종교의 기능과 역할

사회학에서 종교를 논의할 때 가장 관심을 두는 것은 다름 아닌 종교의 사회적 기능과 역할이다. 본시 종교와 사회 사이에는 유기적인 상호작용이 존재해서, 종교가 사회에 영향을 미치는가 하면 반대로 사회가 종교에 영향을 미치기도 한다. 그런데 사회학자들의 주된 초점은 종교 그 자체보다는 사회에 있기 때문에 종교가 사회에 미치는 영향을 주로 탐구한다. 사회학의 주요 이론들은 종교의 사회적 기능을 서로 다른 관점에서 조명하는데, 기능론은 종교의 사회통합적 기능을, 갈등론은 종교의 갈등은폐적 기능을, 그리고 상징적 상호작용론은 종교의 상징부여적 기능을 강조한다.

1) 기능론적 관점

기능론의 효시를 마련한 뒤르켐(Durkheim)은 『종교생활의 원초적 형태』(The Elementary Forms of Religious Life)라는 저서를 1912년에 발간하였는데, 이 책은 종교사회학 분야의 명저로서 종교의 사회적 기능을 면밀히 분석한 고전적 연구이다. 그는 종교를 인간의 기본적 욕구를 충족시켜주는 필수불가결한 사회적 구성요소로 보았다. 예를

1) 어떤 종교를 그 조직형태에 비추어 만민교회, 종파, 분파, 도중 가운데 어떤 것으로 규정할 것인가의 문제는 보는 사람의 시각에 따라 달라질 수 있는 상대적인 문제이기 때문에 일률적으로 확언하기 어렵다. 이 문제와 관련하여 사회학자들은 종교의 본질적 특성(예, 교리, 관행 등)에 주목하기보다는 종교의 사회적 위상 혹은 영향력에 주목하는 경향이 있다.

들어, 호주 원주민의 종교생활에 대한 뒤르켐의 분석에 따르면, 여러 원주민 부족들은 각기 나름대로의 독특한 토템(totem)을 지니고 있으며 이 토템은 자신들이 신성시하는 것으로서 부족의 정체성을 상징한다. 부족의 전체 성원들은 이 토템을 둘러싸고 춤을 추는 의례를 수시로 행함으로써 개인의 사사로운 이해 추구가 억제됨과 동시에 집단의 결속력이 고양되는 효과가 자연스레 나타난다고 한다. 이는 사회적 유대감을 갈구하는 인간의 기본적 욕구를 충족시켜주는 것이며, 이렇게 볼 때 종교는 사회에 핵심적으로 중요한 의미가 집단적으로 표현된 것이라는 점에서 뒤르켐은 종교를 집합적 표상(collective representations)이라고도 불렀다.

뒤르켐을 위시하여 기능론자들이 공통적으로 지적하는 종교의 사회적 기능은 크게 보아 대체로 다음의 세 가지로 압축된다.

① **생활의 의미와 목적 제공** : 사람들은 인생을 살면서 수많은 경험을 하게 되는데, 이 경험들 가운데는 긍정적인 것도 있고 부정적인 것도 있다. 긍정적인 경험도 그렇지만 특히 부정적인 인생경험(예, 질병, 기근, 자연재해, 가난, 가족의 죽음, 사회불평등, 외세의 침략 등)은 개인에게(그리고 해당 사회에도) 상당한 정도의 상실감을 안겨주게 된다. 그러한 어려움이 닥쳤을 때 사람들은 왜 자신이 고통받아야만 하는지, 인생의 의미가 무엇이며 살만한 가치가 과연 있는 것인지 등을 반추하게 되는데, 종교는 이러한 문제들에 대한 대답을 제시한다. 대답의 내용이 서로 다른 종교들마다 약간씩 다른 것은 물론이다. 그럼에도 불구하고 거의 모든 종교들에 공통적인 내용이 존재하는데, 그것은 인생이 드넓은 우주의 크나큰 질서체계의 일부분에 불과하다는 점이다(McGuire, 1997). 이러한 종교적 관념 혹은 세계관은 사람들로 하여금 자신에게 주어진 현 상황을 수긍하고 인내하게 함으로써 생의 의미와 목적을 견고히 하는 기능을 수행한다. 수많은 상실 · 좌절을 경험한 사람은 물론이고 상실 · 좌절을 거의 겪지 않고 일평생 승승장구한 사람의 경우에도 필경 어느 순간에는 인생의 의미에 대한 본질적 의문을 갖게 마련이며, 이 경우에도 궁극적인 해답은 종교가 제공하는 것이 일반적이다.

② **소속감과 사회적 결속력 제공** : 종교의 교시와 의례는 공유된 상징을 제시함으로써 사람들로 하여금 집단에 대한 소속감을 고취시키고 사회적 유대를 증진시킨다. 예

를 들어, 기독교의 성찬식은 원래 특정한 역사적 사건 혹은 기일을 기리기 위한 종교적 의례이지만, 수많은 신자들이 성찬을 함께 함으로써 신자들 사이에 집단적 정체성과 유대감이 자연스럽게 형성된다. 종교사회학자들의 분석(McGuire, 1997)에 따르면, 이처럼 정체성과 유대감을 고취시키기 위한 집단적 친교를 어떤 형태로건 행하지 않는 종교는 거의 없다고 한다. 그리고 종교의 이러한 기능은 사회경제적으로 불이익을 받는 사람들(예, 하층민, 이주민 등)에게도 예외 없이 나타나, 이들은 사회적 편견과 차별에도 불구하고 종교적 참여를 통해 자신들의 집단적 정체성과 결속력을 재확인한다고 한다(Greeley, 1972; Kosmin and Lachman, 1993; Roberts, 1995).

③ **사회통제 및 질서 유지** : 종교는 생활의 의미와 목적을 제공하고 사회적 결속력을 제공하는 것 이외에 사회통제 및 질서유지 기능도 수행한다. 종교는 대체로 다음의 두 가지 방식을 통해 사회통제에 기여한다. 첫째, 종교의 가르침과 의례는 사람들로 하여금 자신이 우주의 근원적 질서체계의 일부분이라고 인식하게 함으로써 현실세계에서 서로 협동하고 도움을 주고받게 하는 등의 적극적 동조행위(conforming behavi ors)를 유발한다(Geertz, 1966). 맥가이어(McGuire, 1997)에 따르면, 이러한 동조행위 유발은 종교가 아니고선 불가능한 것이다. 둘째, 종교는 사회의 기존 규범과 법규에 초자연적인 정당성을 부여함으로써 사회통제에 기여한다. 시대와 사회에 따라 정도의 차이는 있지만 사회계층과 종교 사이에는 밀접한 연계가 존재하여서, 지배계층은 종교로부터 사회정치적 적법성을 부여받고 종교는 그 대가로 각종 지원을 받아온 것이 사실이다. 과거사를 되돌아보더라도 절대군주가 자신의 지배권을 정당화시키기 위해 종교의 엄숙한 힘을 빌렸던 경우는 이루 열거하기 어려울 정도로 흔하다. 비록 현대사회는 대부분 제정일치(祭政一致) 사회가 아니기 때문에 공식적으로는 국가와 종교간 의 엄정한 분리를 강조하지만 실제로도 반드시 그러한 것은 아닌데, 그 예는 국가의 각종 상징물(예, 국기(國旗), 국가(國歌), 화폐 등)에 종교적 인물이 그려져 있는 경우, 입법 · 행정 · 사법부 등 각종 관공서에서 종교서적(예, 성경, 경전)을 놓고 선서하게 하는 경우, 종교적 인물을 기념하는 날을 법정 공휴일로 지정하는 경우 등을 통해서도 어렵지 않게 찾아볼 수 있다. 한 사회에서 사람들이 준수하여야 할 규범과 법규는 법령에 정해진 것 이상으로 종교서적에 정해져 있

는 경우가 많을 뿐만 아니라 때에 따라서는 법보다도 종교적 교리가 더 강력한 통제력을 발휘하기도 한다.

2) 갈등론적 관점

종교의 긍정적 기능과 역할을 강조하는 기능론과 판이하게 갈등론은 종교의 부정적 측면을 부각시킨다. 종교의 부정적 측면에 대한 가장 신랄한 논의는 갈등론의 선구자인 맑스(K. Marx)에게서 찾아볼 수 있는데, 그는 종교가 현 상태(status quo)를 정당화시키고 사회변혁을 저지시키기 위한 강력한 이데올로기를 함유한다고 보았다(Turner, Beeghley, and Powers, 1998). 맑스에 따르면, 이러한 종교적 이데올로기는 자본가 계급의 지배를 위한 목적으로 교묘히 이용될 뿐만 아니라 노동자 계급이 처한 실제 상황에 대한 진실된 이해를 가로막는다고 한다. 이러한 이유에서 그는 종교를 "대중의 아편(opiate of the masses)"이라고 선언적으로 규정한다. 예를 들어, 현실세계에서 극심한 고통을 받고 있는 노동자들에게 사후에 보상이 주어질 것이라는 종교적 내세관은 당면한 고통을 일순간 완화시키기 위한 환상일 뿐이며(Roberts, 1995), 이 점에서 볼 때 종교적 이데올로기는 왜곡된 현실을 위장하기 위한 허위의식(false consciousness)에 불과하다고 한다.

맑스에 의하면, 종교가 한 집단(혹은 개인)이 다른 집단(혹은 개인)을 통제하기 위한 목적으로 이용된다는 사실은 비단 계급관계에서 뿐 아니라 지배-피지배 관계가 성립되는 모든 종류의 사회관계에서 공통적으로 나타난다. 예를 들어, 종교에 따라 정도의 차이는 있지만 대다수의 종교들은 남성중심적인 규율과 관행(예, 남성만을 성직자로 인정, 남성 위주로 제례를 행함)을 유지하는데, 이는 남성의 지배적 권위를 합리화시킴으로써 여성을 통제하려는 의도와 결코 무관하지 않다는 것이다. 이러한 통제 의도는 여러 종교들 사이의 관계, 동일 종교 내 여러 종파들 사이의 관계, 심지어는 종교와 여타 사회제도(예, 교육, 가족, 경제 등) 사이의 관계에서도 마찬가지로 발견된다고 한다.

종교가 기득권의 유지 · 강화에 기여한다는 시각은 맑스 뿐만 아니라 베버(M. Weber)에게서도 볼 수 있다. 베버는 특히 종교적 관념과 부의 축적 사이의 연관성에 많은 관심을 가졌는데, 그 전형적인 예가 기독교의 운명예정설(predestination)로서 이는 부자는 부자대로 빈자는 빈자대로 각기 자신들의 현 상태를 합리화시키는 논리로 사용된다고 한다. 예정설은 사람들이 태어나기도 전에 이미 구원받을 자와 저주받을 자로 명확히 구분되어져 있으며 사후에 천당으로 갈지 지옥으로 갈지는 오로지 신만이 안다는 기독교의 내세관이다. 그런데 사람들은 현세에서 자신이 구원받았는지 여부를 전혀 알 수가 없기 때문에 구원의 현세적 지표 혹은 증표를 찾으려 무던히 애쓰게 되는데, 개신교(Protestant)의 윤리에 따르면 그 증표는 다름 아닌 청렴하고 근면한 생활의 대가로 얻어지는 부의 축적이라는 것이다. 이렇게 볼 때, 어떤 사람이 부유하다는 것은 현세에서 청렴 · 근면해서 구원을 받았음을 의미하는 것이므로 부자의 특권과 권력은 정당한 것이 된다. 반대로, 어떤 사람이 가난하다는 것은 현세에서 청렴 · 근면하지 못해 저주받은 것이기 때문에 그 또한 정당할 수밖에 없고, 이를 벗어나기 위해 현세에서 더욱 열심히 일하면 내세에는 보상이 주어질 것이라는 믿음을 갖게 된다고 한다. 결과적으로 이와 같은 종교적 관념이 기존의 계층체계를 더욱 공고히 하는 역할을 수행한다고 하는것이 베버의 주장이다. 계층체계를 공고히 하는 종교적 관념은 기독교의 예정설 뿐 아니라 힌두교의 환생(reincarnation) 개념에도 동일하게 존재해서, 특정한 사회계층이 현생에서 향유하는 사회적 특권은 전생의 행위에 대한 응당한 보상이기 때문에 보호받아 마땅하다는 사회적 공감대가 형성되곤 한다.[2)]

3) 상징적 상호작용론적 관점

가족이나 교육 등 여타 사회제도에 대해서와 마찬가지로 종교에 대해서도 상징적 상호작용론은 기능론이나 갈등론과 달리 비교적 미시적인 분석시각을 유지한다. 거시적 관점에서 종교의 사회통합적 혹은 갈등은폐적 기능을 강조하는 기능론이나 갈등론과 상이하게 상징적 상호작용론은 상대적으로 미시적인 관점에서 종교의 상징부여적 기능을 역설하면서 사람들이 일상생활을 통해 종교에 부여하는 의미에 주된 분석의 초점을 둔다. 상징적 상호작용론에서 말하는 종교의 의미 부여의 기능은 대체로 다음의 두 가지로 요약된다.

첫째, 종교는 많은 사람들에게 중요한 준거집단의 역할을 수행한다. 4장에서 언급되었

2) 종교가 기존 계층체계의 유지 · 강화에 기여한다는 점에서 맑스와 베버는 공통된 인식을 보임에도 불구하고, 종교의 역할에 대한 두 학자의 견해는 실제로 상당한 차이를 보인다. 이 장의 뒷부분에서 언급하고 있다시피, 베버는 종교가 자본주의의 출현을 위시하여 근대사회의 혁신적 변화에 가장 큰 기여를 한 요인으로 평가한다. 이는 종교를 대중의 아편이며 대표적인 허위의식으로 규정한 맑스와 큰 대조를 이룬다.

다시피, 준거집단이란 사람들이 자신의 태도와 행위의 기준으로 삼고 싶어하는 사회집단을 지칭하는데, 대다수의 신자들에게 있어서 종교집단은 스스로의 정체성을 확인하고 규정하기 위한 가장 전형적인 준거집단이다. 예를 들어, 기독교인들에게 십자가는 각별한 의미를 지니는 종교적 상징물인데, 교인들은 개인적으로 뿐만 아니라 집단적으로도 십자가를 통해 자신의 존재의미를 재확인하며 교회와 자신을 동일시하고 교회의 규범과 가치관을 자신의 태도와 행위의 기준으로 삼는다.

둘째, 종교의 상징부여 기능은 종교가 서로 다른 부류의 사람들에게 서로 다른 의미로 다가간다는 사실을 통해서도 확인된다. 이러한 면에서 상호작용론자들이 가장 강조하는 것은 성별로 차별적으로 각인된 종교의 의미이다. 앞서도 잠시 언급되었지만, 대다수의 종교들은 남성중심적인 규율과 관행을 유지하여서, 여성들은 일상생활에서는 물론이고 종교생활에서도 남성들과 구분된 제한된 역할만을 수행하는 것이 일반적이다. 종교사회학자들의 연구(Daly, 1973; Briggs, 1987)에 따르면, 종교의 성별 편향은 각종 상징물이나 언어(예, 기도문) 등 곳곳에서 확인된다고 한다. 이는 결국 동일한 종교집단에 속한 사람들이라 할지라도 종교의 의미를 서로 다른 방식으로 해석할 수 있음을 시사하는 것이다. 예를 들어, 맥가이어(McGuire, 1997)에 의하면 유대교를 믿는 같은 유대인이라 하더라도 남성에게는 주로 교회 안의 교리 및 의례와 관련된 역할이 주어짐에 비해서 여성에게는 주로 교회 밖의 가정과 관련된 역할이 주어진다고 한다. 이는 소위 "그의 종교(his religion)"와 "그녀의 종교(her religion)"가 결코 같지 않음을 뜻하는 것으로서, 종교는 서로 다른 사람들에게 서로 다른 상징과 의미를 부여하고 서로 다른 역할기대를 만들어냄을 나타내준다.

4. 종교와 사회변동

이상의 논의는 종교와 사회변동 사이에 일정한 관계가 있음을 시사하였다. 하지만 이는 단순한 시사였을 뿐 아직 본격적으로 논의된 것은 아니다. 강조하건대, 종교는 사회변동과 매우 밀접한 관련을 지니는데, 이는 오래 전 고전사회학자들에 의해서 문제가 제기된 이래 아직까지도 논의가 활발히 진행중인 사회학의 핵심적 연구주제 가운데 하나이다.

논의의 시발은 베버(M. Weber)의 고전적 저술인『개신교의 윤리와 자본주의 정신』(The Protestant Ethic and the Spirit of Capitalism)에서 비롯되었다. 흔히들 베버의 전 생애에 걸친 방대한 연구업적은 맑스(K. Marx)의 극복이고 비판이라고 말하기도 하는데, 이 점은 종교와 관련해서도 예외가 아니어서 종교가 사회변동을 지체시킨다고 주장한 맑스와 달리 베버는 종교가 오히려 사회변동의 촉매제가 된다고 주장하였다. 그는 오랜 세월에 걸쳐 서구사회의 지배적 종교로 확고히 자리잡은 개신교에 관심을 가졌으며 개신교의 여러 종파들 가운데서도 특히 청교도에 주목했는데, 청교도들이 믿는 운명예정설은 그들로 하여금 근면 · 검소 · 절제 · 금욕 등 현대사회에서 중요시되는 일의 덕목(work ethics)을 몸소 실천하게 함으로써 개인뿐 아니라 집단의 차원에서도 합리적 규율에 의거한 경제적 부의 축적을 독려하였고, 이것이 궁극적으로는 자본주의라는 인류역사상 초유의 강력한 사회제도가 출현한 계기를 마련하였다고 한다. 베버에 의하면 개신교의 윤리와 자본주의의 출현 사이의 연계고리[3]는 유독 서구사회에서만 생겨난 독특한 것으로서, 동양사회의 종교와 상당한 대조를 이룬다. 이를테면, 사농공상(士農工商)의 덕목을 통해서도 익히 알 수 있듯이 유교는 부의 적극적인 추구를 자연질서에 어긋나는 행위로 보며, 불교와 도교 등은 정신수양을 강조하고 세속적인 경제활동에 탐닉하지 말 것을 권하고, 힌두교는 현세의 사회적 위치를 운명으로 생각하여 있는 그대로 받아들일 것을 권한다(현세의 운명에 만족하지 못하는 자는 내세에 더 낮은 카스트로 환생한다고 경고함)(Weber, 1976[1904-5]). 동양의 종교에 지배적인 이와 같은 종교적 관념은 자본의 적극적인 축적을 독려하기보다는 오히려 삼가도록 권고하는 것으로서, 이는 자본주의가 왜 동양이 아닌 서양에서 먼저 융성하게 되었는지를 설명해주는 중요한 이유 가운데 하나라고 한다.

베버의 이러한 주장이 제기된 이래 실로 수많은 논란이 진행되었다. 이 주장을 적극 옹호하는 견해가 있는가하면 부적절성을 지적하며 수정을 요구하는 견해도 속출하였다. 이러한 다양한 견해들은 각기 나름대로의 논리적 혹은 실증적 근거를 지니고 있음은 물론이다. 하지만 사회학의 거시적 연구문제들이 대체로 그러하듯이 이 문제 또한 경험적으로

3) 베버는 개신교의 윤리와 자본주의 사이의 관계를 '선택적 친화력(elective affinity)'으로 이해하였다. 그가 말하는 선택적 친화력은 인과관계와 구분되는 상관관계의 일종이어서, 한 요인이 다른 요인의 원인으로 작용하기보다는 두 요인이 서로 상승작용을 일으켰음을 뜻한다. 이점은 베버를 둘러싼 여러 논쟁들에서 간혹 적절히 인지되지 못하곤 하는 내용들 가운데 하나로서, 세심한 주의를 요한다.

입증하기는 결코 쉽지 않다. 일부 경험적 연구결과들(예, Merton, 1957; Lenski, 1961)이 제시되기도 하였지만, 이 연구들 역시 제한된 범위에서 제한된 자료만을 사용한 것이기 때문에 베버의 논지를 일거에 수용 또는 반증하기엔 역부족이다. 다만, 우리가 이와 같은 논의를 통해서 종교가 사회변동에 일정한 영향을 미친다는 사실을 인식할 수 있다면 그것만으로도 충분하다. 왜냐하면, 딱히 자본주의는 아니더라도 종교가 거대한 사회변동의 계기로 작용한 사례는 우리나라의 경우(예, 천도교의 인내천사상과 동학운동, 기독교의 만민평등사상과 인권운동 등)에서도 어렵지 않게 찾아볼 수 있기 때문이다.

■■ 참고문헌

Berger, P. 1967. *The Sacred Canopy: Elements of a Sociological Theory of Religion.* NY: Doubleday.

Briggs, S. 1987. "Women and Religion." Pp. 408-441 in B. B. Hess and M. M. Ferree (Eds.), *Analyzing Gender: A Handbook of Social Science Research.* Newbury Park, CA: Sage.

Chalfant, H. P., R. E. Beckley, and C. E. Palmer. 1994. *Religion in Contemporary Society.* 3rd Edition. Itasca, IL: Peacock.

Collins, R. 1982. *Sociological Insight: An Introduction to Non-Obvious Sociology.* NY: Oxford University Press.

Daly, M. 1973. *Beyond God the Father.* Boston, MA: Beacon.

Durkheim, E. 1995. *The Elementary Forms of Religious Life.* Translated by K. E. Fields. NY: Free Press (Originally Published in 1912).

Geertz, C. 1966. "Religion as a Cultural System." Pp. 1-46 in M. Banton (Ed.), *Anthropological Approaches to the Study of Religion.* London: Tavistock.

Greeley, A. M. 1972. *The Denominational Society.* Glenview, IL: Scott, Foresman.

Haviland, W. A. 1993. *Cultural Anthropology.* 7th Edition. Orlando, FL: Harcourt.

Kosmin, B. A. and S. P. Lachman. 1993. *One Nation Under God: Religion in Contemporary American Society.* NY: Crown.

Kurtz, L. 1995. *Gods in the Global Village: The World' s Religions in Sociological Perspective.* Thousand Oaks, CA: Sage.

Lenski, G. E. 1961. *The Religious Factor: A Sociological Study of the Religion' s Impact on Politics, Economics, and Family Life.* NY: Doubleday and Co.

McGee, R. 1975. *Points of Departure.* Hinsdale, IL: Dryden.

McGuire, M. B. 1997. *Religion: The Social Context.* 4th Edition. Belmont, CA: Wadsworth.

Merton, R. K. 1957. *Social Theory and Social Structure.* Enlarged Edition. NY: Free Press.

Roberts, K. A. 1995. *Religion in Sociological Perspective.* Belmont, CA: Wadsworth.

Roof, W. C. 1993. *A Generation of Seekers: The Spiritual Journeys of the Baby Boom Generation.* San Franscisco, CA: HarperSanFrancisco.

Singer, M. T. and J. Lalich. 1995. *Cults in Our Midst.* San Francisco, CA: Jossey-Bass.

Stark, R. and W. S. Bainbridge. 1981. "American-Born Sects: Initial Findings." *Journal for the*

Scientific Study of Religion 20: 130-149.

Turner, J., L. Beeghley, and C. H. Powers. 1998. *The Emergence of Sociological Theory.* 4th Edition. Belmont, CA: Wadsworth.

Weber, M. 1976. *The Protestant Ethic and the Spirit of Capitalism.* Translated by T. Parsons. Introduction by A. Giddens. NY: Scribner (Originally Published in 1904-05).

제 13 장

정치와 국가

1. 권력과 권위

권력

권위의 유형

2. 국가

국가에 대한 관점

정부의 형태

3.정치체계

정당

이익집단

정치사회화

제 13 장

정치와 국가

이 장은 권력과 연관된 정치를 다룬다. 권력은 다른 사람들로 하여금 자신의 요구에 따르도록 만들게 해준다는 점에서 사람들이 가장 추구하는 사회적 자원이다. 또한 권력은 기본적으로 명령을 내리는 사람과 따르는 사람을 포함한다는 점에서 기본적인 사회적 관계이다. 이 장에서는 먼저 권력의 개념과 권위의 유형을 살펴보고 다음으로 권력의 행사가 집중적으로 이루어지는 국가와 정부에 대한 관점 및 형태들에 대해 다루어 본다. 마지막으로 정부 이외의 비공식적인 정치체계 요소들에 대해 알아본다.

1. 권력과 권위

1) 권력

정치(politics)는 권력의 획득, 분배, 행사와 관련된 사회제도이다. 권력(power)은 다른 사람의 저항에도 불구하고 자신의 의지나 목표를 성취할 수 있는 능력을 말한다(Weber, 1979[1921]). 결과적으로 권력은 지배자와 추종자 이 양자를 동시에 포함하는 하나의 사회적 관계이다. 권력은 설득, 물리적 힘, 경제자원 등 여러 다양한 원천으로부터 나올 수 있다. 경우에 따라 친절하다거나 재능이 있다거나 도움이 된다는 것과 같은 개인적 특성도 권력을 부여해주기도 한다. 사회학자들은 이와 같이 다양한 권력의 원천들을 정당성의 유무에 따라 정당한(legitimate) 권력과 비정당한(illegitimate) 권력의 두 가지 큰 범주로 구분한다.

(1) 정당한 권력

정당한 권력은 권력 행사의 대상이 되는 사람이 그 권력을 사용하는 사람이 그럴만한 권한이 있다고 여기는 권력이다. 민주주의에서 선거직 공무원은 정당한 권력을 가지고 있다고 인정되며, 군주제에서 권력을 정당히 행사하는 사람은 왕이나 왕비이다. 대학교에서 교수는 시험날짜를 정하고 성적을 부여하는 정당한 권력을 지니고 있다. 비록 정당한 권력에 기초한 어떤 특정한 행위가 마음에 들지 않더라도 사람들은 좀처럼 그러한 권력의 사용에 대한 권리를 근본적으로 부정하지는 않는다.

결국 정당한 권력은 그것을 행사하는 사람이나 그것의 대상이 되는 사람 모두에게 적합하게 보이는 것이다. 이러한 형태의 권력을 일반적으로 권위(authority)라고 한다.

(2) 비정당한 권력

복종을 얻기 위해 힘이나 위협과 같은 강제에 의존하는 권력을 비정당한 권력이라 부른다. 비정당한 권력을 행사하는 사람은 그러한 권력 사용의 대상이 되는 사람으로부터 힘의 사용에 대한 권한을 부여받지 못한 사람이다. 강도가 길거리에서 돈을 강탈하는 행위나 정치인이 기업가로부터 정치자금을 협박과 공갈로 얻어내는 행위는 비정당한 권력의 예들이다. 힘에 의존하는 비정당한 권력은 불안정하다. 왜냐하면 피지배자는 지배자를 인정하지 않기 때문이다. 따라서 비록 권력의 가장 기본적인 형태가 힘이나 폭력이라고 할지라도 대부분의 정치지도자들은 그들의 권력이 힘에만 의존하려는 것을 원하지 않는다. 이 때문에 정치지도자들은 대부분 자신들의 권력이 정당성을 갖도록 노력하고 또 추구한다.

2) 권위의 유형

베버는 역사적으로 다양한 사회들에서 행사되어져 온 정당한 권력들이 어디에 기반을 두고 있는가 즉, 권위의 원천에 관한 분석을 토대로 이념형적인 세 가지 권위 유형을 제시한다. 여기에는 전통적(traditional), 합리적-법적(rational-legal), 카리스마적(charismatic) 권위가 있다. 베버는 현실적으로 이 세 가지 유형 모두 순수한 형태로는 존재하지 않는다고 인식한다. 하지만 그는 어느 사회이건 상대적으로 이 세 범주 중 한 가지에 치우칠 가능성이 있다고 주장한다.

(1) 전통적 권위

권력을 정당화시켜주는 가장 오래된 기반은 아마 전통일 것이다. 전통적 권위는 오랫동안 지속되어온 관습이나 문화적 전통에 기초해서 정당화된 권력이다. 과거의 전통적 지배자는 오랜 시기를 거쳐 내려온 규범과 가치에 근거해서 자신의 지배권을 주장했으며, 추종자는 그러한 주장을 기꺼이 받아들였다. 이러한 지배권은 가족을 통해 세습되었으며 또한 종교적 믿음이나 기타 다른 이념에 의해 강화되었다. 따라서 전통적 권위의 대부분은 습관에 바탕을 두고 있다. 지배자는 단순히 "항상 그렇게 해왔다"는 이유만으로 정당성을 인정받는다.

전통적 권위는 본래적으로 보수적이며 상대적으로 안정적인 경향이 있다. 전통적인 권위는 타고난 권리이다. 왕과 여왕은 왕가에 태어났기 때문에 권력을 행사한다. 일반인들은 군주의 백성으로 간주되며, 개인적으로 지배자에 충성하도록 요구된다. 군주에 대한 개인적 충성은 이밖에 신하와 무사에게도 요구된다. 비록 어떤 군주가 무능력하거나 잔인할지라도 또 이로 인해 쫓겨날지라도 그 또는 그 집안의 지배체계는 전통으로 인해 대개는 계속 유지된다.

베버는 전통적 권위가 자본주의의 발달을 저해한다고 주장했다. 자본주의는 규칙이 논리적으로 설립되지 않고 직원이나 관리들이 규칙을 임의적으로 해석하며 지도자가 전문적으로 훈련되지 않는 상황에서는 좀처럼 발전할 수 없다. 하지만 사회가 산업화됨에 따라 전통적 권위는 보다 복잡한 노동의 분업화와 전문화, 합리적 행위방식의 확산, 보다 중요시되는 계약관계에 의해 약화된다.

(2) 합리적-법적 권위

권위의 또다른 원천은 정당한 권력을 특정한 위치에 부여하는 법 또는 규칙체계이다.

합리적-법적 권위는 이와 같이 사회적으로 수용된 규칙이나 규제체계에 의해 정당화된 권력이다. 합리적-법적 권위는 관료제적(bureaucratic) 권위라고 부른다. 관료제는 명료하고 엄정한 공식적 규칙과 절차에 의해 특징지워진다. 합리적-법적 권위는 규칙의 지배에 대한 믿음과 존중으로부터 나온다.

합리적-법적 권위체계에서 지도자는 법에 따라 행동하는 한에서만 정당성을 인정받으며, 개인적 충성은 중요하지 않다. 예를 들어, 헌법은 대통령에 대한 권한과 의무, 제약, 선출자격 등과 이에 관한 절차를 규정함으로써 대통령에게 권력을 부여한다. 대통령은 헌법을 준수하고 이러한 절차와 규정에 따라 행위할 때에만 권력행사의 타당성을 인정받게 된다. 합리적-법적 권위에 있어서 권력은 규칙에 따라 특정한 직위에 속해 있지 직위를 차지하고 있는 개인에게 주어지지 않는다. 따라서 합리적-법적 권위체계에서의 권력은 법과 규칙에 따라 행사되지 전통이나 관례, 또는 특정한 인물의 기분이나 의지에 따라 행사되지 않는다.

합리적-법적 권위를 개인이 아닌 직위에 부여하는 중요한 이유는 직위를 차지하고 있는 사람이 자신의 권위를 임기중에만 행사하는 것을 확실히 하기 위해서이다. 대통령직을 그만 두게 되면 대통령직에 관련된 어떤 권력도 행사할 권한이 없다. 현직 대통령이라고 하더라도 법이 정한 대통령의 권한과 의무와는 상관없는 용돈이나 '떡값', '통치자금', 선거자금, 공짜물건을 요구하거나 탈세를 할 수 없다.

베버는 합리적-법적 권위가 현대 산업자본주의에 가장 부합하는 권위유형이라고 주장했으며, 그래서 결과적으로 합리적-법적 권위가 전통적 권위유형을 급격히 대체할 것이라고 보았다. 베버의 관점에서, 역사의 진행은 합리적-법적 권위로 향하는 행진이라 할 수 있다.

(3) 카리스마적 권위

앞에서 언급한 두 가지 권위유형 즉, 전통적 권위와 합리적-법적 권위는 각각 전통과 직위에 기초하고 있다는 측면에서 비개인적이라고 할 수 있다. 이와는 대조적으로 카리스마적 권위는 추종자로부터 헌신과 복종을 유발하는 지도자의 비범한 개인적 특성으로부터 나온다. 베버에 따르면 카리스마적 지도자는 영웅일 수도 있지만 폭군일 수도 있다. 역사적으로 석가모니, 예수, 마호멧, 나폴레옹, 간디, 히틀러, 호메이니는 카리스마적 지도자의 대표적인 예로 언급될 수 있다. 현대 한국역사에 있어서 이승만, 김구, 김일성, 박정희,

김영삼, 김대중 또한 정도의 차이는 있지만 자신들의 독특한 개인적 속성에 의해 헌신적으로 믿고 따르는 추종자들을 가지고 있다는 측면에서 카리스마적 지도자의 특질을 지녔다고 할 수 있다.

대부분의 사회들은 새로운 카리스마적 지도자를 위험인물로 간주한다. 왜냐하면 이들은 종종 기존 사회체계 및 문화적 규범을 벗어날 뿐만 아니라 무시하기 때문이다. 따라서 카리스마적 지도자는 사회적이면서 제도적인 권력의 원천인 전통과 법의 효능을 약화시킨다.

카리스마적 개인지도자는 언제나 마음을 바꾸거나, 떠나거나, 병이 들 수 있으며, 또한 반드시 죽는다. 따라서 전적으로 개인 지도자나 그의 심복들로만 구성된 행정기구에 의존하는 카리스마적 권위는 일시적이며 상대적으로 불안정하다. 이러한 이유로 카리스마적 권위는 카리스마적 지도자의 유지를 계속 이어나가거나 카리스마적 운동을 지속시키기 위해 종종 일상화된다. 카리스마의 일상화(routinization)는 카리스마적 권위가 전통적 형태나 합리적으로 설립된 권위에 의해 통제되는 관료제로, 또는 이 두 유형의 혼합형태로 변환되는 과정을 의미한다. 결국 카리스마적 권위는 전통적 권위나 합리적-법적 권위에 길을 내줄 수밖에 없다. 예를 들어, 예수의 카리스마에 의해 촉발된 종교운동은 교회관례와 교회법, 그리고 교회구조라고 하는 전통과 관료제에 의해 지금까지 이어져 내려오고 있다.

2. 국가

국가(state)는 특정한 영토내에서 무력 사용을 정당하게 독점하고 있는 정치기구이다 (Weber, 1946[1919]). 여기서 '정당하게'는 사람들이 무력 사용에 대한 국가의 독점적 권리를 합법적으로 받아들임을 의미한다. 국가의 지배와 규칙은 특정한 영토와 사회체계 전체에 무차별적으로 적용된다.

초기의 국가는 정치적 권력이 특정 도시에 한정되어 행사되던 도시국가(city-state)의 형태를 띠었다. 고대 그리스, 로마제국, 페르시아왕국은 많은 도시국가들로 이루어져 있었으며 각각의 도시국가는 자신의 군주를 가지고 있었다. 오늘날의 국가는 구성원이 특정한 법적 권리와 의무를 지니고 있는 국민(citizens)으로 구성된 국민국가(nation-state)의 형태를 띠고 있다.

현대 국민국가의 국민은 주권을 지니고 있으며 정부체제에 의해 제공된 법적 및 정치적 틀 내에서 자신들의 운명을 스스로 결정할 수 있고 또 의당 그렇게 해야만 하는 존재이다. 국민국가는 12~15세기에 스페인, 프랑스, 영국에서 왕들이 이전에 어느 정도 독립적으로 존재했던 봉건영지들에 대한 소유권을 주장하면서 발달하기 시작했다. 이후 광범위한 영토내의 권력과 권위를 단일한 지배자의 손에 두려는 왕과 이에 저항하는 봉건영주 사이의 수많은 전쟁을 거치면서 결국에는 강력한 힘을 지닌 왕국을 중심으로 중앙집권적 국민국가들로 통일되어 나갔다.

국민국가는 이전의 도시국가에 비해 훨씬 넓은 영토를 지니고 있으며 또한 이러한 영토의 경계를 방어할 수 있는 능력도 가지고 있다. 교통과 통신수단의 발달은 넓은 영토에 사는 사람들이 공통의 언어와 문화를 공유할 수 있도록 해준다. 국가의 지배자와 추종자들은 우리민족, 우리나라, 조국, 우리영토, 우리역사, 국가, 국기와 같은 민족주의 이념을 생산하고 이를 국가내의 사람들에게 주입시켜 단일한 국가의 국민으로 만든다. 2002년 현재 독자적인 주권을 주장하는 국민국가는 200여개에 이른다. 이제 전세계의 모든 사람들이 국민국가하에서 태어나고, 살고, 죽는다고 할 수 있겠다.

1) 국가에 대한 관점

사회학자와 정치학자는 국가에서 합리적-법적 권위가 어떻게 행사되는가에 관해 다양한 이론적 시각들을 발전시켰다. 이러한 시각들 중에 오늘날 대표적으로 언급되는 관점은 기능론과 갈등론이다.

(1) 기능론적 관점

영국의 철학자 토머스 홉스(Thomas Hobbes)는 아무런 권위나 간섭이 없는 아주 자연적인 조건에서 사람들의 삶은 싸우기만 하는 짐승같고 무질서하며 혼란스러운 것으로 보았다. 기능론자들은 홉스와 유사한 가정하에서 사회질서는 사회의 근본이며 따라서 사회질서를 제공하기 위해 국가는 필수적이라고 주장한다. 국가는 무질서와 혼란을 극복하고 사람들의 삶을 보다 안정스럽고 예측이 가능하게끔 만들어주는 정치적 조직을 바라는 사람들의 바램에서 나온 결과물이다(Alford and Friedland, 1985). 덧붙여 기능론자들은 사회질서를 창조하고 유지하는 것을 돕기 위해 국가는 다음과 같은 4가지 중요한 기능을 수행하기 때문에 계속 번성하며 존속해나간다고 믿는다.

가. 규범의 집행

규범은 사회를 한데 묶어주는 사회적 접착제와 같은 역할을 수행한다. 과거의 전통적인 작은 사회에서 규범은 공동체에 의해 지지되고 집행되었다. 사회가 보다 커지고 복잡하게 성장하며 또한 급격한 변동을 겪음에 따라 비공식적 사회 통제는 불충분하게 된다. 이에 따라 대부분의 현대 사회는 규범과 규칙을 집행하는 데 필요한 공식적이고 명문화된 법을 발달시키고 있다. 법체계와 법을 집행하기 위한 조직구조의 설립은 궁극적인 정치적 권위인 국가의 책임이 된다.

나. 갈등의 규제

사회적 자원의 배분과 관련해서 종종 갈등이 일어나게 된다. 국가는 이러한 갈등을 규제하는 책임을 맡고 있다. 국가는 갈등에 참여하고 있는 당사자들 사이에서 공평한 심판관이나 중재인으로 행위하며 이러한 갈등을 해결하기 위한 적절한 메커니즘을 설립하는 역할을 수행하도록 기대된다.

다. 계획과 조정

현대사회는 복합적이며 또 복잡하다. 그래서 현대사회는 사회적 자원의 배분과 관련해서 체계적인 계획과 조정을 필요로 한다. 재난, 항공교통, 환경보호, 고속도로 건설, 교육문제 등은 단지 지방정부에 의해 단순히 다루어질 수 없는 몇 가지 예들이다. 이러한 일들은 상당한 정도로 국가차원에서의 계획과 조정을 요구한다.

라. 다른 사회와 관계맺기

만약 일반 개인들과 다양한 지역 단체들이 저마다 다른 나라들과 관계와 조약을 맺는다면 사회는 금새 혼란에 빠질 수 있다. 외교정책, 세계무역, 국방전략은 복잡하고, 혼란스러우며 경우에 따라 모순과 갈등에 빠질 수 있다. 국제관계에 있어서 나라들 사이의 동맹과 조약은 나라를 대표할 수 있는 단일한 정치적 권위인 국가에 의해 맺어지고 시행이 될 때 혼란이 방지되고 정당성을 지닌다.

(2) 갈등론적 관점

갈등론자들은 당연히 국가에 대해 기능론자와는 전적으로 다른 관점을 가지고 있다. 갈등론자들은 국가의 사회적 기능 대신에 국가에 의해 발생되는 갈등과 강제에 초점을 맞추는 경향이 있다.

가. 계급갈등과 국가

비록 갈등론자들도 국가가 사회를 위해 어떤 기능을 수행한다고 인정은 하지만 이들은 기능론자들과는 달리 "국가는 사회의 누구를 위해 기능하는가?"라는 질문을 한다. 이러한 질문에 대한 답변으로 갈등론자는 사회내 대부분의 사람들이 중요한 이슈에 대해 공통의 이해를 공유하고 있다는 기능론자의 가정을 거부한다. 오히려 이들은 사회가 근본적으로 갈등적 이해관계에 놓여 있는 서로 다른 사회집단들로 이루어져 있다고 본다. 이러한 관점에서 한 집단의 이익은 다른 집단의 손해를 가져온다. 갈등론에 따르면, 국가 권력은 필연적으로 사회에서 가장 힘있는 집단, 특히 경제적 권력을 휘두르는 지배집단에게 이러한 이익이 돌아가게끔 기능한다.

갈등론은 기본적으로 자본주의사회에서 정부의 역할은 자본가계급의 이익을 직접 섬기는 것이라고 주장한 맑스의 생각으로부터 나왔다. 모든 유형의 사회에는 주요한 생산수단을 소유하고 있는 지배계급이 존재한다. 이들 지배계급은 노예제에서처럼 피지배계급이자 생산수단인 노예를 직접 소유하거나 봉건제에서처럼 피지배계급인 농노를 정치적 및 경제적 예속하에 두어 직접 통제할 수 있다. 자본주의사회에서 자본가계급은 기업의 소유와 정부에 대한 영향력을 통해 노동자계급을 통제하고 자기 이익을 보호한다.

나. 국가의 강제

지배계급의 이익을 위한 방어는 때때로 국가가 강제적 힘을 사용하기를 요구한다. 갈등이론가들은 정부가 노동자의 권리를 보호하기 위한 노동조합의 활동을 제한하고 파업을 금지하며 노동자들에게 직장에 복귀할 것을 명령하는 활동에 주목한다. 다국적기업은 새로운 상품시장과 싼 노동력을 얻기 위해 자신이 속한 나라의 정부는 물론 진입국의 정부에도 압력과 무력을 행사하는 등 국내외적으로 강제력을 사용한다. 갈등론자들에게 있어 국가는 기능론자들이 기술하듯이 사회의 모든 구성원들을 대표하는 중립적이고 공평한 심판관은 아니다.

다. 도구적 및 구조적 맑시즘

계급과 국가 간의 관계에 대한 맑스의 생각은 20세기 이후 조금씩 수정되어 왔으며, 이로 인해 갈등이론가의 관점들 사이에서도 다양한 이견들이 나타나기 시작했다. 어떤 갈등이론가들은 국가가 자본가의 이익을 보호해줄 뿐만 아니라 적극적으로 챙겨주기까지도 한다고 주장한다. 이는 앞에서 언급한 정통적인 맑스의 생각을 그대로 따르는 입장으로 도구적 맑시즘(instrumental Marxism)이라고 불린다.

다른 한편, 구조적 맑시즘(structural Marxism)은 다양한 국가기구들(예: 다양한 정부의 부서들)이 지배계급의 이익이나 계급갈등에 항상 묶여져 있지 않은 나름대로의 독립적인 경험과 목표들을 갖고 있다고 주장한다. 노동자문제, 의료문제, 외교문제와 관련해서 정부 부처들간에 서로 다른 주장들이 제기되곤 한다. 비록 국가는 자본주의와 자본가의 이익을 위해 호의적인 환경을 제공해주지만 사회질서를 촉진하고 어느 정도의 전체적인 내부화합을 유지해야 한다. 그러한 활동은 국가의 존재근거이기 때문이다. 아울러 자본가계급도 하나의 단일체로 존재하지 않는다. 자본가들 사이에 추구하는 이익과 관심영역이 서로 다르며 또한 한 자본가집단에 이익이 되는 행위는 다른 자본가집단에 손해가 되기도 한다.

라. 상대적으로 독자적인 국가

구조적 맑스주의자 중에 베버의 국가론에 영향을 받은 갈등이론가들은 국가의 상대적 독자성(relative autonomy of the state)을 강조한다. 이들에 따르면, 국가는 경우에 따라 어느 계급에도 영향받지 않는 독립적인 권력을 행사할 수 있다(Skocpol, 1979; Evans et al., 1985). 현대사회에서 국가는 가장 강력하고 거대한 관료조직인 정부를 소유하고 있을 뿐만 아니라 사회의 모든 집단들 가운데 가장 많은 자원을 보유하고 있다. 이로 인해 국가는 한 사회의 계급구조에서 어느 정도 독자적인 지위를 지니고 있다. 이러한 관점에서 국가의 이익은 최소한 부분적으로나마 지배집단의 이익과 상충될 수 있으며, 이 과정에서 국가는 우위를 점할 수 있다.

한국의 경우, 지금까지의 산업화과정에서 국가는 실질적으로 주도적인 역할을 담당하면서 경제성장이라는 국가적 목표의 달성을 위해 노동자는 물론 대자본가들을 동원, 조종, 통제해왔다. 뿐만 아니라 이 과정에서 국가는 자본가의 이익에 반하는 정책을 시행하기도 했는데, 최근에 대기업의 적극적인 반대에도 불구하고 정부가 시도한 정책의 예로서 '주5일근무제', '대기업집단(재벌)에 대한 출자총액제한', '주주대표소송제', '기업의 부당내부거래나 카르텔 · 담합에 대한 강제조사권' 등이 있다.

2) 정부의 형태

모든 사회는 국가의 정치적 구조로서 정부(government)를 가지고 있다. 정부는 한 국가의 모든 구성원들 간의 관계 및 다른 국가들과의 관계를 규제하는 법적 및 정치적 권위를 지니고 있는 공식적 조직이다. 국가의 실질적인 권력행사가 정부를 통해 이루어지기 때문에 국가는 종종 정부와 혼용된 개념으로 사용되기도 한다. 정부는 지도자와 피지배자의 관계, 그리고 지도력(leadership)이 획득되는 방식에 따라 크게 4가지 유형의 형태, 즉 군주제(monarchy), 권위주의(authoritarianism), 전체주의(totalitarianism), 민주주의(democracy)로 나뉠 수 있다.

(1) 군주제

정부의 가장 오래된 형태는 지배권력이 피지배자의 간섭이나 개입없이 한 개인이나 가족의 혈통을 통해 대대로 세습되는 군주제이다. 일반적으로 군주제는 정당성을 전통적 권위에서 찾는다. 초기의 군주제는 군주가 무제한의 권력을 가지고 지배했던 절대군주제(absolute monarchy)의 형태를 띠었다. 오늘날 남아있는 군주제는 입헌군주제(constitutional monarchy)로 영국, 스웨덴, 스페인, 네덜란드, 일본 등의 일부 국가들에서만 실시되고 있다. 입헌군주제에서 군주는 국가의 상징적 우두머리나 대표로만 존재하고, 대신 실제적 정치권력은 헌법으로부터 그 권력을 위임받은 정부에 있다.

(2) 권위주의

권위주의는 일반 국민이 정부나 정부의 활동에 참여하는 권리가 지배자에 의해 배제되어 있으며 아울러 일반적으로 합법적인 수단에 의해서는 지배자를 자리에서 물러나게 할 수 없는 정치체계이다. 독재(dictatorship)는 권력을 한 개인이 독점하고 행사하는 권위주의의 한 형태이다. 권위주의의 대표적 예로 구소련, 마르코스 치하의 필리핀, 수하르토 치하의 인도네시아, 중국, 카스트로 치하의 쿠바, 이승만 · 박정희 · 전두환 치하의 한국, 후세인 치하의 이라크 등을 들 수 있다. 권위주의에서 지배자는 권력유지를 위해 군부, 정보기관, 대중매체, 주요 엘리뜨계급의 지지를 어느 정도 필요로 한다. 훈타(Junta)는 군사혁명을 통해 정권을 잡은 군부가 자신들의 지도자를 권력의 핵심에 앉히는 군부독재이다. 칠레의 피노체가 이끈 군사정부가 훈타의 대표적 예이다.

(3) 전체주의

권위주의 정부가 절대적인 권력을 행사하고 국민 개개인의 공적이고 사적인 삶의 모든 측면을 규제하고 통제하게 되면 이는 전체주의의 예가 된다. 전체주의에서는 정부에 대한 모든 반대가 금지되며 반대자들은 공공연히 테러를 당한다(Friedrich and Brzenski, 1965). 전체주의의 지배자는 일반 국민의 정보에 대한 접근을 극히 제한하고 통제하며 자신과 국가체제에 대한 높은 수준의 헌신과 충성을 요구한다. 사회 전체가 지배자의 의지에 따라 동원되면서 국민의 일상생활은 조직화되며 정보기관이나 사찰기관에 의해 철저하게 감시되고 통제된다. 특히 전체주의사회에서 방송이나 신문과 같은 대중매체는 지배자의 업적을 홍보하고 선전하며 동시에 국민의 사고에 영향을 주고 행위를 통제하기 위한 도구로 광범위하게 사용된다.

권위주의가 상당히 오랜 역사를 지닌 데 비해 전체주의는 비교적 최근에 나타난 산물이라고 할 수 있다. 왜냐하면 정부가 국민의 모든 생활을 체계적으로 철저하게 감시하고 통제하기 위해서는 이를 가능하게 해주는 고도의 관료제와 TV, 라디오, 도청장치와 같은 정보 및 감시기술의 개발이 뒤따라야 하기 때문이다. 히틀러 치하의 독일 나치정부, 스탈린 치하의 구소련, 피노체 치하의 칠레, 김일성과 김정일 치하의 북한, 박정희 치하의 한국 등은 전체주의의 대표적 사례들이다.

(4) 민주주의

민주주의는 국가의 궁극적인 주권이 국민에게 있으며, 국민이 자신의 정부와 정부의 활동에 직간접적으로 참여할 수 있는 정치체제이다. 일반적으로 민주주의 정치체제는 합리적-법적 권위에 기초한다. 민주주의는 원래 "인민에 의한 지배(rule by the people)"를 의미하며 어원은 고대 그리스어의 인민을 의미하는 demos와 지배를 의미하는 kratos에서 유래한다. 이러한 의미에 기초해서 나온 민주주의의 초기 형태는 고대 그리스 도시국가들 특히, 아테네에서 실시되었던 직접민주주의(direct democracy)이다. 이 정치체제에서는 모든 시민들이 주요 사회적 및 정치적 주제에 관해 정기적으로 만나서 토론하고 또 의사결정을 함으로써 자신의 지배구조에 완전히 참여한다. 하지만 오늘날 대부분의 국가들이 관리하는 상당한 규모의 영토와 인구, 일의 복잡성과 다양성을 고려할 때, 직접민주주의를 실시한다는 것은 거의 불가능하다. 결과적으로 오늘날의 민주주의는 국민이 대표자를 선출해서 자신들을 대신해 주요 정치적 사안에 관해 의사결정하게 하는 대의민주주의(representative democracy)를 주로 채택하고 있다.

대의민주주의 형태의 정치체제에서 국민은 선거를 통해 공직자를 선출하고 바꿀 수 있으며 공직자는 선거과정을 통해 획득한 국민의 지지로부터 정당성을 얻는다. 하지만 선거제가 대의민주주의의 징표라고 하더라도 선거제의 존재 자체가 진정한 민주주의의 시행을 보증해주지는 않는다. 근대 한국의 정치적 역정에서 나타난 것처럼, 선거제하에서도 '제왕적' 대통령이나 당총재는 자신에게 유리한 법 제정이나 폭력 및 금전을 통해 후보자의 자격을 제한하고 선거과정과 절차를 조종하며 후보자의 정보에 대한 일반 국민의 접근을 제한하고 또 특정정당의 후보자를 지정할 수 있는 권력을 독점하기도 한다.

대의민주주의 하에서 대표자는 주인인 국민의 관심과 이익을 전달하고 또한 정부는 국민의 바램에 호응하게끔 되어 있다. 하지만 대통령이나 국회의원을 포함한 공직자들은 실질적으로 국민의 감시와 통제를 제대로 받지 않은 채 국민 위에 군림하며 많은 특권과 혜택 및 보상을 받을 뿐만 아니라 여러 가지 부정부패에 연루되곤 한다. 최근에 발달한 정보통신기술은 대의민주주의의 폐단을 방지하고 직접민주주의를 시행할 수 있는 가능성을 높여주고 있다. 인터넷을 통해 국민이 주요 정치 사안에 대해 직접 투표할 수 있으며, 전자정부를 세워 국민이 자신의 정부를 직접 운영하거나 통제할 수 있고, 사이버공간을 통해 자발적인 결사체를 형성하여 국민들의 정치활동을 활성화시키고 아울러 자유로운 의사소통과 정보교환을 촉진시킬 수 있다.

3. 정치체계

일반적으로 민주주의 정치체계에서는 정부와 같은 공식적 요소 이외에 정당(political party), 이익집단(interest group), 정치사회화(political socializat ion)와 같은 비공식적 요소도 중요한 역할을 담당하고 있다.

1) 정당

헌법에 구체적으로 명시되어 있지는 않지만 정당은 오늘날의 정치과정에서 국민의 의사를 대변하며 정부의 주요 공직을 위한 후보자를 내는 등 핵심적인 역할을 수행하고 있다. 일반적으로 정당은 정부에 대한 정당한 통제권을 획득하는 것을 목표로 하는 조직이다. 근대 정당은 19세기초 미국에서 기존의 도당(clique)이나 파벌(faction)과는 다른 다음과 같은 특징을 지니며 발달하기 시작했다(Orum, 2001).

① 개인보다는 정당을 발전시키는 목표에 헌신하는 적극적인 지도자 집단을 지니고 있다.
② 정당을 확대시키고 정권을 잡을 수 있도록 해주는 특정한 전략을 발전시킨다.
③ 다양한 이해와 지지자들을 포용하며 또한 이것들은 정당 지도자의 의견을 형성시킨다.
④ 정부 내외에서 지속적인 위치를 확보하게 해주는 수단으로서 정당구조와 활동에는 통일된 프로그램과 이념이 존재한다.
⑤ 정당은 정권을 계속적으로 잡기 위해 공중의 지지에 상당히 의존하며 따라서 공중의 의견을 구하고 형성하는데 심혈을 기울인다.

정치체계에서 오늘날의 정당이 수행하는 기능은 다음과 같다.

① 여론을 정책입안자에게 전달하고 정책결정을 위한 대중의 지지를 동원함으로써 국민과 정부를 연결해준다.
② 정부기구내의 다양한 기구들(예: 행정부와 입법부), 수준들(예: 중앙정부와 지방자치단체), 정부와 비정부조직 사이에서 연결고리 역할을 한다.
③ 정치적 선거직을 위한 후보자를 모집한다.

④ 국민에게 주요 사회적 이슈들 간의 관계를 이해시키고 서로 타협하고 협상하도록 만들며 사회문제들과 관련된 정책이나 프로그램을 발전시키는 것을 도와준다.

대의민주주의 정치체계에서 정당이 핵심적인 위치에서 위와 같은 기능을 수행하도록 기대됨에도 불구하고 현실적으로 정당의 중요성과 신뢰성은 다음과 같은 여러 이유들에 의해 점차 약화되는 경향이 있다.

① 정당의 설립과 운영이 정당의 존재근거가 되는 이념이나 철학이 아니라 소수 엘리뜨의 이해에 의해 이루어지고 있다. 선거철마다 특정 인물위주로 이합집산이나 파벌로 정당이 탄생되고 정당의 우두머리가 주요 선거후보자와 당직자에 대한 공천권을 독점하는 과두제적 정당구조는 공당이라기보다는 사당의 성격을 지니고 있어, 이것이 다수 대중을 포용하는 정당의 본래 의미와 취지를 퇴색시키면서 정당에 대한 국민의 기대나 신뢰를 떨어뜨리고 있다.
② 정당의 정강이나 정책에 특색이 별로 없으며 사안이나 상황에 따라 입장을 바꿈으로 인해 기회주의적인 성향을 띠는 경향이 있다.
③ 정치인이 각종 부정부패와 추문에 연루되어 왔다.
④ 대중매체가 정치적 의사소통의 수단을 대신하게 되었다. 주요 사회적 이슈에 대한 여론수렴, 선거에서 투표인에 후보자와 정당을 알리는 선거운동의 기능 등이 이제는 정당보다는 대중매체, 특히 TV와 인터넷에 의해 주도적으로 이루어지고 있다.

2) 이익집단

민주주의 사회에는 각자의 이해관계나 관심에 따라 자발적으로 형성된 다양한 집단과 결사체가 존재한다. 이들 집단 가운데 특정한 이익을 위해 정치과정에 영향을 주려는 사람들로 모인 조직이나 단체를 이익집단이라 한다. 시민단체, 노동조합, 기업인단체, 전문가모임, 종교조직 등이 자신들의 이익을 위해 정부의 정책이나 입법과정에 영향을 미치려고 시도하면 이들 집단은 이익집단이 된다. 이익집단이 주로 사용하는 전략은 자기 집단의 이익을 증진시키기 위하여 관련정부기관을 설득하려고 노력하는 로비활동(lobbying)

이다. 로비활동은 행정부 관리의 정책결정이나 의원의 투표에 영향을 주기 위하여 특정한 사안에 대한 정보를 제공하거나 경제적 및 다른 자원을 사용하는 형태를 취한다. 최근에는 정부의 공식적 기구(예: 국가인권위원회, 노사정위원회)에 참여하여 정책 결정과정에 직접 개입하기도 한다.

이익집단은 로비활동을 활성화하기 위해 종종 로비활동을 전문적으로 하는 로비스트(lobbyist)를 고용한다. 로비스트는 정부의 정책이나 법을 입안하는 과정에서 이것들이 자신이 속한 집단의 이익에 어떤 영향을 주는가를 판단해서 불이익은 줄이고 이익은 확대시키는 방향으로 관련 기관에 영향을 미친다. 경우에 따라 로비스트는 자신한테 유리한 정책이나 법이 만들어지도록 노력하기도 한다. 일반적으로 로비활동은 특정 주제에 관련된 전문분야와 법률지식, 그리고 정보를 필요로 하기 때문에 변호사, 관련 정부기관의 퇴직 공무원과 군인, 전문가들이 주로 로비스트로 고용된다. 이들은 전문적인 지식이나 정보를 활용하기도 하지만 때론 이전 조직에서 맺었던 개인적 친분이나 사회적 관계를 이용하거나 경우에 따라 부정한 금전적 거래를 통해 압력과 영향력을 행사하기도 한다.

3) 정치사회화

사람들은 사회화 과정을 통해 정치체계에 관해 학습하고 자신들의 정치적 태도와 관점을 발달시킨다. 어린아이에게 있어 가족은 정치사회화의 가장 핵심적인 장소이다. 아이는 대개 부모와의 상호작용을 통해 부모와 비슷한 정치적 태도와 관점을 공유하게 된다. 학교는 종종 기존 정치체제의 속성과 장점을 포함한 사회의 지배적인 규범과 가치를 학습시킨다. 중고등학교에서는 사회문화 과목을 중심으로 현재의 정치구조와 체제에 대한 기본적인 지식을 제공한다. 아이들이 성장함에 따라 교사, 친구, 대중매체 등을 포함한 다른 사회화 기관들이 정치적 신념과 가치관에 영향을 미친다. 이로 인해 사람들은 어렸을 때 가졌던 정치적 입장을 바꾸기도 한다.

한편 성장과정에서 배우는 내용이 나이에 따라 차이남으로 인해 세대별로 정치적 성향이 다를 수가 있다. 어렸을 때 사람들은 일반적이고 추상적인 규범과 가치를 학습하는 경향이 있다. 어른이 되면서 사람들은 삶의 경험이 쌓임에 따라 보다 구체적이고 현실적인 행동에 많은 강조를 둔다. 그래서 사람들은 어렸을 때에는 무엇이 될 것인가 또는 무엇을 할 것인가와 같이 목적지향적이지만 커감에 따라 이러한 것을 어떻게 달성할 것인가와 같이 수단지향적이 되는 경향이 있다. 이로 인해 종종 젊은이는 이상주의자나 진보주의자, 중장년층은 현실주의자나 보수주의자로 인식되기도 한다.

사회경제적 지위에 따라 사람들은 서로 다른 삶의 기회와 이해관계를 가지기 때문에 사회경제적 지위도 정치적 태도와 가치에 영향을 미친다. 일반적으로 사회경제적 지위가 낮은 사람일수록 사회적 활동에서 별다른 이익을 얻지 못하며 그래서 기존의 정치체계가 자신을 저버렸다고 느끼기 때문에 정치에 무관심한 경향이 있다(Zipp, 1985). 하지만 상층계급은 자신의 이해가 기존의 정치체계에 의해 상당한 영향을 받고 또 정치체계의 핵심에 진입할 수 있는 가능성을 많이 가지고 있기 때문에 정치적 활동에 보다 적극적으로 나선다.

덧붙여, 중상층계급은 경제적 이슈에 관해서는 보수적이지만 사회적 이슈에 관해서는 진보적인 경향이 있다. 이들의 경제적 보수주의는 자신들의 경제적 이익을 보호하려는 욕구와 직접 관련있으며 사회적 진보주의는 경제적 자원을 자신의 뜻에 따라 자유롭게 사용하려는 욕구와 이들이 받은 높은 수준과 다양한 유형의 교육에서 기인한 것으로 설명될 수 있다. 이에 비해 하층계급과 노동자계급은 다양성이나 유연성보다는 권위와 규칙에 대한 복종을 강조하는 양육과 낮은 수준의 단순한 교육으로 인해 사회적으로 보수적이지만 자신들의 가난한 처지를 개선하기 위해 경제적으로는 진보적인 성향을 가지는 경향이 있다.

■■ 참고문헌

Alford, Robert and Roger Friedland. 1985. *Powers of Theory.* Cambridge, England: Cambridge University Press.

Evans, Peter, Dietrich Rueschemeyer and Theda Skocpol (eds.). 1985. *Bringing the State Back In.* New York: Cambridge University Press.

Friedrich, Carl J. and Zbigniew Brzenski. 1965. *Totalitarian Dictatorship and Autocracy.* Cambridge, MA: Harvard University Press.

Orum, Anthony M. 2001. *Introduction to Political Sociology.* Upper Saddle River, NJ: Prentice-Hall, Inc.

Skocpol, Theda. 1979. *States and Social Revolutions.* New York: Cambridge University.

Weber, Max. 1946[1919]. *From Max Weber: Essays in Sociology.* Translated and edited by Hans Gerth and C. Wright Mills. New York: Oxford University Press.

______. 1979[1921]. *Economy and Society: An Outline of Interpretive Sociology.* Translated by Guenther Roth and Claus Wittich. Berkeley, CA: University of California Press.

Zipp, John F. 1985. "Perceived Representativeness and Voting: An Assessment of the Impact of Choices vs. Echoes." *American Political Science Review* vol. 60: 738-59.

제 14 장

경제와 일

1. 경제생활의 역사적 변화

2. 경제체제

자본주의 체제
사회주의 체제
혼합경제 체제

3. 산업사회의 일과 노동

일의 의미
노동시장

4. 정보사회의 일과 노동

정보화와 직업세계
일의 의미
노동시장

제 14 장

경제와 일

이른바 '먹고사는' 문제는 인류의 출현이래 한시도 게을리 할 수 없는 인류사회의 숙명적 과제이다. 그 이유는 너무도 자명한데, 인간은 살아 숨쉬는 생명체이기 때문에 먹지 않고서는 생존할 수가 없기 때문이다. 이 점에 있어서 인간과 동물은 하등의 차이도 없다. 기아에 허덕이던 과거와 달리 현대사회에서는 물질문명이 비약적으로 발전했기 때문에 더 이상 먹고사는 문제가 중요하지 않다고 말할는지도 모르겠으나, 이는 단지 정도의 차이일 뿐 먹고사는 문제는 오늘날에도 여전히 중요할뿐더러 인류사회가 지속되는 한 미래에도 마찬가지일 것이다. 제 아무리 부유한 사람이라도 먹지 않고서는 육체적 생존을 지속할 수 없을뿐더러 단순한 생계의 차원을 넘어서 보다 다양하고 양질의 희소자원들(예, 부, 명예, 권력 등)을 부단히 추구하는 것이 인간의 원초적인 특성이다. 먹고사는 문제를 달리 표현하면 재화(goods)와 용역(services)의 생산 · 분배 · 소비로서, 사람들이 가치 있다고 생각하는 각종 재화와 용역을 끊임없이 생산해내야 하고, 한정된 분량의 재화와 용역을 사회집단의 여러 성원들에게 적절히 배분해야만 하며, 배분된 재화와 용역은 최종적으로 소비되어져야만 한다. 재화와 용역의 생산 · 분배 · 소비가 바로 '경제'로서, 이는 수많은 사회과학자들이 오랜 세월에 걸쳐 지속적으로 탐구해온 연구주제이다.

흔히 경제하면 경제학자들 고유의 주제라고 생각하는 경향이 있으나, 반드시 그렇지가 않다. 예를 들어, 사회학에서 크나큰 비중으로 다루어지는 맑스(K. Marx)는 경제학에서도 유사한 정도의 비중을 지니는데, 그 이유는 경제현상에 대한 그의 거시적 분석이 결코 어느 한 학문에만 치우치지 않기 때문이다. 그렇다고 해서 경제에 대한 경제학과 사회학

연구 사이에 어떠한 차이도 없지는 않다. 경제학은 재화와 용역의 생산 · 분배 · 소비에 직결되는 경제 본연의 현상들(예, 통화정책, 물가변동, 금융거래 등)에 주로 관심을 지님에 비해서, 사회학은 경제현상을 보다 큰 틀인 전체 사회와 관련지어 이해하려는 성향이 있다. 이를테면, 다국적기업(MNC)이 저개발국가들의 사회변화에 미치는 영향이 무엇인지, 기업조직간 연결망(organizati onal networks)이 조직효과성에 미치는 영향은 무엇인지, 조직성원들의 근무행태(예, 직무만족, 조직몰입, 결근, 소외 등)에 영향을 미치는 요인은 무엇인가 등은 경제와 전체 사회간의 상호작용에 관한 것으로서, 이들은 모두 사회학에서 중요하게 다루어지는 고전적인 연구주제들이다. 사회의 제반 영역들 사이의 벽이 급속히 허물어지면서 학제간 연구(interdisciplinary study)의 필요성이 급속히 대두되는 최근의 상황변화로 인해서 경제학과 사회학 사이의 경계가 다소 희미해지고 그에 따라 경제사회학(economic sociology) 등 예전에는 잘 볼 수 없었던 새로운 분과학문들이 발달하는 것이 사실이기는 하지만, 두 학문 사이에 전통적으로 유지되어온 연구관심의 근원적 차이까지도 사라질 것으로 예측하기는 결코 쉽지 않다.

이 장에서는 사회제도의 하나로서의 경제를 먼저 경제생활 및 경제체제 등의 주제와 관련지어 이해한 후, 경제체제와 일(work) 사이를 연결짓는 매개고리로서 일의 의미 및 노동시장에 대한 심층적인 이해를 도모하기로 한다. 특히 이 장의 끝 부분에서는 현재 급격히 도래하고 있는 정보사회에서 직업세계, 일의 의미, 노동시장 등이 어떻게 변모하는지에 대해 집중적으로 논의하게 될 것이다.

1. 경제생활의 역사적 변화

장구한 인류역사를 통해 사람들의 경제활동은 지속적이면서도 혁신적으로 변해왔다. 경제활동의 변화를 야기한 가장 중요한 요인은 다름 아닌 생산력의 변화로서, 인류사회의 생산력은 실로 가공할 정도로 향상되었다. 이 엄청난 생산력 향상의 한 가운데에 산업혁명(Industrial Revolution)이라는 역사적 사건이 자리하고 있으며, 그 결과로 탄생한 산업사회(Industrial Society)는 인류 경제생활의 커다란 분기령을 형성한다. 그리고 최근 정보혁명과 더불어 급속히 도래중인 정보사회(Information Society)는 산업혁명과 산업사회에 버금가는 또 하나의 획기적인 경제생활 변화를 예고하기에 충분하다. 이 절에서는 산업사회 이전과 산업사회의 경제생활이 각기 어떠한 특징을 지니는지를 자세히 살펴보기로 하겠다.

산업문명이 비약적으로 발전하기까지 인류는 오랫동안 비교적 단순한 형태의 경제생활을 지속해왔다. 산업화가 이루어지기 이전의 시기는 대체로 수렵채취사회, 원예사회, 목축사회, 농경사회 등의 다양한 용어로 명명되는데, 이 시기 경제활동의 가장 중요한 특징은 사람들의 직접적인 육체노동을 통해 생산이 행해졌다는 점이다. 즉, 노동의 대상물(예, 동식물, 토지 등)이 무엇이건 생산은 기본적으로 인간의 근력에 의존하는 방식이어서, 자연상태의 자원 혹은 원재료를 육체노동을 통해 추출해내고 추출된 자원을 별다른 가공절차를 거치지 않은 채 있는 그대로 사용하였다. 오늘날 일상적으로 통용되는 산업분류를 적용해본다면 이 시기는 전형적으로 1차산업 중심의 사회였다. 이러한 경제활동은 사람들간의 유기적 협동을 그다지 필요로 하지 않음으로써, 생산단위가 가족에 한정되었으며, 가정과 일터의 구분도 명확하지 않았고, 분업도 고작해야 성별 또는 연령별로 이루어질 따름이었으며, 경제적 거래행위도 물물교환에 머무를 뿐이었다(Hodson and Sullivan, 1995). 그러나 이와 같이 단순한 경제활동은 생산기술의 점진적 발달에 힘입어 잉여생산물이 점차 증가하면서 서서히 변화하여서, 생산단위가 가족을 넘어 사회의 각 영역으로까지 확대되었으며, 가정과 일터의 구분도 더 명확해지고, 분업 또한 생산활동 내에서뿐만 아니라 비생산활동에로까지 확산되었으며, 화폐를 사용한 거래가 활성화되기에 이르렀다.

산업화 이전의 단순한 경제활동이 비교적 완만한 속도로 변화하다가 급격한 변화의 전기를 맞은 것은 산업혁명을 통해서이다. 산업혁명이 인류에 미친 영향은 실로 엄청난 것으로서, 경제를 포함하여 사회의 거의 모든 영역에 일찍이 경험해보지 못한 혁신적인 변화가 초래되었음은 주지의 사실이다. 산업사회의 경제생활은 몇 가지 중요한 특징을 지니는데, 이들은 대체로 다음과 같다. 첫째, 인간의 근력을 대신할 새로운 에너지원(예, 증기, 전기 등)이 발명되면서 기계와 공장이 출현하였고, 그에 따라 원재료를 가공해서 공산품을 생산하는 2차산업이 사회의 주축산업으로 등장하였다. 둘째, 예전의 생산은 본질적으로 교환보다는 소비를 위한 자급자족적인 것이어서 시장이 잘 발달하지 않았으나 산업사회에서는 생산력이 급증함에 따라 대량생산(mass production)이 가능해지고, 그 결과 상품시장(commodity market)이 급속도로 활성화되었다. 셋째, 생산기술의 발달과 공장제

대량생산은 작업공정을 상당히 복잡하게 만들었고, 그에 따라 가정과 일터는 물리적으로 더욱 더 분리되었을 뿐만 아니라 분업과 전문화가 크게 진전되었다. 넷째, 기계, 공장, 대량생산, 상품시장, 분업, 전문화 등은 효율적이고 효과적인 조직관리의 필요성을 제기하였으며, 그 결과 각종 규율과 규칙으로 무장된 대규모 관료적 조직체들이 생겨났다. 다섯째, 대규모 공장생산 체계는 생산수단(means of production)[1)]을 소유한 사람(즉, 자본가)과 소유하지 못한 사람(즉, 노동자) 사이의 구분을 확연히 함으로써 임금노동(wage labor: 스스로의 노동력을 임금을 받고 판매하는 형태의 노동)을 사회의 지배적 노동행태로 확산시켰다.

한편, 산업사회의 경제생활이 위와 같은 긍정적 혹은 중립적 특징들만을 지닌 것은 아니어서, 일부 부정적인 특징들도 나타냈다. 첫째, 일정한 작업규칙에 따라 기계에 의존해서 특정한 업무만을 집중적이고 단순반복적으로 수행해야만 하는 임금노동 상황은 노동자의 장인적 기능(craftsmanship) 수준을 현저히 저하시키고, 소외(alienation)를 초래하였으며, 노동의 의미를 단순히 생계 또는 여가를 위한 수단으로 전락시키는 결과를 낳았다. 둘째, 대량생산, 상품시장, 임금노동 등 요소들 사이의 유기적 결합은 전례 없이 높은 잉여가치를 창출하였으나 분배의 왜곡을 가져와 부가 자본가에게 과도하게 편중되는 불평등을 초래하였다. 셋째, 이상과 같은 일련의 변화들은 생산과 분배뿐만 아니라 소비까지도 변화시켜서, 근로자들로 하여금 상당한 물질적 풍요에도 불구하고 상대적 빈곤을 경험하게 하고 비정상적인 소비행태(예, 소비를 위한 소비, 과시소비 등)에 탐닉하게 만드는 결과를 가져왔다.

2. 경제체제

동일한 산업사회라 할지라도 재화와 용역이 생산되고 분배되는 방식까지 반드시 동일

1) 생산수단이란 재화와 용역을 생산하고 분배하는 과정에서 잉여가치를 발생시키는 수단으로서, 토지, 노동력, 자연자원, 공장, 자본 등이 그 대표적인 예이다. 역사적으로 볼 때, 인류사회의 생산수단은 사회들마다 지속적인 변화를 보여서, 예컨대 고대 노예사회에서는 노예노동이, 중세 봉건사회에서는 토지가, 현대 산업사회에서는 공장과 자본이 가장 대표적인 생산수단을 형성한다(Marx, 1967[1867]). 정보사회학자들은 다가오는 정보사회의 전형적 생산수단으로 지식(knowledge)과 정보(information)를 지적하기에 주저하지 않는다.

한 것은 아니다. 비근한 예로, 남한과 북한은 같은 산업사회이지만 남한에서는 사유재산의 소유가 허용되고 시장기제의 자연적 흐름에 따라 경제가 운용됨에 비해서 북한에서는 기본적으로 사유재산도 시장경제도 허용되지 않는다. 이와 같은 차이는 경제체제(economic system)의 차이 때문인데, 경제체제란 재화와 용역이 생산되고 분배되는 방식으로서, 자본주의(capitalist economy)와 사회주의(socialist economy)라는 두 가지 상호 대립적인 요소를 포함한다. 자본주의와 사회주의를 구분하기 위해서는 흔히 두 가지 세부 기준—사유재산 소유 여부, 시장통제 방식—이 동원된다. 한편, 경제체제의 이와 같은 이분법적 분류는 다분히 이념형적인 것이어서, 현실적으로는 자본주의 체제라 할지라도 실제로는 일정 부분의 사회주의적 요소를 그리고 사회주의 체제라 할지라도 실제로는 일정 부분의 자본주의적 요소를 포함하게 마련이다.

1) 자본주의 체제

자본주의는 생산수단의 사적 소유와 경쟁적인 자유시장으로 특징 지워지는 경제체제이다. 오늘날 지구상 대부분의 사회들은 자본주의 체제를 유지하고 있는데, 자본주의 사회에서 사람들은 각종 생산수단을 사고팔면서 개인의 이득을 최대한 추구할 권리를 지니며 이러한 권리는 자유로우면서도 경쟁적인 시장기제의 흐름을 통해 합법적으로 보장된다.

사유재산과 경쟁시장의 정당성에 대한 가장 강력한 주장은 고전경제학자인 스미스(Adam Smith)에게서 찾아볼 수 있다. 그는 『국부론』(An Inquiry into the Nature and Causes of the Wealth of Nations, 1976[1776])이라는 고전적 저술을 통해 모든 사람들이 자신들의 사적 이득을 경쟁적으로 추구하게 되면 모든 관련 당사자들(즉, 생산자와 소비자, 자본가와 노동자)에게 혜택이 돌아가서 개인뿐 아니라 국가도 부유해지게 된다고 보았다. 이 때 개인들에 의한 지나칠 정도의 사적 이윤 추구는 이른바 "보이지 않는 손(invisible hands)"에 의해 자동적으로 제어될 수 있기 때문에 자유경쟁시장에 대한 어떠한 형태의 개입(대표적으로 국가의 개입)도 필요하지도 정당하지도 않다고 역설하였다.

원론적으로 말한다면, 사적 이윤추구와 경쟁시장은 스미스의 주장대로 자동제어되므로 국가는 제3자의 입장에서 시장에 대한 개입을 극도로 자제하고 수수방관하는 편이 옳다. 그러나 이는 다만 이상적인 주장일 뿐이어서 자본주의 본연의 모습은 그동안 현실적으로 수많은 문제점을 노출시켜 왔다. 자본주의 체제에 내생된 본질적인 문제점이 가장 적나라하게 드러난 시기는 다름 아닌 자본주의의 발생 초기였는데, 이 시기에 실제로 스미스식의 경제 운용이 보편적으로 이루어졌으며 그 결과 독과점, 부익부 빈익빈, 노동 착취 등의 문제점이 심각하게 발생하였다. 그 이유는 자유경쟁시장이 무엇보다도 힘(자본의 힘)의 논리에 의해 작동하기 때문에 생산수단을 소유한 자본가들에게 부가 지나칠 정도로 편중되기 때문이다. 그러므로 이와 같은 불균형시장은 규제될 필요가 반드시 있는데, 규제의 가장 합법적이면서도 효율적인 당사자는 다름 아닌 국가로서, 국가는 자본주의 본연의 문제점들을 해소시키기 위해서 자유방임적 시장정책을 접고 일정한 범위 내에서 시장에 적극적으로 개입할 것이 요구되었다. 이러한 주장은 특히 미국에서 1930년대 경제대공황(Depression)을 계기로 그 설득력이 급속히 확산되었으며, 오늘날 대부분의 자본주의 사회에서 국가는 물가정책, 환율정책, 노동정책, 조세정책, 관세정책 등 각종 시장개입정책을 사법적 · 행정적으로 폭넓게 실시함으로써 시장에 적극적으로 개입하고 있는 실정이다.

2) 사회주의 체제

자본주의와 대립되는 경제체제로서의 사회주의는 생산수단의 공적 소유 및 중앙집중화된 통제시장을 그 특징으로 한다. 생산수단이 공적으로 소유되어야만 하는 이유는 사적 이해의 추구가 자본가의 이해만을 대변할 뿐만 아니라 국가 또한 철저한 제3자이기보다는 자본가의 이해를 위해 봉사하기 때문이며, 따라서 사회주의에서는 모든 국민들의 평등한 권리를 보장하고 복지를 실현하기 위해 국가가 주도적으로 나서서 생산수단을 공유하고 중앙집중화된 계획경제를 실천해야 한다고 주장한다.

이론적으로 말한다면, “보이지 않는 손”에 의해 움직이는 경쟁시장은 모든 관련 당사자들(자본가, 노동자, 일반대중 등)에게 골고루 혜택을 부여하는 것이 맞다. 하지만 자본의 논리에 의해 움직이는 경쟁시장은 독과점, 부의 편중, 노동 착취 등 수많은 문제점을 노출시키는 것이 현실이며, 따라서 이러한 폐단을 없애기 위해서는 생산수단의 국유화 및 국가계획경제의 실천을 통해 모든 재화와 용역을 집단적으로 생산하고 분배하여야 한다는 것이다. 이를테면, 식료품과 의복, 주택 등 생활필수품을 경제적 능력이 아닌 필요에 따라 배분해야하고, 집중화된 의사결정을 통해 임금을 결정하고 상품가격을 결정하는 등 개인적인 이윤 추구보다는 집단적 복지 추구를 우선시되어야 한다고 본다. 사회주의 체제에서는 이처럼 국가가 경제를 강력히 통제한다는 의미에서 '국가사회주의(state socialism)' 라는 용어가 사용되기도 한다.

순수한 형태의 자본주의 체제가 존재하지 않은 것과 마찬가지로 순수한 형태의 사회주의 체제 또한 실제로는 존재하지 않는다. 역사상 어느 사회주의 체제에서도 순수한 사회주의가 실현된 예는 없었다. 그나마 순수한 형태의 사회주의에 가장 가까운 경우는 개혁개방 이전의 구소련이었을 것이다. 그러나 역설적이게도, 국가사회주의의 전형에 비교적 근접하였다는 구소련은 사회주의의 허구성 및 현실부적합성을 가장 적나라하게 보여준 전형적인 예이기도 하였다. 즉, 구소련을 위시한 사회주의 체제는 시장의 움직임에 상당히 둔감하고 효율성이 결정적으로 저하되며 핵심당원들 위주의 새로운 권력계층을 출현시키는 등 온갖 문제점을 노정시켰으며(Boyes and Melvin, 1994), 이는 1990년대에 들어서면서 소련을 필두로 해서 중국이 개혁개방에 나서고 동구의 사회주의가 급격히 몰락하는 등 세기말적 변화의 결정적인 계기로 작동하였음은 주지의 사실이다.[2)]

3) 혼합경제 체제

순수한 형태의 자본주의 체제도 없고 순수한 형태의 사회주의 체제도 없으며, 따라서 현존하는 경제체제는 모두다 사실상 혼합 경제제체(mixed economy)라고 보아야 한다. 혼합경제 체제란, 말 그대로, 자본주의적 요소로서의 사유재산과 시장경제 그리고 사회주의적 요소로서의 공유재산과 통제경제가 함께 공존하는 체제이다. 다만 여기서 중요한 것은 두 체제의 혼합비율의 문제로서, 자본주의가 지배적이면 자본주의 체제라 부르고 사회

2) 흔히 공산주의(communism)는 사회주의(socialism)와 유사한 의미로 혼용되는 경향이 있는데, 이는 두 용어 모두 실제로 유사한 형태의 경제체제를 가리킨다는 점에서 크게 보아 그릇된 것은 아니다. 하지만 두 용어가 동일한 것은 결코 아닌데, 그 이유는 원론적으로 말해 사회주의는 공산주의로 이행하기 위한 잠정적 단계에 불과하기 때문이다(Marx, 1967[1867]). 다시 말해, 맑스는 사회주의가 이상적인 방향으로 진전되어 온갖 사유재산이 완전히 폐지되고 노동자들이 모든 재화와 용역을 집단적으로 공유하며 군림자로서의 정부조차도 사라질 경우에 비로소 진정한 의미의 공산주의가 구현된다고 보았다. 그리고 Marx는 산업화의 달성을 공산주의로 이행하기 위한 필수적인 전제조건의 하나로 꼽았다. 이렇게 볼 때, 맑스의 논리에 따른다면 구소련의 사회주의(혹은 국가사회주의)가 그의 예측과 달리 공산주의로 이행하기 못한 중요한 이유 가운데 하나는 소비에트혁명 당시의 소련이 봉건적 생산방식이 여전히 지배적인 형태로 남아 있는 전(前)산업화사회이었기 때문이다.

주의가 지배적이면 사회주의 체제라 부를 따름이다. 오늘날 지구상에는 사회주의 체제라고 온전히 부를 만한 사례는 극소수 국가(예, 북한)를 제외하고는 거의 남아 있지 않은 상태이며, 따라서 흔히 자본주의 체제와 혼합경제 체제 사이의 구분은 미국을 위시하여 시장경제를 신봉하는 경우와 북유럽의 사회민주주의 국가들(예, 스웨덴, 영국, 프랑스)과 같이 시장에 대한 국가의 개입을 적잖이 용인하는 경우를 구분 짓는 용어로 사용되는 경향이 있다. 사회민주주의 국가의 경우 기본적으로는 시장경제를 수용하지만 필수적인 재화와 용역(생필품, 의료, 교육, 기간산업 등)에 대해선 국가가 생산과 분배를 위한 역할을 보다 더 적극적으로 하는 경향이 있다.[3)]

오늘날 지구상의 국가들 가운데 "시장이냐 복지냐" 혹은 "성장이냐 분배냐"의 문제를 놓고 심각한 갈등과 딜레마를 겪고 있지 않은 나라는 거의 없다. 이 문제는 흔히 파이(pie)에 비유되곤 하는데, 정해진 파이를 어떠한 방식으로 분할할 것인가가 복지 · 형평 · 분배의 문제라면 해당 파이를 어떻게 하면 더 크게 만들 것인가가 시장 · 경쟁 · 성장의 문제라고 말할 수 있다. 우리나라도 물론 이 문제로부터 자유로울 수 없어서, 특히 1990년대 말에 외환위기를 경험한 이후 이 문제에 대한 거의 국론분열적인 논쟁이 진행되고 있는 실정이다. 주지하다시피, 이 문제가 어려운 이유는 시장 · 경쟁 · 성장 등의 가치와 복지 · 형평 · 분배 등의 가치는 그 어느 것 하나도 포기할 수 없는 것임에도 불구하고 양자를 동시에 추구하는 일은 결코 쉽지 않기 때문이다. 이러한 관점에서 볼 때, 자본주의 체제는 시장 · 경쟁 · 성장 등의 가치를 우선시함에 비해서 혼합경제 체제는 복지 · 형평 · 분배 등의 가치를 우선시한다고도 말할 수 있다. 흔히 사회민주주의 국가들의 모토가 복지국가(welfare state)인 이유도 바로 이러한 측면에서 이해될 수 있다.

한편, 시장(혹은 성장)이냐 복지(혹은 분배)냐의 문제를 둘러싸고 최근 지구상에서는 복지와 분배를 일단 접어둔 채 시장과 성장을 최우선시하는 움직임이 전에 없이 감지되고 있는 실정이다. 이를테면, WTO 등을 통해 여실히 볼 수 있는 바와 같이, 사회민주주의 국가까지를 포함해서 거의 모든 나라들이 관세철폐 및 무역자유화 등을 통해 국가의 시장 개입을 최대한 자제하고 자유경쟁시장을 활성화시키는 전략을 적극적으로 표방하고

3) 엄밀히 말해, 사회민주주의(social democracy)는 단순히 경제체제만을 일컫는 용어이기보다는 경제체제와 정치체제를 모두 일컫는 용어이다.

있다. 물론 이러한 변화의 이면에는 다양한 원인들(예, 선진국 일변도의 국제질서 수립, 지구촌(global villagc)의 형성 등)이 존재하는 것이 사실이지만, 이러한 변화가 경제체제로서의 자본주의의 상대적 우월성과 결코 무관하지 않다는 점에 대다수의 학자들은 공감한다. 다시 말해, 자본주의는 온갖 파행과 문제점에도 불구하고 유연성(체제적 문제점을 스스로 교정하는 능력)이라는 결정적 장점을 보유한다는 데에 상당수 학자들은 공통된 인식을 보이고 있다.

3. 산업사회의 일과 노동

이상에서 소개한 경제체제는 다만 거시적 사회구조일 뿐 경제활동에 종사하는 사람들이 현장에서 실제로 어떠한 일들을 어떠한 방식으로 수행하는가에 관한 내용은 아니다. 여타의 사회현상과 마찬가지로 경제제도도 올바른 이해를 위해서는 거시적 구조에 대한 논의와 더불어 미시적 과정에 대한 이해가 요구된다. 경제제도는 사람들의 일을 통해 실체화되는데, 여기서 일은 상당히 함축적인 용어로서 노동, 직업, 직무, 고용 등 다양한 요소들을 포괄한다. 상품에 있어서 공급과 수요가 존재하는 것과 마찬가지로 일 혹은 노동에 있어서도 공급과 수요가 별도로 존재하는데, 노동의 공급과 관련해서는 노동공급자(즉, 근로자)가 인식하는 일의 의미가 어떠한 것인지를 이해하는 것이 무엇보다도 중요하고 노동의 수요와 관련해서는 노동수요자(즉, 고용주)가 제공하는 시장의 특성을 이해하는 것이 중요하다. 이 절에서는 우선 산업사회의 일의 의미 및 노동시장을 자세히 살펴보고, 연이은 다음절에서는 정보사회의 직업세계, 일의 의미, 노동시장 등에 대해 살펴보기로 하겠다.[4)]

4) 다음에서 논의되는 일의 의미 및 노동시장에 대한 설명은 우리가 현재 살고 있는 혹은 곧 다가올 것으로 예상되는 산업사회 및 정보사회라는 두 사회 사이의 비교를 염두에 둔 것이다. 그러므로 이는 어디까지나 두 사회에 국한된 상대적인 비교일 뿐 다른 유형의 사회(예, 봉건사회, 노예사회 등)와 직접적으로 비교하기에는 무리가 따른다.

1) 일의 의미

일의 의미에 대한 논의는 흔히 사회학의 양대 거목이라고 일컬어지는 맑스(K. Marx)와 베버(M. Weber)에 의해서도 집중적으로 다루어진 주제이다. 어찌 보면, 이들의 사회학적 관심은 일의 의미에서 출발하였다고 하여도 과언이 아닐 만큼 이 주제는 그들에게 중요했다.

먼저, 맑스(1967[1867])의 경우 그의 평생에 걸친 학문적 관심의 원류는 노동(labor)의 개념에 대한 철학적 사유에서 비롯된다. 그에 따르면, 노동이란 본시 인간과 자연 사이의 거침없는 상호작용으로서, 그 자체는 어떠한 종류의 사회적 이해관계(예, 계급관계, 물질적 욕구 등)와도 무관하며 인간의 자아를 실현하는 신성한 과정이다. 이를테면, 앞뜰에 텃밭을 가꾸는 행위(노동)는 누가 시켜서 하는 것도 아니요, 딱히 무엇을 바라고서 하는 것도 아니요, 다만 그 자체가 즐거워서 하는 것일 따름인데, 이것이 바로 노동 본연의 모습이라는 것이다. 맑스에 따르면, 역사변천 과정에서 이러한 형태의 노동은 계급이 아예 존재하지 않았던 원시공동사회에서나 볼 수 있었다고 한다. 그런데 사회가 점차 변화하면서 계급—고대 노예사회에서는 귀족과 노예, 중세 봉건사회에서는 영주와 농노, 근대 자본주의사회에서는 자본가와 노동자—이 출현하고 계급적 이해관계가 발생하면서 피지배계급(즉, 노예, 농노, 노동자)이 행하는 노동은 지배계급(즉, 귀족, 영주, 자본가)의 통제와 착취 아래 놓이게 되었고, 그 결과 노동은 본연의 의미를 상당 부분 상실한 채 특정한 목적 혹은 대가(예, 생존, 소작물, 임금 등)를 위한 강요된 노동으로 변질되었다는 것이다. 맑스는 자본주의 산업사회의 노동자들이 행하는 임금노동(혹은 임노동)에 특별히 비판적이어서, 이러한 노동을 산업사회 노동자들이 일상적으로 경험하는 소외의 핵심적인 원천으로 간주하였다.

맑스와 달리 베버(1976[1904-5])는 자본주의 산업사회의 출현과 발전 그 자체가 자본주의사회에서만 독특하게 생겨난 특수한 형태의 노동을 통해 비로소 가능했다는 입장을 견지한다. 종교에 대한 그의 분석에 잘 나타나있듯이, 베버는 서구사회에서 개신교도의 종교적 신념이 인류 역사상 초유의 강력한 사회경제제도인 자본주의의 출현을 가능케 했다고 보는데, 여기서 종교적 신념과 자본주의 사이의 연계는 근면 · 검소 · 절제 · 금욕 등의 합리적 규율 혹은 일의 덕목(work ethics)을 매개로 하며, 이러한 '합리적 규율에 의거한 부의 축적' 은 역사상 다른 어느 사회에서도 찾아볼 수 없었던 자본주의사회 고유의 노동 개념이라고 보았다.

자본주의 산업사회에서의 노동 혹은 일이라는 동일한 사회현상을 놓고도 그 의미에 대한 맑스와 베버의 분석은 이처럼 상이하다. 일의 의미에 대한 학술적 진단은 학자들의 관점에 따라 달라질 수 있는 것이 물론이며 각 관점은 나름대로의 설득력을 보유하는 것 또한 사실이다. 그럼에도 불구하고 자본주의 산업사회가 분업 및 전문화 등을 통해 다양한 형태의 직업세계와 노동시장을 발전시켰다는 점에 이의를 제기하는 학자는 별반 없으며, 따라서 이제 현대 산업사회의 노동시장이 과연 어떠한 모습을 지니는지를 자세히 살펴볼 필요가 있다.

2) 노동시장

상품이 거래되는 시장이 상품시장(commodity market)이라면 노동력이 거래되는 시장은 노동시장(labor market)이다. 노동시장은 그 근본적 작동원리에 있어서 상품시장과 하등의 차이가 없다. 즉, 상품시장에서와 마찬가지로 노동시장에서도 수요 · 공급의 원리가 적용되고, 보이지 않는 손(invisible hands: 즉, 시장의 자연발생적 움직임) 또는 보이는 손(visible hands: 대표적으로, 국가)에 의해 시장이 움직인다. 산업사회 노동시장의 특성은 유기적인 상호연관성을 지니는 세 가지 측면—노동시장의 유형, 고용관행, 노동통제방식—에서 이해될 수 있다.

첫째, 산업사회에서는 내부노동시장, 그 중에서도 특히 기업내부노동시장이 비교적 잘 발달되고 강화되는 경향이 있다. 노동시장의 유형은 크게 외부노동시장(ELM; external labor markets)과 내부노동시장(ILM; internal labor markets)으로 구분되는데, 외부노동시장이란 쉽게 말해 외부에 노출된 시장으로서 노동공급자에 대한 어떠한 형태의 인위적인 보호도 없는 자연발생적인 노동시장을 가리킴에 비해서 내부노동시장은 노동공급자에 대한 인위적이고 특수한 보호(고임금, 승진, 고용안정 등)가 제공되는 노동시장을 가리킨다(Doeringer and Piore, 1971). 예를 들어, 공사장에서 날품을 파는 인부의 경우 그 수요 · 공급 및 노동력 가격(임금)이 대체로 시장기제의 자연적 흐름(예, 기술수준, 숙련도 등)에 따라 수시로 움직일 뿐 어떠한 형태의 인위적인 움직임(예, 특별한 고임금, 고용보장)도 작동되지 않는다. 이에 비해, 그 공사장의 공사 책임을 맡고 있는 현장소장의 경우

시장상황이 매일매일 변한다고 해서 그의 임금이나 고용이 수시로 그리고 경쟁적으로 요동하는 것이 아닐뿐더러 실제로 그는 자신이 보유한 기술 · 기능에 비해 높은 처우(고임금, 승진, 고용안정 등)를 보장받는 경향이 있다. 고용주의 입장에서 볼 때, 공사장의 인부에게 어떠한 인위적인 보장도 제공하지 않는 이유는 그렇게 하는 것이 바로 시장의 움직임에 충실한 합리적인 선택이기 때문이며, 반면에 현장소장에게는 양질의 인위적 보장을 제공하는 이유 또한 그렇게 하는 것이 핵심인력에 대한 안정적인 인력수급과 충성(loyalty)을 보장받기 위한 합리적 선택이기 때문이다(Williamson, 1975). 여기서, 공사장 인부의 노동시장이 외부노동시장이라면 현장소장의 노동시장은 내부노동시장에 해당한다. 한편, 외부노동시장의 잔여범주로서의 내부노동시장은 그 시장이 구축되는 대상이 기업이냐 직업이냐에 따라 기업내부노동시장(FILM; firm internal labor markets)과 직업내부노동시장(OILM; occupational internal labor markets)으로 다시금 양분되는데, 내부노동시장의 기본적 특성[5]이 나타나는 대상이 기업이면 기업내부노동시장으로 그리고 그 대상이 직업이면 직업내부노동시장으로 불린다. 이를테면, 어느 대기업의 사원은 기업내부노동시장에 속해 있고 어느 병원의 의사는 직업내부노동시장에 속해 있다고 말할 수 있는데, 그 이유는 대기업 사원이 누리는 각종 보상(고임금, 승진, 고용보장 등)은 그 사원이 그 기업체에 근무하는 한 근무경력에 상승하는 방식으로 제공되는 성격임에 비해서, 의사가 누리는 각종 보상들은 그가 의료직에 종사하는 한 지속적으로 제공되는 것으로서 설사 그가 특정한 업체(병원)를 떠나 다른 업체로 이직한다고 하더라도 그의 직업적 경력에 따라 고스란히 제공되는 성격을 지니기 때문이다. 여하튼, 산업사회에서는 내부노동시장, 특히 기업내부노동시장이 비교적 잘 발달하는 경향이 있는데, 이는 기본적으로 산업사회의 지배적 생산상식은 소품종 대량생산이며 이러한 생산을 위해서는 고용주에 대한 집단적 충성심으로 중무장된 인력의 확보가 무엇보다도 필수적인 전제조건이기 때문이다. 다시 말해, 근로자들이 일정한 직장의 고용주에게 집단적 충성을 제공하고 그 반대급부로 고용주는 시장 상황을 능가하는 집단적 보상을 제공하는 것이 서로에게 이득이 되는 상황에서 기업내부노동시장은 산업사회의 합리적 선택인 셈이다.

5) 내부노동시장의 기본적 특징이란 외부노동시장으로부터 격리된 채 입직 통로(ports of entry)가 밑으로만 제한된 상태에서 일정한 승진사다리(job ladders)를 경유한 내부적 상승이동을 보장하며 이러한 상승이동은 기술 · 기능 수준의 향상에 상응하는 방식으로 이루어지는 것을 말한다(Althauser and Kalleberg, 1981).

둘째, 산업사회에서는 연공서열적인 고용관행이 비교적 많이 사용되는 경향이 있다. 고용관행(employment practices)이란 새로운 근로자 및 기존 근로자를 충원하고 배치시키는 조직행위를 가리키는 것으로서, 연공서열적(seniority-oriented) 관행과 업적지향적(achievement-oriented) 관행이라는 두 가지 속성이 양극단을 형성하는 연속성(continuum)상의 개념이다. 연공서열적 관행은 이른바 '넨꼬'(Nenko)라는 이름으로 널리 알려진 일본의 종신고용제(lifetime employment system)에서 그 전형을 찾아볼 수 있는데, 근로자에 대한 조직보상의 기준으로 개개인의 능력보다는 근속기간이나 연령이 사용된다. 한편, 업적지향적 관행은 구미를 중심으로 비교적 근래에 정착되기 시작한 성과제(merit system)에서 전형적으로 볼 수 있으며, 근속이나 연령보다는 개개인의 능력과 성취를 바탕으로 보상을 제공하는 방식이다. 고용관행을 연속선상의 개념으로 이해하는 이유는 어느 사회의 어느 조직이건 어느 한 쪽의 극단에 완전히 치우친 경우는 거의 없고 실제에 있어서는 두 가지 속성이 동시에 나타나기 때문이며, 이렇게 볼 때 고용관행이 연공서열적 또는 업적지향적이라고 말하는 것은 두 속성의 혼합비율에 따른 상대적 분류일 따름이다. 여하튼, 사회에 따라 차이는 있지만 산업사회의 고용관행은 다분히 연공서열적인 특성을 보이는 경향이 있다. 이는 특히 집단적 · 위계적 특성이 뚜렷한 유교적 전통이 지배적인 동양사회의 경우에 더욱 더 그러하여서, 임금이나 승진 등의 주요 조직보상이 근속이나 연령을 중심으로 제공된다. 이와 같은 관행은 여러 가지 문제점(예, 동기화의 결여, 인사고과의 공정성을 둘러싼 조직내 혼란 등)에도 불구하고 산업사회와 나름대로의 정합성을 보유하는 것으로 볼 수 있다. 다시 말해, 유형의 산업자본(예, 토지, 금전, 기계 등)을 핵심적 생산수단으로 사용해서 자동화된 대량생산을 도모하는 산업사회에서는 집단적 협력이 다른 어떤 것보다도 중요하여서, 근로자는 고용안정 및 연공적 임금과 승진을 보장받고 그 대가로 고용주는 집단적 충성을 보장받는 공생의 관계를 유지할 수 있는 것이다.

셋째, 산업사회의 노동통제방식은 비교적 집단적이고 강압적이며 단편적인 경향이 있다. 이와 같은 통제방식의 사용은 무엇보다도 생산기술의 특성과 밀접히 연관된다. 즉, 산업사회에서는 컨베이어벨트라는 자동화 설비로 대표되는 일관조립작업(assembly line production)이 핵심적인 생산기술로 사용되는데, 이 기술의 원활한 적용을 위해서는 무엇보다도 일사불란한 작업진행이 요구되고, 이는 또다시 효과적이고 효율적인 노동통제의 필요성을 제기하며, 그러한 필요성에 적극 조응하기 위해 고용주는 온갖 규칙과 규율을 포함하는 주도면밀한 통제를 계획하고 이를 집단적 · 강압적 · 단편적인 방식으로 이행하는 경향이 있다. 이러한 통제방식은 흔히 산업사회의 가장 전형적인 작업관리체계로 일컬어지는 이른바 테일러주의(Taylorism) 및 포드주의(Fordism)를 통해 여실히 확인된다.

4. 정보사회의 일과 노동

불과 10여년 전까지만 하더라도 이 지구상 대부분의 사람들은 가상공간, 전자우편, 전자정부, 사이버수업, 원격진료, 사이버범죄, 정보불평등, 사이버머니, 스마트하우스, 재택근무, 가상성행위 등의 용어를 들어본 적도 없었을 것이다. 그러나 이제 수많은 사람들이 정보화 혹은 정보사회의 근간을 이루는 이러한 용어들의 뜻을 이미 잘 알고 있을 뿐만 아니라 이 용어들의 실체적 내용이 그들 일상생활의 어엿한 일부분을 구성하고 있다. 이러한 변화는 무엇보다도 정보통신기술(IT; information technology)의 비약적 발달에 힘입은 것이며, 그 진원지는 사회의 다른 어떤 부문보다도 정보통신기술을 가장 앞다투어 도입하고 가장 폭넓게 활용하고 있는 경제부문인 직업세계라고 말할 수 있다. 정보사회의 직업세계에 어떠한 변화가 나타나고, 일의 의미는 어떻게 변화하며, 노동시장은 또 어떻게 변모하는지를 살펴보면 다음과 같다.

1) 정보화와 직업세계

직업세계는 정보기술의 진원지임과 동시에 정보기술의 발전에 의해 가장 많은 변화의 압력을 받고 있는 장(場)이기도 하다. 직업세계가 변화의 압력에 가장 많이 노출될 수밖에 없는 이유는 직업세계의 근간을 이루는 기업이 그 본질적 목적인 이윤창출을 위해 시장에서 비교우위를 점해야 하고, 이를 위한 핵심적 관건은 다름 아닌 정보기술의 적극적 도입과 광범위한 활용이기 때문이다. 비근한 예로, 여느 사무실의 최근 업무진행 방식을 유심히 관찰해보면, 각종 공문의 회람과 서류결재는 사내 통신망인 인트라넷(Intranet)을 통해 행해지고, 외국회사 혹은 해외지사와의 교신은 화상회의 등을 통해 실시간으로 이루어지며, 생산공장에서의 물품생산은 자동제어체계를 사용해서 이루어지고, 각 거래처와 오가는 주문 또한 온갖 정보기술을 활용해서 이루어진다. 사무실의 이와 같은 사무자동화는 조직구성원들에게 필요한 정보와 지식의 양을 증가시키면서 그들의 업무를 보다 효율적으로 조직화하고 효과성을 증진시키는 데 기여한다. 마찬가지로, 생산현장에서도 컴퓨터수치제어(computerized numeric control)에 기반한 공장기계나 로봇을 이용함에 따라 예전에 인간의 육체노동을 대신하는 공정자동화가 이루어지며, 그로 인해 제품의 품질향상과 비용절감을 동시에 실현시키고 있다. 이러한 변화가 기업조직으로 하여금 가일층 고부가가치적인 활동에 몰두할 수 있게 함은 더 말할 나위가 없다.

한편, 조직효과성 혹은 생산성의 향상이 정보기술의 발전 그 자체에 의해서 혹은 그것의 맹목적 도입에 의해서 저절로 이루어지지는 않음을 기억할 필요가 있다. 예를 들어, 최근 구미의 자동차 생산공장에서는 기술자들끼리만 모여서 작업공정을 설계하던 기존의 관행을 탈피해서 작업공정의 설계에 기술자들뿐만 아니라 사회과학자들(사회학자, 심리학자 등)까지도 함께 참여시키는 추세이다. 이러한 변화의 배경에는 생산행위란 단순히 기술적으로만 접근할 사안이기보다는 작업장 안팎의 사회적 측면까지도 동시에 고려하는 방식으로 접근해야만 하는 사안이라는 공감대가 매우 폭넓게 형성되어 있다.[6] 이는 마치 정보통신기술을 도입하는 것만으로는 전자정부(electronic government)가 구현될 수 없고, 새로운 기술의 보편적이고 실질적인 활용을 가능케 하는 사회 저변의 기반(예, 기술이용에 대한 사람들의 사회적 · 문화적 공감대, 기술이용의 효과에 대한 체계적 검증 등)이 형성될 때에 비로소 의도했던 소기의 목적이 달성될 수 있음과 같은 논리이다. 결국 직업세계에서도 정보기술의 사용이 효율성 · 효과성과 밀접히 연계되기 위해서는 조직내부의 기술외적 혹은 사회적 요인들(예, 업무처리절차, 고용관행, 인사고과체계, 위계구조 등)의 변화가 필히 동시에 수반되어야만 한다. 이를테면, 지식정보사회의 기업은 기본적으로 그 업종이나 규모 등에 관계없이 기존의 경직적 관료체계를 벗어나 위계계층수를 축소시키

6) 작업공정의 설계에 기술적 측면만을 부각시키는 방식의 전형은 테일러주의(Taylorism) 및 포드주의(Fordism)로 대표되는 산업사회의 기존 관행에서 쉽게 발견된다. 이러한 작업설계방식은 기술적 측면을 지나치게 강조한 나머지 사회적 측면(예, 작업의 흐름이 유발하는 노동자의 정서 변화, 노동자들 사이의 인화관계 등)을 간과함으로써 인간화된 노동(humanized labor)에 역행할 뿐만 아니라 궁극적으로는 전체 조직의 효과성에도 부정적인 영향을 미치는 것으로 알려져 있다. 최근 작업현장에서 강조되는 소위 '사회기술체계(socio-technical system)' 의 필요성에 대한 주장도 이와 같은 인식의 연장선상에서 이해될 수 있다.

고 유연한 조직구조를 마련할 필요가 있을 뿐 아니라 조직성원의 고용 · 통제 · 평가 등에 있어서도 보다 더 창조적이고 유연한 절차를 구비할 것을 강력히 요구받는다.

2) 일의 의미

산업사회의 주된 생산수단이 토지, 금전, 기계 등 유형의 산업자본이었다면 정보사회의 주된 생산수단은 무형의 지식(knowledge)과 정보(informaion)이다. 이는 산업사회와 달리 정보사회에서는 토지나 금전 등의 산업자본이 전혀 없이 아이디어 하나만으로도 얼마든지 부를 창출해낼 수 있음을 의미한다. 산업사회와 비교해볼 때 정보사회의 일과 노동이 어떻게 변모하는지를 몇 가지 중요한 특성들만을 중심으로 살펴보면 다음과 같다.

첫째, 정보사회의 핵심적 생산수단이 지식과 정보라는 사실은 무엇보다도 중요한 일의 덕목(work ethics)이 창의성임을 뜻한다. 베버(M. Weber)가 주장하듯이 산업사회에서는 근면 · 검소 · 절제 · 금욕 등이 가장 중요한 일의 덕목이어서, 주어진 여건에서 열심히만 일을 하면 일정 부분 부를 축적하는 것이 가능하였다. 하지만 열심히 일하는 것만으로는 지식과 정보를 창출해내는데 한계가 있을 수밖에 없고, 따라서 정보사회에서는 움직이기에 앞서 생각하고 창조적인 아이디어를 제시하는 것이 절실히 요구된다.

둘째, 정보사회의 노동은 산업사회에 비해서 보다 자율적이고 충족적이며 숙련된 형태로 변모할 가능성이 높다. 앞서 지적하였다시피, 맑스(K. Marx)를 위시한 갈등론자들은 자본주의 산업사회에서 노동자들이 노동의 본질적 의미를 상실한 채 왜곡되고 착취된 노동에 시달려서 극심한 소외를 경험할 뿐만 아니라, 획일화된 공정에 따라 작업이 진행되기 때문에 기술 · 기능의 수준이 현격히 저하되는 '탈숙련화(deskilling)'가 급속도로 진행된다고 보았다(Braverman, 1974). 그러나 정보사회는 다양한 지식과 기술을 필요로 할 뿐만 아니라 정보기술을 도입하는 이유 자체가 복잡하고 불확실한 상황에 효율적으로 대처하기 위한 것이기 때문에 업무의 자율성이 크게 확대되며, 노동자의 개인적 숙련도가 향상되고, 자기충족적인 노동이 이루어질 가능성이 크다.

셋째, 정보사회는 생산자뿐 아니라 고객의 기호에도 근본적인 변화를 몰고 옴으로써, 기존의 획일화된 대량소비를 탈피하여 개개인이 자신만의 독특한 기호를 추구하게 만든다. 대량생산과 대량소비로 특징 지워지는 산업사회에서는 획일적인 생산과 획일적인 소비가 주류를 이루었으며, 그 결과 소품종 대량생산이 지배적인 생산방식이었다. 하지만 급변하는 고객의 기호에 적극 부응하기 위해서는 다품종 소량생산 방식이 필수적으로 요구되며, 이는 번뜩이는 창의성의 뒷받침이 없이는 결코 실현될 수 없다.

3) 노동시장

정보사회 노동시장의 특성을 노동시장의 유형, 고용관행, 노동통제방식의 각 측면에서 살펴보면 다음과 같다.

첫째, 정보사회에서는 외부노동시장과 내부노동시장이 극단적으로 이원화되고, 내부노동시장 중에는 직업내부노동시장(OILM)이 강화되는 추세를 보이게 된다. 정보사회학자들은 이러한 현상을 노동력 구성의 양극화(polariza tion)라고 부르곤 하는데(Castells, 1996), 온갖 지식과 정보로 무장한 소수의 핵심노동력(core labor force)과 다수의 소모적 노동력(disposable labor force)으로 노동력이 확연히 분리되는 현상을 가리킨다. 여기서, 소수의 핵심노동력은 전문적 식견을 보유한 지식 · 정보의 창출자로서 내부노동시장의 강력한 보호를 받게 됨에 비해 다수의 소모적 노동력은 특별한 지식 · 정보를 소유하지 못한 채 외부노동시장의 격랑(예, 불안정한 고용, 저임금 등)에 힘없이 휘둘릴 수밖에 없다. 그리고 소수의 핵심노동력은 자신들의 전문가적 자질을 무기로 하여, 고용주가 자신들을 쇼핑하기를 기다리기보다는 자신들이 고용주를 쇼핑하면서 이 기업 저 기업을 옮겨다니며 몸값을 높이는 직업내부노동시장의 보호를 받게 된다. 한 고용주의 개별적 통제 아래 놓인 기업내부노동시장과 달리 직업내부노동시장은 개별 기업의 경계를 넘어서는 해당 직업 종사자들의 집단적 통제 아래 놓인 공급자 위주의 노동시장이기 때문에(Osterman, 1984) 노동시장을 관할하는 주체도 지식근로자이며 노동시장의 주된 작동기제 또한 이들의 직업적 경력과 자질을 위시한 직업이력이다.

둘째, 정보사회에서는 기존의 연공서열적 관행을 대신해서 업적지향적 고용관행이 뚜렷이 자리잡게 된다. 기업내부노동시장이 무너지는 이유와 마찬가지로, 한 고용주에 대한 집단적 충성을 근간으로 하는 연공서열적 관행은 정보사회에서 설 땅이 급격히 줄어들게 마련이다. 왜냐하면, 정보사회의 주된 생산수단은 지식 · 정보인데 지식 · 정보는 그 성격상 집단적이기보다는 개별적이어서 조직보상의 제공 단위가 개개 근로자일 수밖에 없을 뿐만 아니라 보상제공의 핵심적 기준 또한 개인의 충성심보다는 개인의 창의력일 수밖에 없기 때문이다. 이러한 변화는 최근 이른바 평생직장(lifetime employment)의 신화가 무너지면서 평생직업(lifetime occupation)의 중요성이 날로 부각되는 현실과 결코 무관하지 않다. 근로자의 입장에서 이는 한 직장의 고용주에 대한 일방적인 충성만이 미덕이었던 지난날의 관행을 대신하여 여러 잠재적 고용주들을 매혹시킬 만한 자신 특유의 직업적 능력과 경력이 절실함을 의미한다. 고용주의 입장에서도 이는 그 동안 비교적 용이하게 보장받아왔던 근로자들의 집단적 충성에 대한 집단적 보상을 대신하여 개별 근로자들의 차별적 기여에 대한 차별적 보상 체계의 마련이 절실함을 의미한다. 고용주와 근로자 사이의 관계를 유인-기여(inducement-contribution)의 함수관계로 파악하는 교환론적 시각(March and Simon, 1958)에서 볼 때, 이러한 변화는 고용주의 일방적 유인과 피고용인의 맹목적 기여에 기초한 기존의 고용관행이 양자 모두의 다분히 합목적적이고 이해타산적인 평가에 기초한 유인—기여 체계로 새로이 탈바꿈하고 있음을 시사한다. 최근 한국이나 일본의 경우에서도 볼 수 있듯이, 어느 사회를 막론하고 연공서열적 관행을 제치고 업적지향적 고용관행이 전세계적으로 자리잡아가고 있는 경향은 실로 이러한 변화의 요구를 실감케 하기에 충분하다.

셋째, 정보사회에서는 기존의 집단적 · 강압적 · 단편적 방식에서 벗어나 개별적 · 규범적 · 상징적 노동통제방식에 대한 의존도가 크게 높아진다. 통제방식의 이러한 변화가 지식 · 정보를 위주로 하는 생산수단의 등장과 그에 수반하는 여러 측면의 변화들(노동시장의 변화, 고용관행의 변화 등)과 밀접히 맞물려 있음은 물론이다. 주지하다시피, 산업사회에서는 일사불란한 작업수행의 필요성 때문에 관료제적 규칙 및 위계적 권위구조에 의거한 엄격하고 공식적인 통제가 요구되는 것이 사실이다. 그러나 정보사회는 그 특성상 지식 · 정보의 소유자에 대한 공식적이고 위계적인 통제는 실효를 거두기가 대단히 어려우며, 따라서 자기통제, 동료통제, 고객통제 등으로 대표되는 개별적 · 규범적 · 상징적 방식의 통제가 이루어질 수밖에 없다. 아울러, 노동통제방식의 이와 같은 변화는 기존의 과정에 대한 통제(process control)가 결과에 대한 통제(outcome control)로 대치됨을 의미하며, 이는 또한 개별 근로자의 책임성 증대를 전제로 하는 변화임은 두말할 나위가 없다.

이상에서 논의한 정보사회의 변화상은 최근에서야 시작되어 급속도로 추진되는 와중이기 때문에 그 향방을 가늠하기가 쉽지 않다. 이 점에서 볼 때, 이상의 논의는 변화의 실상을 정확히 포착하지 못한 것일 수도 있다. 그럼에도 불구하고 이러한 논의가 대다수의 정보사회학자들이 익히 공감하는 전반적인 변화임에는 틀림이 없다. 또한 정보사회의 이와 같은 변화가 과연 올바른 방향으로의 변화인지도 현재상태에선 속단하기 쉽지 않다. 이를테면, 노동시장이나 고용관행의 변화가 사회체제의 변동에 따르는 근원적인 문제인지 아니면 일부 초강대국을 중심으로 한 서구사회의 영향력 확대에 따른 단편적 문제인지도 일정 부분 명확치 않은 것이 사실이다. 하지만 중요한 것은 그와 같은 변화가 비교적 지속적이면서도 빠른 속도로 진행되고 있다는 사실이며, 따라서 그에 적극적으로 대비하려는 자세가 어느 때보다도 절실한 시점이다.

■■ 참고문헌

Althauser, R. P. and A. L. Kalleberg. 1981. “Firms, Occupations, and the Structure of Labor Markets: A Conceptual Analysis.” Pp. 119-149 in I. Berg (Ed.), *Sociological Perspectives on Labor Markets.* New York, NY: Academic Press.

Boyes, W. and M. Melvin. 1994. *Economics.* 2nd Edition. Boston, MA: Houghton Mifflin.

Braverman, H. 1974. *Labor and Monopoly Capital.* NY: Monthly Review Press.

Castells, M. 1996. *The Rise of the Network Society.* Malden, MA: Blackwell Publishers.

Doeringer, P. and M. Piore. 1911. *Internal Labor Markets and Manpower Analysis.* Lexington, MA: Heath.

Hodson, R. and T. A. Sullivan. 1995. *The Social Organization of Work.* 2nd Edition. Belmont, CA: Wadsworth.

March, J. G. and H. A. Simon. 1958. *Organizations.* NY: John Wiley.

Marx, K. 1967. *Capital: A Critique of Political Economy.* Edited by F. Engels. NY: International (Originally Published in 1867).

Osterman, P. 1984. “White-Collar Internal Labor Markets.” Pp. 163-189 in P. Osterman (Ed.), *Internal Labor Markets.* Cambridge, MA: MIT Press.

Smith, A. 1976. *An Inquiry into the Nature and Causes of the Wealth of Nations.* Edited by R. H. Campbell and A. S. Skinner. Oxford, England: Clarendon (Originally Published in 1776).

Weber, M. 1976. *The Protestant Ethic and the Spirit of Capitalism.* Translated by T. Parsons. Introduction by A. Giddens. NY: Scribner (Originally Published in 1904-05).

Williamson, O. E. 1975. *Markets and Hierarchies.* NY: Free Press.

제 15 장

농촌과 도시

1. 농촌공동체

민속사회
전통적 성격
사회구조의 변화

2. 도시공동체

도시의 발달
도시성
생태학적 과정과 모형
하위공동체

제 15 장

농촌과 도시

생태계의 한 종으로서 인간은 다른 동물과 마찬가지로 지역적으로 주어진 자연환경에 적응하면서 살아왔다. 그러나 인간은 자연을 변형시킬 수 있는 능력, 즉 기술능력을 가지고 있으며 분업과 규범을 바탕으로 공동체생활을 영위하고 있다는 점에서 다른 동물과 크게 다르다. 이 장에서는 농촌과 도시공동체의 성격과 구조 및 그 변화를 살펴보고자 한다.

사회학에서 공동체(community)라는 말은 여러 가지 의미로 사용되고 있다. 그것은 학술단체, 군대, 종교집단, 인종집단 등과 같은 구체적인 사회집단을 가리키는 말로 사용되기도 하며 정신적인 측면에서 어떤 연대의식 또는 일체감을 가지고 있는 사람들의 총체를 지칭하는 말로도 사용되고 있다(홍동식 · 강대기, 1985: 18~23). 그러나 여기서 문제로 삼고 있는 공동체는 이와 같이 넓은 의미에서의 공동체가 아니라 촌락, 읍, 도시, 거대도시 등과 같이 사람들의 일상생활이 영위되는 지역집단, 즉 지역공동체이다.

지역공동체의 개념은 위에서 기술된 바와 같이 일상생활이 영위되는 지역집단이라고 간단히 규정될 수 있다. 그러나 이와 같이 간단한 규정만으로는 그 성격을 파악할 수 없을 것이다. 호톤과 헌트는 몇몇 학자들(Hillery, 1955; Jonassen, 1959; Willis, 1977; Horton and Hunt, 1980: 422)의 규정들을 종합하여 지역공동체를 다음과 같은 몇 가지 특성으로 정의하고 있다. 즉 지역공동체란 "① 전문화되고 상호의존적인 기능들로 이루어진 분업체계와 ② 여러 가지 활동들을 조직하는 공통의 사회문화체계를 가지고 있으며 ③ 일체감 및 소속감을 가지고 ④ 조직화되어 함께 행동할 수 있는 ⑤ 일정지역 내에 거주하는 ⑥ 사람들의 집단"이라고 규정하고 있다. 이 정의에서 핵심이 되고 있는 요소는 지리적 영역의 공유, 사회적 상호작용 그리고 유대감 등의 세 가지로 간추릴 수가 있겠다.

전통적으로 지역공동체는 농촌과 도시로 대별하여 연구되어 왔다. 그러나 그 구분은 불완전하다. 그 이유는 첫째, 이러한 구분에 엄격히 따르자면 어촌, 광산촌, 상인촌 등이 제외될 수가 있고 둘째, 도시와 농촌을 구분하는 데에도 어떤 절대적인 기준이 없기 때문이다. 위의 두 가지 문제 중에서 첫째 것은 그리 심각한 문제가 아니다. 왜냐하면 어촌 등과 같은 촌락은 다소 의미상의 문제가 있기는 하나 농촌공동체의 범주에 넣어 연구될 수가 있기 때문이다. 그러나 도시와 농촌은 어떤 절대적인 기준에 의해서 양분될 수 없기 때문에 그 구분은 애매할 수밖에 없다.

그럼에도 불구하고 대부분의 사회학자들은 도시와 농촌을 서로 대립시켜 연구하여 왔다. 그 대립적 특성들은 퇴니스나 뒤르켐과 같은 고전사회학자들이 제안한 사회에 대한 양분법적 이념형(dichotonomous ideal type)[1] 을 적용하여 파악되기도 하고, 레드필드(Robert Redfield)가 제안한 민속(농촌)-도시의 연속성(folk-urban continuum)이라는 관점에서도 연구되어 왔다. 레드필드의 접근방법도 민속사회와 도시사회를 양극적 이념형으로 제시하고 있다는 점에서 위의 양분법적 접근방법과 같다. 그러나 레드필드의 접근방법은 실제로 존재하는 공동체들을 양극적인 두 부류로 구분하는 것이 아니라 그 연속선상의 차이로 본다는 점에서 양분법적 이념형에 의한 접근방법과는 다르다(Reissman, 1970: 122~138). 이와 같은 연속성의 개념에 따라 어떤 공동체가 민속적 또는 도시적 성격을 다른 공동체보다 더 강하게 가지고 있는가를 파악할 수 있고 또한 민속적 성격이 강하였던 공동체가 도시적 성격으로 바뀌어가는 모습도 관찰할 수 있다. 그러나 공동체 연구에서 가장 중요한 문제는 농촌과 도시는 서로 어떻게 다른가를 밝히는데 있다. 따라서 여기서의 논의도 농촌과 도시는 각각 어떤 특성들을 가지고 있으며 그들은 어떻게 변화하고 있는가에 그 초점이 모아질 것이다.

1) 퇴니스의 게마인샤프트와 게젤샤프트 그리고 뒤르켐의 기계적 연대와 유기적 연대를 각각 농촌과 도시의 특성으로 이해하는 접근방법을 말한다.

1. 농촌공동체

인류는 역사 이래로 공동생활을 하여왔다. 그러나 오늘날에서와 같이 일정지역에 정착하여 공동체생활을 한 것은 신석기 시대의 농업혁명과 더불어서이다. 오늘날의 농촌공동체들은 그 형성의 역사가 오랜 만큼 매우 다양하나 다음의 두 가지로 대별하여 볼 수가 있다. 첫째 형태는 중심지와 산재하여 있는 농가들로 구성된 읍-농촌형이고, 여기서 읍이라 함은 우리나라의 행정구역단위로서의 읍과 같은 곳이 아니라 면소재지처럼 소규모의 중심지를 의미한다.[2] 두 번째 형태는 이러한 중심지가 없는 촌락공동체이다.

읍-농촌형의 공동체는 미국과 서구에서와 같이 농가당 농지면적이 큰 곳에서 발전하고, 촌락공동체는 우리나라를 포함한 아시아의 여러 지역에서와 같이 농가당 농지면적이 적은 곳에서 지배적으로 나타나는 형태다. 촌락공동체는 더 세분하여 가옥이 밀집해 있는 집락형, 하천변이나 도로변을 따라 길게 펼쳐 있는 직선형, 그리고 하나 또는 소수의 대농지 소유주와 여기서 일하는 농가들로 구성된 장원형 등으로 분류된다. 여기서 부가해서 대체로 집락형을 취하고 있는 광산촌, 어촌, 상인촌 등도 농촌공동체의 범주로 포함시켜 연구되고 있다는 것을 알아둘 필요가 있겠다.

이와 같이 농촌공동체들은 다양한 형태를 취하고 있으나, 이들 모두는 몇 가지 공통의 전통적 성격들을 가지고 있다. 먼저 그 전통적 성격들을 대표해 주고 있는 '민속사회' 라는 개념을 간단히 소개하고 이 개념에 따라 농촌공동체의 일반적 성격들을 조금 더 자세히 고찰한 다음에 그 변화를 살펴보기로 하겠다.

1) 민속사회

민속사회란 전통적 농촌공동체들에서 나타나는 몇 가지 두드러진 성격을 추출하여 구성해 놓은 하나의 이념형적 개념이다. 이것은 퇴니스가 제시한 사회의 두 가지 이념형적 분류, 즉 공동사회(Gemeinschaft)와 이익사회(Gesellschaft)에서 전자의 특성과 유사한

2) 여기서 읍이라 함은 우리나라의 행정구역 단위로서의 읍과 같은 곳이 아니라 면소재지처럼 소규모의 중심지를 의미한다.

성격을 갖고 있다. 레드필드는 민속사회의 개념을 다음과 같이 기술하고 있다(Redfield, 1947).

민속사회는 소규모이고 고립되어 있으며 개화되어 있지 않고 동질적이며 강한 집단유대감을 갖고 있다. 여기서의 생활양식은 우리가 '문화'라고 일컫는 통합된 체계 내에서 관례화되어 있다. 개인의 행위는 전통적이고 자발적이며 무비판적이고 인격적이다. 여기서는 법규나 지적 목적을 위한 실험과 숙고의 습관이 없다. 친족의 관계와 제도는 경험의 범주에 속하며 가족집단이 행위의 단위이다. 신성적인 것이 세속적인 것을 지배하고 경제는 시장이 아니라 지위의 문제로 되어 있다.

민속사회는 많은 전통적 농촌공동체들에서 관찰될 수 있는 두드러진 성격들을 뽑아 이념형적으로 구성해 놓은 가상적 사회이다. 실제로 존재하였거나 현존하는 어떤 농촌공동체는 위의 성격을 어느 정도 모두 갖고 있을 수도 있으나, 대부분의 경우는 그렇지 못하다. 어떤 특성, 예를 들면 고립성은 강하나 동질성은 약할 수도 있다.

민속사회의 개념은 가상적이기는 하나 농촌공동체의 경험적 연구, 특히 비교연구에 좋은 분석적 수단이 되고 있다. 더 나아가서 이 개념은 도시사회의 성격, 즉 도시성이라는 개념과 대조를 이루어 농촌과 도시공동체 연구에 실마리를 제공한다. 이제 농촌공동체의 전통적 특성을 민속사회의 개념에 따라 고찰해 보기로 하자.

2) 전통적 성격

규모가 작은 전통적 농촌공동체의 가장 두드러진 특징들 중의 하나는 고립성이다. 대부분의 촌락들은 그들을 둘러싸고 있는 농지와 산림이나 하천과 같은 지리적 장애물로 서로 격리되어 있다. 이러한 지리적 고립성은 그 촌락민들로 하여금 촌락간의 사회적 접촉을 어렵게 하는 반면 촌락 내의 인간관계를 대면적이고 친밀하게 해준다. 또한 촌락민들은 지리적으로 고립되어 토착화된 공통의 전통문화를 내면화하고 있기 때문에 비슷한 성격, 사고방식, 그리고 행동유형을 갖고 있다.

이와 같은 촌락민의 특성은 그들 사회의 몇 가지 두드러진 구조적 양상을 조장한다. 즉 사회조직의 지속적인 통합성, 전체성 그리고 예측가능성을 조장한다. 촌락민들은 그들의 의무, 역할, 그리고 다른 사람과의 관계를 잘 알고 있으며, 그들 자신을 촌락집단과 동일시하고 있다. 이러한 성격들은 더 나아가서 집단소속감과 유대감을 강화시키고 지방주의, 보수주의, 그리고 전통주의를 조장한다.

촌락공동체의 가치와 규범들은 보수주의적이고 전통주의적이다. 촌락 생활의 모든 국면은 이러한 전통적 가치와 규범에 의해서 한정되고, 여기에 어긋나는 경우는 모두 일탈로 제재를 받는다. 특히 종교행위, 성관계에 관한 원규, 부부와 부모의 의무, 그리고 자식의 도리 등에서의 이탈은 모두 용납될 수 없는 이단이 된다. 그러나 이러한 신성성과 규범들의 절대성은 우리가 보통 상상하는 것처럼 개인들에게 큰 위협으로 받아들여지지는 않는다. 왜냐하면 촌락은 고립되어 있어 좀처럼 다른 사회의 가치나 행위유형에 의해서 침투되지 않고 모든 상황에 적절한 관례가 정해져 있기 때문이다. 한 마디로 말해서 촌락민들은 행위의 선택가능성이 없기 때문이다.

협동은 전통적 농촌공동체의 가장 두드러진 사회적 상호작용 형태이다. 전통적 농촌공동체에서 갈등이나 경쟁관계보다 협동관계가 더 발전하는 이유는 위에서 기술한 고립성, 지방주의 그리고 강한 집단유대감 등에서 찾을 수 있을 것이다. 지리적으로 고립된 촌락에서 협동은 공동의 자연물리환경에 대한 불가피한 적응수단이다. 가뭄과 홍수에 대비하여 수로와 제방을 공동으로 개발하는 것은 협동의 좋은 보기가 될 것이다. 더 나아가서 지방주의와 혈연유대에 기초한 전통문화는 관혼상제에서 서로 협동하는 규범을 강화시키고 경쟁과 갈등을 제재하는 관례를 잘 유지시켜 준다.

전통적 농촌공동체의 농가들은 자급자족적이다. 즉 그들의 생산은 교환을 위해서가 아니라 자기수요에 한정되어 있다. 그러나 이들은 노동력과 금전적 호혜관계를 맺지 않고 독립적으로 생존할 수 없다. 우리나라에서 발전하였던 두레, 품앗이, 계 등은 자급자족적 생산양식하에서 이루어졌던 대표적 협동관계이다.

3) 사회구조의 변화

오늘날의 대부분의 사회에서 농촌공동체는 점차 민속사회의 성격을 상실해 가고 있다. 이는 여러 가지 요인들의 복합적 작용의 결과로 나타난 것이나 크게 외적 요인과 내적 요인 두 가지로 대별하여 다음과 같은 주요 요소들을 지적할 수가 있다.

외적 요인의 가장 중요한 것으로 교통, 통신 그리고 매스 미디어의 발전과 도시화 현상을 들 수가 있다. 교통과 매스 미디어의 발전은 그만큼 고립되었던 농촌공동체들 간의 사회문화적 접촉을 증대시켰다는 것을 의미한다. 그리고 인접지역에서 도시가 발전한다는 것은 그만큼 이질적인 도시문화의 영향을 받게 된다는 것을 의미할 것이다.

민속사회적 성격의 약화는 공동체의 내적 변화에 의해서 더욱 촉진된다. 그 중요한 요인으로 사회제도의 변화와 농업기술의 발전을 들 수가 있을 것이다. 전통적 신분제도의 붕괴는 촌락사회를 보다 개방적으로 만들었고 농업기술의 발전은 협업과 자급자족적 경제체제를 계약과 시장경제체제로 전환시켜왔다. 농촌공동체들의 전통적 성격이 어떻게 약화되고 있는가에 관해서 조금 더 자세히 보기로 하자.

(1) 민속사회적 성격의 약화

오늘날 대부분의 농촌공동체는 지리적으로는 고립되어 있을지라도 사회적으로는 점차 개방적으로 되어 가고 있다. 이러한 변화의 가장 중요한 직접적 요인은 교통수단, 특히 자동차교통의 발전이다. 과거의 주요한 내륙교통수단이었던 철도운수는 도시의 발전과 성장에 크게 공헌하였으나, 산재하여 있는 농촌공동체들의 고립성과 폐쇄성을 깨뜨리는 데에는 불충분하였다. 그러나 자동차운수가 주요 교통수단으로 발전함에 따라 산간촌락에까지도 도로가 확장되어 외부로부터 완전히 고립된 촌락은 없어지게 되었다. 여기에 부가해서 간접적 사회접촉의 매체인 통신과 매스 미디어의 발전은 촌락민들의 전통적 보수성을 깨뜨리는데 크게 공헌하여 왔다.

농촌공동체의 민속적 속성을 약화시키는 또 다른 요인은 도시화와 농업기술의 발전이다. 농촌인구의 급격한 증가, 산업도시의 발전, 그리고 교통수단의 향상은 농촌에서 도시로의 대규모 인구이동을 일으켰다. 이러한 인구이동은 촌락의 고립성과 지방주의의 약화에 기인하기도 하나 이를 더욱 촉진시키는 요소로서도 작용한다. 왜냐하면 도시로 이주한 촌락민들 가운데서 어떤 사람은 계속 그가 살던 촌락과 유대관계를 맺고 있으며, 또 어떤 사람은 귀환이동을 하여 도시의 생활양식을 소개하고 있기 때문이다.

도시는 새로운 아이디어와 기술 발전의 중심지이며 동시에 문화전파의 중추적 역할을 수행한다. 따라서 도시화가 빠르게 진행될수록 농촌공동체 역시 빠르게 변모할 것이다. 대도시에 인접하여 있는 촌락이 가장 먼저 민속사회적 성격을 상실해 가는 예에서 잘 볼 수 있다.

농업기술의 발전 또한 농촌사회의 전통적 특성을 전화시키는 중요한 요인이다. 이는 촌락사회를 결속시켰던 강한 집단유대와 협동관계를 깨뜨리고 계약노동과 경쟁적인 기업농을 발전시키는 근본요인이 되고 있다.

(2) 사회제도의 변화

대부분의 농촌공동체에서 획기적인 사회구조의 변화는 신분제도의 붕괴와 더불어 시작했다. 과거의 신분제도는 단순히 지위의 서열만을 규정한 것이 아니라 공동체생활의 거의 모든 중요한 국면들을 규제하였다.

우리나라의 경우 반상의 신분제도는 갑오개혁으로 무너져 신분에 의한 사회적 구속은 없어진지 오래되었으나 차별의식은 아직도 잔존하고 있다. 특히 양반성씨의 촌로들은 상민출신과 상민촌을 구별하는 습성이 여전히 남아 있다. 반상을 성씨로 구별하는 신분의식은 양반출신은 물론 상민출신까지도 혈연유대를 강화시켰다. 그러나 신분제도 없이 혈연유대는 동족촌과 친족범위 이상으로 확대되기 어렵고 이것조차도 약화되는 경향이 있다(이만갑, 1973).

신분제도의 폐기와 더불어 토지사유제가 채택되면서 과거의 반상의 신분관계는 지주와 소작의 계약관계로 전환되었다. 이러한 소작제도를 철폐하기 위하여 1948년 농지개혁을 시행하였으나 6 · 25동란으로 그 실효과를 완전히 달성하지 못하였다. 그러나 대부분의 소작농은 영세자영농으로 전환되었다. 아직은 많은 소작농이 있으나 그들의 지주와의 관계는 계약관계이지 과거처럼 전인격적으로 구속된 관계는 아니다.

최근 우리나라의 농촌에서 가장 획기적인 제도적 변화는 농업협동조합의 소개이다. 이는 민속사회의 협동적 유대에 기초한 '계' 와 같은 전통적 금융제도가 보다 합리적이고 효율적인 제도로의 전환을 의미한다. 농업협동조합의 운영에는 아직도 많은 어려움이 있으나 농민들의 농협 의존도는 계속 높아져 가고 있다.

(3) 농업의 발전

농업의 발전 또는 농업생산성의 증대는 다음 네 가지 농업기술의 향상으로 일어난다. 즉 관개와 수리를 포함하는 토지개량, 화학비료와 구충제의 사용, 종자의 개량, 그리고 생산의 기계화이다. 이 모두는 과학기술의 발전과 응용을 전제로 한다. 따라서 농업의 발전은 공업화와 정부의 특별한 정책수립이 없이는 이루어지기가 어렵다.

우리나라의 현대농업기술은 최초로 일본의 식민과 더불어 소개되었다. 식민정부는 일본으로의 식량수출과 한반도의 급격한 인구증가에 대처하기 위하여 농업생산의 증대에 노력하였었다. 그 초기에는 토지개량과 확장사업으로, 그 후기에는 화학비료와 구충제의 소개로 식민정치 말기까지 농업생산은 크게 증대되었었다. 그 후 식민정부의 몰락과 6·25 동란으로 농업생산은 정체에 빠지게 되었다. 그러나 1960년대이래 급격한 공업화와 고도의 경제성장은 농업기술 향상에 큰 파급효과를 주어 농업생산은 다시 증대하기 시작했다.

농업기술이 발전함에 따라 그 생산성은 점차 증대하고 전문화된 기업농이 늘어나기 시작했다. 이렇게 하여 자급자족적인 농업생산으로부터 탈피하여 오늘날에 와서는 거의 모든 농가가 상업농이 되었다. 최근 농업기술의 향상에서 주목할만한 현상은 아직도 그 수준은 낮으나 급속도로 기계화하고 있다는 사실이다.

2. 도시공동체

도시는 여러 가지 측면에서 농촌과 다른 특성을 가지고 있다. 무엇보다도 도시는 인구규모가 크고 그 밀도가 높다는 점에서 농촌과 구분된다. 따라서 많은 학자들은 도시를 규정할 때 인구규모와 밀도를 우선적으로 고려하고 있다. 그러나 도시를 인구특성만으로 규정한다는 것은 인구학적 분석에는 적절하나 사회학적 연구의 기초로서는 불충분하다. 워스(Louis Wirth)는 도시를 인구학적 특성만으로 규정하는 것은 도시연구에 불충분하다고 주장하면서 그러한 인구학적 특성과 더불어 나타나는 사회적 특성들로 개념화할 것을 주장한 바 있다(Wirth, 1938). 그러나 그의 개념은 도시의 부정적인 측면을 지나치게 과장하고 있다는 비판을 받아왔다.

보스콥(Alvin Boskoff)은 도시를 공동체의 개념에 준거하여 다음과 같이 정의하고 있다. 즉 그는 도시를 "상업 · 공업 및 서비스 직업의 지배, 고도의 분업과 그에 상응하는 사회적 복잡성, 높은 인구밀도, 그리고 비혈연적 기초에 의한 조정과 사회통제의 발전 등에 의해서 특징지어지는 공동체"로 규정하고 있다(Boskoff, 1962: 13~14). 이러한 도시의 특징들은 앞에서 논의한 농촌공동체의 민속사회적 성격과는 대조를 이루고 있는 것들이다. 그러나 오늘날 선진국들의 농촌은 도시적 성격을 많이 가지고 있는 반면에 후진국들의 도시는 다소간의 민속사회적 성격을 띠고 있다는 점에 유의해야 할 것이다.

1) 도시의 발달

인류의 역사상 최초의 도시는 약 6000여년 전 메소포타미아 유역에서 출현한 것으로 알려져 있다. 신석기의 농업혁명으로 잉여농산물이 생기고 그것을 바탕으로 정치 · 군사 및 종교조직이 확대됨과 동시에 수공업과 상업이 발전하면서 도시공동체가 형성된 것이다.

세계의 문명지역 도처에서 출현한 고대도시들은 산업혁명 이전까지는 비교적 서서히 성장해 왔다. 그러나 산업혁명과 더불어 기존의 도시들은 급속도로 성장하였고 많은 신흥도시들이 발전하였다. 오늘날의 선진국들은 대부분의 인구가 도시에 거주하고 있을 정도로 도시화되어 있다. 후진국들 가운데서도, 특히 산업화 과정에 있는 국가들에서의 도시화도 급속도로 진행되고 있으나 이들의 도시들은 선진국의 도시들과는 다른 면모를 보여주고 있다.

쇼버그(Gideon Sjoberg)는 도시의 비교연구를 위하여 산업의 발전과정에 상응하는 산업전도시, 산업화과정에 있는 도시 그리고 산업도시 등 세 가지 이념형을 제시하였다(Sjoberg, 1965). 여기서는 이 세 가지 이념형 소개하는 것으로 선후진국 간의 비교와 도시의 발전과정에 관한 설명을 대신하고자 한다.

(1) 산업전도시

산업화 이전의 도시들은 1차적으로 정치와 종교의 중심지로서 기능을 수행한다. 그리고 단지 2차적으로만 상업의 중심지 역할을 한다. 도심에는 엘리트 계층이 거주하고, 하층민과 천민들은 외곽지역을 향해 부채꼴 모양의 거주지를 형성하고 있다. 직업집단들은 그 종류별로 특정의 거리나 구역에 거주하면서 생업에 종사한다.

산업전도시의 사회구조에서 가장 두드러진 현상은 사회의 거의 모든 국면들이 사회계층에 의해서 결정된다는 점이다. 소수의 상층계급이 정치, 종교, 교육 등 사회생활의 모든 국면을 지배한다. 이들은 도심에서 확대가족을 형성하고 있으며, 경제활동을 멀리하는 경향이 있다. 기술과 경제조직은 단순하며 경제의 기본단위는 '길드' 이다.

(2) 산업화 과정에 있는 도시

전통적인 산업전도시는 갑작스럽게 산업도시로 전환하지 않는다. 산업화 과정에 있는 도시들은 부분적으로는 산업전도시의, 그리고 부분적으로는 산업도시의 성격을 갖고 있다. 따라서 산업화 과정에 있는 도시에 대한 연구의 초점은 사회구조와 형태가 아니라 사회과정에 모아지고 있다.

산업화 과정과 더불어 전통적 도시의 사회구조는 변화한다. 그러나 그 구조적 요소들은 동일한 속도로 변하지 않는다. 대체로 경제 및 기술과 가장 밀접히 관련되어 있는 전통적 요소들이 제일 먼저 변하기 시작한다. 우리는 산업화 과정에 있는 사회에서 ① 전통적 양식의 지속, ② 전통적 양식의 개조 또는 수정, ③ 전통적 양식의 소멸, 그리고 ④ 새로운 구조의 출현 등 네 가지 사회과정들이 동시적으로 일어나고 있는 현상을 잘 관찰할 수가 있다.

산업화 과정에 있는 도시로의 이입자들은 비슷한 이해관계와 문화적 배경을 가진 사람들끼리 모여 많은 비공식적 조직을 형성한다. 이러한 비공식적 사회조직들은 다음과 같은 기능을 수행한다. 첫째로 이들은 새로운 이입자들에게 어떻게 하면 도시생활에 잘 적응할 수 있는가를 가르친다. 둘째, 도시인들에게 농촌의 전통과 사회적 관계를 유지시켜 준다. 그리고 셋째로는 산업도시에서의 생활방식을 농촌촌락으로 전파한다.

(3) 산업도시

산업도시는 산업화가 성숙한 선진국의 도시형태로 다음과 같은 속성을 보여주고 있다. 산업도시는 토지이용이 고도로 전문화되어 있다. 주거와 직장이 분리되어 있고, 중상층의 주거진인 근교지대가 도시의 외곽에서 발전한다. 사회계층은 다양하며 이동성이 높다. 친족유대가 약하고 가족은 부부 중심의 핵가족 형태가 보편적이다.

산업도시에는 사회적 분업이 고도로 발전해 있다. 산업기술의 발전으로 노동력은 전문화되어 있고, 그 조직은 관료제화 되어 있다. 정치권력은 복합적이며 민주주의가 발전하는 만큼 정치적 소외현상이 일어난다. 또한 매스커뮤니케이션이 발전한 만큼 대중문화가 발전하며, 종교는 세속화하여 종교를 기반으로 했던 전통적 가치가 약화되어 있다. 다음에서 다루어질 도시성이라는 개념은 이러한 산업도시의 특성들을 더 자세하게 보여주고 있다.

2) 도시성

도시성(urbanism)이란 민속사회의 개념과 대조를 이루는 도시사회의 성격을 대표하는 말이다. 워스(Wirth, 1938)는 이미 사회학의 한 고전이 된 '하나의 생활양식으로서의 도시성' 이라는 그의 논문에서 도시의 인구학적 특성에 따른 일반적 성격을 잘 정리해 주었다. 이에 관해서 살펴보기로 하자.

도시는 대규모, 높은 인구밀도, 그리고 이질성 등의 세 가지 인구학적 특성을 가지고 있다. 그러나 이러한 인구학적 특성들만으로는 소규모이고 산재하여 있으며 동질적인 농촌공동체에서의 생활양식으로부터 도시생활의 성격을 구분한다는 것은 불충분하다. 워스는 위에서 기술한 도시의 세 가지 인구학적 특성들이 어떻게 도시인들의 자아규정, 대인관계, 사회적 역할 및 문화적 규범 등에 영향을 미치는가에 관해서 다음과 같이 기술하고 있다.

(1) 대규모성

일정지역내의 인구규모가 크다는 것은 개인적 차이와 잠재적 분화의 정도가 크다는 것을 의미한다. 개인적 차이가 클수록 인종별, 민족별 및 지위별 지역적 격리현상이 더 커진다. 차례로 지역적 격리현상은 혈연유대, 이웃관계, 그리고 공통의 민속적 전통을 가지고 수세기를 살아온 결과로 나타나는 집단유대감을 약화시킨다. 더 나아가서 이러한 유대의 약화는 민속사회를 결속시켰던 협동과 비공식적 관계를 경쟁과 공식적 관계로 대치시킨다.

따라서 인구규모의 증대는 공동체내의 성원들 간의 사회적 관계를 피상적, 익명적, 내지 변천적으로 만들고, 그들의 인성을 보다 세련되고 보편적이고 합리적으로 만든다. 이러한 도시인들의 성격과 환절적인 도시생활은 그들로 하여금 아노미의 느낌, 개인적 해체감 그리고 자발성의 상실을 갖게 한다.

(2) 높은 인구밀도

도시의 높은 인구밀도는 그 규모에 의해서 발생하는 심리적 내지 사회적 현상들을 촉진시키는 효과를 갖고 있다. 이에 부가해서 한편에서는 전문화와 분화의 필요성을 증대시키고 다른 편에서는 도시인의 무책임성과 잠재적 무질서에 대처할 공식적 통제의 필요성을 증대시킨다.

(3) 이질성

도시인구의 이질성은 단순히 어떤 대규모의 인구집단에서 기대될 수 있는 개인들의 여러 가지 차이 때문일 수도 있고, 경제적 필요성 예를 들면, 분업 때문에 나타날 수도 있다. 서로 다른 배경을 갖고 있는 개인들의 상호작용은 그들의 성격을 보다 보편적이고 세련되게 만들며 규모가 작은 사회에서 엄격하였던 지위구분을 깨뜨리고 복잡한 유형의 사회계층을 형성케 한다. 이질성은 또한 그 자체가 여러 가지 선택 가능한 기회를 부여해 주기 때문에 지역적 및 사회적 이동을 증대시킨다. 더 나아가서 이질성은 어느 정도의 사회적 표준화를 일으키는 경향이 있다. 사회적 표준화는 상품과 신념체계의 표준화를 통해서 일어나며 이러한 표준화 과정에서 사회적 상호작용의 비인격성은 증대된다.

어느 한 사람이 도시에서 생존하려면, 그리고 도시가 하나의 사회체계로서 존속하려면, 사람들 간의 상호작용은 단편적이고 공식적이어야 한다. 즉 원초적 인간관계는 부적절하며, 보다 기능적인 2차적 인간관계로 대치되어야 한다는 것이다. 이러한 2차적 인간관계는 대도시공동체의 모든 사회적 상호작용에 특성이 되어 가는 경향이 있다. 따라서 도시인들의 차갑고 비인격적인 성격은 병적이거나 비인간적인 인성 때문이 아니라 위와 같은 도시환경에 대한 적응의 결과라고 보는 것이 보다 더 적절할 것이다.

3) 생태학적 과정과 모형

어느 도시이든 완전한 정체상태에 있지는 않다. 사람들과 그들의 활동무대가 변화하는 현상을 생태학적 과정이라고 한다. 가장 고전적인 도시의 생태학적 연구는 이른바 '시카고학파' 라고 불리는 파크(Robert E. Park), 버제스(E.W. Burgess), 맥켄지(Roderick D. McKenzie) 등에 의해서 이루어졌다.

파크와 그의 동료들은 식물군과 인간공동체 간의 이론적 유사성에 관심을 갖고 도시생활의 유형을 설명하는데 협동과 경쟁과 같은 사회과정에 관한 개념뿐만 아니라 적응, 계승, 침투, 지배 등의 생태학적 과정을 기술하는 개념을 이용하였다(Park, et al., 1925). 예를 들면 정원을 그대로 두면 여러 종류의 야생초들이 침투하여 지배하게 되듯이 도시도 여러 종류의 인간집단들이 침투하여 들어와 일정지역을 지배하게 되는 현상이 있다는 것이다.

이러한 생태학적 과정을 이해하기 위하여 알아두어야 할 두 가지 개념이 있다. 그것은 조르보(Harvey M. Zorbaugh)에 의해서 처음 사용된 자연지역(natural area)이라는 개념과 우리가 흔히 말하는 이웃집단(neighborhood)이라는 개념이다. 자연지역이란 하나의 유기체적 개념으로, 계획되지 않고 개인의 자유로운 선택에 의해서 이루어진 소규모의 지역집단을 말한다. 예를 들면 관공서지역, 상가지역, 여관지역, 창고지역, 유흥지역 등이다. 도시는 이와 같이 상호의존적 기능을 수행하는 많은 자연지역으로 구성되어 있다. 어떤 자연지역, 예를 들면 상가지역은 거의 근린유대가 없으며, 어떤 지역, 예를 들면 빈민촌은 그 유대가 강하다. 그러나 이웃집단은 계획되어 발달할 수도 있고 성원들 간에는 집단유대감이 있다는 점에서 자연지역과 다르다.

자연지역과 이웃집단들의 공간적 분포는 어떤 유형을 보여주기는 하나, 1차적으로는 생태학적 과정에 따라 형성되고 변모한다. 시카고학파의 한 사람인 맥켄지는 생태학적 과정 그 자체에 관심을 갖고 그 과정을 몇 가지로 분류하였다(McKenzie, 1926). 그 분류는 ① 일정지역으로 인구가 모여드는 집중과정, ② 집중지의 인구가 흩어지는 분산과정, ③ 경제적 및 서비스 기능을 수행하는 사회조직체들과 사람들이 한정된 지역으로 모여드는 중심화 과정, ④ 어느 한 중심지에 집중되어 있던 사회조직체들과 사람들이 그 주변에 발전하는 중심지들로 나가는 분심화 과정, ⑤ 사람들 또는 활동들이 같은 부류끼리 모여 서로 다른 지역을 차지하는 격리과정, ⑥ 새로운 부류의 사람, 활동, 또는 조직체들이 일정지역을 점거해 들어오는 침투과정, 그리고 ⑦ 그 침투과정이 완전히 끝나 새로운 형태의 거주지나 토지이용으로 전환되는 계승과정 등이다.

이러한 생태학적 과정에 의해서 도시는 계속적으로 변화하고 있다. 예를 들면 농촌에서 도시로의 인구이동은 대도시의 인구집중 현상을 초래하고 여기서의 인구수용 한계가 넘어서고, 일정지역의 주거지가 오래되어 피폐해지면 근교지대로 인구분산 과정이 일어날 것이다. 또한 도시발전의 초기에는 여러 가지 큰 조직체들이 도심으로 중심화하는 경향이 있으나, 그 중심지가 더 이상 팽창할 수 없게 되면 주변지역으로 옮겨가는 분심화 과정이 일어날 것이다. 그리고 이러한 분산화 과정은 종종 기존의 주거지로 침투하여 계승하는 형태를 취한다. 오늘날의 도시들은 이러한 생태학적 과정을 서로 다르게 겪고 있어 그 구조는 동일한 유형을 보여주지 않는다. 따라서 도시의 생태학적 유형을 보여주는 이론들에는 여러 가지가 있다. 다음에서 그 이론들을 보기로 하자([그림 15-1] 참조).

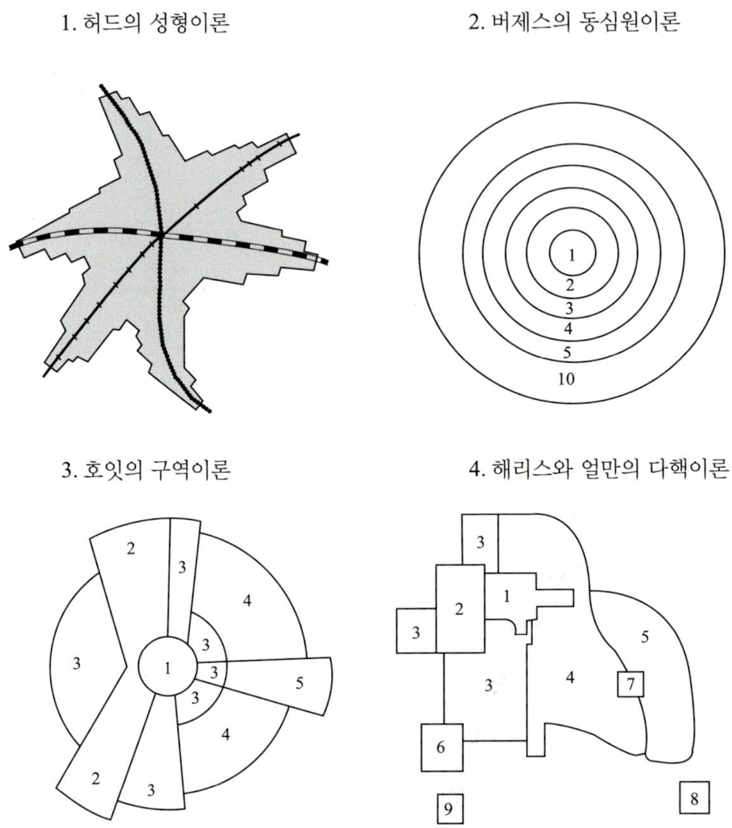

지대구분
1. 중심상가지대
2. 도매 및 경공업지대
3. 하층거주지대
4. 중간층거주지대
5. 상층거주지대
6. 중공업지대
7. 외곽상가지대
8. 거주통교지대
9. 산업근교지대
10. 통근자거주지대

그림 15-1 도시의 생태학적 모형

(1) 허드의 성형이론

허드(Richard M. Hurd)의 성형이론(star theory)은 도시의 생태학적 모형을 최초로 제시한 이론으로 알려져 있다. 그의 이론에 따르면 도시는 그 중심지로부터 주요 교통로를 따라 발전하여 '별모양'을 이룬다는 것이다. 이러한 모형은 주요 교통수단이 전차나 기차

였을 때 잘 나타난다. 왜냐하면 도시민의 주거지는 철로와 도보거리내에서 발전하였기 때문이다. 그러나 자동차 교통이 발전함에 따라 철로 사이의 공간도 주거지역으로 채워지게 되므로 오늘날에는 성형의 도시가 거의 없어졌다.

(2) 버제스의 동심원이론

버제스의 동심원이론(concentric zone theory)은 시카고시의 연구로부터 제기된 것이다. 이 이론에 의하면 도시는 교통과 통신이 몰려있거나 시작되는 도심으로부터 차례로 다음과 같은 다섯 개의 지대로 형성되어 있다는 것이다(Park, et al., 1925: 47-62).

① **중심상가지대** : 은행의 본점, 백화점, 전문상점, 고급식당, 극장, 영화관, 정부행정기관 등이 모여 있는 도심지의 고층건물지대를 말한다. 이 지대에서 일하고 있는 사람들은 대부분 출퇴근을 하여 주간인구가 야간인구보다 훨씬 더 많다.

② **변천지대** : 도매와 경공업지대라고도 불리는 중심상가지대를 둘러싸고 있는 변천이 많은 지대이다. 과거에는 도매상과 경공업 중심지로 원주민들이 살고 있었던 지역이다. 그러나 원주민은 외곽지역으로 이주하고, 그 대신 저소득층이 이입하여 살고 있다. 중심상가지대의 팽창과 고급아파트 건립으로 재개발되는 곳이 많다. 그러나 재개발되지 않은 지역에서는 '슬럼' 과 각종 유흥접객업소들이 많아 도시범죄가 가장 많이 일어난다.

③ **노동자거주지역** : 토지이용이 혼합되어 있는 도시 안쪽의 두 지대와는 달리 이 세 번째 지대부터는 거의 모두 안정된 주거지이다. 노동자주거지대는 변천지대보다 주거조건이 더 좋다.

④ **중산층주거지대** : 이 지대에는 소규모의 자영상인, 중간급 관리직 종사자, 저소득의 전문직 종사자, 교사 등이 거주하며 거의 단독 가족의 독립주택들로 구성되어 있다.

⑤ **통근자주거지대** : 기능적으로는 도시의 일부분이나 지리적으로는 구시가로부터 멀리 떨어져 있는 중산층의 거주지대이다. 대부분의 취업자들은 도심에 있는 중심상가지대로 출퇴근 한다.

위에서 지적한 바와 같이 동심원이론은 시카고시의 생태학적 구조를 이념형화 한 것이다. 그러나 실제로 존재하는 많은 도시들—미국의 경우도 마찬가지로—은 동심원형을 보여주지 않고 있다. 다음의 두 가지 이론은 동심원이론의 부적절성을 극복하는 노력에서 제기된 것들이다.

(3) 호잇의 구역이론

지리학자인 호잇(Homer Hoyt)은 미국의 여러 도시들이 겪은 생태학적 변화를 연구한 결과 이들은 몇 개의 '파이' 모양의 지역으로 발전하여 왔음을 발견하였다(Hoyt, 1939: 112-122). 즉 어느 한 종류의 토지 이용은 특정한 지역에서 일어나고 지속되는 경향이 있어, 도시는 토지의 이용 종류별로 사분원 모양으로 구획할 수 있다는 것이다. 그 일반적인 유형은 도심의 중심상가지대로부터 바깥쪽으로, 한편에서는 산업이 발전하고, 그 반대쪽으로는 상층민의 거주지역이, 그리고 그 사이에는 노동자계층의 거주지역이 발전하고 있다는 것이다. 그리고 이러한 구역들의 확장은 어떤 지형적 변화로 그 유형이 깨지는 데까지 계속된다고 한다. 그의 이러한 설명은 구역이론(sector theory)으로 불린다.

(4) 해리스와 얼만의 다핵이론

위에서 소개된 세 가지 이론은 도시의 오랜 변천과정에 근거하여 제시된 것들이다. 그러나 해리스(Chauncy D. Harris)와 얼만(Edward L. Ullman)은 현대산업도시들이 일반적으로 몇 개의 상업중심지, 산업중심지 그리고 주거중심지들로 발전하고 있다는 사실에 근거하여 다핵이론(multiple-nuclei theory)을 주장하였다(Harris and Ullman, 1945).

이들에 의하면 과거의 도시들은 교통기술의 제한으로 뻗어나가는 유형으로 발전하였으나 오늘날의 도시는 교통의 발전으로 다음과 같은 원칙에 따라 발전하고 있다는 것이다. 첫째, 어떤 활동들은 특수한 자원을 필요로 하고 그러한 자원은 일정지역에 집중되어 있다. 예를 들면, 여러 연관산업을 갖고 있는 중공업은 대규모의 단층건물이 필요하고 고속도로나 철로에 인접하여 있어야 한다. 따라서 여러 가지 산업들은 위의 조건이 갖추어진 곳에 집중하는 경향이 있다.

둘째, 비슷한 활동들은 서로 인접하여 있음으로써 이익을 얻는다. 예를 들면 의류판매업은 한군데로 모임으로써 여러 지역으로부터 고객을 불러들일 수가 있다.

셋째, 토지이용의 어떤 유형들은 양립할 수가 없다. 예를 들면 상층계급의 거주지와 공장지대는 이해가 대립되어 한 곳에 있을 수가 없다. 마지막으로 지대가 비싼 곳은 어떤 종류의 토지이용을 미리 배제한다. 통상 상업중심지의 지대는 매우 비싸므로 특정의 용도, 예를 들면 사무실, 전문상점, 고급식당 등으로만 그 경제성을 갖는다.

위에서 소개된 네 가지 생태학이론은 도시의 성장과 토지이용에 관한 제 나름대로의 경험적 관찰로부터 얻어진 것이다. 특정의 도시가 어떤 모형에 더 유사하든 가장 중요한 결정요소는 지가와 교통이다.

(5) 쉐브키, 벨 그리고 윌리엄스의 사회구역 분석

앞에서 소개된 생태학 모형들은 1940년대 또는 그 이전에 나온 이론들이다. 사회구역 분석(social area analysis)은 이러한 고전적 이론들에서 한 걸음더 나아간 하나의 사회과정이론으로서 쉐브키(Eshref Shevky), 벨(Wendell Bell) 그리고 윌리엄스(Marilyn Williams)에 의해서 제안된 것이다(Shevky and Williams, 1947; Shevky and Bell, 1955).

이들은 도시를 수백 개의 구역으로 나누고, 이를 지역단위로 해서 많은 변수들 간의 상관관계를 관찰하였다. 많은 변수들을 상관계수가 매우 높은 소수의 요인집단으로 묶을 수 있는 통계학적인 방법인 요인분석(factor analysis)을 적용하여 다음의 세 가지 요인집단들이 있음을 발견하였다. 그 세 가지 요인집단과 그 지표들은 ① 교육수준과 직업구성에 의해서 측정되는 사회적 서열(social rank)지표, ② 출생국과 인종구성에 의해서 측정되는 격리(segregation)지표, 그리고 ③ 출생률, 여성취업률 및 단독가족의 독립주택률에 의해서 측정되는 도시화(urbanization)지표 등이다.

쉐브키와 벨은 사회구역들에 있어서 위의 척도들의 변화를 다음과 같이 이론화하고 있다(Sehvky and Bell, 1955). 첫째, 도시화 과정에서 노동력에 의해서 수행되는 기능의 범위와 강도의 변화가 일어난다. 이 변화는 육체노동자의 구성비의 감소와 교육수준의 증가로 반영된다(사회적 서열의 변화). 둘째, 가족과 가구가 경제적 단위로서 수행하는 기능의 변화가 있게 된다. 이 변화는 여성 취업률의 증가, 대가족제도의 약화 그리고 전통적 가정 이외에 아파트나 다른 주거형태에서 사는 성인들의 증가 등으로 관찰된다(도시화과정). 그리고 마지막으로 사회조직의 복잡성과 이질성이 증가된다. 이는 다양한 출신별 거주집단들을 형성한다(격리과정).

이와 같이 사회구역 지표들은 산업화에 의해서 일어나고 도시지역들의 생태과정에 영향을 주는 경제사회조직에 있어서의 변화를 관찰 가능케 해 준다. 이러한 사회구역분석이 일반적인 생태학적 방법으로 충분한 것인지에 관해서는 이견이 있으나, 도시의 생태학적 연구에 크게 기여하였다는 점은 인정받고 있다.

4) 하위공동체

많은 사람들은 도시를 어떤 의구심을 가지고 본다. 도시는 범죄, 부정, 부패 등 악덕이 많고 환경오염이 심하다. 더 나아가서 도시생활은 공식적 통제가 많고 비인간적이어서 농촌생활이 더 좋다는 사람이 많다. 이러한 견해는 도시의 사회문제를 잘 지적하고 있으나 과장된 경우가 많아 반도시적 편견(anti-urban bias)이 되기 쉽다.

반도시적 편견은 도시의 하위공동체를 연구해 온 많은 사회학자들에 의해서 계속 검토되고 있다. 실제로 많은 사회학자들은 도시생활의 비인간성과 도시문제들은 중심상가지대와 변천지대 일부에서의 현상이고, 일반인들의 거주지는 공동사회적(gemeinschaftlich) 성격을 갖고 있음을 밝혀냈다. 이장의 마지막 과제로서 도시의 공동사회적 성격을 띠고 있는 하위집단들—친족집단, 빈민지대, 그리고 근교지대—에 관해서 고찰해 보기로 하겠다.

(1) 친족집단

도시의 가족들은 여러 가지 점에서 농촌가족과 다르다. 이들은 농촌에서 흔히 볼 수 있는 것처럼 동족촌을 이루고 있지 않으며, 대부분이 식구가 적은 핵가족 형태를 취한다. 주거지와 직장이 분리되어 있는 경우가 많아 가족들이 함께 있는 시간이 적다. 그러나 이러한 사실들의 근거만으로 도시의 가족은 고립되어 있고 친족유대가 없다고 일반화시킨다는 것은 잘못이다.

미국에서와 같이 산업화의 역사가 오랜 도시에서도 '고립된 핵가족'이라는 주장은 사실이 아니라 가상이라고 결론을 내린 연구가 있다. 써스만(Sussman, 1959)은 오하이오주의 클리블랜드시에서 행한 한 가족연구에서 새로운 직업을 찾고 있는 사람들은 그의 친족이 살고 있는 지역에 정착하는 경향이 있음을 발견했다. 그리고 친족관계가 있는 가족들은 많은 경우 서로 인접하여 살면서 서로 돕고 있다는 것도 알아냈다. 또 어떤 연구는 도시화가 진행됨에 따라 확대가족의 중요성이 감소하고 있다는 것은 사실이지만 확대가족의 유대는 농촌지역에서보다 오히려 도시지역에서 중요한 역할을 수행하고 있다는 결론까지 내리고 있다. 이러한 연구들은 도시생활의 복잡성과 공식성에도 불구하고 강력한 원초적 집단유대가 존재하고 있음을 잘 시사해 주고 있다. 이러한 원초적 관계는 우리가 도시사회연구에서 중요한 대상으로 삼고 있는 빈민지대에서 가장 두드러지게 나타난다.

(2) 빈민지대

도시의 빈민지대는 주거지로서 표준시설을 갖추지 못하였거나 그 조건이 불량한 지역이다. 빈민지대의 양상은 산업도시의 역사가 오랜 선진국의 경우와 급격한 도시화 과정에 있는 후진국의 경우가 서로 다르다.

도시의 생태학적 유형에서 보여준 바와 같이 미국과 같은 선진국의 경우는 대체로 중심상가지대와 인접한 지역에 기존의 낡은 주택지에서 형성되나, 우리나라와 같이 급격한 도시화 과정에 있는 후진국가들의 경우는 대도시 외각의 공유지에 무허가 주택지로 발전한다.

미국의 빈민지대는 대부분의 경우 게토(ghetto)라고 불리우는 인종집단으로 구성되어 있다. 모든 게토들이 빈민집단은 아니나 대부분의 게토들은 최근 이민집단으로서 빈민지대나 그 인접한 지역에서 서로 뚜렷이 구분될 수 있는 거주지 집단을 형성하고 있다. 이러한 게토들을 연구한 많은 학자들, 예를 들면 화이트(William F. Whyte, 1955), 갠스(Herbert Gans, 1962), 써틀(Gerald D. Suttle, 1968) 등은 그들의 사회관계가 그들의 주거지에 한정되어 있으며 그들의 사회조직은 원초적 인간관계에 의거한 명백한 규율과 행위질서를 갖고 있음을 발견하였다.

후진국의 빈민지대는 대부분 농촌으로부터 온 최근 이입자들로 구성되어 있다. 따라서 그들의 행위유형은 농촌인들의 것과 비슷하다. 그들은 동향에서 온 사람들과 친교 및 이웃관계를 맺는 경향이 있으며, 좁은 지역에 서로 근접하여 있으므로 대면적 인간관계가 중요시된다. 이러한 대면적 관계는 공동시설을 같이 이용하고, 부족한 생활도구를 서로 빌려 쓰는 일이 많아 더 밀접하게 된다. 그리고 밀접한 대면적 관계를 기초로 비공식적 조직이 잘 발전해 있다. 사실상 많은 무허가 주택지는 비공식적으로 조직된 집단들에 의한 공유지 점거로부터 발전한 것이다. 그리고 이들은 행정당국과의 대립관계에서 단체교섭을 위하여 그 비공식 조직을 유지하는 경우가 많다. 빈민지대의 규모가 커짐에 따라 그 내부에는 각종의 상점과 서비스 등이 발전하게 되어 그 주민들의 대부분은 밖으로 나갈 필요가 없게 되었다.

(3) 근교지대

근교지대의 형성은 최근 수십년 동안 선진국에서 일어난 가장 중요한 생태학적 과정의 하나로 고려된다. 도시의 규모가 커지고 교통수단이 발전하면서 많은 도시인들은 도심 근처보다 주거조건이 좋은 구도시 밖에서 주거지를 형성하게 되었다. 그들의 대부분은 중심 상가지대에서 일하는 중상층으로 구성되어 있다. 그 형성 초기에는 서로 모르는 사람들이 모여 공동체적 성격이 거의 없었으나, 오랜 시간이 지나면서 지연적 유대가 발전하기 시작했다.

페이버(Sylvia Fava)는 대부분의 근교지대 주민들의 태도는 '지역적'이라고 기술하고 있다. 그들은 도심지 근처에 사는 사람들보다 같은 지역 내에 사는 주민들과 이웃관계를 맺는 경향이 있으며, 그 지역 내의 문제에 깊은 관심을 갖고 있다. 이웃관계는 많은 경우 자녀들 간의 친교관계에 의해서 이루어지는 수가 많다. 그들은 어떤 변화에 신속하고 효과적으로 대처할 수 있는 관습과 공식적 조직을 갖고 있다. 그러나 근교지대에서의 사회집단들은 대부분이 개인에게 가입선택권이 있는 자발적 결사체(voluntary association)이다. 어떤 결사체들은 보다 더 공식화되어 있으나 누구도 그 결사체에 가입을 강요받지는 않는다.

이상에서 본 바와 같이 도시화는 초기의 사회학자들이 주장하였던 것처럼 아노미, 사회적 해체 그리고 원초적 집단유대의 결여를 필연적으로 수반하지는 않는다. 사회해체 현상은 도시의 성장속도가 빠르고 거주지 형성의 초기에 보다 강하게 나타나고 있으나, 시간이 지남에 따라 도시내에서 많은 비공식적 집단들이 발전하고 근린유대는 강화되고 있다. 인간은 고립하여 살 수 없는 사회적 동물이므로, 어디에서든지 누군가와 친밀한 관계를 맺고 동류의식과 소속감을 갖게 된다.

■■ 참고문헌

이만갑. 1973. 『한국 농촌사회의 구조와 변화』. 서울대학교 출판부.

파플린, 데니스(Poplin, Dennis E.). 1985. 『지역사회학(Communities: A Survey of Theories and Methods of Research)』. 홍동식 · 강대기 공역. 경문사.

Boskoff, Alvin. 1962. *The Sociology of Urban Regions.* New York: Appleton-Century-Crofts.

Gans, Herbert J. 1962. *The Urban Villagers.* New York: The Free Press.

Harriy, Chauncy and Edward L. Ullman. 1945. "The Natures of Cities." *The Annals of the American Academy of Political and Social Science.* 242: 7-17.

Hillery, George A., Jr. 1955. "Definition of Community: Areas of Agreement." *Rural Sociology.* 20: 111-123.

Horton, Paul B. and Chester L. Hunt. 1980. *Sociology.* New York: McGraw-Hill Book Company.

Hoyt, Homer. 1939. *The Structure and Growth of Urban Area.* Washington D.C.: Federal Housing Authority.

Jonnassen, Christen T. 1959. "Community Typology." in *Community Structure and Analysis* edited by Marvin B. Sussman. New York: Thomas Y. Crowell Company.

McKenzie, Roderick. 1926. "The Scope of Human Ecology" in *The Urban Community* edited by Ernest W. Burgess. Chicago: University of Chicago Press.

Park, Robert E., Ernest W. Burgess and R. D. McKenzie (eds.). 1925. *The City.* Chicago: University of Chicago Press.

Redfield, Robert. 1947. "Folk society." *American Journal of Sociology* 52: 239-308.

Reissman, Leonard. 1970. *The Urban Process.* New York: The Free Press.

Shevky, Eshref and Marilyn Williams. 1947. *The Social Areas of Los Angeles.* Los Angeles: University of California Press.

Shevky, Eshref and Wendell Bell. 1955. *Social Area Analysis.* Palo Alto, California: Standford University Press.

Sjoberg, Gideon. 1965. "Cities in Developing and in Industrial Societies: A Cross-cultural Analysis," in *The Study of Urbanization* edited by Philip M. Hauser and Leo F. Schnore. New York: John Wiley & Sons Inc.

Sussman, Marvin B. 1959. "The Isolated Nuclear Family: Fact or Fiction?" *Social Problems* 6(): 333-340.

Suttle, Gerald D. 1968. *The Social Order of the Slum: Ethnicity and Territory in the Inner City.* Chicago: University of Chicago Press.

Whyte, William F. 1955. *Street Corner Society.* Chicago: University of Chicago Press.

Willis, Cecil L. 1977. "Definitions of Community II: An Examination of Definitions of Community Since 1950." Paper presented at Southern Sociological Society, Atlanta.

Wirth, Louis. 1938. "Urbanism as a Way of Life" *American Journal of Sociology* 44: 3-24.

제 16 장

집합행동과 사회운동

1. 집합행동의 영역

2. 집합행동 이론

전염이론
수렴이론
규범-생성이론

3. 집합행동의 형태

군중 / 소문 / 여론 / 열광
공황과 집단히스테리

4. 사회운동

사회운동의 유형
사회운동의 특성
사회운동의 단계
사회운동 이론
신사회운동
사회운동과 사회변동

제16장

집합행동과 사회운동

사람들은 종종 어떤 요인이나 자극에 의해 무리를 지어 행동하기도 한다. 이러한 집합적인 행동은 경우에 따라 사회적으로 큰 파장을 일으키는 사건이나 사고로 이어지기도 하며 또한 사회변동을 낳기도 한다. 그렇기 때문에 집합행동은 사회학적 분석의 중요한 영역이다. 이 장에서는 이러한 집합행동이 왜 그리고 어떻게 발생하는가를 설명하는 주요 이론과 집합행동의 다양한 형태에 대해 살펴보고, 다음으로 보다 조직화되고 지속적인 집합행동의 형태라고 할 수 있는 사회운동의 유형, 특성, 이론, 그리고 사회운동과 사회변동과의 관계에 대해 알아보기로 한다.

1. 집합행동의 영역

사회학이 집단을 연구한다는 측면에서 한편으로 보면 모든 형태의 집합행동(collective behavior)은 사회학적 분석의 대상이라고 할 수 있다. 하지만 '집합행동' 이라고 하는 특별한 분야로 규정되는 행위와 일반적인 사회학적 분석의 초점이 되는 집합행동 사이에는 상당한 차이가 있다. 특별한 주제로서의 집합행동은 애매한 상황에서 상대적으로 많은 수의 사람들에 의해 어느 정도 자발적으로 그리고 단기간에 걸쳐 일어나는 사회적 행위이다. 대규모의 반전시위와 운동경기에서 흥분한 군중들의 활동은 집합행동 분야가 분석해야할 연구대상, 즉 군중(crowds)의 예이다. 이밖에 유행, 여론의 변화, 사고와 재해로부터 나타나는 공포와 집단히스테리도 집합행동학의 연구대상이다.

앞에서 언급했듯이 집합행동을 규정하는 요소에는 제한된 단기간의 사회적 행위(restricted short-term action), 애매한 정체와 사회적 경계(ambiguous identification and social boundaries), 약한 혹은 새롭게 발달한 사회적 규범(weak or newly developed social norms)의 세 가지 종류가 있다.

(1) 제한된 단기간의 사회적 행위

집합행동에서 참여자들은 서로 일시적으로만 관계한다. 이들의 상호작용은 상대적으로 당장에 주어진 특정한 상황 예를 들면, 공연장, 시위, 화재로부터의 도피 등에 제한되어 있으며 그리고 그 상황이 지속되는 때까지만 유지된다. 따라서 이들의 상호작용은 사회집단과 조직에 비해 범위나 시간에 있어서 훨씬 한정되어 있다.

(2) 애매한 정체와 사회적 경계

모든 형태의 집합행동에서 참여자의 정확한 경계는 언제나 분명한 것은 아니다. 예를 들면, 대개 시위장소 주변에는 많은 사람들이 모여 있는데 이들 중 일부는 참여자가 아니라 무엇이 진행되는가를 알고자 원하는 구경꾼들이다. 또한 대중음악공연장의 청중이나 운동장의 관람객과 같이 집합행동의 참여자는 서로에 대해 꼭 알 필요는 없다.

(3) 약한 혹은 새롭게 발달한 사회적 규범

집합행동은 분명하고 사회적으로 규제된 맥락에서의 행동보다는 상대적으로 훨씬 더 자발적이면서 비예측적이다. 따라서 표준적인 규범은 돌발적인 집합행동의 상황에서 적절한 행위를 인도해주는 데에는 충분치 않다.

2. 집합행동 이론

무엇이 사람들로 하여금 집합적으로 행동하게 만드는가? 사람들은 어떤 방식의 행동을 어떻게 해서 선택하게 되었는가? 사회학자들은 오래 전부터 이와 같은 집합행동의 이유와 조건 및 과정에 대해 설명하려 노력해 왔다. 이 장에서는 집합행동에 관한 주요 사회학적 접근인 전염(contagion)이론, 수렴(convergence)이론, 규범-생성(emergent-norm)이론에 대해 살펴보도록 한다.

1) 전염이론

전염이론은 집합행동에 관한 초기이론으로 프랑스의 심리학자인 르봉(Gustave LeBon, 1841~1931)에 의해 제시되었고 나중에 블루머(Herber Blumer)에 의해 보다 발전되었다. 이 이론은 집합행동의 사회심리적 측면에 초점을 맞추며 사람들의 태도, 기분, 행동이 어떻게 급작스레 퍼져나가고 그리고 이것들이 왜 다른 사람들에 의해 수용되는 지를 설명하고자 시도한다.

르봉(1960[1895])은 인간이 군중과 같이 집단적으로 모이게 되면 떼지어 사는 동물들의 행동을 보이게 된다고 가정한다. 수많은 사람들이 모인 상황에서 개인은 그 집합적 상황에 의해 일어난 군중 감정(crowd emotion)의 어마어마한 힘에 의해 자신의 정체감을 상실하게 된다. 군중 상황은 익명성, 감동성, 무책임성을 조장한다. 이러한 상황에서 개인은 합리성을 포기한 채 자신의 판단과 책임을 집합체에 넘겨주면서 집합적 마음(collective mind)에 휩쓸려 버린다. 이러한 과정을 통해 집합적 상황에서 일어난 감정은 전염병과 같이 확산된다. 대신에 군중은 참여자들의 인성이나 기존의 사회규범에 상관없이 스스로 존재하는 실체로서의 위치를 갖게 된다.

블루머(1969)는 상징적 상호작용론에 근거해서 르봉의 사회심리적 관점을 확장시켰다. 그는 군중에 의해 만들어진 감정적 상태가 동물의 떼들이 서로 자극하고 선동하면서 술렁이는 것과 마찬가지로 무리의 사람들이 서로 정처없이 움직이는(milling about) 데서 나온 결과라고 주장한다. 군중 속의 개인은 별다른 생각없이 무의식적으로 다른 사람들의 행동을 따라 하면서 집단적 감정을 수용하게 되고, 이 순환적 반응(circular reaction)을 통해 집단적 감정은 그 수준이 높아지고 특정한 공통의 목표를 향해 퍼져 나간다. 이러한 군중 행동의 메커니즘을 파악하는 정치지도자는 때때로 군중을 의도적으로 그리고 효과적으로 자극하고, 선동하여 이들이 군중 심리에 휩싸여 정치지도자가 의도하는 목표의 행동을 열광적으로 표출하도록 유도한다.

비록 모방 행동이 순간적이나마 큰 동력을 만들어내기는 하지만 이 한 가지 요소만으로는 다양한 집합행동을 부분적으로 밖에 설명하지 못한다. 먼저 전염이론은 감정이 무비판적으로 수용되고 자동적으로 전염된다는 것을 가정함으로써 비판의 대상이 된다. 일부 사회학자들은 군중 행동이 특별하지 않으며 일상 생활에서 다른 사람을 의식해서 일어나는 행동과 별로 차이나지 않는다고 주장한다(Chafetz and Dworkin, 1983; Miller, 2000). 더욱이 집합행동의 역동적인 발생과 확산과정에 대한 전염이론의 설명은 군중행동의 약화와 소멸과정에 대해서는 적용하기가 어렵다.

2) 수렴이론

수렴이론은 사람들이 군중 행동에 가져오는 공통적인 감정, 목표, 믿음에 초점을 맞춘다. 보다 심리학적인 틀에서 이 이론은 어떤 상황에 모인 사람들은 비슷한 마음을 가졌으며 이 사람들이 공통으로 행동하는 것은 이 사람들이 유사한 인성을 서로 공유하고 있기 때문이라고 설명한다. 개인적인 특성으로 인해 많은 사람들은 어떤 특정한 유형의 활동에 참여하는 성향을 가지고 있다. 이러한 관점에서 보면 유사한 속성을 지닌 사람들은 자신들의 잠재적인 성향을 함께 표출할 수 있는 비슷한 마음의 다른 사람들과 집합체를 이루고 군중행동을 하게 된다. 비록 사람들이 군중의 상황에서 자신들의 본성을 그대로 드러내놓을 지 모르지만 이들의 행동은 비합리적이지 않다. 이러한 행동은 비슷한 감정이나 믿음을 공유하고 있는 사람들에게 있어서는 매우 예측이 가능한 행동이다. 예를 들어 어떤 폭도들의 린치나 환경운동의 활동에 모인 사람들 대부분은 린치의 대상이나 환경문제로 인해 비슷한 증오감이나 두려움 또는 가치를 공유한 경우가 많다.

수렴이론은 어떤 군중행동에 모인 사람들이 특정한 태도나 속성을 공유하고 있다는 사실을 지적함으로써 집합행동의 대한 이해의 폭을 넓혔다. 하지만 이 이론은 집합행동의 상황과 무관한 요인들 예를 들면 인성적 특성에 너무 의존함으로써 군중행동을 설명하는

데 어려움이 있다. 또한 이 관점은 군중 상황에서 왜 두려움과 증오와 같은 감정은 표출되고 사랑과 호의와 같은 다른 감정은 그렇지 않은가에 대해 설명하지 못한다.

3) 규범-생성이론

많은 사회학자들은 무의식적인 과정을 지배하는 본능에 기초한 설명을 제공하기보다는 의식적인 인간의 행동을 형성하는 규범과 제도를 찾고 있다. 전염이론 및 수렴이론과 달리 규범-생성이론(emergent norm theory)은 군중행동을 형성하는 데 있어서 사회적 규범의 중요성을 강조한다. 규범-생성이론의 대표적 학자인 터너와 킬리언(Turner and Killian, 1993)은 군중이 순간의 감정이나 인성적인 성향에 의해 일어난 사람들의 비합리적 집합체로 보지 않는다. 상징적 상호작용론에 근거해서 이들은 군중이 상호작용을 통해 상황에 대한 자기들 나름대로의 규정을 발전시키고 또 그 상황에 적합한 행동에 대한 규범을 설립한다고 주장한다. 따라서 군중행동은 집합적 사건에 참여한 사람들의 상호작용으로부터 생성된 사회적 규범에 의해 설명될 수 있다. 이들에 의하면 규범 생성은 새로운 상황을 매우 별다른 것으로 규정하거나 오랜 간 지속된 상황을 새로운 관점에 의해 볼 때 주로 발생한다.

다양한 군중행동의 유형을 면밀히 분석한 터너와 킬리언은 집합체의 참여자들이 한 마음의 사람들이 아님을 지적한다. 즉 참여자들은 현재 발생하고 있는 것에 대한 관심뿐만 아니라 동기, 태도, 행동에 대해 매우 다양하다는 것이다. 어떤 사람은 좋은 시간을 보내기 위해 어떤 사람은 특정한 사회적 내지는 정치적 목적을 성취하기 위해 또 어떤 사람은 두려움에 의해 군중에 합류할 수 있다. 하지만 이들은 서로간의 상호작용을 통해 특정한 군중 상황을 이해하고 규정하며 또 거기에 맞는 새로운 규범을 발생시킨다. 예를 들어 음악회나 연설에서 사람들은 좀처럼 일시에 또 개별적으로 박수를 치거나 야유를 보내지 않는다. 많은 사람들은 다른 사람들이 박수를 치거나 야유를 보내는 것을 보면서 이들과 행동을 같이 하려고 기다리지 혼자서 행동하기를 원하지 않는다. 집합과 다른 사회적 상황과의 유일한 차이는 군중의 경우 적합한 규범이 상황에 부과되는 것이 아니라 상황으로부터 생성된다는 것이다. 그리고 이러한 생성 규범은 참여자의 행동을 인도한다.

규범생성이론은 새로운 규범이 당장의 상황에 적합하도록 합리적인 방식으로 발달한다고 본다. 하지만 이 이론은 정확히 무엇이 규범을 구성하며 새로운 규범이 어떻게 생성되며, 또 이 규범이 어떻게 그렇게 빨리 확산되고 다양한 참여자들에 의해 수용되는지를 설명하지 못한다. 아울러 사람들이 순간적인 충동에 의해 행동하는 것처럼 군중 상황에서 자발적인 감정의 폭발로 인해 나중에 내가 왜 이런 행동을 했나하고 후회할 만한 감정적 행동도 실제로 자주 일어난다.

3. 집합행동의 형태

1) 군중

군중은 어떤 사람이나 사건 주위에 모이며 또한 다른 사람을 의식할 뿐만 아니라 서로 영향을 받는 사람들의 일시적인 집합체이다. 군중은 크게 일상적(casual), 관례적(conventional), 표출적(expressive), 활동적(acting), 저항적(protest) 군중의 5가지 종류로 나눌 수 있다(Blumer, 1969; McPhail and Wohlstein, 1983).

(1) 일상적 군중

일상적 군중은 상대적으로 많은 사람들이 우연히 같은 장소에 모여 있는 것을 말한다. 일상적 군중은 어떤 것이 지나가는 사람들의 주의를 끌 때 자연스럽게 형성된다. 예를 들어 길거리를 지나는 사람들이 공사현장을 보기 위해 일시적으로 발을 멈출 경우, 이들은 일상적 군중을 형성하게 된다. 일상적 군중은 서로 간에 별로 상호작용하지 않으면 만일 한다고 하더라고 그것은 일시적이다.

(2) 관례적 군중

비행기 승객, 백화점의 쇼핑객, 음악회의 청중, 강의실의 학생은 관례적 군중의 예가 된다. 관례적 군중은 특정을 목적을 위해 모이며 기존에 설립된 규범에 의해 행동한다. 관례적 군중을 모으는 행사는 정기적으로 일어나기 때문에 참여자들간의 상호작용은 비교적 자주 일어나는 편이다. 한편 이들 행사는 군중이 없이는 일어나지 않는다.

(3) 표출적 군중

축제, 인기가수의 대중공연, 부흥집회, 경기의 우승을 축하하기 위해 거리로 몰려나온 관중은 표출적 군중의 예이다. 감정적으로 흥분한 표출적 군중은 열광된 감정에 의해 행동하며 이러한 행동은 다른 상황에서는 좀처럼 수용되지 않는다. 표출적 군중의 주목표는 기쁨, 흥분, 감사 등과 같은 강한 감정을 표출하는 것이다.

(4) 활동적 군중

활동적 군중은 특정한 목적이나 대상에 매우 강렬하게 집중되어 있어 폭력이나 파괴적인 행동을 일으킬 가능성이 높은 사람들의 모임이다. 폭도, 공포에 질린 사람들은 활동적 군중의 예이다. 상황에 따라 일상적 군중이나 관례적 군중도 활동적 군중으로 변할 수 있다.

(5) 저항적 군중

저항적 군중은 특정한 정치적 목적을 성취하려고 의도된 활동에 참여한다. 예로서 연좌농성, 행진, 시위, 보이콧, 봉쇄, 파업 등이 있다.

2) 소문

소문(rumor)은 익명의 출처로부터 나와 비공식적으로 퍼져나가는 입증 안된 정보이다. 소문은 진짜일 수도 있고 거짓일 수도 있지만 이것의 기원과 타당성은 확인하기 힘들다. 소문은 불확실한 상황, 그리고 정보를 퍼뜨리는 공식적인 또는 신뢰할 만한 통로가 없는 상황에서 번성한다.

소문은 명확치 않은 상황을 알려는 시도이다. 때때로 소문은 확산되는 과정에서 변하기도 한다. 소문에 의해 전달되는 마지막 이야기는 원래의 것과 매우 다를 때가 상당히 많다. 소문이 한번 시작되면 멈추기도 매우 힘들다.

소문은 군중 행동을 일으키기도 하지만 이미 형성된 군중행동에 초점을 맞추기도 한다. 집단적인 난동이나 폭도들의 행동은 위의 두 가지 역할에 의해 발생하는 수가 많다.

소문은 또한 불확실한 상황의 유일한 또는 기본적인 정보 전달 수단이 되곤 한다. 이 때

소문은 진행중인 사건이나 변화를 명료하게 밝히려는 집합적인 노력에서 나온 결과라고 할 수 있다. 시부타니(Shibutani, 1966)는 이러한 집합적 과정이 다양한 기능을 포함하고 있음을 지적한다. 먼저 일부 참여자들은 소문을 전달하는 "전달자(messenger)"이다. 다른 참여자들은 소문이 담고 있는 정보와 그것의 의미에 대해 적절한 맥락을 제공하려는 "해석자(interpreter)"로서의 역할을 수행한다. 일부는 특정한 해석을 지지하는 "주창자(protagonist)"가 되기도 하며 또 일부는 소문에 기초해서 어떤 종류의 행동을 일으키려는 "의사결정자(decision maker)"가 되기도 한다. 그러나 대부분의 참여자들은 소문을 듣는 청중이 된다.

3) 여론

집합행동 분야에서 공중(public)은 의견을 갈라놓는 어떤 이슈에 대해 관심을 공유하고 있는 상당히 많은 사람들을 일컫는다. 대부분의 사람은 여러 공중에 소속되어 있다. 어떤 사람은 환경보호에 대해 찬반으로 나뉘어져 있는 공중, 대북정책에 대해 찬반으로 나뉘어져 있는 공중, 인간복제에 대해 찬반으로 나뉘어져 있는 공중 등등의 각각에 대해 일원이 될 수 있다.

여론(public opinion)은 특정한 이슈에 대한 공중의 집합적인 관점으로 이루어져 있다. 사람들의 의견은 유동적일 뿐만 아니라 새로운 상황에 따라 바뀌기 때문에 여론은 특정한 시기의 의견을 말한다. 여론을 측정하고 결정하기 위해 실시하는 서베이인 여론조사는 어떤 이슈, 정당, 정치인, 정책에 대한 공중의 의견이 시간에 따라 얼마나 자주 변하는지를 잘 보여 준다. 공공정책을 실시하기 위해 사람들의 지지를 필요로 하는 민주주의에서 정치인들은 특정한 이슈에 관련된 공중의 관점을 평가하기 위해 이러한 여론조사의 결과를 자주 이용한다.

(1) 여론주도층

다양한 공중의 관점들은 종종 이 관점을 형성시키는 데 중요한 역할을 하는 여론주도층(opinion leader)에 의해 영향받는다. 여론주도층은 정치인, 성직자, 사회운동가, 교수와 같이 사회적 지위가 높은 사람들인 경우가 많다. 때때로 여론주도층의 역할은 전문 지식에 근거하기도 한다. 예를 들어 환경과 건강에 관한 문제에 대해서는 과학자의 의견이 영향력이 있다. 대중매체에서 핵심적인 위치에 있는 사람도 여론주도층의 역할을 수행한다. 방송국의 사장이나 또는 사장을 임면할 수 있는 고위정치인과 소유주, 신문사 사주, 신문의 칼럼니스트들은 직간접적으로 여론의 형성에 상당한 영향력을 미친다.

(2) 선전

정치인, 로비스트, 이해집단의 대표자를 포함한 많은 사람들은 여론에 영향을 미치려고 노력한다. 이렇게 하는 과정에서 이들은 여론에 영향을 주거나 여론을 형성하기 위해 고의적으로 만든 정보나 관점인 선전(propaganda)을 이용할 수 있다. 상업광고, 정치연설, 그리고 일부 조직들의 발표는 어느 정도 선전의 형태들이다.

선전은 거짓일 필요는 없다. 하지만 그것은 중립적이고 객관적인 정보는 아니다. 선전의 목적은 특정한 관점을 지지하고 그래서 사람들이 이 관점을 가지도록 설득하는 것이다. 선전이 교육적인 것으로 규정될 경우 문제가 발생하게 된다.

4) 열광

열광(crazes)은 표출적인(expressive) 대중행동이 일시적으로 나타나는 형태이다. 여기에는 단기 유행(fad)과 유행(fashion)의 두 가지 형태가 대표적이다.

(1) 단기 유행

단기 유행은 상대적으로 짧은 기간에 많은 사람들이 열광적으로 따르는 행동의 형태이다. 사람들이 단기 유행을 따르는 이유는 대부분 그것이 해야 할 일이라고 생각하기 때문이다. 근래에 많은 단기 유행이 왔다가 사라지곤 했다. 여기에는 특정 상품의 롱패딩, 남자 대학생들의 염색머리, 찢어진 청바지, 비타민 C의 섭취 등등이 있다. 단기 유행은 개인의 정체성을 강조하고 개성을 돋보이게 하는 방법을 제공하기도 한다. 따라서 단기 유행은 자신의 정체성을 형성시키는 과정에 있는 젊은이들 사이에 보통 일상적으로 일어나는 현상이다. 하지만 다른 한편으로 단기 유행에 참여하는 것, 즉 많은 사람들이 하는 것을 따라 한다는 것은 개성의 부족이라고도 할 수 있다.

(2) 유행

유행은 특정한 시기에 성행하는 특정한 행동이나 겉모양 스타일이다. 비록 유행은 단기 유행보다 더 오래 지속되지만 유행이라는 말 자체는 일시성을 의미한다. 상대적으로 유행은 변화를 강조하는 현대사회의 산물이기도 하다. 전통사회의 안정은 유행을 불필요하며 나아가 바람직하지 못한 것으로 만들었다.

유행은 종종 상품을 팔기 위한 상업적 목적을 위해 창조된다. 새로운 의상 스타일은 사람들로 하여금 현재의 옷을 벗어 던지고 최신의 패션을 입도록 요구한다. 새로운 헤어스타일은 새로운 모습을 보여주는 헤어스프레이나 무스(mousse), 염색약, 미용사의 서비스를 사용하도록 요구한다. 새로운 휴대폰은 사람들로 하여금 다양하고 복잡한 기능과 서비스를 비싼 가격에 이용하도록 유혹한다. 단기 유행과 달리 유행은 종종 기업체, 디자이너, 광고, 미디어 등을 포함한 조직화된 노력에 의해 나오기도 한다.

모든 유행이 경제적 의도나 효과를 목적으로 하지는 않는다. 일부 유행은 사회적 지위에 대한 관심으로부터 나온다. 새로운 형태의 행동에 참여하는 것은 특정한 내집단의 성원임을 표시하고 또한 특정한 지위를 부여해준다. 특정한 브랜드의 승용차, 스포츠, 말투 등을 좇는 것은 이들 대상과 행동에 부여된 사회적 지위를 얻으려는 노력의 결과이다. 유행이 확산되고 보다 많은 사람들이 참여함에 따라 유행은 특정한 사회적 지위를 나타내는 기능을 상실하게 된다. 유행의 성공은 바로 그 유행의 매력을 잠식하게 된다. 결국 모든 유행의 운명은 유행에 뒤져 낡아지는 것이다.

5) 공황과 집단히스테리

(1) 공황

공황(panic)은 어떤 실제적인 또는 지각된 위험으로부터 황급히 달아나려는 사람들의 집합적인 행동이다. 공황은 합리적인 해결책을 찾는 능력을 감소시키는 엄청난 두려움을 경험할 때 일어난다. 이러한 상황에서 사람들의 시각은 좁아지고 대안적인 행위들은 인식되지 않는다. 사람들의 행동은 비합리적이고 자기중심적이 되는 경향이 있으며 또한 종종 역효과를 내기도 한다. 공황 상황에서 고함, 비명, 혼란과 무질서는 보통의 일이다. 적절한 행위에 관해 알맞은 정보를 제공해 줄 수 있는 분명한 의사소통망이 별로 없다. 사람들이 붐비는 장소에서 화재로 인해 야기된 많은 공황의 사례들은 대부분의 죽음이 하나밖에 없는 출구에 몰리거나 조급하게 창문으로 미리 뛰어내린 사람들에게서 나타났음을 보여준다.

(2) 집단히스테리

집단히스테리(mass hysteria)는 실제적인 또는 지각된 어떤 강력한 힘의 위험이나 위협에 대한 반응으로 두려움과 광적인 활동이 급격하게 확산되는 형태를 일컫는다. 이러한 위험이나 위협은 사람들과의 상호작용에 의해 전달되는 데 전달받은 사람은 전달한 사람과 유사한 열광적 반응을 보인다. AIDS나 코로나19 감염증과 같은 특정 질병이나 사건과 관련해서 가능성이 높은 집단에 대해 오명을 씌우거나 박해하는 행동은 집단히스테리의 예이다.

4. 사회운동

집단행동 가운데 어느 정도 상당히 지속적이고 조직화되어 있으며 또한 광범위하게 일어나는 형태가 있다. 이러한 형태의 집합행동을 사회운동(social movement)이라고 한다. 사회운동은 어떤 문화적 혹은 사회적 변화를 촉진하거나 저지하기 위해 조직화된 사람들의 모임이다. 대체로 사회운동은 기존 사회의 권력 관계 밖에 있는 사람들로 구성되어 있다. 그래서 사회운동은 사회적 약자에게 유용한 몇 안되는 정치 형태 중의 하나이다.

1) 사회운동의 유형

사회운동은 기본적으로 변화의 대상이 개인이냐 집단이냐에 따라 다양한 유형으로 세분화된다.

(1) 개인에 대한 초점

일부 사회운동은 사람들의 특정한 행위 유형을 장려하거나 방해하려는 시도에서 개인에게 초점을 맞춘다. 여기에는 대안적(alternative) 운동과 구제적(redemptive) 운동이 있다.

가. 대안적 운동

대안적 운동은 개인들로 하여금 자신들의 행동을 변화시킬 것을 장려한다. 대체로 이 운동은 개인들이 특정한 행동이나 태도의 유형을 버리고 바람직하다고 여겨지는 다른 행동을 택하도록 시도한다. 담배를 피우거나 술을 마시는 행위를 좋지 못한 것으로 규정하고 이들 행위를 자제할 것을 요구하는 금연 및 금주 운동은 대안적 운동의 예이다.

나. 구제적 운동

구제적 운동은 개인들에게 전면적으로 근본적인 변화가 일어나게끔 시도하는 사회운동이다. 이 같은 운동은 개인을 완전히 다시 개조하는 것으로 일종에 개인이 다시 태어나도록 하는 결과를 추구한다.

(2) 사회에 대한 초점

개인보다는 사회 일반에 변화가 일어나도록 노력하는 것에 초점을 맞추는 운동들도 있다. 여기에는 복귀적(regressive), 개혁적(reform), 혁명적(revolutionary), 유토피아적(utopian) 운동의 4가지 유형이 있다.

가. 복귀적 운동

이 운동은 사회변동을 저지하고 사회를 이전의 상태로 되돌리려는 것을 목표로 한다. 복귀적 운동은 진보의 시간을 거꾸로 되돌리려고 하는 시도와 같다. 개인뿐만 아니라 기존 사회를 변화시키려는 것을 목표로 하는 근본주의자들의 종교운동은 복귀적이라고 할 수 있다.

나. 개혁적 운동

개혁적 운동은 기본적으로 기존의 전체 사회체제에 대해서는 만족을 하지만 특정한 영역들에 대해서는 제한적이나마 변화를 가져오게 하려고 시도한다. 일반적으로 개혁적 운동은 기존의 정치체계 내에서 온건한 변화를 촉진하기 위해 노력한다. 대부분의 환경운동, 페미니즘 운동, 소비자운동은 개혁적 운동의 예라고 할 수 있다.

다. 혁명적 운동

혁명적 운동은 기존 사회에 대한 강한 불만으로부터 발생한다. 이 운동은 사회의 근본적인 구조를 급진적으로 바꾸기 위해 특정한 이념적 프로그램을 적용하려고 노력한다. 18세기말의 프랑스, 20세기의 러시아, 중국, 쿠바에서 발생한 혁명은 혁명적 운동의 예들이다.

라. 유토피아적 운동

유토피아적 운동 또한 사회를 급진적으로 재구성하는 것을 목표로 하지만 이것을 실천하기 위한 구체적 청사진은 제대로 갖고 있지 못하다. 유토피아적 운동이 혁명적 운동과 또다른 점은 목표를 달성하는 데 있어 폭력을 사용하는 것을 꺼린다는 것이다. 유토피아라는 단어는 좋기는 하지만 절대적으로 완전한 사회에 대한 애매한 이미지를 지니고 있다. 모두가 잘 사고 모두가 평등하며 개인의 자유가 완전히 보장된 사회를 만드는 것을 목표를 내세우면서 이것을 성취하기 위한 구체적이고 현실적인 프로그램을 제공하지 못하는 운동은 유토피아적 운동의 예이다.

2) 사회운동의 특성

(1) 이념

모든 사회운동은 특정한 사회적 행위나 프로그램을 정당화시켜주는 믿음체계인 이념(ideology)을 가지고 있다. 전형적으로 이러한 믿음체계는 사회운동이 달성하길 바라는 상황과 또 실패했을 때 생겨날 수 있는 결과에 대해 규정하고 있다. 비록 이념은 애매한 측면이 있기는 하지만 사회운동을 위해 사람을 규합하고 설득하는 표어나 슬로건이 된다. '공산당선언(communist manifesto)' 은 혁명적 사회운동으로서 공산주의 이념의 윤곽을 나타내고 있다.

(2) 조직

사회운동은 어떤 집합행동의 유형보다 조직화되어 있다. 대개의 사회운동은 소수의 핵심적인 지도자와 다수의 헌신적인 성원들로 이루어져 있다. 이 구성을 벗어나면 이러한 사회운동의 목표에 동정적이면서 또한 때로는 재정적으로나 정신적으로 도움을 주는 많은 지지자들이 존재한다. 성공적인 사회운동은 매우 조직화되어 나중에 공식적인 조직으로 전환되는 경우가 많다. 구소련의 공산당은 혁명적인 사회운동으로 출발했으나 러시아의 자르(czar)체제를 무너뜨린 후 나중에 공식적인 정부구조가 되었다.

큰 사회운동은 종종 여러 조직을 거느리거나 여러 조직으로 이루어지기도 한다. 이럴 경우 조직의 문제는 보다 복잡해지는데, 왜냐하면 공동의 목표를 성취하기 위해 각 조직의 활동을 조정해야 할뿐만 아니라 각 조직의 행위를 유용하게 연결시켜야 하기 때문이다.

(3) 전술

모든 사회운동은 특정한 목표의 달성을 추구하고 있는 특정한 활동인 전술(tactics)에 관여한다. 전술은 종종 여러 다양한 목적을 지니기도 한다. 사회운동의 목표를 성취하기 위해 전술은 사회운동에 동정적인 사람들뿐만 아니라 직접적으로 참여하지 않은 사람들의 지지를 동원하는데 사용된다. 전술은 또한 사회운동의 활동과 노력을 지지하지 않는 사람들의 태도를 바꾸는 데 있어서도 중요하다. 예를 들어 환경운동의 전술은 보다 많은 사람들이 쓰레기를 줄이고, 종이, 병, 캔 등을 재활용하며, 대중교통과 자전거를 이용하고, 환경보호에 호의적인 법을 제정하는 것 등등이다.

전술은 운동의 종류에 따라 변한다. 유토피아적 운동은 전술로서 폭력을 좀처럼 사용하지 않는 대신에 혁명적 운동은 폭력을 사용하는 경우가 많다. 잘 확립되고 기존의 정치과정에 쉽게 접근할 수 있는 그런 사회운동, 예를 들면 소비자운동은 자신의 목적을 달성하기 위해 대규모의 집단적인 시위 대신에 정치구조에 로비하는 방법을 사용할 가능성이 높다. 그러나 정치과정에 대한 접근 가능성을 별로 가지지 못한 사회운동은 집단적 시위와 보다 극단적 활동 및 방법을 통해 자신과 자신의 목적을 세상에 알리고자 한다. 폭력은 세상을 바꾸는 모든 방법과 수단들이 막힐수록 전술로 사용될 가능성이 높아진다.

3) 사회운동의 단계

각각의 사회운동은 독특한 특징을 지니고 있으며 또 같은 변화과정을 거치지는 않는다. 하지만 많은 사회학자들(Blumer, 1969; Tilly, 1978)은 실제적으로 모든 사회운동의 일생에는 생성(emergence), 연합(coalescence), 관료화(bureaucratization), 쇠퇴(decline)의 네 가지 단계가 존재한다고 주장한다.

(1) 1단계 : 생성

사회운동은 처음에 어떤 필요성을 느끼는 사람들의 반응에서 출발한다. 점차 보다 많은 사람들이 사회의 어떤 요소나 최근의 변화에 대해 문제의식을 느끼고 또 불만을 가지게 되면서 다양한 사회운동이 출현하고 있다. 여성운동은 여성의 종속적인 사회적 지위와 역할에 대한 불만이 커지면서 시작되었다. 반부패운동 또한 공무원과 정치인의 부정부패에 대한 불만이 심화되면서 나타났다. 급박한 상황에서 소수의 활동가들은 문제를 인식하고서 변화를 시도하기 위해 사회적 동요를 일으킨다.

(2) 2단계 : 연합

사회적 동요의 결과로 보다 많은 사람들이 운동을 일으킨 최초의 집단과 그들의 활동에 관심을 가지게 된다. 이들은 목표를 달성하는데 필요한 활동들을 조직하기 위해 연합하거나 협동한다. 대개 작은 규모의 지도자 집단도 발달한다. 정책과 전술이 채택되고 운동에의 참여를 독려하는 계획이 움직이기 시작한다. 종종 시위와 행진과 같은 집단 행위들이 운동과 운동의 목표를 널리 알리기 위해 사용된다. 비슷한 관점을 공유하고 있는 조직들이 전체적인 운동을 강화하기 위해 연결되기도 한다.

(3) 3단계 : 관료화

운동이 확고하게 자리를 잡으면 종종 많은 관료제적 요소들이 요구된다. 규칙과 절차체계가 발달하고 문서들이 간수되며 전문화된 역할과 위계화된 지위구조가 형성되는 등 운동조직내에 제도화가 일어난다. 때때로 관료적 요구조건은 운동의 목표를 성취하는 데 쓰여야 할 에너지마저도 흡수한다.

(4) 4단계 : 쇠퇴

대부분의 사회운동은 어느 시점에서 끝난다. 이러한 일이 발생하는 데는 몇 가지 이유들이 있다(Miller, 2000). 첫째, 드물게 나타나는 경우이지만 어떤 운동들은 목표를 성취해서 더 이상 운동을 지속할 필요성을 가지지 못한다. 둘째, 사회운동의 지도자들이 제도권의 권력에 있는 사람들에 흡수되거나 운동의 목표를 달성하는데 필요한 자원과 지지를 효과적으로 동원하지 못해 운동이 쇠퇴한다. 셋째, 운동의 분열, 특히 전략과 전술에 대한 시각과 이해 차이로 인한 지도자들간의 분열은 자주 발생하며 이것 또한 운동의 약화를 가져온다. 넷째, 운동의 목표에 대한 사회적 관심의 쇠퇴와 권력층에 의한 탄압도 운동의 쇠퇴를 초래한다. 마지막으로 지나친 관료제화도 사회운동이 에너지와 초점을 잃도록 만들 수도 있다.

4) 사회운동 이론

(1) 박탈이론

박탈이론(deprivation theory)은 상대적으로 많은 수의 사람들이 자신들의 복지와 행복을 위해 필요하다고 믿는 것을 박탈당했다고 느꼈을 때 사회운동이 발생한다고 주장한다(Morrison, 1978). 맑스의 이론은 자본주의체제에 의해 경제적인 박탈감을 느낀 가난한 노동자들에게 호소력이 있었다. 그의 분석은 비슷한 상황의 다른 사람과 비교했을 때 느끼는 불만인 상대적 박탈감의 중요성을 보여준다. 맑스에 따르면, 노동자들은 임금으로 지불되는 것보다 많은 이익을 축적하기 위해 자신들의 노동력을 이용하는 자본가들에 비해 항상 박탈당하고 있다고 느낀다는 것이다.

혁명도 상대적 박탈감에 의해 일어날 수 있다. 기대수준이 증가함에 따라 혁명이 일어날 가능성은 높아진다(Brinton, 1965). 상황이 개선되면서 기대감이 높아지는 데 반해 현실은 이에 부응하지 못할 경우 상대적 박탈감은 변화를 재촉하는 사회운동을 형성하도록 만든다.

일반적으로 박탈이론은 사회운동을 설명하는 합리적 이론으로 받아들여지고 있다. 하지만 여전히 불만감과 박탈감을 느끼는 많은 사람들이 사회운동에 참여하지 않고 있다. 비록 불만감과 상대적 박탈감이 어떤 유형의 사회운동을 발생시키는데 필요는 하지만 사회운동의 형성에 대한 충분조건은 아니다.

(2) 대중사회이론

대중사회이론(mass society theory)에 따르면 사회운동은 현대 대중사회에서 많은 사람들이 경험하는 사회적 고립과 무의미성에 의해 일어난다(Kornhauser, 1959). 이러한 무력감은 사회운동에 참여함으로써 극복될 수 있다. 사회운동에 참여함으로써 사람들이 얻게 되는 집단 소속감은 때때로 사회운동의 목표만큼이나 중요하다. 사회운동은 느슨하게 통합된 공동체의 사람들에게서 일어날 가능성이 높으며 또한 많은 경우, 이 사람들은 사회운동의 지도자들에 의해 교묘히 조종되기도 한다.

대중사회이론은 사회운동에 참여할 가능성이 높은 사람들의 특징을 지적했다는 측면에서 가치가 있다. 그러나 이 이론은 여러 사회운동들이 광범위한 공동체적 유대를 가진 사람들의 관심을 끌었다는 것을 보여주는 경험적 연구결과와 상충된다(Tilly et al., 1975).

(3) 부가가치이론

부가가치이론(value-added theory)은 사회운동이 발전하기 위해 어떤 조건들이 필요하다는 가정에 근거하고 있다(Smelser, 1962). 이 이론은 생산과정에서의 각 단계는 뭔가를 보태어 최종 산물을 만들어 낸다는 경제학의 '부가가치' 개념에 근거하고 있다. 예를 들어 철광을 자동차로 바꾸는 과정에서 각 단계는 가치를 최종 산물인 자동차에 부가한다. 이와 유사한 방식으로 스멜서는 사회운동을 일으키기 위한 필요충분조건에는 6가지 요인들이 있으며 이러한 요인들이 보다 많이 나타날수록 사회운동이 발달한 가능성이 높다고 주장한다.

가. 구조적 기여(structural conduciveness)

구조적 기여는 중요한 사회문제를 이끌 가능성이 높은 특정한 사회적 형태를 일컫는다.

사회운동이 일어나기 위해 사람들은 중요한 사회문제가 무엇인가를 알아야 하고 집합행동에 참여할 기회를 가져야 한다. 예를 들어 환경운동은 환경에 대한 위협이 지각되고 또 이 위협의 결과로서 인간들의 삶의 질에 미치는 영향으로부터 성장하게 되었다. 또한 사회운동은 어떤 사회문제와 연관된 개인이나 집단이 사회문제의 당사자로서 배제될 때 발생할 가능성이 높다. 즉 이들 당사자가 불만을 표출할 채널이 부족하거나 없을 경우 그리고 이들 고통받는 사람이 서로 의사소통할 기회를 가질 경우에 사회운동이 일어날 확률이 높다.

나. 구조적 긴장(structural strain)

이것은 사회 내의 긴장에 의해 야기된 사회적 조건으로, 종종 사회내의 갈등에 의해 발생한다. 사회나 공동체가 어떤 문제에 대해 뭔가의 조치가 있어야 한다는 사람들의 기대를 충족시키지 못할 경우, 이런 체계에서는 긴장이 발생한다. 연이어 나타나는 갈등과 반목은 만약 담당기관이 적절하게 대처했더라면 문제가 나타나지 않았을 것이라는 사람들의 믿음과 결합하여 사회운동의 발달을 촉진시킨다.

다. 일반화된 믿음의 확산(spread of a generalized belief)

사회운동이 발전하기 위해서는 문제에 대한 분명한 주장 그리고 문제의 원인, 결과, 해결책에 대해 공유된 관점이 있어야 한다. 이렇게 일반화된 믿음은 조직화되어 있지 않은 불만의 소리를 조직화된 사회운동으로 전환시킬 수 있다.

라. 촉진 요인(precipitating factors)

기존의 일반화된 믿음을 강화하기 위해서는 극적인 사건이나 사고가 발생해야 한다. 종종 사망이나 재난과 같은 극적인 사건은 사람들로 하여금 집합행동에의 참여를 촉발시킨다.

마. 동원행위(mobilization for action)

사회운동이 도약하기 위해 동원행위가 필요하다. 이 단계에서는 사람들을 조직하고 또 이들에게 방향을 제시하는 지도자, 기금모집, 홍보 등이 나타난다.

바. 사회통제 요인(social control factors)

만약 사법기관, 정치지도자, 기타 책임있는 당국의 통제와 억압이 심하면 사회운동의 발전이나 집합행동의 참여는 어려워진다. 하지만 이러한 통제와 억압의 완화는 사회운동의 성장에 기여한다.

부가가치이론은 사회운동의 복잡한 형성과정을 보다 구체적으로 설명하고 있다. 하지만 이 이론은 기능론적 전통에 기초해서 구조적 긴장을 사회에 유해한 것으로 본다는 비판을 받는다.

(4) 자원동원이론

자원동원이론(resource mobilization theory)은 사회운동의 구성원들이 자신들의 목적을 달성하기 위해 필요한 자원을 획득하고 사람들을 동원하는 능력에 초점을 맞춘다(McCarthy and Zald, 1977). 자원에는 돈, 사람들 및 이들의 시간과 기술, 미디어에 대한 접근, 재산과 기자재와 같은 물질적 물자 등이 포함된다. 전반적으로 대부분의 자원은 사회운동의 구성원보다는 직접 참여하지 않는 외부인들로부터 조달된다. 자원동원이론은 사회운동에 관한 기존의 여러 이론들 사이에 생기는 간격을 좁혀준다. 이 이론에 따르면, 사회운동을 지속시키는 데 필요한 자원들이 유용하고 조직화되며 또한 효과적으로 사용되었을 경우에만 사회운동이 박탈감과 구조적 긴장으로부터 일어날 수 있다는 것이다.

일반적으로 자원동원이론은 사회운동의 성장과 성공에 대한 유용한 이론으로 받아 들여 지고 있다. 하지만 이 이론은 자원의 동원에 있어 내부의 역할보다는 외부의 지원에 보다 많은 비중을 두어 많은 사회운동들이 자체 조직에 의해 유지되고 있는 경험적 사실들과는 부합하지 않는다. 이 밖에 이 이론은 사회운동의 이념과 정당성과 같은 비물질적 자원을 간과한 측면이 있다.

5) 신사회운동

1960년대 이후부터 새로운 사회운동의 형태들이 나타나기 시작했다. 비록 이러한 운동들이 이전부터 주로 제기되었던 경제적 및 정치적 이슈와 관련되기도 했지만 근본적으로는 사생활의 질, 특히 사람들의 생각과 행위방식에 대한 대규모의 문화적 변동에 더 지향하는 편이었다. 이러한 신사회운동(new social movements)이 관심을 두고 있는 이슈의 예로서 성과 성역할, 개인의 자유, 개인적 정체성, 환경, 평화, 공동체생활 등을 들 수 있다. 이들 신사회운동은 전통적인 사회운동에 비해 비공식적이고 또 심지어는 의도적으로 비조직화되어 있으며, 관료적 접근보다는 자발적이고 대립적인 방법을 선호했다. 이들 사회운동의 활동에 있어 큰 비중을 차지하고 있는 목적은 내편과 네편 사이의 차이를 부각시키는 것이 아니라 자신들 권리의 존재성에 사람들의 주의를 극적으로 모으게 하는 데 있다.

신사회운동 조직들은 단일한 이슈를 지향하는 경향이 있다. 결과적으로 이들은 매우 파편화되어 있으며 또한 종종 다른 조직과 관계를 맺는 것을 거부한다. 이러한 파편화는 다양한 영역의 조직들이 새롭고 신선한 활동가들을 끌어들일 수 있도록 해줌으로써 많은 신사회운동들이 기존의 사회운동보다 많은 활력을 갖도록 해준다. 하지만 파편화는 사회를 변화시키기 위한 광범위한 운동이 일어나게 하는 것을 어렵게 만들기도 한다. 한편 신사회운동은 이슈의 파편화와 전문성으로 인해 종종 전문가 및 학력과 기술이 뛰어난 지식인들로 구성되어 있다.

6) 사회운동과 사회변동

사회운동은 사회변동을 추구한다. 사회운동의 성공과 실패는 사회변동의 속성과 정도에 영향을 준다. 종종 소수집단과 사회적 약자 집단의 권리는 사회운동의 행위를 통해서만 진전되곤 했다. 여성의 평등권, 노동자의 처지, 환경보존을 개선하기 위한 입법은 사회운동의 결과이다. 따라서 사회운동과 사회변동은 불가분의 관계를 가지고 있다.

■■ 참고문헌

Blumer, Herber. 1969. "Collective Behavior". Pp. 65-121 in *Principle of Sociology,* edited by A. M. Lee. New York: Barnes and Nobles Books.

Brinton, Crane. 1965. *The Anatomy of a Revolution.* New York: Vintage.

Chafetz and Dworkin, 1983. "Macro and Micro Process in the Emergence of Feminist Movements: Toward a Unified Theory." *Western Sociological Review* 14: 27-45.

Kornhauser, William. 1959. *The Politics of Mass Society.* New York: Free Press.

LeBon, Gustave. 1960 (original 1895). *The Crowd: A Study of the Popular Mind.* New York: Viking.

McCarthy, John D. and MayerZald. 1977. "Resource Mobilization and Social Movements: A Partial Theory." *American Journal of Sociology* 82: 1212-1241.

McPahail, Clark and Ronald T. Wohlstein. 1983. "Resource Mobilization and Social Movements: A Partial Theory." *American Journal of Sociology* 82: 121-1241.

Miller, David L. 2000. *Introduction to Collective Behavior and Collective Action.* Prospect Heights, IL: Waveland Press, Inc.

Morrison, Denton. 1978. "Some Notes Toward Theory on Relative Deprivation." Pp. 202-209 in *Collective Behavior and Social Movements,* edited by Louis E. Genevie. Itasca, IL: F. E. Peacock.

Shibutani, Tamotsu. 1966. *Improvised News: A Sociological Study of Rumor.* Indianapolis: Bobbs-Merill.

Smelser, Neil. 1962. *Theory of Collective Behavior.* New York: Free Press.

Tilly, Charles. 1978. *From Mobilization to Revolution. Reading,* MA: Addison-Wesley.

Tilly, Charles, Louise Tilly and Richard Tilly. 1975. The Rebellious Century, *1830-1930.* Cambridge, MA: Harvard University Press.

제 17 장

사회변동

1. 사회변동의 원인

물리적 환경
문화
사회구조
인구
과학과 기술
인간의 행위

2. 사회변동 이론

진화론
순환론
기능론
갈등론

3. 근대화와 발전

근대성
저개발국의 발전

4. 근대성과 진보

제 17 장
사회변동

사회변동은 사회적인 삶에서 끊임없이 계속되는 요소이다. 모든 사회는 사회변동, 즉 우리들의 사회적 행동에 반영되어 있는 사회구조와 문화 유형이 크게 바뀌는 현상을 경험한다. 일부 사회 예를 들면, 아프리카나 남미 오지의 부족은 매우 천천히 변하는 반면에 다른 사회, 예를 들면 한국과 같은 사회는 급격하게 변한다. 또한 사회는 서로 다른 방향으로 변한다. 어떤 사회는 정치적 민주화가 진행되는 반면에 또 어떤 사회는 정치적 탄압을 더 강화하고 있다. 어떤 유형이든 사회변동은 결과적으로 우리들의 삶에 많은 영향을 주며 또한 적응의 문제를 부과한다. 그래서 많은 사람들은 사회변동을 이야기하고, 원하고, 반대하고, 두려워하며 또 종종 그것을 이해하려고 노력한다. 이 장에서는 먼저 사회변동을 일으키는 요인, 일어나는 과정, 그리고 사회변동을 설명하기 위해 발달해 온 이론들에 대해 살펴본다. 다음으로, 저개발국가들이 겪는 발달과정에 대해 알아보고, 마지막으로 대부분의 사회가 추구하는 근대성과 진보가 갖는 의미에 대해 논의해본다.

1. 사회변동의 원인

일부 사회변동은 정부가 산업을 촉진하고 통제하면서 계획적으로 일어나는 반면에 어떤 사회는 전쟁에 패함으로써 정부구조가 의도하지 않게 갑자기 바뀌는 식으로 사회변동이 무계획적으로 발생하는 경우가 있다. 어떤 사회변동은 유행처럼 짧은 수명을 가지는

데 비해 어떤 사회변동은 자동차의 발명으로 인한 사회 변화처럼 상당히 장기간에 걸쳐 진행될 수 있다. 일부 사회변동은 사회구성원들에 의해 쉽게 수용되기도 한다. 하지만 대부분의 사회변동은 최소한 어느 정도의 논쟁은 불러일으킨다. 왜냐하면 변화는 기존에 익숙하고 친숙한 유형을 버리게 할 뿐만 아니라 또다른 적응의 문제를 일으키기 때문이다.

사회변동은 그냥 발생하지 않는다. 물리적 환경, 문화, 사회구조, 인구, 과학과 기술, 인간의 행위 등과 같은 여러 가지 요인들이 사회변동을 야기한다.

1) 물리적 환경

사회와 그 주변의 물리적 환경은 밀접하게 연관되어 있다. 예를 들면, 대양에 가까이 위치한 사회는 해양국이 되는데 반해 육지로 둘러싸인 사회는 그렇지 못하다. 그리고 초기 도시의 정착은 주로 지리적인 교차로 예를 들어 고갯길, 강, 대양, 바다 등에서 일어났다.

이와 유사하게 주위 환경도 사회변동의 주요 원천이다. 지금으로부터 1만 3천년전 빙하시대가 물러가면서 숲이 생겨났고, 서로 다른 유형의 사회들이 진화하는 데 영향을 미친 다양한 형태의 동식물들이 발달했다. 오늘날에는 자동차, 공장, 냉매제로 쓰이는 불화염화탄소(CFC: chlorofluorocarbon)에서 방출되는 이산화탄소로 인해 지구의 평균기온이 증가하는 현상인 온실효과(greenhouse effect)에 대해 심각한 논쟁이 벌어지고 있다. 이러한 효과가 인간의 존재에 가져오는 위협을 감소시키기 위해 사회변동의 비용과 정도가 어느 정도로 필요한지에 관해 여러 의견들이 제시되고 있다. 지구의 온난화는 극지방의 만년설을 녹여 해수면의 상승을 야기할 수 있다. 이러한 변화는 어떤 지역의 주민을 송두리째 재이주시키고 또 어떤 지역으로 하여금 기존의 삶의 방식을 바꾸도록 만들 수 있다.

2) 문화

문화는 물질적이건 비물질적이건 변화하기 마련이다. 주택의 냉난방 시설은 물론 자동차, 비행기 등은 사회적 삶의 속성을 크게 바꾸어 놓았다. 뿐만 아니라 예절에 대한 규범도 현대와 조선시대는 큰 차이를 보인다. 이러한 문화적 변화를 발생시키는 주요 요인에는 발견(discovery), 발명(invention), 확산(diffusion)의 3가지 과정들이 있다.

(1) 발견

기존의 어떤 생각이나 원칙을 새롭게 밝히는 것을 발견이라고 한다. 이러한 문화적 혁신과정을 통해 어떤 새로운 것이 찾아진다. 중력의 법칙은 발견의 결과이다. 이 법칙은 항상 있어 왔었던 것이었지만 어떤 특정 시점에 과학자들이 그것이 무엇이며 또한 어떻게 작용하는가를 이해할 수 있게 되었다. 마찬가지로 실험대상인 인간은 다른 대상들과 달리 실험변수 뿐만 아니라 실험하는 상황 그 자체에 의해서도 변할 수 있다는 것과 어떤 화학요소들은 방사성의 자연붕괴에 따라 변한다는 것을 알게된 것도 하나의 발견이었다.

(2) 발명

발명은 기존 지식의 새로운 사용이나 새로운 조합이다. 자동차는 발명으로서, 뭔가 새로운 것을 만들기 위해 연소 작용과 기어 등등에 관한 기존의 지식을 이용한 결과이다. 비행기, 컴퓨터, 고층건물 등은 물질적 발명의 예들이다. 문화의 비물질적 측면도 발명될 수 있다. 예를 들어 문자, 관료제, 사회적 규범, 사회제도 등은 문화적 발명들이다.

단 하나의 창조적인 행위로 이루어지는 발명은 거의 없다. 대개 발명은 지식들이 축적되면서 장기간에 걸쳐 이루어진다. 또한 발명은 다른 발명을 낳는다. 기존의 발명들이 많을수록 새로운 발명이 보다 많이 생겨난다.

(3) 확산

발견과 발명에 덧붙여 사회는 문화적 특색이 한 사회에서 다른 사회로 퍼져나가는 문화적 확산을 통해 변한다. 확산은 사회들 간의 이주, 무역, 여행 등에 의해 일어난다. 현대사회에서 확산은 커뮤니케이션 수단들, 예를 들면 TV, 전화, 우편, 케이블, 인공위성, 컴퓨터, 인터넷 등을 통해 이루어진다.

문화의 물질적 및 비물질적 측면은 다 같이 한 사회에서 다른 사회로 확산될 수 있다. 자유와 민주주의와 같은 가치는 무기나 책이 확산되는 것과 마찬가지의 방식으로 퍼져나갔다. 일반적으로 물질적 문화는 비물질적 문화보다 빨리 확산된다. 가치, 규범, 믿음은 문화적 골격에 배태되어 있어 확산 속도가 느린 편이다.

3) 사회구조

변동의 원천은 때때로 사회구조에 있다. 맑스는 사회적 계급들 간의 구조적 배치가 사회변동을 불가피하게 초래한다고 주장했다. 이러한 변동의 원천은 또한 다른 종류의 불평등으로부터 나온다. 인종, 민족, 종교집단들 간의 차이는 성별 차이와 마찬가지로 사회변동의 잠재적 엔진이 된다. 종종 사회부문들 간의 그리고 특정한 사회부문 내의 경쟁이 사회변동을 촉진한다. 예를 들어 경제정책이 상공업부문을 장려하고 농업부문을 축소하는 결과를 가져올 수 있다.

4) 인구

현저한 인구 변화도 사회변동을 초래할 수 있다. 급격하게 늘어나는 인구는 사회적 자원의 부족을 가져오면서 기존의 자원 사용 행태에 대한 조정을 요구한다. 인구의 변화는 또한 사회적 삶의 유형에도 변화를 가져온다. 도시 인구의 증가는 시골에서의 느긋한 사회적 상호작용을 현대 도시에서의 바쁜 생활로 바꾸어 놓았다. 한편 인구 증가가 둔화하거나 감소할 경우 사회의 장기적 생존력은 떨어진다. 왜냐하면 필요한 자원을 생산할 일꾼이 부족하기 때문이다.

인구의 급격한 이동도 사회변동을 초래한다. 수도권으로의 인구집중은 정치권력과 경제력의 분배에 변화를 가져와 이러한 자원들이 수도권에 집중되는 결과를 낳았다. 인구의 연령별 구성비 변화도 사회변동에 상당한 영향을 미친다. 노령화는 사회복지체계와 노인 유권자들의 정치적 입김에 변화를 가져왔다.

5) 과학과 기술

과학 지식은 사회변동을 가져오는 기술적 진보를 낳게 한다. 자동차의 발명은 사회적 관계를 혁명적으로 바꾸어 놓았다. 사람들이 보다 이동적이 되면서 바로 인접한 이웃과 공동체에 대한 이들의 결속력은 약화되었다. 이제 사람들은 서로 다른 지역에서 살고 또

일할 수 있게 되었다. 이밖에 자동차는 남자와 여자 간의 관계를 바꾸어 놓았으며 또한 남녀 간에 연애하는 방식에도 영향을 주었다.

의료기술과 공중보건의 향상은 대부분의 사회에서 사람들의 평균 기대수명을 크게 바꾸어 놓았다. 변화하는 기계와 에너지원은 사회를 계속적으로 변형시키고 있다. 새로운 커뮤니케이션 기술, 예를 들면 인터넷과 휴대폰의 사용은 이제 정보를 전달하는 데 있어 시간과 공간의 한계를 초월하게 만들었으며, 이는 결국 사람들 간 사회적 관계의 폭, 내용, 종류까지 변화시키고 있다.

오그번(Ogburn, 1922)은 기술이 사회와 문화 변동의 추진력이라는 입장을 견지한다. 또한 그는 변동이 문화의 모든 부문에 똑같이 발생하지 않는다고 주장한다. 오그번은 물질문화가 비물질문화보다 앞서서 급격하게 변화하는 특징이 있음을 밝히고 이러한 경향을 문화 지체(cultural lag)라고 불렀다. 문화지체는 사회적 갈등과 문제를 발생시키기도 한다. 예를 들어, 정보통신기술의 발전에 의해 인터넷을 기반으로 한 가상(정보)공간이 형성되었지만 이 공간에서 어떻게 행동하고 또 이것을 어떻게 활용할 것인가에 대한 적절한 가치나 규범이 바로 생성되지 않음으로 인해 윤리적으로나 법적으로 부정적인 많은 문제들이 발생하고 있다.

6) 인간의 행위

개인과 많은 개인들의 집단적인 활동도 사회변동을 초래할 수 있다.

(1) 개인의 행위

일부 역사가들은 중요한 인물의 행위가 역사를 만든다는 소위 '위인 역사론(great man theory of history)' 을 펼친다. 이들은 예를 들어 예수, 마호멧, 시저, 맑스, 히틀러, 아인스타인과 같은 사람들이 역사를 바꾼 대표적 인물이라고 주장한다. 만약 이러한 사람들이 태어나지 않았다면 세상은 상당히 다른 모습을 띄었을 것이라는게 이들의 입장이다.

이에 비해 일반적으로 사회학자들은 다른 입장을 견지하고 있다. 사회학자들은 이들 주요 인물이 역사에 끼친 공헌의 중요성은 인정하지만 이러한 인물들 각각은 특정한 사회와 문화 환경의 산물임을 지적한다. 실제로 각 개인은 자신이 살던 시대의 산물이다. 더욱이 이러한 위대한 인물들에 의해 촉발된 변동은 종종 이미 진행되고 있었던 이면의 사회적 과정을 단지 가볍게 두드렸을 뿐이었다. 제1차세계대전으로 인해 야기된 독일의 사회적 및 경제적 긴장과 부담, 그리고 연합국의 전쟁배상금 요구가 히틀러로 하여금 정권을 잡고 또 변화를 일으키게 한 맥락을 제공했다고 할 수 있다.

(2) 집단적 행위

사회변동은 종종 상당히 많은 사람들의 행위에 의해 발생한다. 대표적으로 사회적 혁명은 많은 사회들의 형태를 바꾸어 놓았다. 현재의 기성 종교들은 대부분 여러 형태의 사회운동으로부터 나왔으며 역으로 이러한 종교는 인간의 역사를 변형시켰다. 따라서 개인의 행위뿐만 아니라 집단의 행위 또한 사회변동의 중요한 원천이다.

2. 사회변동 이론

1) 진화론

초기 사회학자들은 사회변동에 관한 근원적인 법칙의 발견과 사회 진보에 관심을 집중시켰다. 대표적으로 스펜서는 변동이 단순한 체계에서 보다 복잡한 체계로 항상 진행된다는 입장을 가졌다. 그는 다윈의 진화론을 자신의 모델로 채택하면서 사회 진보에 관한 이러한 자연적 진화법칙이 작동하도록 하기 위해서 정부는 사회의 기능에 최소한도로만 개입해야한다고 주장했다. 다윈의 '적자생존(survival of the fittest)' 원칙에 따라 이러한 유형의 경쟁적 환경에 적응할 수 있는 활동이나 제도는 계속적으로 살아남을 뿐만 아니라 번성하는 대신 그렇지 못한 것들은 소멸해버리고 만다. 인간의 개입이 아닌 자연적 법칙이 결정 요인이다.

사회 진보에 관한 진화론은 현실과 거리가 먼 너무 추상적이고 단순한 이론으로 비판받는다. 렌스키부부(Lenski and Lenski, 1987)는 진보의 필연성을 가정하지 않는 보다 정교한 사회문화적 진화론을 발전시켰다. 이들은 사회변동을 일으키는 추진력은 변화하는 기술이며 이것이 경제적 생산, 사회조직, 사회적 행동 등에 변화를 가져온다고 믿었다. 이러한 변화는 사회변동에 관한 근원적 법칙의 결과가 아니라 사회의 사회문화적 맥락에 존재하고 있는 특정한 행위에서 그 원인을 찾아낼 수 있다. 이밖에 렌스키부부는 사회변동이 서로 다른 영역에서 다른 속도로 다른 방향을 지향하며 발생한다는 다선모형을 제시했다.

2) 순환론

일부 사회학자들은 대규모의 사회변동을 순환적인(cyclical) 것으로 바라본다. 스펜서는 사회변동을 진화론적일 뿐만 아니라 순환론적인 방식으로도 설명했다. 예를 들어, 그는 인간 유기체와 마찬가지로 사회도 생성, 발달, 쇠퇴의 길을 걷는다고 주장했다. 순환은 불가피한 것이다. 초기 발달단계에서의 활력은 중반기에 접어들면서 시들해진다. 그런 다음, 사회는 보다 물질적으로되고 마침내는 쇠퇴해버린다. 이에 비해 토인비(Toynbee, 1946)는 사회가 역사적 경험으로부터 뭔가를 배울 수 있다고 믿었다. 만약 사회가 적절한 행위를 취한다면 쇠퇴는 피할 수도 있다. 문명은 환경(지리 및 기후 조건들)이나 인간의 행위(이웃 사회에 의한 전쟁위협)로부터 발생한 도전에 대한 반응으로 발전한다. 만약 도전이 상대적으로 약하거나 사회가 이러한 도전에 맞서 적절한 행위를 취하고 또한 효과적인 제도를 설립한다면 사회는 번성한다.

3) 기능론

파슨즈는 사회를 서로 연관되고 상호의존적인 부분들로 이루어진 하나의 사회체계로 보았다. 이 체계는 안정과 균형을 찾는다. 변동은 이러한 안정이 방해받을 때 발생한다. 이 경우 체계는 균형을 재설립하기 위해 반응하도록 강요된다. 사회는 사회변동에 저항하는 보수적인 특성을 지니고 있다. 변동은 상대적으로 부드럽게 기능하고 있는 사회를 망쳐놓는 자극적인 것이다.

사회변동은 외부의 힘(전쟁 등)이나 내부의 긴장(불경기 등)에 의해 일어난다. 사회는 이러한 변동에 순응하면서 새로운 균형을 만들어낸다. 이러한 관점에서 변동은 여전히 안정을 이끌어 낸다. 왜냐하면 새로운 균형이 조절에 의해 다시 생겨나기 때문이다.

4) 갈등론

고전적 맑스 이론에 따르면 사회변동은 경제적으로 착취하는 집단과 착취당하는 집단들 간의 계급투쟁으로부터 발생한다. 사회 내에서 불평등한 집단들 간의 긴장은 사회구조의 변화를 강요한다. 변동은 구조와 행위들 간의 모순을 조정하려는 필요에서 나온 결과이다. 이러한 모순을 해결하는 방법은 타협이 아니라 완전히 새로운 사회의 창조, 즉 사회변동이다.

맑스는 사회변동의 엔진으로 경제적 모순에 초점을 맞추었다. 다른 갈등이론가들은 이러한 관점을 확대시키려고 시도했다. 대표적으로 다렌돌프(Dahrendorf, 1958)는 여러 종류의 사회적 갈등을 사회변동의 원인으로 바라본다. 인종, 민족, 종교집단의 갈등이 중요한 사회변동의 기초가 될 수 있다.

이상에서 언급한 이론들은 어느 것도 사회변동을 충분히 설명하지 못한다. 진화론은 이주유형과 정치적 재편과 같은 사회 내부의 변화에 대해서는 별다른 설명을 하지 못한다. 순환론은 서구 사회의 변동에 적합한 설명이라고는 할 수 있어도 다른 사회의 설명에는 그다지 효과적이지는 않다. 기능론은 안정과 균형을 너무 강조한 나머지 사회변동에 대한 연구에 인색할 뿐만 아니라 이것을 못마땅하게 간주하는 측면이 있다. 이에 비해 갈등론은 지나치게 경제적 긴장과 갈등에 초점을 맞추는 반면 기술의 발전이나 외부 사회의 압력과 같은 사회변동의 다른 근원들을 무시하는 경향이 있다.

이들 이론은 사회변동에 관한 종합적인 설명으로 불리기에는 한계가 있지만 그럼에도 불구하고 사회변동의 특정한 유형과 상황에 대해서는 유용한 분석틀을 제공해준다. 진화론과 순환론은 사회변동의 근원적인 역학을 이해하는데 도움을 주는 일반적인 관점을 제공해준다. 이 두 이론은 사회분석가들에게 사회변동을 초래하는 원인으로 외부적 압력과 내부의 긴장 모두가 중요하다는 사실을 일깨워 준다. 기능론은 사회변동에 대응해서 사회가 균형과 안정을 유지해주는 여러 방식들을 통해 적응해가고 있으며 그래서 역설적이지만 변화와 안정은 항상 상호 배타적이지 않다는 점을 지적한다. 갈등론은 종종 중요한 사회변동을 일으키는 내부적 긴장의 특정한 형태, 즉 경제적 계급들 간의 갈등과 모순을 보다 분명하게 해준다.

3. 근대화와 발전

1) 근대성

사회변동의 결과로 지구상의 많은 사회들은 근대화되었다라고 규정되어진다. 사회학적인 의미에서 근대성(modernity)은 산업화와 연결된 사회조직과 사회적 삶의 형태를 일컫는다. 이것은 세상을 바라보는 관점으로서 전통을 합리성으로 대체하고 사회적 행위의 원칙을 인도하는 것으로서 효율성을 강조하는 것을 의미한다.

근대성과 관련된 초기의 이론가들(퇴니스, 뒤르켐, 베버, 맑스)은 근대성에 대해 복합적인 관점을 지녔다. 이들은 근대성이 사회에 어떤 혜택을 가져다 줄 것으로 믿었다. 즉 근대성이 보다 나은 건강과 수명 그리고 많은 사람들을 위한 보다 나은 삶의 질을 가져다 줄 것으로 보았다. 하지만 이들은 근대성이 가져올지 모르는 부정적인 결과에 대해서도 똑같이 알고 있었다. 이들은 근대성이 개인의 정체성에 가져다주는 문제, 특히 소외감을 증대시키고 사회적 관계를 비인간화시키는 잠재력을 이해하고 있었다.

2) 저개발국의 발전

근대성은 지구상의 모든 구석에 평등하게 이르지는 못했다. 발전된 나라들은 저개발 국가들보다 높은 생활수준, 긴 기대수명, 다양한 주거 유형, 낮은 문맹률을 가지고 있다. 이러한 차이는 대개 이들 사회가 겪은 변동의 정도가 서로 다르기 때문에 나타난 결과이다. 많은 경우, 사회변동은 산업화를 가져오는 기술의 발전에서 파생한다. 이러한 변동이 왜 어떤 사회에서는 발생하고 또 어떤 사회에서는 발생하지 않는가의 질문은 여러 이론들을 낳았다. 여기에 근대화를 설명하는 대표적 이론으로 근대화이론(modernization theory), 수렴이론(convergence theory), 종속이론(dependency theory), 세계체계이론(world systems theory)의 4가지에 대해 소개하도록 하겠다.

(1) 근대화이론

근대화이론은 말 그대로 근대화, 즉 전산업사회(preindustrial society)를 산업사회로 변형시키는 문화적, 경제적, 사회적 과정에 관심을 집중시킨다. 이러한 변동은 대부분 경제적 생산성을 증가시키고 사회적 삶의 양식을 크게 바꾸어 주는 기술적 진보에 의해 야기된다. 구체적으로 미국, 서유럽, 일본은 이러한 요인들에 의해 오늘날과 같은 발달된 선진국의 지위를 가지게 되었다라고 할 수 있다.

이 이론에 따르면 선진국은 발전을 촉진하는 경제구조를 발달시켰고 혁신을 장려했으며 생산성과 효율성을 향상시키는 기술을 사용했다. 광범위에 걸치는 은행, 교통, 통신시설이 만들어졌다. 종교제도와 혈연관계는 약화되었고 대신 사회적 삶에 있어서 정부의 역할이 증대되어 나갔다. 현대사회의 핵가족체계는 확대가족구조보다 더 큰 사회적 및 지리적 이동을 가능하게 만들어 주었다. 현대사회에 필요한 기술적 능력을 가르치기 위해 공식적 학교제도가 강조되었다.

개인적 행동의 심리적 측면도 근대화에 의해 바뀌어 질 수 있다. 선진국 사람들은 개인적 성취에 대한 강한 욕망을 가지고 있으며 또한 장기간에 걸친 개인적 목표를 성취하기 위해 당장의 만족을 기꺼이 연기하는 경향이 있다. 이들은 자신의 삶에 대한 통제력을 강하게 느끼며 고도의 직업윤리의식을 가지고 있다. 이와 대조적으로 후진국 사람들은 자신들의 운명을 통제하지 못한다고 믿는 운명론적 생각을 지니고 있다. 이들은 미래보다 현재를 지향하며 또한 근대성을 특징짓는 야망이 부족하다.

근대화이론은 저개발국들이 발전하기 위해서는 서구 선진사회의 모델을 따라갈 필요가 있음을 의미한다. 발전의 추진력은 내부에 있으며 저개발국들은 발전에 필요한 정책들을 설립해야 한다. 특히 저개발국들은 문맹률을 떨어뜨리기 위한 보다 높은 수준의 교육을 실시할 것을 요구받는다. 덧붙여 이들 국가는 사회불평등을 줄이면서 개인주의를 장려하고 인센티브를 제공하도록 경제적 및 정치적 제도들을 개선할 필요가 있다.

근대화이론은 저개발국들의 근대화 능력에 대해 상대적으로 낙관적인 견해를 제시한다. 그러나, 이러한 나라들은 현재 선진화된 나라들이 이전에 발전되지 않았을 때 처했던 상황과는 매우 다른 상황에 놓여 있다. 인구증가의 압력이 매우 커졌고 또한 세계가 밀접히 상호연관되어 이제 어느 사회도 고립되어 독립적으로 사회변동을 추구할 수 없다. 아울러 기술의 단순한 확산은 이에 따른 적절한 사회적 및 문화적 변동이 수반되지 않을 경우 발전과 진보를 자동적으로 보장해주지 않는다.

(2) 수렴이론

근대화이론과 가까운 모델로서 수렴이론은 근대화하는 나라들이 결과적으로는 서로 유사하게 된다는 점을 강조한다(Rostow, 1960). 근대화 과정에 있는 나라들은 비슷한 수준의 기술을 공유하고 노동력과 정치제도에 있어서도 비슷한 구조를 가진다. 이들 사회는 점차적으로 근대사회의 일반적 모델로 수렴한다.

수렴이론에 따르면 저개발국들은 자기들의 사회문화적 상황에 적절하든 적절치 못하든 보다 발달한 국가들을 모방하려는 경향이 있다. 이러한 관점은 현대세계에서의 상호연계성이 저개발국들을 그러한 방향으로 밀어붙이는 속성이 있음을 과소평가한다. 선진국들은 저개발국들이 필요로 하는 투자자본과 기술지식을 가지고 있으며, 이것들의 이동가능성은 저개발국들로 하여금 선진국이 설계한 경제적 및 정치적 변화를 수용하도록 작용한다.

(3) 종속이론

근대화이론과 수렴이론의 가정에 만족하지 못한 많은 학자들은 저개발국이 선진국에 의해 지배되는 세계에 존재하고 있음을 주장한다(Frank, 1969). 이들은 저개발국이 발전하지 못한 이유로서 저개발국이 선진국에 종속되어 있으며 아울러 이런 관계로부터 선진국이 정치적으로나 경제적으로 이익을 얻기 때문이라는 종속이론을 내세운다. 선진국에게 있어서, 자신이 필요한 원자재의 공급지로 그리고 자신이 생산한 완제품을 팔기 위한 시장으로 저개발국이 저개발의 상태로 계속 유지되는 것은 유익한 일이다. 선진국은 이미 매우 경쟁화된 세계에 후진국이 발전하여 또다른 경쟁자로 나타나는 것을 원하지 않는다.

후진국들은 대개 그들 경제의 핵심으로 한 가지만의 수확물(예: 설탕, 커피 등)이나 원료(예: 주석, 고무 등)를 가지고 있다. 이들 나라는 대부분 이러한 상황을 개선하는 데 필요한 경제적 및 기술적 자원을 가지고 있지 못하다. 따라서 후진국은 외부 즉, 선진국들이나 서방국가들이 지배하는 국제기구(예: 국제통화기금<IMF: International Monetary Fund>이나 세계은행<World Bank>)로부터 이러한 자원을 끌어들여야 한다. 이런 식으로 후진국은 선진국에 종속당하게 된다.

종속이론은 선진국이 이미 겪었던 근대화과정을 저개발국들이 그대로 답습할 수는 없다고 주장한다. 왜냐하면 저개발국들이 경제적으로나 기술적으로 필요로 하는 것은 세계경제에서 이들 나라들이 차지하는 종속적 지위와 맞물려 있기 때문이다. 그러나 종속이론은 후진국의 상황을 개선하기 위한 보다 적절한 모델을 제시하지는 못한다. 원래 이 이론은 저개발국의 저발전을 개선시키기 위한 바람직한 모델로 사회주의 정책을 제시했었다. 하지만 사회주의 체제는 건강과 교육의 향상에는 어느 정도 기여했지만 전체적으로 자본주의 체제에 비해 생산성은 크게 뒤졌다. 1990년을 전후로 소련과 동유럽을 포함한 대부분의 사회주의 국가들이 붕괴한 사실은 종속이론이 발전이론으로 적절치 않음을 시사한다.

(4) 세계체계이론

월러스타인(Wallerstein, 1974; 1979)은 종속이론의 관점을 보다 정교화시켜 선진국과 후진국의 관계를 경제적, 지리적, 역사적, 정치적 요인의 다양한 맥락에서 설명하는 세계체계이론을 발전시켰다. 간단히 말해 이 관점은 후진국이 선진국을 따라잡을 가능성이 거의 없는데 이유는 후진국이 너무 뒤떨어져 있을 뿐만 아니라 후진국의 경제구조가 선진국에 유용하기 때문이라는 것이다.

월러스타인에 의하면 세계경제는 근본적으로 자본주의 원칙에 따라 움직인다. 이 체계 내에서 지구상의 각 나라는 세 종류의 층들 중 하나에 속한다.

가. 핵심국(core state)

미국, 대부분의 서유럽국가, 일본과 같이 강력한 군사력과 경제력을 지닌 나라들은 기술과 자본을 통제함으로써 세계경제를 지배한다.

나. 주변국(periphery state)

남미와 아프리카의 많은 나라들은 산업화된 핵심국들에 필요한 원자재를 공급하고 이들 나라의 이익창출에 공헌한다. 주변국의 경제는 일반적으로 농산물이나 광물 위주로 이루어져 있다. 과거에 주변국과 핵심국의 관계는 식민화로 특징지워졌다. 월러스타인은 유사한 관계가 현재에도 신식민적(neocolonial) 형태로 여전히 존재해있다고 믿는다.

다. 준주변국(semiperiphery state)

한국, 대만, 스페인 등과 같은 나라들은 핵심국과 주변국 사이에 위치해 있으면서 이들 나라 사이를 왔가갔다 한다. 준주변국은 부분적으로 자신의 정치적 및 경제적 운명을 스스로 결정하지만 여전히 핵심국에 의해 상당히 많은 영향을 받곤 한다.

월러스타인은 이 같은 세계체계 내에서 주변국은 핵심국에 종속된 채 결코 발전할 수 없다고 주장하며 저개발국의 종속을 설명하는 다음과 같은 3가지 이유들을 제시한다.

첫째, 세계경제는 저개발국이 이전에 가졌던 다양하고 자기충족적이었던 경제를 수출의존적 경제로 국한시켜왔다. 저개발국은 이제 더 이상 자신들의 생산물에 대한 가격을 통제할 수 없으며 대신 핵심산업국들이 정한 가격을 따라갈 수밖에 없다.

둘째, 대부분의 주변국들은 빚의 덫에 갇혀 있다. 이들 나라는 경제를 부흥시키기 위해 빌려온 막대한 자금으로 이해 선진국에 많은 빚을 지고 있다. 이러한 빚은 이들 주변국을 점점 핵심국에 의존시키고 동시에 자신의 경제에 대한 통제권도 상실하게끔 만든다.

셋째, 핵심국에 본부를 두면서 주변국에서 활동하는 다국적기업(multinational corporation)이 늘어나고 있다. 다국적 기업은 종종 저개발국이 발전하는데 필요한 자본과 기술을 제공해주기도 하지만 자신의 이익을 위해 저개발국에 대해 상당한 정치적 및 경제적 영향력을 행사하기도 한다.

세계체계이론은 어떤 나라의 발전을 외부 사회와의 관계로부터 분리시켜서는 볼 수 없다고 주장한다. 발전은 근대화이론이 강조하는 것처럼 단지 국내적인 문제가 아니라 국제적인 문제이다. 산업화된 핵심국은 계속해서 세계경제체계를 지배할 것이다. 그러나 석유의 생산량과 가격을 조종함으로써 세계경제에 영향을 줄 수 있는 능력을 지닌 석유수출국기구(OPEC: Organization of Petroleum Exporting Countries)의 회원국 대부분은 주변부에 속하며, 이러한 사실은 주변국이 항상 무기력한 존재로만 남아있지 않는다는 것을 보여준다. 또한 세계체계이론은 이전에 주변부에 머물렀던 대만과 한국 등이 성공적으로 근대화된 현상을 설명하지 못한다.

4. 근대성과 진보

일반 사람들은 대부분 근대성을 사회적 진보와 동등시하는 경향이 있다. 근대화가 많은 사람들에게 막대한 혜택을 가져다 준 것은 분명한 사실이지만 부정적인 결과를 초래한 것도 사실이다. 보다 나은 건강, 영양상태, 인권, 교육은 근대화가 만들어낸 여러 진보적 결과들 중의 일부이다. 하지만 이러한 이득은 모든 사람들에게 똑같이 돌아가지 않았다. 빈곤, 영양부족, 높은 영아사망률, 고실업률이 여전히 일부계층에서는 두드러지게 나타나고 있다.

더욱이 근대사회를 이끈 기술의 발달도 항상 혜택만을 가져오지 않았다. 예를 들어, 핵발전과 기계기술, 그리고 화학반응기술은 우리 인간의 삶을 보다 편리하고 안락하게 만들었다. 하지만 이들 기술은 전쟁을 보다 파괴적이고 잔인하게 만들었다. 현대의 정보통신기술은 우리 인간들이 의사소통하는데 있어 공간적이고 시간적인 한계를 벗어나게 해주었다. 하지만 이 기술 또한 개인의 자유를 감소시키고 사생활을 침해할 뿐만 아니라 인간성을 훼손할 잠재성을 충분히 지니고 있다.

덧붙여 근대성과 진보를 연결하려는 사람들은 사회변동이 보다 나은 단계를 향해 직선적으로 나아간다고 가정하나 실제로 꼭 그렇지만은 않다. 비록 많은 사회들과 사람들이 진보와 혜택을 위해 근대화를 추진하지만 결과는 꼭 의도한 대로만 되지 않았다. 때로는 우리 인간이 모든 것을 알고 예측할 수 없는 불완전성에 의해 때로는 이기적인 사람과 집단들의 개입에 의해 근대화는 부정적인 결과도 초래해 왔다.

■■ 참고문헌

Dahrendorf, Ralf. 1958. "Toward a Theory of Social Conflict." *Journal of Conflict Resolution* 11: 170-183.

Frank, Andre Gunder. 1969. *Dependent Accumulation and Underdevelopment.* New York: Monthly Review Press.

Lenski, Gerhard and Jean Lenski. 1987. *Human Societies: An Introduction to Macrosociology.* New York: McGraw-Hill.

Rostow, Walt W. 1960. *The Stages of Economic Growth.* New York: Cambridge University Press.

So, Alvin. 1990. *Social Change and Development: Modernization, Dependency, and World-*

System Theories. Newbury Park, CA: SAGE Publications, Inc.
Toynbee, Arnold. 1946. *A Study of History.* New York: Oxford University Press.
Wallerstein, Immanuel. 1974. *The Modern World System.* New York: Academic Press.
______. 1979. The *Capitalist World-Economy.* New York: Cambridge University Press.

색 인

색　인

2차집단 ◆ 76, 93

ㄱ

가모장제 ◆ 267
가부장제 ◆ 267
가설 ◆ 41
가정남편 ◆ 242
가족 ◆ 247, 261
가치 ◆ 119, 227
가치중립 ◆ 20
가핑켈 ◆ 29, 31
갈등 ◆ 72
갈등이론 ◆ 25, 212
강화 ◆ 141
개념 ◆ 38
개방형 계층체계 ◆ 210, 208
거울(영상) 자아 ◆ 151
건강 ◆ 226
게토 ◆ 343
경쟁 ◆ 71
경제 ◆ 337
경제학 ◆ 3
계급 ◆ 214, 215
계급사회 ◆ 208, 209
계층 ◆ 207
고급문화 ◆ 125
고용관행 ◆ 349
고정관념 ◆ 242, 274
고프만 ◆ 30
공동사회 ◆ 85
공동체 ◆ 301
공산주의 ◆ 343
공식조직체 ◆ 92, 101
공유제 ◆ 215
공중 ◆ 390
공황 ◆ 392
과두제 ◆ 105
과두제의 철칙 ◆ 105
과학 ◆ 5, 302
관계 ◆ 41
관료제 ◆ 101
관찰 ◆ 48
교육 ◆ 224, 281
교육제도 ◆ 281
교환 ◆ 69
교환이론 ◆ 29
구성주의 ◆ 273
구순기 ◆ 144
구역이론 ◆ 374

구조기능주의 • 212
국가 • 323
국가사회주의 • 343
국민국가 • 323
군주제 • 328
군중 • 383
권력 • 216, 217
권위 • 320
권위주의 • 328
귀속지위 • 74, 209
규범 • 119, 325
규범-생성이론 • 387
규칙위반 • 68
균형 • 22
그룹지우기 • 290
근대성 • 415
근대화이론 • 415
근친상간의 금기 • 270
금기 • 121
기계적 연대 • 18
기능론 • 212
기능적 대안물 • 24
기업내부노동시장 • 348
꼬리표붙이기 • 292
꽁뜨 • 14

ㄴ

낙인이론 • 178, 188
남성 • 235
내부노동시장 • 347
내집단 • 94
노동 • 346
노동시장 • 347, 353
노동자 • 214
노동통제 • 354
노동통제방식 • 354
농경사회 • 79

ㄷ

다렌돌프 • 25, 414
다신교 • 305
다윈 • 15
다품종 소량생산 • 353
다핵이론 • 374
단기 유행 • 391
단순초자연신앙 • 304
단혼제 • 265
대량생산 • 339
대중매체 • 159
대중문화 • 125
대중사회 이론 • 363
데이비스 • 212
도구적 • 252
도구적 기능 • 98
도구적 리더십 • 99
도덕교육 • 286
도덕률 • 302
도시사회 • 86
도중 • 307
독립변수 • 53
독재 • 329
동심원이론 • 373
뒤르켐 • 17, 212, 270, 286, 300, 308
또래집단 • 157
레드필드 • 85

ㄹ

루만 • 21
루크만 • 31
리더십 • 90
리비도 • 144

ㅁ

마테효과 • 221
만민교회 • 306
맑스 • 346

맑시즘 • 327
맥켄지 • 370
머독 • 241
머튼 • 21, 221
면접조사 • 51
모거제 • 268
모계제 • 267
몸짓 • 119, 123
무계급사회 • 208, 211
무대 뒤 • 67
무대 앞 • 67
무산계급 • 214
무어 • 212
문화 • 408
문화 지체 • 411
문화변동 • 131
문화자본 • 290
문화적 보편성 • 117
문화적 상대주의 • 128
문화전달이론 • 178
물질문화 • 117
미드 • 29, 241
미켈스 • 105
민간방법론 • 29
민속사회 • 86, 361
민습 • 121
민주주의 • 328
믿음 • 119

ㅂ

바이샤 • 209
박탈이론 • 398
발견 • 409
발달 사회화 • 162
발명 • 409
버거 • 31, 273
버제스 • 370
범죄 • 191
법 • 122
베버 • 18, 102, 212, 311, 314, 346
벨 • 375
변수 • 390
보이지 않는 손 • 341
보편교육 • 282
복지국가 • 344
복혼제 • 265
본성 • 136
부 • 216
부가가치 이론 • 399
부거제 • 268
부계제 • 266
부르디외 • 125, 285, 290
부르주아 • 214
분리관찰 • 55
분파 • 307
불공평 • 208
불촉천민 • 191
브라민 • 209
블라우 • 29
블루칼러 직업 • 217
비공식구조 • 104
비물질문화 • 117
비자발적 결사체 • 101
비판이론 • 27

ㅅ

사유제 • 215
사전조사 • 53
사회경제적 지위 • 218
사회계층 • 208, 225
사회구역 분석 • 375
사회구조 • 410
사회동학 • 14
사회민주주의 • 344
사회변동 • 407
사회사실들 • 17
사회생물학 • 139
사회운동 • 393

사회운동의 단계 ◆ 397
사회적 불평등 ◆ 207
사회적 연결망 ◆ 96, 289
사회적 오명 ◆ 275
사회적 이동 ◆ 209, 228
사회적 정치 ◆ 271, 288
사회정학 ◆ 14
사회주의 체제 ◆ 342
사회통제 ◆ 199, 287
사회학적 관점 ◆ 4
사회화 ◆ 161, 271, 287
사후조사 ◆ 52
산업사회 ◆ 79, 338
산업혁명 ◆ 284, 338
산업화 ◆ 215
상대적 박탈감 ◆ 44
상징 ◆ 119
상징적 상호작용론 ◆ 29, 143
상품시장 ◆ 339
상호작용론 ◆ 28
생령신앙 ◆ 304
생산수단 ◆ 214, 340
서베이 ◆ 48
선전 ◆ 391
선험적 이상 ◆ 305
설문조사 ◆ 49
설문지 ◆ 49
섬너 ◆ 94
성 ◆ 230
성과제 ◆ 349
성기단계 ◆ 145
성사회화 ◆ 246
성역할 ◆ 236
성차별주의 ◆ 250
성취지위 ◆ 74, 209
성형이론 ◆ 372
세계체계이론 ◆ 415
세계화 ◆ 293
세속성 ◆ 301
소득 ◆ 221
소문 ◆ 389
소품종 대량생산 ◆ 348
수드라 ◆ 209
수렴이론 ◆ 386, 415
수렵채취사회 ◆ 80
수명 ◆ 226
순기능 ◆ 24, 290
순환론 ◆ 413
숨겨진 교육과정 ◆ 291
쉐브키 ◆ 375
슈퍼에고 ◆ 143
슛츠 ◆ 31
스미스 ◆ 341
스키너 ◆ 69
스펜서 ◆ 15
시카고학파 ◆ 370
신거제 ◆ 268
신뢰도 ◆ 57
신사회운동 ◆ 401
신성성 ◆ 300
실력주의 ◆ 219
실험 ◆ 48
실험실실험 ◆ 54
심리학 ◆ 3

ㅇ

아노미 ◆ 18
아노미이론 ◆ 178
안드로겐 ◆ 236
양계제 ◆ 266
양육 ◆ 136
언어 ◆ 119, 123
얼만 ◆ 374
업적지향적 관행 ◆ 349
에고 ◆ 143
에릭슨 ◆ 146
에스트로겐 ◆ 236
에치오니◆ 286
여론 ◆ 390

여성 ◆ 235
여자들 직업 ◆ 243
역기능 ◆ 24, 105, 290
역사회화 ◆ 162
역할기대 ◆ 247
연공서열적(seniority-oriented) 관행 ◆ 349
연극학적 접근 ◆ 30
연속단혼제 ◆ 265
열광 ◆ 391
예기사회화 ◆ 95, 162
오그번 ◆ 411
오명 ◆ 293
온라인조사 ◆ 52
외부노동시장 ◆ 347
외집단 ◆ 94
욕구좌절-공격이론 ◆ 180
우편조사 ◆ 50
운명예정설 ◆ 311
원규 ◆ 121
원예사회 ◆ 79
원초적 사회화 ◆ 161
원초집단 ◆ 76, 93
월러스타인 ◆ 418
위세 ◆ 216
윌리엄스 ◆ 375
유기적 연대 ◆ 18
유기체적 유추 ◆ 15
유목사회 ◆ 79
유산계급 ◆ 214
유신교 ◆ 305
유행 ◆ 391
음경기 ◆ 145
의례 ◆ 302
의식적 오염 ◆ 209
이념 ◆ 395
이념형 ◆ 19, 102
이드 ◆ 143
이론 ◆ 41
이상문화 ◆ 124
이익사회 ◆ 85
이익집단 ◆ 331
이중노동 ◆ 275
이차 교대(second shift) ◆ 246
이차분석 ◆ 48
이차적 성징 ◆ 236
이차적 일탈 ◆ 190
이해 ◆ 19
인간관계론 ◆ 104
인구 ◆ 410
인류학 ◆ 3
인상관리 ◆ 67
인성 ◆ 11
인지이론 ◆ 143
일반화된 타자 ◆ 154
일부다처제 ◆ 265
일상화 ◆ 323
일신교 ◆ 305
일의 의미 ◆ 346, 352
일차적 성징 ◆ 236
일차적 일탈 ◆ 189
일처다부제 ◆ 265
일탈 ◆ 172
임금노동 ◆ 340

ㅈ

자격증사회 ◆ 291
자기민족중심주의 ◆ 128
자기완성적 예언 ◆ 292
자기충족적 예언 ◆ 196
자발적 결사체 ◆ 101
자본가 ◆ 215
자본주의 체제 ◆ 341
자본주의 사회 ◆ 215
자연도태 ◆ 139
자원동원 이론 ◆ 401
자유방임주의 ◆ 219
잠재기 ◆ 145
잠재적 기능 ◆ 24, 286
재사회화 ◆ 163

적자생존 • 412
적자생존주의 • 219
적출의 원칙 • 270
전술 • 396
전염이론 • 385
전체주의 • 328
전화조사 • 51
정당 • 216, 331
정보사회 • 79, 338, 350
정보통신기술 • 350
정보혁명 • 338
정부 • 328
정신분석학 • 143
정치 • 220, 245
정치사회화 • 331
정치학 • 3
정화의식 • 209
제도 • 77
조직 • 396
족내혼 • 209, 268
족외혼 • 268
종교 • 299
종교의 세속화 • 299
종교제도 • 300
종속변수 • 52
종속이론 • 415
종신고용제 • 349
종파 • 306
주술 • 301
주지위 • 189
준거집단 • 95, 312
중범위이론 • 23
지배계급 • 346
지식 • 119
지위 • 216
직업내부노동시장 • 348
직업세계 • 350
진화론 • 412
집단 • 91
집단동조 • 100
집단사고 • 100
집단히스테리 • 393
집합적 표상 • 309
집합체 • 92
집합행동 • 383

ㅊ

차별교제이론 • 184
참여관찰 • 56
철장 • 106
청교도 • 314
총체적 기관 • 163
추동 • 143
출산가족 • 263
출신가족 • 263
친족집단 • 376

ㅋ

카스트사회 • 209
코저 • 25
콜린즈 • 25
쿨리 • 93, 150
크샤트리야 • 209

ㅌ

타당도 • 58
탈산업사회 • 79
탈숙련화 • 352
태도 • 227
테스토스테론 • 236
테일러주의 • 350
통제이론 • 178, 186
퇴니스 • 85

ㅍ

파슨즈 • 212, 270

파크 ◆ 370
파킨슨의 법칙 ◆ 105
페미니즘 ◆ 253
편계제 ◆ 266
평등주의적 권위체계 ◆ 267
평생직업 ◆ 354
평생직장 ◆ 354
폐쇄형 계층체계 ◆ 208
포드주의 ◆ 350
표본추출 ◆ 48
표시 ◆ 119
표출적 ◆ 252
표출적 기능 ◆ 98
표출적 리더십 ◆ 99
프랑크푸르트학파 ◆ 25
프로게스테론 ◆ 236
프로이드 ◆ 143
프롤레타리아 ◆ 215
피아제 ◆ 142
피지배계급 ◆ 346

ㅎ

하리잔 ◆ 209
하버마스 ◆ 25
학교 ◆ 156
항문기 ◆ 144
해리스 ◆ 374
핵가족 ◆ 264
허드 ◆ 372
허위의식 ◆ 311
현실문화 ◆ 124
현재적 기능 ◆ 24, 286
현지실험 ◆ 54
협동 ◆ 70
호만스 ◆ 29
호손효과 ◆ 59
호잇 ◆ 374
혼합경제 체제 ◆ 343
홉스 ◆ 324
화이트칼러 ◆ 217
확대가족 ◆ 264
확산 ◆ 409

저자소개

석 현 호

- 미국 펜실베이니아대학교(University of Pennsylvania) 사회학박사
- 전 성균관대학교 사회학교수
- 현 에스콰이어 학술문화재단 이사장

이 정 환

- 미국 럿거스대학교(Rutgers University) 사회학박사
- 현 청주대학교 사회학교수

김 상 욱

- 미국 아이오와대학교(University of Iowa) 사회학박사
- 현 성균관대학교 사회학교수

도서출판 그린

사회학 제6판

1판 인쇄일 ▶	2004년 8월 6일
5판 발행일 ▶	2017년 2월 10일
6판 발행일 ▶	2023년 2월 10일
저자 ▶	석현호 / 이정환 / 김상욱
발행처 ▶	도서출판 그린
발행인 ▶	윤 덕 우
출판등록 ▶	제8-161호(1995. 5. 3.)
주소 ▶	(10896) 경기 파주시 가람로 116번길 107 운정한강듀클래스 411호
전화 ▶	02)333-2574, 2575
Fax ▶	02)333-2561
E-mail ▶	greenpress@greenpress.co.kr
Homepage ▶	http://www.greenpress.co.kr

Green Pub.

정가 : 20,000원

ISBN 978-89-5727-356-2